公路施工安全管理与风险辨控技术

主　编　杨　勇　王　琨
主　审　范大宇
副主编　邵明学　张　灏
参　编　贾同伟　薛传震　袭著科
　　　　王月月　戴遵西　沈　方
　　　　秦宗将　王晓迎

中国矿业大学出版社

内容提要

近年来，我国公路工程建设项目数量越来越多，公路施工现场事故频发。广大一线从业人员，应全面了解施工安全管理的基本理论，掌握施工现场的管理技术，同时提升施工现场隐患排查的能力，使施工现场处在安全可控的状态下。本书内容包括：安全管理基本理论、安全风险管理、施工安全保障与危险源辨识、施工项目安全准备、施工项目安全实施和运行、施工项目安全监视等。

该书可供公路施工管理和技术人员参考使用，也可作为大中专院校教材。

图书在版编目(CIP)数据

公路施工安全管理与风险辨控技术 / 杨勇，王琨主编. —徐州：中国矿业大学出版社，2018.7

ISBN 978-7-5646-4065-1

Ⅰ. ①公… Ⅱ. ①杨… ②王… Ⅲ. ①道路施工—安全管理 Ⅳ. ①U415.12

中国版本图书馆CIP数据核字(2018)第175209号

书　　名　公路施工安全管理与风险辨控技术
主　　编　杨　勇　王　琨
责任编辑　吴学兵
出版发行　中国矿业大学出版社有限责任公司
（江苏省徐州市解放南路　邮编221008）
营销热线　(0516)83885307　83884995
出版服务　(0516)83885767　83884920
网　　址　http://www.cumtp.com　**E-mail**:cumtpvip@cumtp.com
印　　刷　江苏凤凰数码印务有限公司
开　　本　787×1092　1/16　**印张** 18.25　**字数** 456千字
版次印次　2018年7月第1版　2018年7月第1次印刷
定　　价　45.00元
（图书出现印装质量问题，本社负责调换）

前　言

近年来，我国公路工程建设项目数量越来越多，公路施工现场事故频发。广大一线从业人员，应全面了解施工安全管理的基本理论，掌握施工现场的管理技术，同时提升施工现场隐患排查的能力，使施工现场处在安全可控的状态中。

本书主要内容包括以下部分：安全管理基本理论、安全风险管理、施工安全保障与危险源辨识、施工项目安全准备、施工项目安全实施和运行、施工项目安全监视等。

该书可供公路施工管理和技术人员参考使用，也可作为大中专院校教材。

该书在编写过程中参阅了国内外同行的相关资料，并得到山东交通学院的大力支持，在此一并表示感谢。

由于编者水平所限，书中难免不妥之处，恳请广大读者批评指正。

作者

2018年5月

目　录

第一章　公路工程安全管理综述

第一节　安全生产管理概述

一、安全生产管理的概念

1. 安全、本质安全

(1) 安全

安全是指生产系统中人员免遭不可承受危险的伤害。安全条件是指在生产过程中，不发生人员伤亡、职业病或设备、设施损害或环境危害的条件。安全状况是指不因人、机、环境的相互作用而导致系统失效、人员伤害或其他损失。

(2) 本质安全

本质安全是指设备、设施或技术工艺含有内在的能够从根本上防止发生事故的功能。

具体包括两方面的内容：

① 失误安全功能。指操作者即使操作失误，也不会发生事故或伤害，或者说设备、设施和技术工艺本身具有自动防止人的不安全行为的功能。

② 故障安全功能。指设备、设施或技术工艺发生故障或损坏时，还能暂时维持正常工作或自动转变为安全状态。

上述两种安全功能应该是设备、设施和技术工艺本身固有的，即在他们的规划设计阶段就被纳入其中，而不是事后补偿的。

本质安全是安全生产管理预防为主的根本体现，也是安全生产管理的最高境界。实际上，由于技术、资金和人们对事故的认识等原因，目前还很难做到本质安全，只能作为我们的奋斗目标。

2. 安全生产、安全生产管理

(1) 安全生产

安全生产是为了使生产过程在符合物质条件和工作秩序下进行，防止发生人身伤亡和财产损失等生产事故，消除或控制危险、有害因素，保障人身安全与健康、设备和设施免受损坏、环境免遭破坏的总称。

(2) 安全生产管理

安全生产管理是管理的重要组成部分，是安全科学的一个分支。所谓安全生产管理，是针对人们生产过程的安全问题，运用有效的资源，发挥人们的智慧，通过人们的努力，进行有关决策、计划、组织和控制等活动，实现生产过程中人与机器设备、物料、环境的和谐，达到安全生产的目标。

安全生产管理的目标是，减少和控制危害，减少和控制事故，尽量避免生产过程中由于事故所造成的人身伤害、财产损失、环境污染以及其他损失。

安全生产管理包括安全生产法制管理、行政管理、监督检查工艺技术管理、设备设施管理、作业环境和条件管理等。

安全生产管理的基本对象是企业的员工，涉及企业中的所有人员、设备设施、物料、环境、财务、信息等各个方面。

安全生产管理的内容包括：安全生产管理机构和安全生产管理人员、安全生产责任制、安全生产管理规章制度、安全生产策划、安全培训教育、安全生产档案等。

3. 事故、事故隐患、危险、危险源与公路工程危险源

(1) 事故

在生产过程中，事故是指造成人员死亡、伤害、职业病、财产损失或其他损失的意外事件。

事故的分类方法有很多种，我国在工伤事故统计中，参照《企业职工伤亡事故分类》(GB 6441—1986)综合考虑起因物、引起事故的诱导性原因、致害物、伤害方式等，将危险因素分为20类，分别为物体打击、车辆伤害、机械伤害、起重伤害、触电、淹溺、灼烫、火灾、高处坠落、坍塌、冒顶片帮、透水、放炮、瓦斯爆炸、火药爆炸、锅炉爆炸、容器爆炸、其他爆炸、中毒和窒息及其他伤害等。

(2) 事故隐患

事故隐患泛指生产系统中可导致事故发生的人的不安全行为、物的不安全状态和管理上的缺陷。

(3) 危险

危险是指材料、物品、系统、工艺过程、设施或场所对人、财产或环境具有产生伤害的潜能，有可能失败、死亡或遭受损害的情况。危险状态是指某一系统、产品或设备或操作的内部和外部的一种潜在的状态，其发生可能造成人员伤害、职业病、财产损失、作业环境破坏的状态。危险的特征在于其危险可能性的大小与安全条件和概率有关。危险概率则是指危险发生(转变)事故的可能性即频度或单位时间危险发生的次数。危险的严重度或伤害、损失或危害的程度则是指每次危险发生导致的伤害程度或损失大小。

(4) 危险源

从安全生产角度，危险源是指可能造成人员伤害、疾病、财产损失、作业环境破坏或其他损失的根源或状态。

(5) 公路工程危险源

公路工程危险源是指在公路工程施工过程中可能造成人员伤亡、财产损失的施工作业活动、危险物质、不良自然环境条件等。

二、安全生产管理五要素

安全文化、安全法制、安全责任、安全科技、安全投入是保障安全生产的五要素。

1. 安全文化

安全文化即安全意识，是安全生产的灵魂。建设安全文化，就是提高全民的安全素质，最终达到保障员工的生命安全。围绕安全生产建设安全文化，其重点就是要加强安全宣传

教育，普及安全常识，强化全社会的安全意识，强化公民的自我保护意识。

2. 安全法制

安全法制是安全生产的利器。要保证安全生产工作的顺利进行，必须坚持“以法治安”，用法律法规来规范生产工作者的行为，使安全生产工作有法可依、有章可循，建立安全生产法制秩序。坚持“依法治安”，必须“立法”、“懂法”、“守法”、“执法”。“立法”，要建立、修订、完善安全生产管理相关的规定、办法、细则等，为强化安全生产管理提供法律依据。“懂法”，要实现安全生产法制化，“立法”是前提，“懂法”是基础。只有生产工作者学法、懂法、知法，才能为“以法治安”打好基础。“守法”，要把依法治安落实到安全生产管理全过程，必须把各项安全规章制度落实到安全生产管理全过程。“执法”，要坚持“以法治安”，离不开监督检查和严格执法。为此，要依法进行安全检查、安全监督，维护安全法规的权威性。

3. 安全责任

安全责任是安全生产的核心，必须层级落实安全责任。牢固树立安全责任意识，要以全面落实安全生产责任制为核心，坚持事前预防、事中监督、事后处理，多管齐下，使各个环节、各个阶段、各个岗位的安全责任都能得到有效落实。

4. 安全科技

安全科技是安全生产的动力。发展安全生产必须依靠先进的科学技术，创新安全科技，将劳动者从繁重的体力、脑力劳动中解放出来，从风险大、危害大的作业环境和生产岗位上解放出来。应用先进的安全装置、防护设施、预测报警技术都是解放生产力、保护生产力、发展生产力的重要途径，安全科学技术是安全生产的先导，是科学生产的延伸，是安全生产的强力技术支持和巨大的动力源泉。

5. 安全投入

安全投入是安全生产的保障，也是安全生产的物质及非物质保障，是保护生产力、提高生产力的重要表现形式。安全生产的硬件、软件的改造与更新，安全生产环境的改善必须投入，有投入才会有更高的回报。有计划的安全投入一方面要见其实效，但不可忽视安全投入的滞后效应和公益效应，及厚积薄发的巨大潜力。

三、安全生产管理的方针

方针是一个国家或政党确定的引导事业前进的方向和目标，是为达到事业前进的方向和一定目标而确定的一个时期的指导原则。1949～2009年的60年间，我国安全生产方针在逐渐演变，这种演变随着我国政治和经济的发展在渐进。根据历史资料，我们发现我国安全生产方针大体可以归纳为三次变化，即：“生产必须安全，安全为了生产”；“安全第一，预防为主”；“安全第一、预防为主、综合治理”。

“安全第一、预防为主、综合治理”是现阶段我国安全生产管理方针。它是一个完整的统一体系，且三者之间存在内在的严密逻辑关系：坚持安全第一，必须以预防为主，实施综合治理；只有认真治理隐患，有效防范事故，才能把“安全第一”落到实处。

“安全第一”体现在生产经营单位应当把生产、安全、效益等看成一个有机的整体，当这些指标发生矛盾或冲突时，要将安全放在第一位。

“预防为主”主要体现为“六先”，即：

(1) 安全意识在先。宣传、普及安全意识是各级人民政府机关及有关部门和生产经营单位的重要任务,规定“各级人民政府及其有关部门应当采取多种形式,加强对有关安全生产法律、法规和安全生产知识的宣传,提高职工的安全生产意识”。要求“生产经营单位应当对从业人员进行安全生产教育和培训,保证从业人员具备必要的安全生产常识,熟悉有关的安全生产规章制度和安全操作规程,掌握本岗位的安全操作技能”,“从业人员应当接受安全生产教育和培训,掌握本职工作所需的安全生产知识,提高安全生产技能,增强事故预防和应急处理能力”。只有增强全体公民特别是从业人员的安全意识,才能使安全生产得到普遍的和高度的重视,极大地提高全民的安全素质,使安全生产变为每个公民的自觉行动,从而为实现安全生产的根本好转奠定思想基础和群众基础。

(2) 安全投入在先。生产经营单位应具备法定的安全生产条件。“生产经营单位应当具备的安全投入,由生产经营单位的决策机构、主要负责人或者个人经营的投资人予以保证,并对安全生产所需的资金投入不足导致的后果承担责任。”

(3) 安全责任在先。实现安全生产,必须建立健全各级人民政府及有关部门和生产经营单位的安全生产责任制,各负其责,齐抓共管。国务院和地方各级人民政府应当加强安全生产工作的领导,支持督促各有关部门依法履行安全生产监督管理职责。“生产经营单位的主要负责人对本单位的安全生产工作全面负责”。法律的上述规定就是为了增强各有关部门及其工作人员和生产经营单位主要负责人的责任感,切实履行自己的法定职责。

(4) 建章立制在先。预防为主需要通过生产经营单位制定并落实各种措施和规章制度来实现。安全规章制度不健全或者废除,安全管理措施不落实,势必埋下不安全因素和事故隐患,最终导致事故。因此,建章立制是实现预防为主的前提条件。

(5) 隐患整改在先。预防为主,主要是为了防止和减少生产安全事故。在一般情况下,大部分事故发生前都有安全隐患。如果事故防范措施周密,从业人员尽职尽责、管理到位,都能使隐患得到及时消除,可以避免或者减少事故。

(6) 监督执法在先。各级人民政府及其安全生产监督管理部门和有关部门强化安全生产监督管理,加大行政执法力度,是预防事故、保证安全的重要条件,重点要放在事前、事中监管上。要加大日常监督检查和重大危险源监控的力度,重点查处在生产经营过程中发生的且未导致事故的安全生产违法行为,发现事故隐患应当依法采取监管措施或者处罚措施,并且严格追究有关人员的安全责任。

“综合治理”是关键,体现在:主动排查,综合治理各类隐患,把事故消灭在萌芽状态;事故发生后,要查明事故的原因,分清事故责任,以便有针对性地制定防止同类事故再次发生的各项措施;同时对事故责任者、企业,还必须按照“有章必循、违章必究、依章处分”的原则,对违章者批评教育,并依照有关规章制度给予处分,令其吸取教训,从而也对广大员工起到警示的作用,使其意识到安全生产规章制度的严肃性,并从中教育全体人员要认真履行国家安全生产法律法规,遵守生产经营单位安全生产规章制度,杜绝有法不依、违章作业、违章指挥的现象,防止类似事故发生;同时,综合治理要运用好经济手段、法律手段,从发展规划、行业管理、安全投入、科技进步、经济政策、教育培训、安全文化以及责任追究等方面着手,建立安全生产长效机制。

第二节　安全生产管理原理与方法

一、海因里希事故因果连锁理论

在20世纪初，资本主义工业化大生产飞速发展，机械化的生产方式迫使工人适应机器，包括操作要求和工作节奏，这一时期工伤事故频发。1936年，美国学者海因里希曾经调查研究了75 000件工伤事故，发现其中的98%是可以预防的。在这些可以预防的事故中，以人的不安全行为为主要原因的事故占89.8%，而以设备和物质不安全状态为主要原因的事故只占10.2%。

海因里希在《工业事故预防》一书中提出了著名的“事故因果连锁理论”，即伤害事故的发生是一连串的事件，按照一定的因果关系依次发生的结果。

(1) 海因里希把工业伤害事故的发生、发展过程描述为具有一定因果关系的事件的连锁，即：

① 发生人员伤亡是事故的结果。

② 事故的发生产生于人的不安全行为和物的不安全状态。

③ 人的不安全行为或物的不安全状态是由于人的缺点造成的。

④ 人的缺点是由于不良环境诱发的，或者是由先天的遗传因素造成的。

(2) 海因里希最初提出的事故因果连锁过程包括如下五个因素：

① 遗传及社会环境。遗传因素及社会环境是造成人的性格缺点的原因。遗传因素可能造成鲁莽、固执等不良性格；社会环境可能妨碍教育、助长性格缺点发展。

② 人的缺点。人的缺点是使人产生不安全行为或造成机械、物质不安全状态的原因，它包括鲁莽、固执、过激、神经质、轻率等性格上的、先天的缺点，以及缺乏安全生产知识和技能等后天的缺点。

③ 人的不安全行为或物的不安全状态。所谓人的不安全行为或物的不安全状态是指那些曾经引起过事故，或可能引起事故的人的行为，或机械、物质的状态，它们是造成事故的直接原因。例如，在起重机的吊钩下停留，不发信号就启动机器，工作时间打闹，拆除安全防护装置等都属于人的不安全行为；没有防护的传动齿轮，裸露的带电体，或照明不良等都属于物的不安全状态。

④ 事故。事故是由于物体、物质、人或放射线的作用或反作用，使人员受到伤害或可能受到伤害的、出乎意料的、失去控制的事件。坠落、物体打击等能使人员受到伤害的事件是典型事故。

⑤ 伤害。伤害指直接由于事故产生的人身伤害。

海因里希用多米诺骨牌来形象地描述这种事故因果连锁关系，得到图1-1所示的多米诺骨牌系列。在多米诺骨牌系列中，第一块倒下(事故的根本原因发生)，会引起后面的连锁反应而倒下，其余的几块骨牌相继被碰倒，第五块倒下的就是伤害事故(包括人的伤亡与物的损失)。如果移去连锁中的一块骨牌，则连锁被隔断，发生事故的过程被中止。

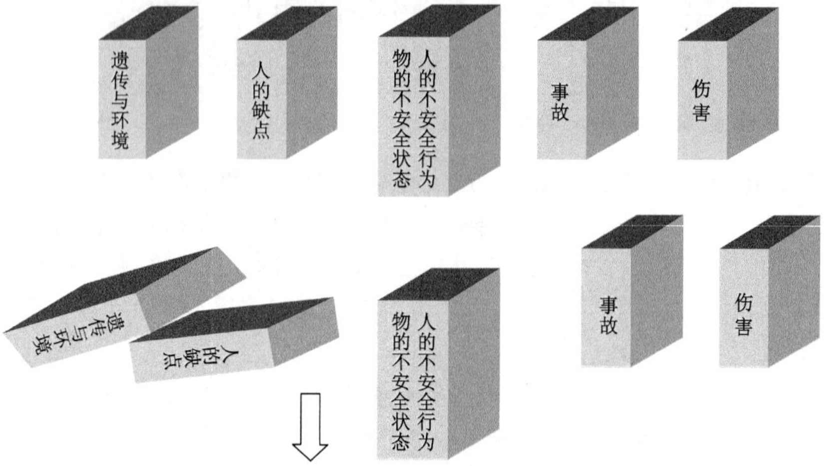

图 1-1　事故因果连锁关系的多米诺骨牌系列

该理论的最大价值在于使人认识到：如果抽出了第三块骨牌，也就是消除了人的不安全行为或物的不安全状态，即可防止事故的发生。企业安全工作的中心就是防止人的不安全行为，消除机械或物质的不安全状态，中断事故连锁的进程而避免事故发生。

海因里希的工业安全理论阐述了工业事故发生的因果连锁论，人与物的关系，事故发生频率与伤害严重度之间的关系，不安全行为的原因，安全工作与企业其他管理职能之间的关系，以及安全与生产之间的关系等工业安全中最重要、最基本的问题。该理论曾被称作"工业安全公理"。

但海因里希理论也有明显的不足，如它对事故致因连锁关系的描述过于绝对化、简单化。事实上，各块骨牌（因素）之间的连锁关系是复杂的、随机的。前面的牌倒下，后面的牌可能倒下，也可能不倒下。事故并不是全都造成伤害，不安全行为或不安全状态也并不是必然造成事故，等等。尽管如此，海因里希的事故因果连锁理论促进了事故致因理论的发展，成为事故研究科学化的先导，具有重要的历史地位。

二、博德事故因果连锁理论

博德在海因里希事故因果连锁理论的基础上，提出了与现代安全观点更加吻合的事故因果连锁理论。

博德事故因果连锁过程同样包括五个因素，但每个因素的含义与海因里希所提出的含义都有所不同。

1. 管理缺陷

对于大多数生产企业来说，由于各种原因，完全依靠工程技术措施预防事故既不经济也不现实，需要具备完善的安全管理工作，才能防止事故的发生。如果安全管理上出现缺陷，就会使得导致事故基本原因的出现。必须认识到，只要生产没有实现本质安全化，就有发生事故及伤害的可能。因此，安全管理是企业的重要一环。

2. 基本原因

为了从根本上预防事故,必须查明事故的基本原因,并针对查明的基本原因采取对策。基本原因包括个人原因及与工作有关的原因。关键在于找出问题的基本的、背后的原因,而不仅仅是停留在表面的现象上。这方面的原因是由于上一个环节——管理缺陷造成的。个人原因包括缺乏安全知识或技能,行为动机不正确,生理或心理有问题等;工作条件原因包括安全操作规程不健全,设备、材料不合适,以及存在温度、湿度、粉尘、有毒有害气体、噪声、照明、工作场地状况(如打滑的地面、障碍物、不可靠支撑物)等有害作业环境因素。只有找出并控制这些原因,才能有效地防止后续原因的产生,从而防止事故的发生。

3. 直接原因

人的不安全行为或物的不安全状态是事故的直接原因。这种原因是最重要的,是在安全管理中必须重点加以追究的原因。但是,直接原因只是一种表面现象,是深层次原因的表征。在实际工作中,不能停留在这种表面现象上,而要追究其背后隐藏的管理缺陷原因,并采取有效的控制措施,从根本上杜绝事故的发生。

4. 事故

从实用的目的出发,往往把事故定义为最终导致人员肉体损伤、死亡、财物损失的、不希望发生的事件。但是,越来越多的安全专业人员从能量的观点把事故看作是人的身体或构筑物、设备与超过其限值的能量的接触,或人体与妨碍正常施工生产活动的物质的接触。因此,防止事故就是防止接触。通过对装置、材料、工艺的改进来防止能量的释放,训练工人提高识别和回避危险的能力,通过个体防护(佩戴个人防护用具)来防止接触。

5. 损失

人员伤害及财物损坏统称为损失。人员的伤害包括工伤、职业病、精神创伤等。

在许多情况下,可以采取适当的措施,使事故造成的损失最大限度地减少。例如,对受伤者进行迅速正确的抢救,对设备进行抢修以及平时对有关人员进行应急训练等。

三、亚当斯事故因果连锁理论

亚当斯事故因果连锁理论是亚当斯提出的一种与博德事故因果连锁理论类似的因果连锁模型。在该理论中,事故和损失因素与博德事故因果连锁理论相似。这里把人的不安全行为和物的不安全状态称作“现场失误”,其目的在于提醒人们注意人的不安全行为和物的不安全状态的性质。亚当斯事故因果连锁模型用图文的形式表现如图 1-2 所示。

亚当斯事故因果连锁论的核心在于对现场失误的背后原因进行了深入的研究。操作者的不安全行为及生产作业中的不安全状态等现场失误,是由于企业领导者及事故预防工作人员的管理失误造成的。管理人员在管理工作中出的差错或疏忽,企业领导人决策错误或没有作出决策等失误,对企业经营管理及安全工作具有决定性的影响。管理失误反映企业管理系统中的问题。它涉及管理体制,即如何有组织地进行管理工作,确定怎样的管理目标,如何计划、实现确定的目标等方面的问题。管理体制反映作为决策中心的领导人的信念、目标及规范,它决定各级管理人员安排工作的轻重缓急、工作基准及指导方针等重大问题。

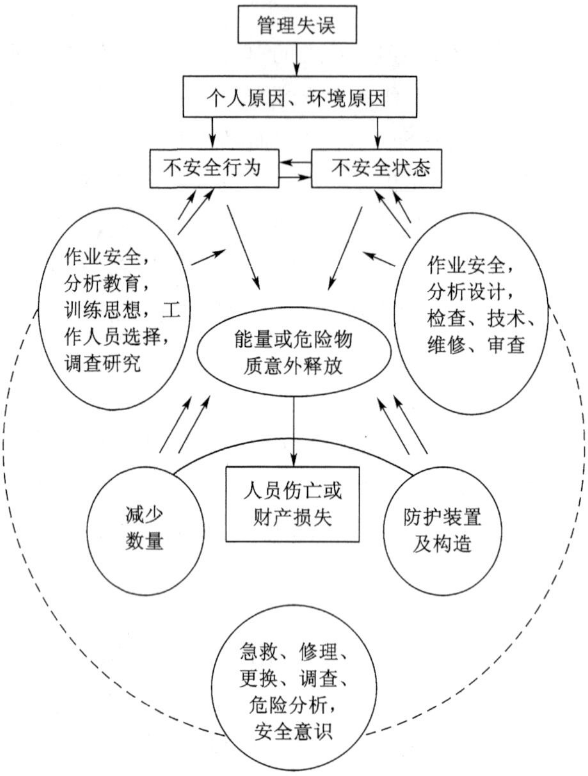

图 1-2　亚当斯事故因果连锁模型

四、人机轨迹交叉理论

轨迹交叉理论的基本思想是:伤害事故是许多相互联系的事件顺序发展的结果。这些事件概括起来不外乎人和物(包括环境)两大发展系列。当人的不安全行为和物的不安全状态在各自发展过程中(轨迹),在一定时间、空间发生了接触(交叉),能量转移到人体时,伤害事故就会发生。而人的不安全行为和物的不安全状态之所以产生和发展,又是受多种因素作用的结果。

轨迹交叉理论的示意图见图 1-3。图中,起因物与致害物可能是不同的物体,也可能是同一个物体;同样,肇事者和受害者可能是不同的人,也可能是同一个人。

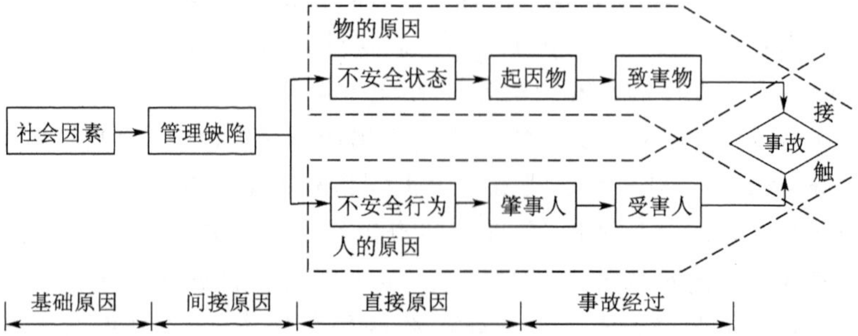

图 1-3　轨迹交叉事故模型

轨迹交叉理论反映了绝大多数事故的情况。在实际生产过程中，只有少量的事故仅仅由人的不安全行为或物的不安全状态引起，绝大多数的事故是与两者同时相关的。例如，日本劳动省通过对50万起工伤事故调查发现，只有约4%的事故与人的不安全行为无关，而只有约9%的事故与物的不安全状态无关。

在人和物两大系列的运动中，二者往往是相互关联，互为因果，相互转化的。有时人的不安全行为促进了物的不安全状态的发展，或导致新的不安全状态的出现；而物的不安全状态可以诱发人的不安全行为。因此，事故的发生可能并不是如图1-3所示那样简单地按照人、物两条轨迹独立地运行，而是呈现较为复杂的因果关系。

人的不安全行为和物的不安全状态是造成事故的表面的直接原因，如果对它们进行更进一步的考虑，则可以挖掘出二者背后深层次的原因。这些深层次原因的示例见表1-1。

轨迹交叉理论作为一种事故致因理论，强调人的因素和物的因素在事故致因中占有同样重要的地位。按照该理论，可以通过避免人与物两种因素运动轨迹交叉，来预防事故的发生。同时，该理论对于调查事故发生的原因，也是一种较好的工具。

表1-1　　事故发生的原因

基础原因（社会原因）	间接原因（管理缺陷）	直接原因
遗传、经济、文化、教育培训、民族习惯、社会历史、法律	生理和心理状态、知识技能情况、工件态度、规章制度、人际关系、领导水平	人的不安全状态
设计、制造缺陷、标准缺乏	维护保养不当、保管不良、故障、使用错误	物的不安全状态

五、“破窗原理”与安全管理

美国斯坦福大学心理学家詹巴斗曾做过一项试验：将两辆外形完全相同的汽车停放在杂乱街区，一辆车窗打开且车牌被摘掉，另一辆车封闭如常。结果三天之内打开车窗的那辆车被破坏得面目全非，另一辆车则完好无损。后来，詹巴斗又把这辆车的玻璃敲了个大洞，车上所有的窗户只一天时间都被打破，车内的东西全部丢失。

以此试验为基础，美国政治学家威尔逊提出了著名的“破窗理论”，即如果有人打坏了建筑物的一扇窗户玻璃，打碎玻璃者未受到惩罚，而这扇窗户又未得到及时修理，在公众麻木不仁的氛围里，别人就可能受到暗示性的纵容去打烂更多的窗户玻璃，最终造成千疮百孔、积重难返的局面。

人的行为会接受周围环境的暗示：在杂乱无章的环境中，人就变得随意；在井井有条的环境中，就会变得小心谨慎。同样，安全管理的优劣，直接影响操作者的心理。从以往发生的事故来看，有不少事故是由违章操作引起的，按照“破窗理论”来分析，开始有人违章操作没有引起足够的重视，也没有及时制止和进行教育，致使违章的人越来越多，最终导致事故的发生。

要想制止违章操作，杜绝事故的发生，我们应该从源头做起，即发现违章操作就要及时对其制止和进行教育，同时以点带面展开讨论，使广大职工形成共识：违章操作必然导致事故，必须严格禁止。必要时还可以对屡教不改者进行严厉的处罚，这样可以给人另一种暗示，那就是规范操作不容置疑，每个人都必须养成遵守操作规程的好习惯。

公路工程施工的安全生产是一项复杂的系统工程，涉及人员、设备和管理等诸多方面。为搞好安全生产，施工企业制定了较为完善的安全管理规章制度，这些制度在反违章保安全过程中发挥着重要作用。但是，在具体的安全管理过程中，总会有怀着侥幸心理的人去钻制度的空子，或者“无意”地破坏了制度，成为第一个“打破玻璃者”。“破窗理论”提醒我们抓安全生产必须未雨绸缪、防微杜渐，既要及时修理“第一块被打碎的窗户玻璃”，又要给第一个“打碎玻璃者”以警示，采取措施防范后面再打碎玻璃现象的发生。作为管理者来说，如果缺乏捍卫制度的责任心，或者碍于人情世故对违规者放任自流，容忍了“第一块玻璃”被打碎，没有给违规者任何警戒惩罚，那么就会暗示周围的人打碎“一块玻璃”无关大局，纵容更多的人加入“破窗者”的行列，加剧“破窗”的进度。这样再好的安全管理制度也会形同虚设，丝毫起不到警戒约束的作用，给企业的安全生产留下隐患，将危及人身和设备安全。

千里之堤，溃于蚁穴。“破窗理论”警示我们任何制度都有被破坏的可能，任何管理上的疏忽都可能酿成大的祸端。因此必须持之以恒，堵塞各种可能造成事故的漏洞，狠抓规章制度的落实，维护安全制度的权威性，绝不能让制度管理流于形式，绝不给任何威胁安全生产局面的人或行为以可乘之机。

亡羊补牢虽为美，莫若当初早筑篱。“破窗理论”还启示我们严格落实制度和提前采取防范措施是确保安全的关键所在。对管理者来说，要在细微处入手，从点滴抓起，只有坚持小题大做和“三不放过”，做到违章必纠和执法必严，才能确保各项安全管理制度得以落实。同时，对企业员工来说，要养成自觉遵守规章制度的习惯，摒弃侥幸心理，时刻保持高度的警惕性，把每一个事故苗头消灭在萌芽状态，这样才能防患于未然。只有人人都不去打“玻璃”，人人都争做“玻璃”的守卫者，企业安全的这扇窗户才能更结实。

要在企业管理中避免“破窗理论”效应的发生，我们要从以下三方面来防范：

(1) 制度的制定要切实可行，执行起来有很强的操作性，员工一目了然，清楚知道自己的岗位职责，哪些行为是违反规章制度的，将受到什么样的处罚。也就是从制度层面杜绝“破窗理论”效应。

(2) 执行制度要严格，管理者要及时发现被打破的“第一块玻璃”，并对打破玻璃的人作出处罚，防止此类行为的进一步扩散。制度执行要程序化、规范化、严格化，各级管理者要明确管理职责，管理失职就将受到处罚，也就是从管理层面杜绝“破窗理论”的效应。

(3) 要建立遵章守纪的良好环境，所谓冰冻三尺，非一日之寒。企业任何重大问题的出现，均是由日常的、细小的问题堆积而成的。好的员工在“破窗”的环境中，也会去打破玻璃。加强环境建设，就是企业文化建设。和谐、先进的企业文化，能造就员工良好的心态和习惯，“破窗”就不会发生，也就是从文化层面杜绝“破窗理论”的效应。

第三节　公路建设工程安全管理特点

一、公路工程安全生产管理的难点

(1) 地点与人员的不固定性。公路工程一般是点多、人多。在工程建设中，一是施工单位完成某道工序或某个项目，就必须转移到新的施工点去，环境多变。二是劳动分工的专业化使施工人员流动性大。随着工程建设的进展，施工现场的不安全因素也在随时变化。

(2) 环境恶劣性。施工工序大多是在露天空旷的场地或水域完成的，有些甚至在高温下，悬崖、深谷和海浪汹涌等处作业，环境相当艰苦，防护条件差，生产和管理复杂，容易发生伤亡事故。

(3) 施工高空性。高空作业、水上作业、悬崖作业是公路工程常见的作业形式，工程作业面小而人体作业的动作幅度大，操作工人在十几米甚至几百米的高空进行施工作业，极易发生高处坠落的伤亡事故。

(4) 生产艰巨性。目前公路工程的施工还是手工操作居多，工人体能耗费大、劳动时间和劳动强度都比其他行业大，其职业危害严重，使个人劳动保护的艰巨性增加。

(5) 作业交叉性。近年来，交通建设工程由低向高发展，由地上向地下、水下发展，施工现场却由宽向窄发展，致使施工现场与施工条件要求的矛盾日益突出，多工种立体交叉作业增加，导致机械伤害、物体打击事故增多。

公路施工安全生产的上述难点，决定了生产的安全隐患多存在于高处作业、交叉作业、垂直运输、个人劳动保护以及使用电气机具等环节；伤亡事故也多发生在高处坠落、物体打击、机械伤害、起重伤害、触电、坍塌等方面。同时，新、奇、个性化的工程设计，给公路工程施工带来了新的挑战，也对安全管理和安全防护技术提出了新的要求。

二、公路建设工程安全管理的工作原则

安全生产管理作为管理的主要组成部分，既遵循管理的基本原理与原则，又有其特殊性的原则。公路建设工程安全管理的工作原则是指在生产管理原则的基础上，指导安全生产管理工作的通用规则。

(1) 人身安全第一原则。以人为本是科学发展的核心，“国家尊重和保障人权”已经载入我国宪法。我们的每一项工作都是为人民服务，人民的利益高于一切。

(2) 预防与控制原则。事故预防与控制，是指从工程技术、教育培训和安全管理等方面入手，采取相应对策，对隐患源进行排查与整治，使事故不发生或事故发生后造成的损失尽可能减少。

(3) “三同时”原则。新建、改建、扩建项目的安全设施必须与主体工程同时设计、同时施工、同时投入生产和使用。对未通过“三同时”审查的建设项目，有关部门不予办理行政许可手续。

(4) 明确与分解责任原则。建立健全安全生产责任制，做到安全生产、人人有责。责任落实横向到边、纵向到底：横向即建设项目(企业)各职能部门明确职责；纵向即从上到下所有类型人员明确职责。生产经营单位的主要负责人是本单位安全生产的第一责任者。

(5) “四不放过”原则。调查和处理安全生产事故时，必须坚持事故原因分析不清不放过、事故责任者和群众没有受到教育不放过、没有采取切实可行的防范措施不放过、事故责任者没有受到严肃处理不放过。

(6) 综合治理原则。公路工程安全生产涉及工程的各个方面和各个环节，仅靠负责安全生产监管部门是难以落实的，必须提高全社会的安全意识，要依靠群众，形成全社会关注安全、关爱生命的社会氛围。对于工程建设项目，要建立“政府部门监管、项目业主主导、监理单位督促、施工企业负责”的安全生产管理体系。

第四节　公路工程从业单位安全生产管理责任

我国法律法规如《建筑法》、《安全生产法》、《建设工程安全生产管理条例》、《国务院关于进一步加强企业安全生产工作的通知》、《公路水运工程安全生产监督管理办法》等对公路工程从业单位的安全生产管理职责进行了明确规定。党的十七大也对安全生产工作提出了新要求，明确了安全生产的指导原则、工作重点、关键环节和根本任务。强调要“坚持安全发展，强化安全生产管理和监督，有效遏制重特大安全事故”，“完善突发事件应急管理机制”，“保障人民生命财产安全”。在以“安全发展”为核心的安全生产理论指导下，明确各级安全生产管理人员职责，全面落实公路工程施工企业安全生产主体责任，强化安全生产责任意识，这对使各级安全生产管理人员都能做到各司其职、各尽其责意义重大。因此，要明确各级安全生产管理人员的责任，对于有效遏制重特大安全生产事故的发生将起到积极的作用。

一、公路工程从业单位安全生产管理责任

1. 施工单位的安全生产责任和义务

(1) 施工单位对列入建设工程概算的安全作业环境及安全施工措施所需费用，应当用于施工安全防护用具及设施的采购和更新、安全施工措施的落实、安全生产条件的改善，不得挪作他用。

(2) 施工单位应当设置安全生产管理机构，配备专业齐全的安全生产管理人员，并向各施工现场派驻经考核合格的安全生产专职管理人员。在工程项目施工中开展安全生产的计划、布置、检查、总结、评比工作。

(3) 施工单位应当根据工程项目特点制订各项安全生产管理制度和有针对性的安全技术措施或方案，编制安全生产事故应急预案，对达到一定规模的危险性较大的分部分项工程编制专项施工方案，并附具安全验算结果，经施工单位技术负责人、总监理工程师签字后实施，由专职安全生产管理人员进行现场监督。

(4) 施工现场的安全生产管理由施工单位负责。工程施工实行总承包的，总承包单位应当对全部工程施工现场的安全生产管理负责；总承包单位依法将工程分包给其他单位的，分包单位应当按照分包合同的约定对其分包工程施工现场的安全生产管理向总承包单位负责，总承包单位对分包工程施工现场的安全生产管理承担连带责任。

(5) 开工前，施工单位应根据有关规定做好保障安全生产的准备工作，并按建设单位的要求将本项目安全生产的有关材料上报建设单位。

(6) 施工单位项目管理或者专职技术人员应在工程开工前向一线作业班组、作业人员进行安全技术措施和操作规范交底，并书面告知危险岗位的操作规程和违章操作的危害。施工单位应当向作业人员提供安全防护用具和安全防护服装，作业人员有权对施工现场的作业条件、作业程序和作业方式中存在的安全问题提出批评、检举和控告，有权拒绝违章指挥和强令冒险作业。

(7) 施工单位应当对安全生产管理人员和作业人员每年至少进行一次安全生产教育培训，教育培训情况应当记入个人业绩档案，未进行安全生产教育培训或者考核不合格的，不得上岗作业。

(8) 施工单位使用的起重机械和整体提升脚手架、挂篮和架桥机等自升式架设设施的使用达到国家规定的检验检测期限的，必须经具有专业资质的检验检测机构检测。经检测不合格的，不得继续使用。

(9) 施工单位应当接受建设单位、监理单位及地方政府安全监督机构对其安全生产的监督检查。对于检查单位下达的整改意见通知，施工单位要立即予以整改。

(10) 施工单位应根据国家有关规定和本项目安全生产事故应急预案的要求，建立应急救援组织，配备必要的应急救援器材及设备，并定期进行演练。

(11) 施工现场发生安全事故时，施工单位应采取有效措施抢救人员和财产，保护事故现场，并立即向建设、监理单位和相关部门报告，因抢救人员、疏导交通等原因需要移动现场物件的，应当做出标志，绘制现场简图并做出书面记录，妥善保护现场重要痕迹、物证，有条件的应当拍照或录像。

2. 建设单位的安全生产责任和义务

(1) 建设单位对施工项目安全生产负有领导和管理责任，应根据所管理项目的特点建立健全自身的安全生产监管体系。

(2) 建设单位在编制工程概算时，应当确定交通建设工程安全设施、安全作业环境及安全施工措施所需费用。项目实施过程中，应落实工程项目安全设施与主体工程“三同时”工作，即同时设计、同时施工、同时投入使用。

(3) 建设单位应在招标文件中对施工单位的安全生产管理、保障方案和技术措施提出明确的要求。严格履行基本建设程序，将工程发包给具有相应资质等级的从业单位。

(4) 建设单位应按照国家有关规定以及合同要求对从业单位的安全行为加强管理，与中标单位签订安全生产合同，督促其建立健全安全保障体系和安全生产责任制，并定期进行检查，处理违规行为。

(5) 建设单位不得以任何理由要求设计、施工和监理单位违反有关建设工程安全生产的法律法规、规章和标准、操作规程的规定进行设计、施工及监理。不得采用明示或者暗示的方式，要求施工企业使用不符合安全施工要求的建筑材料、构配件、安全防护用具、机械设备、施工机具及配件、消防设施和器材。

(6) 建设单位应当向施工单位提供与工程相关的供水、排水、供电、供气、供热和邮电通信等地下管线资料。涉及构造物承重结构变更的工程，建设单位应当在施工前委托原设计单位或有相应资质条件的设计单位提供变更设计图纸，按照有关规定办理审批手续。

(7) 建设单位必须在开工前督促各参建单位严格按照《公路水运工程安全生产监督管理办法》的要求，建立、健全安全生产保证体系。并采用各种方式监督、检查各参建单位安全生产保证体系的运行和安全生产责任制的落实，对未建立、健全安全生产保证体系和未落实安全生产责任制的单位，要求其进行整改。

(8) 对存在安全隐患的施工现场，要求施工单位立即予以整改，对安全生产实施奖惩等。

3. 监理单位的安全生产责任和义务

(1) 监理单位是工程项目安全生产的管理单位，对建筑工程安全生产承担监理责任，监理单位必须明确内部安全生产责任制，设置专职安全生产监理人员。

(2) 应将安全生产管理内容纳入监理规划和监理细则中，制订安全生产监理管理办法，监督施工现场安全生产保证体系的建立、运行和安全生产责任制的落实，监督施工单位安全生产教育的实施、安全生产管理三类人员的持证情况、安全隐患排查和治理情况等。

(3) 监理单位的专职安全生产监理人员要对施工现场的安全生产进行日常检查，建立安全监理日志，并对危险性较大工程或重点工序进行旁站监理。

(4) 严格检查施工企业资质、安全生产许可证，以及三类人员、特种作业人员的考核和持证上岗情况。

(5) 及时、严格审核施工组织设计中的安全技术措施或专项施工方案是否符合工程建设强制性标准。对于不按方案组织施工、不符合工程建设强制性标准、存在较大安全隐患的，监理单位必须责令施工单位立即停工整改，施工单位拒不整改或不停工的，监理单位必须及时向建设行政主管部门及建设单位报告。

(6) 督促施工单位将起重机械设备等特种设备和设施向当地安全生产监督部门和技术质量监督部门进行备案登记。

(7) 根据工程项目特点，确定施工现场具体的监理人员，明确其安全监督责任；组织施工单位及有关方就安全监理实施细则的内容、安全监理人员的分工协作等事项向施工单位交底，确定监理程序，以便安全监理工作的顺利开展。

(8) 严格按照要求对施工单位履行工程建设强制性标准和专项安全施工方案的情况进行监督；制止违规作业，发现严重违规施工和存在安全事故隐患的，应当要求施工单位停工整改，并检查整改结果，施工单位拒不改正的，应向当地建设行政主管部门报告。

(9) 发生生产安全事故后，监理单位必须参与事故调查处理、抢险救援，并监督施工单位严格按生产安全应急救援预案组织实施。

4. 咨询、勘察设计单位的安全责任和义务

(1) 咨询或设计单位要对工程实施过程和投入运营后的安全风险进行评估。对项目的安全生产条件及安全设施提出相应的安全应对方案，在综合分析的基础上，协助项目编制安全风险防范方案。

(2) 勘察单位应当按照国家有关安全生产法律、法规和工程建设强制性标准进行勘察，提供的勘察文件应当全面、真实、准确，满足建设工程安全生产的需要。勘察作业时，应当严格执行操作规程，采取措施保证各类管线、设施和周边建筑物、构筑物的安全。在工程所在区域地质灾害严重或工程建设活动可能引发地质灾害时，勘察单位还应对地质灾害防治方案提出建议。

(3) 设计单位应当按照法律、法规和工程建设强制性标准进行设计，防止因设计不合理导致生产安全事故的发生。设计单位应当考虑施工安全操作和防护的需要，对涉及施工安全的重点部位和环节在设计文件中注明，并对防范生产安全事故提出指导意见。具有较大安全风险的建设项目安全设施设计文件还须报相应安全生产监督管理部门审查。对于采用新结构、新材料、新工艺的建设工程和特殊结构的建设工程，设计单位应当在设计中提出保障施工作业人员安全和预防生产安全事故的措施建议，设计单位和执业人员应当对其设计负责。

(4) 施工过程中，施工单位发现工程设计不能满足施工作业安全条件的，应当及时向建设单位提出，建设单位应当按照程序向设计单位提出，设计单位对工程设计应当及时予以修改，并出具修改方案或变更设计图纸。

二、公路工程施工企业安全生产管理人员职责

1. 公路工程施工企业安全生产管理人员的划分

按照《公路水运工程安全生产监督管理办法》规定，公路工程施工企业各级安全管理人员分为企业主要负责人、项目负责人和专职安全生产管理人员，即常说的安全生产管理三类人员。

(1) 企业主要负责人(A类)，是指对企业日常生产经营活动和安全生产工作全面负责、有生产经营决策权的人员，包括企业法定代表人、经理、企业安全生产工作的负责人等。

(2) 项目负责人(B类)，由企业法定代表人授权，负责公路工程项目施工管理的负责人，包括项目经理、项目副经理和项目总工。

(3) 专职安全生产管理人员(C类)，在企业专职从事安全生产管理工作的人员，包括企业安全生产管理机构专职安全员(C1类)和施工现场专职安全员(C2类)。

2. 法定代表人的安全生产职责

公路工程施工企业法定代表人是本单位安全生产工作的第一责任人，对安全生产工作全面负责。应根据企业实际情况，合理调配企业的人力、财力、物力，满足企业安全生产的需要。对分管负责人、技术负责人和安全生产部门负责人下达安全生产管理目标，并适时监督检查，评估本单位安全生产管理工作实效。主要履行以下职责：

建立健全本单位安全生产责任体系，抓好企业安全生产法律法规、方针政策、标准规范的贯彻落实。

按照有关法律、法规和规定，设置和配备与安全生产工作相适应的管理机构和人员，保证本单位安全生产投入的有效实施，改善从业人员工作条件。

将安全生产工作作为本单位管理中的一项重要工作，建立激励机制，建立健全以安全生产责任制、安全操作规程、安全培训教育、安全监督检查、重大危险源监控、事故隐患整改等为主要内容的规章制度，并负责全面贯彻实施。

每年对本单位安全生产形势进行调查研究，全面掌握本企业安全生产情况，将安全生产工作纳入议事日程的重要内容，研究解决本企业安全生产工作的相关问题。

督促、检查本单位的安全生产工作，及时消除生产安全事故隐患。

组织制订并实施本单位的生产安全事故应急救援预案。

及时如实报告生产安全事故。

其他应当承担的责任。

3. 分管生产安全负责人的安全生产职责

公路工程施工企业分管生产安全负责人是本单位安全生产工作的直接责任人，对企业安全生产负直接领导责任，主要履行以下职责：

负责本单位落实关于安全生产的法律法规、方针政策等重大事项的贯彻落实情况的督查检查和督促指导，亲自抓部署、抓督促、抓检查、抓落实。

负责落实企业安全生产责任制，组织制订企业安全生产各项规章制度和年度管理目标，并监督落实。

按照相关规定负责审核企业年度安全生产专项资金投入计划，督促本单位按规定比例提取安全费用，并督促落实到位。

定期组织召开安全生产专门会议，分析安全生产状态，总结经验教训，布置阶段性工作，解决存在的问题，制订防范措施。

对承建工程项目安全生产进行检查督察，加强对事故隐患和职业危害的监控预防措施，定期组织企业安全生产管理人员和从事危险性较大工种的作业人员进行教育培训，真正做到防患于未然。

组织制订应急救援预案，组织开展应急救援演练，依法做好生产安全事故报告和应急救援工作。

采用职业安全健康管理体系认证、风险评估、安全生产条件认证和安全评价评估等方法改进安全管理，落实安全防范措施，提高安全生产管理水平。

合理调配企业专职安全生产管理人员，并对其工作进行监督、指导以及考评，监督检查，定期检查企业各部门、分支机构以及各施工项目安全生产情况，对出现的问题及时督办等。

4. 分管技术工作负责人的安全生产职责

公路工程施工企业分管技术工作负责人，对本单位的安全生产负技术领导责任，主要履行以下职责：

负责组织制订本单位安全技术规程和现场安全生产、文明施工管理标准并监督执行。

定期主持召开本单位安全技术会议，分析本单位的安全生产形势，研究解决安全技术问题。

负责新设备、新技术、新工艺和新材料的安全技术保障工作。

施工生产过程中，保证安全防护措施符合要求，确保新建工程项目安全措施与主体工程同时设计、同时施工、同时验收投产，把好设计审查和竣工验收关。

根据相关技术标准和规范、规定要求，对所承担建设工程项目的施工组织设计进行审批，并组织相关专家对项目中危险性较大专项工程施工方案进行论证。

参与重大伤亡事故的调查，从技术方面分析事故原因，提出技术鉴定意见，制订防范和改进安全生产事故的技术措施。

对职工进行经常性的安全技术教育。

其他应当承担的责任。

分管物资设备、经营管理、人力综合、财务管理等其他工作的负责人，在各自职责范围内承担相应的责任。

5. 安全管理机构专职安全员的安全生产职责(C1 类)

公路工程施工企业安全管理机构专职安全员对分管的安全生产工作负直接管理责任，主要履行以下职责：

承担本单位安全生产委员会以及安全生产各项日常工作，贯彻落实安全生产委员会的各项决议，协助主管领导检查落实情况。

贯彻落实有关建设工程安全生产的法律法规和政策性规定，监督、指导企业分支机构和各承建项目严格执行国家、地方有关安全生产技术标准和规范，负责组织起草本单位安全生产规章制度和安全操作规程。

指导和评价企业各部门和分支机构以及所承担建设工程项目的安全生产管理工作，并负责企业分支机构和所承担建设工程项目专职安全生产管理人员的管理、指导和考评。

对企业所承担建设工程项目施工组织设计中的安全技术措施提出指导性意见，并协助企业技术负责人组织专家对所承担建设工程项目中危险性较大的专项工程施工方案进行论证。

负责组织开展安全生产检查活动，定期组织对企业各施工项目安全生产专项检查，发现安全生产问题和隐患及时责成项目部限期或停工整改，并督促整改到位。情节严重的，应立即向企业分管负责人汇报。针对检查发现的问题，制订防范措施。

参与编制企业重大生产事故救援预案，并审查企业各施工项目的重大生产事故救援预案，定期组织相关人员进行演练。

负责企业安全生产信息的收集、统计、上报，定期制订安全生产专项资金投入计划，并对企业安全生产相关投入情况进行统计、核实。监督企业各项目施工安全生产费用的投入和使用情况。

生产安全事故发生后及时组织相关人员进行救援或采取有效措施，保护现场并及时报告，积极协助有关部门调查处理。

其他应当承担的责任。

6．项目经理的安全生产职责

认真贯彻执行国家有关安全生产的法律法规标准和规范，建立本项目的安全生产保证体系，组织编制本项目安全生产各项管理规章制度和管理方案及项目重大生产事故应急救援预案。

根据企业下达的年度安全生产、文明施工总目标，确定项目的安全生产、文明施工管理目标，并与分包单位、作业班组签订安全生产、文明施工管理责任书，督促分包单位编制各项安全生产管理规章制度、落实项目安全防护和文明施工各项措施。

工程项目开工前，按照《公路水运工程安全生产监督管理办法》的要求，完善项目开工安全生产条件，保证本项目安全费用的提取和有效使用，对安全培训和安全技术交底进行监督检查。

定期召开安全生产会议，组织安全生产检查和分析，针对存在的安全隐患，制订相应的整改和预防措施并落实。

组织本项目安全生产事故隐患排查整治工作，对发现的安全隐患，及时提出整改意见。对重大安全隐患，督促制订整改措施，并指定专人负责。

编制本项目安全措施和分部分项工程安全施工要点，制订项目安全保障措施或管理方案，组织施工现场施工临建设施的验收等工作。

组织制订项目施工现场生产安全事故应急救援预案，并组织演练。

发生事故后，积极组织抢救人员，按照规定的程序及时报告，积极配合事故的调查处理，并制订防止同类事故发生的安全技术和管理措施。

其他应当承担的责任。

7．项目主管生产安全副经理的安全生产职责

协助项目经理认真贯彻执行国家安全生产方针、政策、法规，落实各项安全生产管理制度。

每月主持召开一次项目安全生产会议，分析安全生产动态，研究、解决安全生产中的重大问题，及时将安全生产情况向项目经理汇报。

落实施工组织设计、施工方案中各项安全技术要求，组织实施项目总体和施工各阶段安

全生产工作规划，严格执行安全技术措施审批制度，不断改善施工工作条件，保证安全生产。

随时掌握安全生产动态，保证安全保障体系工作的正常运转，配合项目经理组织定期、不定期安全生产检查，及时消除事故隐患，制止违章指挥和违章作业，杜绝重大事故的发生。

监督检查施工过程中的安全技术交底、安全施工措施的落实执行情况。

组织工程项目安全生产的宣传教育工作，负责组织领导分包施工队伍各类人员的安全教育培训和考核审查工作。

负责因工伤亡事故现场的保护、伤员抢救及协助事故调查、报告与处理。

负责组织制订、审核安全生产应急救援预案，组织应急预案的演习和评审工作，组织项目部安全技术人员进行危险源辨识和风险评价工作。

其他应当承担的责任。

8. 项目总工程师的安全生产职责

认真贯彻执行国家安全技术标准、规范、规程和安全生产规章制度，对项目的安全技术工作负直接责任，结合项目工程特点，主持工程项目的安全技术交底。

负责编制工程项目施工组织设计、分部分项安全技术方案和专项方案，保证其可行性与针对性，并随时检查、监督、落实。

负责向专业技术人员进行特殊或关键部位的安全技术交底，并监督实施。

组织对从事特殊施工人员进行安全技术和施工人员的安全操作规程的日常培训，及时解决施工中出现的安全技术问题。

工程项目应用新技术、新工艺、新材料，要及时上报，经批准后方可实施，并严格执行相应的安全技术措施与安全操作规程与要求。

参加安全生产检查，对施工中存在的不安全因素，从技术方面提出整改意见和办法予以消除；参加因工伤亡及重大未遂事故的调查，从技术上分析事故原因，提出防范措施和意见。

负责应急救援和抢险工作的专家组织工作；参与生产安全事故的调查、分析及处理工作，协助总指挥（项目经理）进行技术方面的咨询和决策及技术协调。

其他应当承担的责任。

项目分管物资设备、经营、人力综合、财务等其他工作的负责人，在各自职责范围内承担相应的责任。

9. 项目专职安全生产管理人员的安全生产职责（C2 类）

负责贯彻执行有关安全生产的法律、法规、规范、政策、标准，参与编制本项目安全生产各项管理规章制度和管理方案，分解、监督落实项目安全生产管理责任，并签字确认。每月定期对项目各管理岗位安全生产责任落实情况进行考评，并形成记录。

根据企业下达的年度安全生产总目标，确定项目的安全生产管理目标，并协助项目负责人与分包单位、作业班组签订安全责任书，督促落实、执行。

参与安全生产各项措施与方案的编制，严格监督检查施工班组对各项安全生产规章制度和安全操作规程的执行情况。配合有关部门做好对施工人员的三级安全教育、各工种换岗教育和特殊工种培训取证工作，并记录在案，健全各种安全管理台账。

对施工现场进行安全生产日常巡查和定期检查，制止违章指挥和违章作业，及时排除施工现场安全隐患，制订防范措施，当安全与生产发生冲突时，有权制止冒险作业，签发限时整改通知单。

在分部分项工程或重点部位、重点环节施工前，应及时督促现场技术员对施工作业人员进行安全技术交底。安全技术交底内容应当明确工程作业特点和所存在的重大危险源，提出危险源的具体预防措施和相应的安全标准以及相关应急救援预案的内容，并做好交底记录。

收集整理工程项目施工安全重大危险源清单，并经项目负责人审核确认后，负责在施工现场醒目位置予以公示。制订重大危险源管理方案和保证措施，建立重大危险源的监控管理制度，对施工现场安全重大危险源实施动态监控。

检查劳动保护用品的质量，以及监督检查现场操作人员正确使用，对进入现场使用的各种安全用品及机械设备，配合材料部门进行验收检查工作。

负责项目特种作业人员持证情况的验证工作，参与施工现场施工起重设备、挂篮、架桥机等临时设施及安全防护设施验收工作，并保存验收记录。对不符合规定要求的，应及时向项目负责人和企业安全生产管理机构书面报告。

参加因工伤亡和重大未遂事故的调查，分析事故原因，提出改进意见和防范措施，并监督检查执行情况。负责项目一般事故的调查、分析，提出处理意见，协助处理重大工伤事故，并参与制订纠正和预防措施，防止事故再发生。

对项目安全生产管理资料进行归档整理。资料要与工程进度同步，内容要完整、真实有效。

其他应当承担的责任。

第五节　公路施工项目安全管理的现状、挑战及发展趋势

一、施工项目安全管理的现状

国家制定颁布实施了建设工程领域的安全生产法律法规，如《建设工程安全生产管理条例》，明确规定了施工单位的安全生产责任。交通行业部门也相继出台了公路施工安全生产监督管理办法，对公路工程施工安全生产管理的要求予以了明确。省级交通行业部门也相应根据实际出台了有关公路工程施工安全生产管理办法或实施细则，为公路工程施工项目的安全管理指明了方向。公路施工项目也结合实际采取了一系列关于加强安全生产工作的措施，做了大量工作，摸索出了各具特色的安全管理方法或途径，使安全工作不断得到加强，从业人员安全意识不断增强，施工安全组织、制度体系初步形成，施工安全管理逐步趋于规范，施工安全状况从总体上得到改善。但是必须清醒地认识到，当前施工安全事故尤其是重特大安全事故时有发生，造成人员伤亡严重，经济损失巨大，安全形势不容乐观。公路施工项目安全管理存在着一些问题也不容忽视，主要表现在以下四个“不适应”。

1. 安全认识与当前安全形势不适应

从全国情况来看，当前正处于公路工程建设的高峰期，容易发生安全事故；从安全发展的规律看，我国目前正处于经济的转型期，是经济发展的快速增长期，也是安全事故高发期。因此，安全形势非常严峻。当前，有的施工企业对施工项目安全认识不到位，没有真正树立“安全发展”理念，没有真正坚持“安全第一、预防为主、综合治理”方针，重施工生产、轻安全，

搞进度第一，片面强调施工进度，追求施工质量和成本，忽视施工安全；没有真正把安全生产工作摆在第一的位置，不是将安全与施工生产同步规划、同步部署、同步实施、同步推进，而是“说起来重要、做起来次要、忙起来不要”；对当前安全生产形势的严峻性、复杂性和反复性缺乏重要认识，存在麻痹松懈思想和侥幸心理。

2．安全管理方式与安全发展要求不适应

目前，有的公路工程施工高资质企业，如特级、一级等，存在转变成纯管理型企业的迹象，有的甚至已经转变成纯管理型的企业，虽然具有一定的管理能力和水平，但总的来看并无过硬的施工队伍。一旦工程中标后，便分包给有关的专业队伍施工，企业仅派相关技术人员配合加强施工现场管理，给工程施工埋下了安全隐患。有的施工项目以包代管现象较为普遍，导致安全管理水平低下，安全管理手段落后，安全责任不明确，安全管理制度没有得到很好地贯彻落实，其结果导致安全管理“双基”薄弱、现场混乱、“三违”严重、责任缺失、管理失控、监督不力。

3．施工现场管理与现场文明施工要求不适应

当前公路工程施工项目的施工现场管理混乱是一个普遍存在的现象，与现场文明施工要求明显不适应。主要表现在：各类主材、地材规格、型号堆放混乱；钢筋制作场、发电房、拌和站布置不尽合理；施工临时用电管理不规范，管线架设不符合要求；现场安全防护设施不符合要求；现场通风和照明条件较差；作业环境不整洁等。

4．从业人员素质与安全管理要求不适应

目前，我国公路施工行业大部分从业人员来自农村，文化程度偏低，而且这些农民工流动性大，大都没有经过系统的安全教育与培训，且其自身的安全意识淡薄，安全生产知识缺乏，技术技能低，因而造成从业人员的安全素质低，管理混乱，违章作业现象严重，导致事故发生频繁。有的施工项目不注重从业人员素质的提高，抓培训教育只注重形式，走过场，大量从业人员尤其是农民工安全意识淡薄，自我保护、逃灾避险、自救互救能力低。安全管理人员短缺或配备的安全管理人员文化程度较低，专业技术素质较差，与安全管理要求不适应。

二、施工项目安全管理面临的挑战

当前施工安全形势对公路施工项目的安全管理工作提出了新的更高的要求。公路施工项目安全管理面临严峻的挑战，主要表现在以下方面。

1．“安全发展”理念的树立，对施工项目安全管理提出了更高的要求

党的十六届五中全会明确提出要坚持节约发展、清洁发展、安全发展，确立了安全发展的指导原则，把“安全发展”作为一个重要理念纳入了我国社会主义现代化建设的总体部署。安全发展的本质是以人为本。发展不能以牺牲人的生命为代价，不能损害劳动者的安全和健康权益。这就要求施工项目要不断改善从业人员的作业条件、工作环境；提供完善的个人防护用品，使职业病发生率大为降低；购置先进机械化、自动化设备，降低劳动强度，减少从业人员遭受伤害的可能性；加强教育培训，提高从业人员的作业技能和自我保护意识；提升施工项目安全管理水平，正确处理好安全生产与提高经济效益之间的关系。“安全发展”理念，对我们现在乃至今后搞好施工项目安全管理工作提出了更高的要求。

2. 施工项目生产方式和外部环境发生的变化，对施工项目安全管理提出了新的挑战

目前，施工项目的周期较短，一般为1～4年。较之过去，项目组织结构、管理、运行机制和生产组织等生产方式都发生了新的变化。在组织、机制和机构、人员变化交替之时，项目安全生产管理相应产生了一些新的问题，很容易出现一些职能不到位、管理脱节以及基础工作、现场管理被淡化的现象。此外，鉴于施工项目野外施工的特点，施工项目安全生产的外部环境也发生了新变化，如现场物资材料被盗、群体围攻阻挡施工等外力破坏事件频繁发生，自然灾害时有发生。这些都直接威胁到施工项目的安全生产，给施工项目造成重大的经济损失。

3. "科技兴安"战略的实施，对施工项目安全管理提出了新的课题

目前，随着我国经济的不断发展，对施工科技含量的要求更高了，加上新技术、新设备、新工艺的大量应用，给施工项目安全管理提出了新的课题。一是对从事新技术、新设备、新工艺岗位人员的文化程度、专业知识、操作技能都提出了新的更高的要求；二是施工项目大量雇用农民工，这些农民工文化水平偏低，安全意识不强，安全生产知识普遍不足，对生产作业现场的安全要求不甚清楚，缺乏风险意识和岗位、系统安全操作技能，自我防范能力和处置异常情况的能力不强，从而对一线作业人员的素质提出了更高的要求。

4. 实施"走出去"发展战略，对施工项目的安全管理提出了新的要求

《对外承包工程管理条例》(国务院〔2008〕第527号令)明确提出："国家鼓励和支持开展对外承包工程。开展对外承包工程，应当遵守工程项目所在国家或者地区的法律，信守合同，尊重当地的风俗习惯，注重生态环境保护"。随着"走出去"战略实施步伐的加快，一旦施工企业进入海外市场，境外工程项目将会大量增加。尽管有的施工企业积累了一定的国外施工项目安全管理经验，但对大部分将要进军海外市场的施工企业的境外施工项目安全管理提出了新的要求。

三、施工项目安全管理的发展趋势

随着国家对基础设施建设投资力度的加大，公路工程建设事业发展迅速，公路工程施工项目安全管理越来越得到高度重视。从长期来看，它的发展趋势和方向具体表现在以下三个方面。

1. 施工项目安全管理法制化

近年来，国家陆续颁布实施了《建筑法》、《安全生产法》、《建设工程质量管理条例》、《建设工程安全生产管理条例》等法律法规和标准规范，各行各业在结合自身实际情况和多年工作总结中也都建立了一套行之有效的安全监督管理办法。目前，我国形成了一套较为完整的安全法律法规体系，在加强建设工程安全生产实践中发挥了很好的作用。社会主义市场经济是法制经济，施工项目在安全管理过程中必须遵守现行国家的法律法规和标准规范的要求。安全管理法制化，就是要依靠现行国家的法律法规和标准规范，对施工项目进行管理。实践证明，随着依法治国方略进程的推进，加强法制是安全管理的重要环节，也是安全管理的关键。实行安全管理法制化是必然的，也是十分重要的。

2. 施工项目安全管理规范化

安全管理规范化，就是结合实际情况，依据明文规定的安全准则，严格管理，实施有序可靠的控制，使管理行为符合明文规定的安全准则。其目的是对所负责的管理对象，包括人、

环境、作业状况、机械设备等存在的不安全因素，实施及时和有效控制，减少和杜绝安全事故的发生，保护施工从业人员生命安全和身体健康，保障施工生产活动的顺利进行。简单地说，安全管理规范化就是安全管理要实行制度化、标准化和体系化，做到有章可循。制度化要求施工项目建立、健全各种安全管理规章制度和规定，按照制度或规定对施工过程中的各种危险有害因素进行控制，以预防和减少各种安全事故；安全管理标准化，即业务流程标准化，就是建立、健全岗位的作业标准，使作业符合安全明文规定的准则，要求作业人员严格按照安全生产法律法规，按照事先设定的程序作业，执行安全技术、组织措施，确保作业人员生命和设备安全，确保作业任务的圆满完成；体系化就是要借鉴 OHSAS 18001 标准等国际成熟管理体系的经验，按照系统的管理理念，围绕施工项目安全管理的对象，分析影响安全目标的各种要素，制订相应的管理流程和程序，形成覆盖安全管理各方面的管理体系。通过规范化管理，做到工作有制度、行为有规范、岗位有标准，把安全准则作为施工项目安全管理的行动指南，使施工项目安全管理的行为符合准则，提高安全风险控制水平及工作效率。

3. 施工项目安全管理科学化

安全管理科学化，就是在施工项目安全管理工作中，坚持实事求是的原则，用辩证唯物主义的立场、观点、方法来分析项目安全管理存在的问题，解决项目安全管理问题；用历史的、发展的观点来看待公路工程施工安全管理，牢固树立安全发展的科学理念，正确解决好施工项目安全与效益、局部与全局的关系，在安全管理中求发展、求效益。

科学管理是安全管理的基础。公路工程施工项目过去采用的是传统安全管理工作模式。传统安全管理工作模式的着眼点主要放在整个安全生产系统的实施和运行阶段，侧重事后处理，而不是将着眼点放在事先控制、预防为主上。随着社会科学技术和经济形势的飞速发展，传统的安全管理方式暴露出许多弊端，已经不能适应当前公路工程施工项目的安全发展要求。需要改革原有的被动、落后的安全管理方式，用科学的预测预防管理方法指导和推动施工项目的安全管理，不断提高施工项目安全管理水平。

施工项目作为一级独立的行政组织，其安全管理涉及范围很广，包括经济学、社会学、心理学、管理学以及职业健康卫生等很多方面的内容。因此，施工项目应认真研究探索科学管理的方法和手段，并将其运用到安全管理工作当中去，提高安全管理水平。例如，在经济学方面，可以大胆推广保险（工伤保险、建筑工程一切险、工程意外伤害保险等）的应用实践，充分发挥保险的保障作用，预防突发事件的发生、财产损失和人员伤亡，将自然事故和意外灾害的损失降至最低，从而降低施工项目总体的安全风险。

施工项目的科学化安全管理取代传统安全管理已势在必行，成为不可逆转的社会发展趋势。

第六节　国外安全生产管理理念和监管模式

一、国外安全生产管理理念和模式

1. 国外安全生产管理理念

安全问题是伴随着社会生产的产生而产生和发展的，只要有生产，就会有不安全因素，就需要有杜绝伤害、保障劳动者健康与安全的要求。发达国家的安全管理实践经验证明，通过体系化管理，建立全方位、全过程、全天候的风险识别、控制与管理，实现系统无缺陷、管理无漏洞、设备无故障，逐步达到人、机、环境的和谐统一，最终是可以实现本质型安全的。

安全生产管理理念是在社会大生产的过程中，伴随着人们的生产安全与健康意识的提高和科学技术的进步而逐渐发展起来的，从最初的宿命思想到可控思想，从单独因素到系统因素，从单一关注伤亡到将健康与安全统一考虑，这都是不断进步的表现。从事故学理论的产生、后来的风险控制论，直到现在的安全哲学理论、安全逻辑科学、安全法学理论、安全信息理论、安全行为科学理论、安全心理学、安全经济理论、安全工程理论、安全仿生理论、安全文化理论、事故灾变理论等，其他学科的理论也不断与安全生产理念相结合，这些对于现代安全管理水平的提高和科技进步都发挥着重要作用。

(1) 安全系统工程

安全系统工程最早起源于航空部门。第二次世界大战后，复杂的火箭导弹技术迅速发展，同时在制作、维护、运用中发生的事故使人们认识到没有"系统安全"的系统是个无用的废物，因此，提出在系统的构思、设计、制作、使用、维护全过程中考虑到安全保障子系统的问题，形成"安全工程"的思想，逐步形成安全系统的工程体系。

现代化大生产的细密分工使得人们必须建立一个生产系统才能使生产得以顺利进行，从而使生产具有系统性，随之生产事故也因此具备了系统性，也使生产事故的影响波及整个生产系统甚至社会。生产安全及生产事故的控制管理必须由生产系统中安全保障子系统来负担，即必须从系统性这一点上来处理生产安全问题。所谓系统性，是指生产系统的总体性决定生产安全的总体性，即对事故的总体控制采用 4E 科学，即从法规(Enforcement)、工程(Engineering)、教育(Education)，经济(Economic)方面入手，系统性包括生产系统内外的各种关联性，这些关联性包括复杂性、非线性、模糊性、随机性等特性。这些关联性必须得到很好的协调，否则将产生内部或外部的冲突而发生事故。

(2) 安全经济学

安全经济学是近年发展起来的一门科学，是研究生产安全中的经济关系、经济形式，分析并阐述安全生产投资、安全生产效益、安全生产事故损失的数量与变化，从而在人、财产、安全三方面取得最佳效益，研究用经济手段调整与生产事故有关的各种关系及人的活动，从而对生产事故实现最优控制。

安全经济学将安全状态划分为绝对安全和相对安全。绝对安全观认为安全就是无事故、无危险，但这种理想状态是不存在的。相对安全观认为安全是指客体或系统对人类造成的可能的危害低于人类所能允许的承受限度的存在状态。1998 年，美国哈佛大学劳伦斯教授在稳定性和风险管理国际会议发表的论文观点认为："安全就是被判断为不超过允许限度的危险性，也就是指没有受到伤害或危害，或损坏概率低的通常术语。"即安全是相对危险，世界上没有绝对安全。安全即意味着人员和财产遭受损失的可能性是可以接受的，若这种可能性超过了可以接受的水平即为不安全。

安全经济学研究的是事故发生、预警、预防三者之间的经济关系，对生产事故的控制有重要的意义。从理论上讲，安全有两大经济功能：第一，安全能直接减轻或免除事故或危害事件给人、社会和自然造成的损害，实现保护人类财富、减少无益消耗和损失的功能；第二，安全能保障劳动条件和维护经济增值过程，实现其间接为社会增值的功能。安全经济学研究经济投入和产出的关系，发现生产安全是有经济效益的。这个效益包括企业自身安全生产所产生的效益以及对社会的安全作用而提供的社会效益。生产安全的投入所产生的效益与产品产生利润的时间规律有所不同。对产品而言，只要产品售出，利润即产生，而生产安全的投入一般分为投资无利期、微利期、持续强利期、利益萎缩期、失效期五个时期。

当安全投入量为0时，无安全可言或完全处于自然状态。投入量越大，安全度越高。一般而言，安全投入量与安全程度的关系是非线性的，根据经济学中边际效用递减规律，当其他条件不变时，随着投入量的加大，每增加一个单位的投入量所提高的安全度是递减的。在安全经济学中为了考察生产安全与经济增益之间的关系，综合上述两层关系提出安全程度与经济效益的关系：生产事故产生损失，称之为负效益，生产安全使之避免损失，负效益的减少与效益的增加等效。当安全程度为1时，即绝对安全，不存在生产事故损失。当安全程度为0时，无丝毫安全可言，此时损失极大。一般而言，损失额随安全程度的变化是指数型的，显然，要求的安全程度越高需要的经济投入越多，即安全标准越高，安全成本越高，从经济学的角度可看出它们的关系是指数型的。安全利润曲线表明，对于一个生产系统而言，太低的安全度不仅带来对人和环境以及社会的伤害，而且在经济上也是不合理的。但追求极高的安全度，在经济上也是不合理的，因为此时的安全成本可能达到负担不起的水准上。

依据抽样调查安全生产基本数据的研究表明，我国在20世纪90年代的安全生产贡献率大约是3%。而实际不同行业由于危险性及安全生产作用的不同，其经济的贡献也不一样，高危险行业高达7%。在安全经济学上，预防性的“投入产出比”高于事故整改的“产出比”，即1元事前预防=5元事后投资，这一安全经济的基本定量规律是指导安全经济活动的重要基础。在工业实践中，还可以得到一个安全效益的“金字塔法则”，即设计时考虑1分的安全性，相当于加工和制造时10分的安全效果。

(3) 行为安全理论

根据国外专家对事故的统计，事故中98%的原因是人为的，而只有2%的事故是自然的，即人的不正常行为，导致了事故的后果。如果人们在生产中能够按照理性进行工作，排除利益和其他外界环境的干扰，人为的不利因素将会在事故中不复存在，生产安全就可以实现。安全监管监察部门若能把握职工及管理人员决策过程中的认知行为及其原因的话，无疑是有利于采取主动的预防措施，从而提高预防的效果。行为安全理论正是据此产生，它是生产安全实践发展的结果，是现代安全科学和心理学、决策科学相结合而产生的一种交叉性、边缘性的新兴理论。它从心理学的角度来研究行为主体的认识行为和决策过程，并以这种对决策心理研究的成果为依据去探讨人们行为的微观过程，从而能很好地解释安全事故的原因所在。

从生产事故统计可知，绝大多数的事故是人为造成的，而只有少量的事故是自然事故，所以安全的监督监察应加大对从业人员的行为进行监察，通过法律法规制定严格约束人们行为的条款，规范人们行为，使人们行为理性化操作。建立安全教育培训体系，加大对从业人员的培训和教育提高从业人员的素质，则是保障安全生产的重要措施之一。

(4) 事故致因理论

美国20世纪30年代统计，在75 000件伤亡事故中，天灾占2%，即98%的可以预防的。在可以防止的全部事故中，从人的系列分析，由于人为的不安全行为造成的事故占88%，与不安全行为无关的占12%；从物的系列分析，属于机械不安全状态和物质危害所造成的事故占78%。日本1969年制造业歇工8天以上的事故中，因人不安全行为产生的占86%；因机械物质不安全状态产生的占 14%。日本 1997 年使制造业歇工 4 天以上的 104 638 件事故统计表明，从人的系列分析，属于不安全行为的占 94.5%，不属于不安全行为的占 5.5%；从物的不安全状态分析，由于物的不安全状态而发生的事故占 83.5%，不属于不安全状态的占 16.5%。在人的连锁系列中，不安全行为是基于生理、心理和动作几个方面而产生的，后者又取决于遗传、社会环境。人有行动自由性生产劳动易受环境条件所造成心理上的影响，因而易于发生误动作。人同机器相比，因易于自由行动，故其可靠性差。但是，正因为人有行动自由性，才能使人具有积极研究安全生产手段的特有功能。

生产现场包含着来自人和物两方面的多种隐患，为确保安全作业，就必须分析和查清隐患，并加以消除，将事故消灭在发生之前，做到预防为主。在多数情况下，由于企业管理不善，使工人缺乏教育和训练或者机械设备缺乏维护、检修以及安全装置不完备，导致了人的不安全行为或物的不安全状态。人的不安全行为和物的不安全状态的产生和发展，是多重因素作用的结果，同时人与物两因素又互为因果。如有时设备的不安全状态导致人的不安全行为，而人的不安全行为又促进设备出现不安全状态。但从构成伤亡事故的人与物两方面来看，人的失误占绝大多数，即使某类伤亡事故完全来自机械或物质的危害，但机械还是由人设计和操纵的，物也是由人支配的。从设计开始，经过现场的种种加工程序，直到使用的整个过程中，各阶段都可能产生不安全状态。事故发生的原因有：① 设计上的缺陷：设计中产生的事故隐患。② 制造上的缺陷：包括使用材料的缺陷及加工方法、工艺和技能上的缺陷。③ 维修、保养和使用上的缺陷：机械系统随着时间的延续，产生磨损、耗伤、腐蚀等故障，致使发生事故的可能性增高。④ 使用时超过机械的定额负荷，操作技术不熟练以及缺乏安全作业的技巧等都能导致不安全状态，增长了机械伤人的可能性。人和物轨迹相交的时间和地点，就是发生伤亡事故的"时空"。若排除了机械设备或处理危险物质过程中的人的隐患，消除了人的疏忽，则两个连锁系列进行的方向发生了转变，事故系列的连锁中断，两系列运动轨迹则不能相交，危险就不会出现，即可达到安全生产。从这一意义上说，构建人力资源保障体系，加强人员的教育培训，提高人员的素质，是消除和减少人的不安全行为的直接有效办法；建立安全装备保障体系，对危险和重要装备进行安全认证以及加强在用设备的管理，是消除物的不安全状态的有效措施。

由此可见，事故是多重原因决定的，任何特定事故都具有若干事件和情况联合存在或同时发生的特点。构成事故最基本因素有人、物、自然环境和社会环境，事故不是在真空之中，它总是与某种自然环境、劳动条件、社会因素以及各级管理机构等有关诸因素紧密联系的。这些因素以及它们之间所有的复杂相互关系，都是值得认真研究的。

2. 国外安全生产管理模式

鉴于安全生产在社会化大生产中的重要作用，国外发达国家经过几十年的努力，已普遍建立了较为完善的管理模式和科学的运行机制，并加大资金保障力度，对促进安全生产整体水平的提高发挥着重要作用。这主要体现在以下几个方面：

(1) 用法律手段规范安全管理

在安全生产法律法规方面，国外安全法规十分完备，具有很强的实用性和可操作性，并根据实际情况的发展，适时对安全生产法律法规、标准规范进行及时修改、补充和完善，以正确调整各种关系。

在 20 世纪 60 年代至 70 年代期间，美国政府除了管理价格和企业标准外，国会通过了一系列法律保护安全、健康和环境，国家试图通过越来越严格的社会管制保护从业人员的健康和安全。美国的建筑安全法律属于整个职业安全与健康法律体系的一部分。1970 年颁布的《职业安全与健康法》是美国现有的职业及建筑安全法规体系的基础。美国的职业安全及建筑安全法规体系如图 1-4 所示。

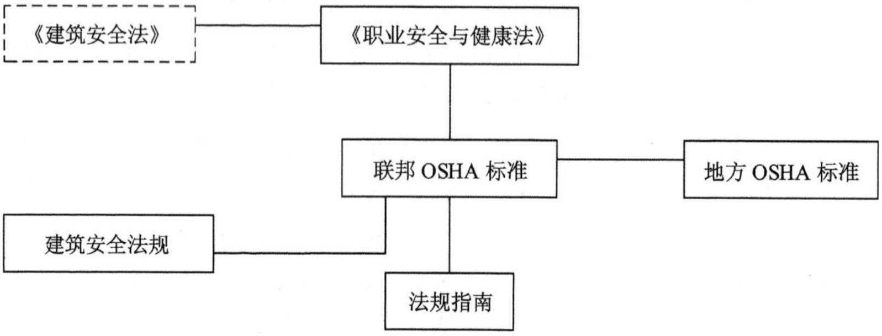

图 1-4　美国的职业安全及建筑安全法规体系

英国现有的健康与安全法规是在《劳动健康安全法》(HSWA 1974)的基础上发展起来的。英国职业及建筑安全法规体系可以分为四个层次，如图 1-5 所示。

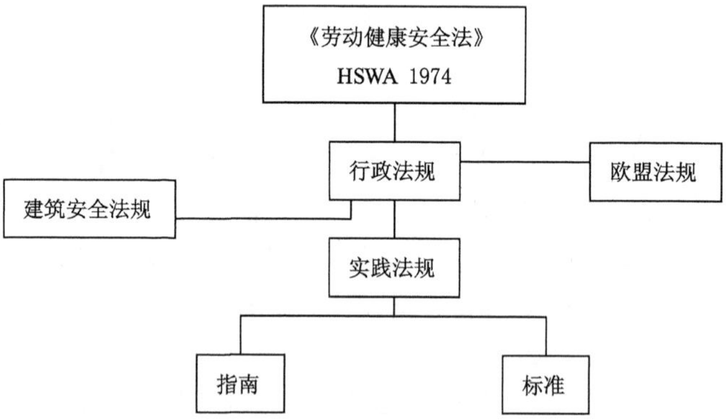

图 1-5　英国职业及建筑安全法规体系

(2) 用经济手段促进安全管理

美国和英国作为发达国家，政府对安全问题的干涉除了通过法律手段以外，主要依靠根据劳工赔偿法建立的保险体系。利用保险机制保障，劳动人员因职业原因遭遇的工伤事故伤害后可及时获得经济补偿，这是国际通用的方法。发达国家职业伤害保险制度中普遍强调重视工伤事故的预防，并通过多种措施来达到这一目的。职业安全法规体系与保险体制的结合是发达国家安全管理的主要特点。而以职业安全法规体系为主还是保险体系为主，不同国家有不同的选择。

国外没有专门针对建筑行业实施的强制性的职业伤害保险制度，建筑行业的雇员与其他行业的雇员一样处于职业伤害保险制度的保障范围之内。但由于建筑行业的事故高发性，职业伤害保险管理部门会在建筑行业的工伤预防方面重点投入人力、物力和财力。

美国没有全国统一的职业伤害保险立法，各州自行制定相关法律。根据各州劳工补偿法，职业伤害保险属于强制性保险，称为劳工补偿保险，各州设劳工补偿保险局管理劳工补偿保险。

英国的职业伤害保险制度由国民保险计划和雇主责任保险两部分构成，没有特别的经济刺激机制。

但是，在大多数欧洲大陆的国家，如德国、法国和西班牙等，劳工伤害保险制度和根据法规建立的机构体系，是进行安全管理的主要依据。

在政府财政支持方面，发达国家也普遍加大对安全生产保障的资金支持力度，使安全生产保障有足够的、长期的、稳定的财政资金投人，将保证安全生产作为公益性的工作予以支持。

(3) 用文化手段加强安全管理

在安全技术培训体系方面，国外发达国家十分重视职工的安全技术培训工作，不仅在法律法规方面有明确、具体的要求，建立有较完备的安全培训机构，也确实重视和加强安全技术培训的监督管理，使其为安全生产发挥应有的重要作用。如美国就建立了完善的管理体系、培训体系和制约保障机制。美国安全与健康监察局负责技术培训的部门是教育、政策与发展司，其主要职能是贯彻执行为促进全国安全和健康而制订的安全与健康教育及培训方案，并实施州拨款计划。美国安全与健康监察局还充分利用 Internet 建立远程安全培训体系，充分利用其安全培训环境，提高安全技术培训的时效性。为了保证从业人员必备的安全素质，国外对从业人员安全资格都有明确的要求和法定的认证程序。在英国，成为一名正式矿工前后要用 3 年左右的时间，经过地面知识培训、井下知识培训、生产实习和实际操作等多个环节，并必须取得采矿合格证书。在德国，矿长必须由现职工程师提拔，26 岁以上，持有采矿毕业证书和国家高级采矿学位证书，通过采矿资格审查委员会采矿法的考试和采矿工程师学会准会员考试部门的考试，才能正式上岗。技术工人必须为正式职工，再经过 3 年的学习培训，考试合格取得技工证书。

在安全生产宣传教育方面，国外发达国家均十分重视安全生产的宣传教育，充分利用各种传媒，采用各种手段开展安全生产宣传教育。在美国，一些安全教育资源(影视片、资料、书籍等)免费提供。随着信息技术、网络技术的不断发展，国外已开始大量利用网络进行安全宣传教育和远程安全技术培训。国外职工的安全意识和自我保护能力普遍很强，这是国外长期重视和加强安全生产宣传教育的结果。

(4) 用科技手段支持安全管理

在技术保障方面，国外普遍建立了较完备的安全技术保障体系，应用先进的现代信息传输系统，公布相关安全信息和技术支持内容，以促进各种新技术迅速在现场得到推广，加强了技术与实践的结合。美国安全技术科学研究研发工作由政府科研机构、企业研究与发展机构、高等院校和民间咨询机构四部分组成。较大的公司一般设有研究与发展部，高等院校按政府合同开展基础研究和技术开发。此外，还有一支重要的研究与开发力量，即各类民间科技咨询公司。以矿山安全技术支持体系为例，美国矿山安全技术支持体系以矿山安全与健康监察局(MSHA)匹兹堡安全健康技术中心、国家职业安全与健康研究所为主体，其他研究机构、高等院校和中介机构也为矿山安全生产提供技术支持。匹兹堡安全健康技术中心在围绕 MSHA 的职能范围，为日常安全监察、事故救灾处理和调查职能提供各种技术支持的同时，也注意为矿山日常安全生产管理提供技术支持。国家职业安全与健康研究院除获得联邦政府科研拨款外，还建立了全国职业安全与健康研究计划(NORA)，吸收了 500 家公司、机构和个人提供的资助和委托项目资金。

在装备保障方面,发达国家都建立了完善的设备安全认证体系。美国矿山设备材料安全认证由美国安全与健康监察局技术保障司下属认证中心负责。美国《联邦法典》"矿产资源"卷对认证标准、技术要求和认证申请程序有明确具体的规定。法国职业安全与卫生,实行双元制监察体制。劳动和社会保障部下设16个地区监察机构并建有16个测量实验室。法国矿山设备安全监察执行欧盟的《机械安全指令》(Directives 98/37/EC),并实行CE安全标志。除CE标志外,法国政府和欧盟其他成员国还要求对某些特别危险设备如木工机械、矿山设备、冲压机等机械设备的制造厂进行质量管理体系认证和产品形式安全认证。欧盟各成员国都认可了这类第三方认证机构。荷兰执行欧盟的《机器安全指令》,低风险设备或产品由制造商自己认证,高风险设备或产品由授权的认证机构认证。法律要求强制性认证的机器设备或产品,必须由就业与社会事务部指定的机构进行检测和认证。

在信息保障方面,发达国家信息已成为最重要的一种资源,是生产力、竞争力和经济增长的关键因素。信息还是政府决策和管理的基础,在市场经济条件下尤其重要。发达国家采用Internet作为技术平台进行技术交流,优点突出,充分利用现代网络信息技术的研究成果,消除了传统技术交流方式的欠缺之处。美国联邦矿山安全与健康监察局(MSHA)设置了项目评估与信息资源司,对相应的信息给予管理。矿山安全与健康监察局共有2 000多名安全监察人员,主要通过信息网络对全国2 000多个煤矿的安全监察执法进行管理;通过跨地区分支机构和地区办事处采集第一时间的事故隐患,采取强有力的行政执法措施,减少和避免事故发生。对灾害事故救护也大量采用现代通信、信息网络、数据库、视频等技术,大大提高了救护效率。MSHA认证中心将所有被认证的产品用文件方式通过Internet公布,读者可以任意下载。

(5) 用应急救援手段支持安全管理

在事故应急救援方面,体系非常完整。在工业发达国家,应急救援工作已经成为整个国家危机处理的一个相当重要的组成部分。尤其是进入20世纪90年代以后,一些工业发达国家把应急救援工作作为维护社会稳定、保障经济发展、提高人民生活质量的重要工作内容。事故应急救援已成为维持国家管理正常运行的重要支撑体系之一。例如,美国、日本和欧盟的一些国家都已经建立了运行良好的应急救援管理体制,包括应急救援法规、管理机构、指挥系统、应急队伍、资源保障和公民知情权等,形成了比较完善的应急救援系统,并且逐渐向建立标准化应急管理体系(SEMS)方向发展,使整个应急管理工作更加科学、规范和高效。国外对各类事故事件的应急救援高度重视。根据国家应急管理的集中程度,各国应急体制基本分为三种类型:第一类,高度集中管理,主要体现在国家层面上的高度集中,成立了专门负责规划、协调应急工作的政府部门,代表性的国家有美国和俄罗斯;第二类,相对集中,分类统一,国家设有专门的常设机构,负责自然灾害、事故灾难、公共卫生和社会安全等领域,但不同部门的重大突发事件应急管理工作分属各部门进行管理,代表性的国家有日本等;第三类,地方、部门分散管理,国家层面没有专门的常设机构,应急管理以地方政府或国家部门为主,各地方、各部门按照明确的相关法律、法规、预案等要求维系应急机制的通畅。一些法律健全的小国多采用这种方式,如瑞士等。应该说,发达国家的安全生产管理经过了100多年的发展,已经取得了很大的成就并日趋成熟,这些先进的安全生产管理理念和模式十分值得我们借鉴和学习。

二、国外安全生产监管模式

在政府监管方面，发达国家安全生产监督管理总体上具有立法和执法分开、依法设立机构、机构相对集中的特点。职业安全与职业健康统一由一个机构管理，事故调查处理机构则由权威机构来承担。

1. 美国的监察手段

在美国，职业安全与健康监督管理由劳工部负责，劳工部设立职业安全与健康局和矿业安全与健康局，交通运输安全则由其他监察等机构负责，与道路交通有关的是警察局、交通局、车检所，它们都是独立的政府部门。国家运输安全委员会（NTSB）是1972年由国会成立的运输事故调查机构，不属于政府的运输部门，每年预算由国会直接拨款，与政府部门资金上没有任何关系，其总部设在华盛顿，核心部门是事故调查办公室和事故善后办公室，分别负责航空、铁路、公路、水运、管道等运输行业的事故调查以及事故善后工作。

职业安全与健康局（OSHA）负责对建筑工地实施监察以保证雇主遵守相应的职业安全与健康标准，并按照《职业安全与健康法》中的“一般条款”要求保证雇员在安全与健康的环境中工作。对工作现场的监察是由OSHA的监察员进行的。这些人员经过专门的OSHA标准培训，可以识别出工作现场的危险源。OSHA的监察活动一般包括检查、检查结果、申诉和咨询服务等方面。

OSHA的检查一般都不事先通知，而且检查根据情况的重要和紧急程度划分为六个优先级，第一优先级是可能马上导致事故的重大隐患的报告，第二级是导致3人以上住院的严重伤害事故，第三级是雇员的投诉，第四级是其他政府机构的建议，第五级是目标导向的检查，第六级是常规例行检查。根据建筑安全专项检查计划，如果承包人可以提供合格的项目安全与卫生计划，并且为之配备能胜任的人选，那么OSHA的监察员就会重点做两件事：一是事先检查项目安全计划是否有效，二是到现场检查四大伤害危险源。通过这样的方式，监察员的监察能更加有效。

另一方面，为了加强对煤矿安全监察工作的督察，联邦矿山安全与健康监察局（MSHA）于2007年6月28日组建了直接对劳工部副部长负责的监察办公室，其职责是对MSHA的矿山安全监察活动进行执法监督检查。这一新部门的工作人员经常深入矿山一线进行安全监察复查，履行职责，以保证MSHA的一线执法活动体现联邦政府的意志和政策，符合办案程序。

在这个执法领域里，MSHA强调独立性，其成功之处为垂直的煤矿安全监管体制架构，轮岗式的监管人事制度，雷霆式的监管执法力度，并在机制上防止监察人员与矿主、地方政府形成共同利益同盟。MSHA在美国11个地区设有办公室和65个矿厂办公室，这些办公室与矿主没有利益关系，也和各州、县政府没有从属关系，各地的联邦安全监察员每两年必须轮换对调。任何煤矿发生3人以上死亡事故，当地的安全监察员不得参与事故调查，而需由联邦办公室从外地调派安全监察员进行事故调查。MSHA通过强制性执行采矿业安全与健康作业标准，来实现消除采矿业死亡事故、减少严重性非死亡事故的发生率，最终达到有效改善全国矿山作业条件，降低安全事故的目标。

2. 英国的监察手段

英国现行的健康与安全监管体制，是依据1974年颁布的《工业场所健康与安全法》建立起来的。英国健康与安全委员会(HSC)是相对独立的机构,主席由政府任命,9 位副主席分别由企业业主、工会和有关独立中介机构各 3 名代表组成。该委员会的宗旨是使从事危险工作的经营者负责保护工人和公众免受相关危害,其主要职能是健康与安全方面的立法及法律的修订工作、保护工人健康安全和保障工人福利、保护公众不受因工作导致的健康和安全方面的影响、监控易燃易爆等危险品的使用和储存安全、资助健康与安全方面的科研和培训,并提供相关服务。

英国健康与安全委员会(HSC)下设健康与安全执行局(HSE),对危险性行业的职业健康与安全工作实行国家监察、垂直管理,是相对独立的健康与安全行政执法机构。HSE 的雇员约有 4 000 多人,包括监察员、政策专家、技术专家、科学专家和医疗专家,其中监察员有 1 000 多人。

HSE 中的现场监察处由 7 个地区科和 1 个全国建筑科组成。全国建筑科由一线监察员组成,主要负责对各建筑工地的安全活动给予建议和支持,进行日常检查和事故调查,并处理雇员投诉。全国建筑科的负责人也是 HSE 的建筑安全总监察,负责每年建筑安全监察活动的计划和总结等工作。此外,HSE 的安全政策处下设负责指定管理政策的部门。

在有工人投诉、公众成员质询、继续原先检查或调查事故时,HSE 不作事先通知便有权进入工作场所进行预防性检查活动,而且监察员可以根据 HSC 出版的《执法政策说明》自行决定采取何种执法方式。HSC 政策要求监察力度应该与存在的危险成正比,以最严重的危险或危险物为主要检查目标。

为了区分优先检查程度,HSE 广泛应用了电脑系统。许多数据库记录了从以前的接触和检查中了解的雇主、雇员和活动场所的信息,以及危险过程、危险物和事故历史等。也正是由于 HSE 的各机构更多的时间用在对公司进行绩效评估和守法支持方面,数据表明 1991 年英国有 1/2 的工作场所已 3 年未被检查。

3. 日本的监察手段

日本政府多年来在一切经济活动中通过制定和完善有关法律法规,实施一系列的安全对策和措施,使生产过程中的事故大幅下降,伤亡人数不断减少,成为世界上安全生产成本最低的国家之一。为了加强安全生产和减少伤亡事故的发生,日本政府制定了《劳动安全卫生法》、《矿山安全法》、《劳动灾难防止团体法》等一系列法律法规。由于法律健全、措施得当、各方重视,日本的安全生产问题基本得到了有效控制。

实际上,日本政府认为,比制定安全生产法律法规更重要的是建立一支强有力的安全监督队伍。根据《矿山安全法》,日本建立了一整套独立的矿山安全监察体系,实施高效的监督管理。监察人员严格按照有关法律,对安全业务、设施状况、应急机制等进行检查,发现问题立即彻底解决。

值得一提的是,日本的监察机构十分重视安全的超前管理和过程管理。不是事故发生以后再去调查、追究责任,而是事先监督、落实各种防范措施,消灭事故隐患。因此,日本矿山在实施某些特殊的项目时,必须事先制订方案,并报政府安全监督部门批准。在实施过程中,政府安全监督部门的人员现场监督指导,有效地防止了不安全因素的发生和扩大。

第二章　公路施工项目安全风险管理

第一节　风险与风险管理

一、关于风险与风险管理的基本概念

(1) 风险:指损失的不确定性。对于工程项目管理而言,风险是指可能出现的影响项目目标实现的不确定因素。

(2) 风险量:指不确定的损失程度和损失发生的概率。若某个可能发生的事件,其可能的损失程度和发生的概率都很大,则其风险量就很大,如图 2-1 中的风险区 A。

若某事件经过风险评估,它处于风险区 A,则应采取措施降低其概率,即使它移位至风险区 B;或采取措施降低其损失量,即使它移位至风险区 C。风险区 B 和 C 的事件则应采取措施,使其移位至风险区 D。

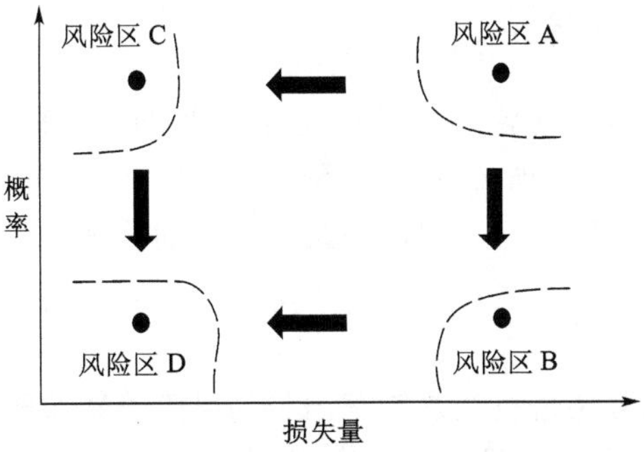

图 2-1　事件风险量的区域

(3) 风险管理:指为了达到一个组织的既定目标而对组织所承担的各种风险进行管理的系统过程,其采取的方法应符合公众利益、人身安全、环境保护以及有关法规的要求。

二、工程项目风险管理及其目标

风险管理包括策划、组织、领导、协调和控制等方面的工作。

建筑工程项目的风险管理是一个体系和制度,通过它,项目的管理方能做到以下几方面:

(1) 识别项目中可能带来问题的因素,并在这些因素真正发生之前进行控制,减少风险带来的影响。

(2) 注重项目的统一目标,使所有过程都围绕着项目目标而努力,并且能够事先考虑那

些影响项目安全的各种因素。

(3) 利用“上兵伐谋”的道理，在项目早期对影响项目的因素进行分析，并在今后的决策中对这些因素继续进行监控、分析。

(4) 制订明确的项目管理过程来管理风险，并能融入项目管理过程中，使得项目管理过程更加完善。

(5) 为今后的项目管理积累经验和历史数据，以获得更高的项目管理水平。

三、风险管理的内容

风险管理包括策划、组织、领导、协调和控制等方面的工作。风险管理的工作流程如下：

(1) 风险辨识，分析存在哪些风险。

(2) 风险分析，对各种风险衡量其风险量。

(3) 风险控制，制订风险管理方案，采取措施降低风险量。

(4) 风险转移，如对难以控制的风险进行投保等。

第二节　全面风险管理的过程与方法

全面风险管理是用系统的、动态的方法进行风险控制，以减少项目实行过程中的不确定性。它不仅使各层次的项目管理者建立风险意识，重视风险问题，防患于未然，而且在各个阶段、各个方面实施有效的风险控制，形成一个前后连贯的管理过程。

一、全面风险管理的四大含义

全面风险管理有四个方面的含义：一是项目全过程的风险管理，从项目的立项到项目的结束，都必须进行风险的研究与预测、过程控制以及风险评价，实行全过程的有效控制以及积累经验和教训；二是对全部风险的管理；三是全方位的管理；四是全面的组织措施。

二、全面风险管理的原则

运用全面风险管理的方法进行建筑工程项目的风险管理需要遵循的原则：

(1) 确定项目的目标，做好项目前期工作，并文档化。

(2) 经过分析的某些不确定风险可以在计划过程中忽略，以更多的精力控制那些确定的风险因素。

(3) 计划时应当为项目多留余地，如多准备一套应急方案，这对大型项目更为重要。

(4) 项目过程中要随时掌握风险的真实情况。

(5) 尽量避免风险因素变成问题。

(6) 工程项目的参与方应当相互沟通，共同了解风险因素，并齐心协力控制风险因素。

(7) 充分利用历史项目的经验以及风险管理数据。

(8) 业主和承包人需要合理分担并共同应对风险，在合同中确定业主和承包人之间的风险责任。

三、全面风险管理的过程

一般将风险管理分为五个过程。

1. 风险的预测和识别

风险的预测和识别是指通过一定的方式，系统、全面地识别出影响建设工程目标实现的风险事件，并加以适当归类的过程；必要时，还需要对风险事件的后果作出定性的估计。

风险的预测和识别的过程主要立足于数据收集、分析和预测。要重视经验在预测中特殊作用(定性预测)。为了使风险识别做到准确、完善和有系统性，应从项目风险管理的目标出发，通过风险调查、信息分析、专家咨询及实验论证等手段进行多维分解，从而全面认识风险，形成风险清单。

风险识别的结果是建立风险清单，识别的核心工作是“工程风险分解”和“识别工程风险因素、风险事件及后果”。

2. 风险分析和评价

这一过程将工程风险事件发生的可能性和损失后果进行定量化，评价其潜在的影响。它包括的内容是：确定风险事件发生的概率和对项目目标影响的严重程度，如经济损失量、工期迟延量等；评价所有风险的潜在影响，得到项目的风险决策变量值，作为项目决策的重要依据。风险分析的评估可以采用定性和定量两类方法。定性风险评价方法有专家打分法、层次分析法等，其作用是区分不同风险的相对严重程度以及根据预先确定的可接受的风险水平作出相应的决策。从广义上讲，定量风险评价方法有许多，如敏感性分析、盈亏平衡分析、决策树、随机网络等。风险分析与评价流程如图 2-2 所示。

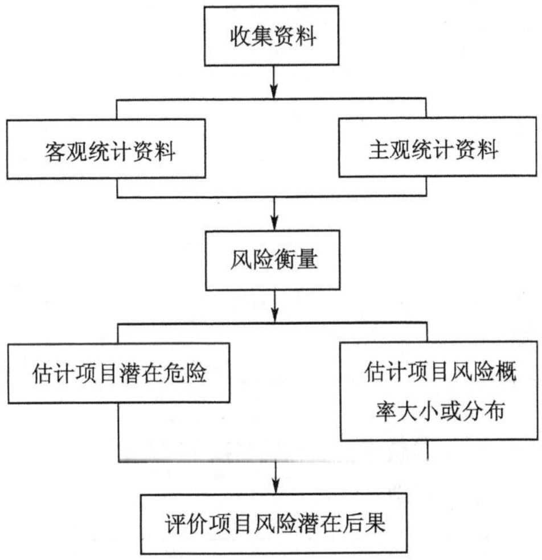

图 2-2　风险分析与评价流程

3. 风险控制对策的规划

风险控制对策的规划是确定工程风险事件最佳组合的过程。一般来说，风险管理中所运用的对策有四种：风险回避、损失控制、风险自留和风险转移。这些风险控制对策的适用对象各不相同，需要根据风险评价的结果，对不同的风险事件选择最适宜的风险控制对策，从而形成最佳的风险控制对策组合。

4. 实施决策

风险管理人员在选择风险对策时，要根据建设工程的自身特点，从系统的观点出发，从整体上考虑风险管理的思路和步骤，从而制定一个与建设工程总体目标相一致的风险管理原则。这一原则需要指出风险管理各基本对策之间的联系，为风险管理人员进行风险决策提供参考。实施决策的内容是制订安全计划、损失控制计划、应急计划，确定保险内容、保险额、保险费、免赔额和赔偿额等，并签订保险合同。

5. 检查

检查是指在项目实施过程中，不断检查以上四个步骤的实施情况，包括计划执行情况及保险合同执行情况，以实践效果评价决策效果。还要确定在条件变化时风险处理方案，检查是否有被遗漏的风险项目。对新发现的风险应及时提出对策。

四、全面风险管理的方法

1. 风险识别的方法

风险识别是根据风险的来源等特征对风险因素进行统计，并对风险的各种影响因素分类统计，最后汇编成册。风险识别主要采用的方法包括：文件审查、信息收集技术、核对表、假设分析和图解技术。

2. 风险分析的方法

风险分析可利用加权平衡法，对风险因素划分优先级。内险分析方法可参考表 2-1。

表 2-1　风险分析的加权平衡表

序号	分类	因素	权重	影响大小(1～100)	影响总计	加权平衡值
1	A	a	27			
2		b	9			
3		c	12			
4	B	d	12			
5		e	30			
6		f	2.5			
7	C	g	7.5			
合计			100			

根据表 2-1，可绘制出风险因素优先级对比图，如图 2-3 所示。计算结束后，可以给出按照风险轻重缓急排序的项目风险清单。

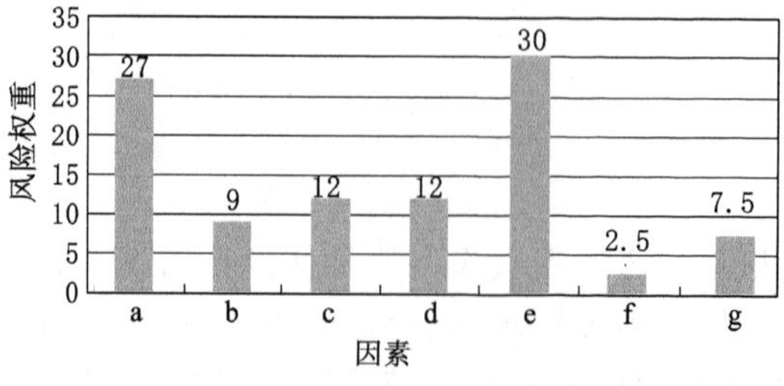

图 2-3　风险因素优先级对比图

3. 风险管理沟通的方法

在对建筑工程进行全面风险管理时，可将表 2-2 作为项目中风险管理任务安排与沟通的工具。

表 2-2　　项目风险管理任务安排表

编号：	分类：	优先级：
描述：		
可能性：	影响：	频率：
前提条件：		
控制方怯：		
责任方：	影响时期：　年　月　日～　　年　月　日	

表 2-2 记录了工程项目中针对某个风险因素管理的相关信息。其中“描述”记录该风险因素的具体特征，如风险因素的来源等；“可能性”指该风险因素发生问题的概率，可分为高、中、低三档；“影响”指描述风险因素一旦实际发生，将对项目产生的影响；“频率”指为控制该风险因素而采取行动的周期，可以是每天、每周或每月一次；“前提条件”描述该风险因素在什么环境下容易转化成问题；“控制方法”描述如何控制该风险因素，以及风险发生时如何减轻风险带来的影响。

第三节　危险源识别与风险评价

一、关于危险源辨识与风险评价的基本概念

(1) 危险源：危险源是指可能造成人员伤害、疾病、财产损失、作业环境破坏或其他损失的根源或状态。

(2) 事故：是造成人员死亡、伤害、职业病、财产损失或其他损失的意外或偶发事件。也即人们在实现其目的的行动过程中，突然发生迫使暂停或永远终止其行动目的的意外或偶发事件。

(3) 损失：是指非环境的、非计划的或非预期的经济价值的减少。一般可分为直接损失和间接损失两种。

二、危险源的分类

在一般情况下，我们对危险因素和有害因素不加以区分，统称为危险、有害因素。危险、有害因素主要是指客观存在的危险、有害物质或能量超过一定限值的设备、设施和场所，也就是所谓危险源。

尽管危险、有害因素各有其表现形式，但从本质上讲，造成危险、有害后果的原因无非是：存在危险、有害的物质或能量(称为第一类危险源)；危险、有害的物质或能量可能失去控制(称为第二类危险源)，导致危险、有害物质的泄漏、散发或能量的意外释放。因此，存在危

险、有害物质或能量，危险、有害物质或能量失去控制，是危险、有害因素转换为事故的根本原因。

一起事故的发生往往是两类危险源共同作用的结果。两类危险源相互关联、相互依存。第一类危险源的存在是事故发生的前提，在事故发生时释放出的危险、有害物质和能量是导致人员伤害或财物损坏的主体，决定事故后果的严重程度；第二类危险源是第一类危险源造成事故的必要条件，决定事故发生的可能性。因此，危险源识别的首要任务是识别第一类危险源，在此基础上再识别第二类危险源。

危险源的分类是为了便于对危险源进行识别和分析，危险源的分类方法有多种。

1. 按诱发危险、有害因素失控的条件分类

危险、有害物质和能量失控主要体现在人的不安全行为、物的不安全状态和管理缺陷三个方面。

在《企业职工伤亡事故分类》(GB 6441)中，将人的不安全行为分为操作失误、造成安全装置失效、使用不安全设备等 13 大类；将物的不安全状态分为防护、保险、信号等装置缺乏或有缺陷，设备、设施、工具、附件有缺陷，个人防护用品、用具缺少或有缺陷，以及生产(施工)场地环境不良 4 大类。

管理缺陷方面可参考以下分类：

对物(含作业环境)性能控制的缺陷，如设计、监测和不符合处置方面要求的缺陷。

对人的失误控制的缺陷，如教育、培训、指示、雇佣选择、行为监测方面的缺陷。工艺过程、作业程序的缺陷，如工艺、技术错误或不当，无作业程序或作业程序有错误。用人单位的缺陷，如人事安排不合理、负荷超限、无必要的监督和联络、禁忌作业等。对来自相关方(供应商、承包人等)的风险管理的缺陷，如合同签订、采购等活动中忽略了安全健康方面的要求。

违反安全人机工程原理，如使用的机器不适合人的生理或心理特点。此外，一些客观因素，如温度、湿度、风雨雪、照明、视野、噪声、振动、通风换气、色彩等也会引起设备故障或人员失误，是导致危险、有害物质和能量失控的间接因素。

2. 按导致事故和职业危害的直接原因分类

根据《生产过程危险和有害因素分类与代码》(GB/T 13861—2009)的规定，将生产过程中的危险、有害因素分为 4 类，即人的因素、物的因素、环境因素和管理因素。此种分类方法较之 GB/T 13861—1992 版，其分类更为具体详细、科学合理。

人的因素包括：心理、生理性危险和有害因素(负荷超限、健康状况异常、从事禁忌作业、心理异常、辨识功能缺陷以及其他心理、生理性危害因素)；行为性危险和有害因素(指挥错误、操作错误、监护错误、其他错误以及其他行为性危险和有害因素)。

物的因素包括：物理性危险和有害因素(设备、设施、工具附件缺陷，防护缺陷，电伤害，噪声，振动危害，电离辐射，非电离辐射，运动物伤害，明火，高温物质，低温物质，信号缺陷，标志缺失，有害光照)；化学性危险和有害因素(爆炸品，压缩气体和液化气体，易燃液体，易燃固体、自燃物品和遇湿易燃物品，氧化剂和有机过氧化物，有毒品，放射性物品，腐蚀品，粉尘与气溶胶)；生物性危害危险和有害因素(致病微生物、传染病媒介物、致害植物)

环境因素包括：室内作业场所环境不良(室内地面滑，室内作业场所狭窄，室内地面不平，室内梯架缺陷，地面、墙和天花板上的开口缺陷，房屋基础下沉，室内安全通道缺陷，房屋

安全出口缺陷，采光照明不良，作业场所空气不良，室内温度、湿度、气压不适，室内给排水不良，室内涌水）；室外作业场所环境不良（恶劣气候与环境，作业场地和交通设施湿滑，作业场地狭窄，作业场地杂乱、作业场地不平，航道狭窄、有暗礁或险滩，脚手架、阶梯或活动梯架缺陷，地面开口缺陷，建筑物和其他结构缺陷门和围栏缺陷，作业场地基础下沉，作业场地安全通道缺陷，作业场地安全出口缺陷，作业场地光照不良，作业场地空气不良，作业场地温度、湿度、气压不适，作业场地涌水）；地下（含水下）作业环境不良（隧道/ 矿井顶面缺陷，隧道/矿井正面或侧面缺陷，隧道/ 矿井地面缺陷，地下作业面空气不良，地下火，冲击地压，地下水，水下作业供养不当）；其他作业环境不良（强迫体位，综合性作业环境不良）。

管理因素包括：职业安全卫生组织机构不健全，职业安全卫生责任制不落实，职业安全卫生管理规章制度不完善，职业安全卫生投入不足，职业健康管理不完善。

3. 按引起的事故类型分类

参照《企业职工伤亡事故分类》(GB 6441)，综合考虑事故的起因物、致害物、伤害方式等特点，将危险源及危险源造成的事故分为 16 类。此种分类方法所列的危险源与企业职工伤亡事故处理调查、分析、统计、职业病处理及职工安全教育的口径基本一致，也易于接受和理解，便于实际应用。

(1) 物体打击，指落物、滚石、锤击、碎裂崩块、碰伤等伤害，包括因爆炸而引起的物体打击。

(2) 车辆伤害，是指企业机动车辆在行驶中引起的人体坠落和物体倒塌、飞落、挤压伤亡事故，不包括起重设备提升、牵引车辆和车辆停驶时发生的事故。

(3) 机械伤害，是指机械设备运动（静止）部件、工具、加工件直接与人体接触引起的夹击、碰撞、剪切、卷入、绞、碾、割、刺等伤害，不包括车辆、起重机械引起的机械伤害。

(4) 起重伤害，是指各种起重作用（包括起重机安装、检修、试验）中发生的挤压、坠落、（吊具、吊重）物体打击和触电。

(5) 触电，包括雷击伤害。

(6) 淹溺，包括高处坠落淹溺，不包括矿山、井下透水淹溺。

(7) 灼烫，指火焰烧伤、高温物体烫伤、化学灼伤（酸、碱、盐、有机物引起的体内外灼伤）、物理灼伤（光、放射性物质引起的体内外灼伤），不包括电灼伤和火灾引起的烧伤。

(8) 火灾。

(9) 高处坠落，是指在高处作业中发生坠落造成的伤亡事故，不包括触电坠落事故。

(10) 坍塌，是指物体在外力或重力作用下，超过自身的强度极限或因结构稳定性破坏而造成的事故，如挖沟时的土石塌方、脚手架坍塌、堆置物倒塌等，不适用于矿山冒顶片帮和车辆、起重机械、爆破引起的坍塌。

(11) 放炮，是指爆破作业中发生的伤亡事故。

(12) 火药爆炸，指生产、运输、储藏过程中发生的爆炸。

(13) 化学性爆炸，是指可燃性气体、粉尘等与空气混合形成爆炸性混合物，接触引爆能源时，发生的爆炸事故（包括气体分解、喷雾爆炸）。

(14) 物理性爆炸，包括锅炉爆炸、容器超压爆炸、轮胎爆炸等。

(15) 中毒和窒息，包括中毒、缺氧窒息、中毒性窒息。

(16) 其他伤害，是指除上述以外的危险因素，如摔、扭、挫、擦、刺、割伤和非机动车碰撞、轧伤等。(矿山、井下、坑道作业还有冒顶片帮、透水、瓦斯爆炸危险因素。)

4. 按职业健康分类

参照卫生部、劳动人事部、财政部、全国总工会等颁发的《职业病范围和职业病患者处理办法的规定》和《职业病目录》,将危险源分为7类,分别是生产性粉尘、毒物、噪声和振动、高温、低温、辐射(电离辐射、非电离辐射)及其他危险、有害因素。

三、危险源的识别

1. 危险源识别的方法

识别施工现场危险源方法有许多,如现场调查、工作任务分析、安全检查表、危险与可操作性研究、事件树分析、故障树分析等,现场调查法是安全管理人员采取的主要方法。

(1) 现场调查方法。通过询问交谈、现场观察、查阅有关记录,获取外部信息,加以分析研究,可识别有关的危险源。

(2) 工作任务分析。通过分析施工现场人员工作任务中所涉及的危害,可识别出有关的危险源。

(3) 安全检查表。运用编制好的安全检查表,对施工现场和工作人员进行系统的安全检查,可识别出存在的危险源。

(4) 危险与可操作性研究。危险与可操作性研究是一种对工艺过程中的危险源实行严格审查和控制的技术。它是通过指导语句和标准格式寻找工艺偏差,以识别系统存在的危险源,并确定控制危险源风险的对策。

(5) 事件树分析。事件树分析是一种从初始原因事件起,分析各环节事件"成功(正常)"或"失败(失效)"的发展变化过程,并预测各种可能结果的方法,即时逻辑分析判断方法。应用这种方法,通过对系统各环节事件的分析,可识别出系统的危险源。

(6) 故障树分析。故障树分析是一种根据系统可能发生的或已经发生的事故结果,去寻找与事故发生有关的原因、条件和规律。通过这样一个过程分析,可识别出系统中导致事故的有关危险源。

上述几种危险源识别方法从着眼点和分析过程上都有其各自特点,也有各自的适用范围或局限性。因此,安全管理人员在识别危险源的过程中,使用一种方法往往不足以全面地识别所存在的危险源,必须综合运用两种或两种以上的方法。

2. 危险源辨识的步骤

危险源辨识的步骤可分为以下几步:

(1) 划分作业活动。

(2) 危险源辨识。

(3) 风险评价。

(4) 判断风险是否容许。

(5) 制订风险控制措施计划。

3. 危险源识别应注意的事项

(1) 应充分了解危险源的分布。

(2) 从范围上,应包括施工现场内受到影响的全部人员、活动与场所,以及受到影响的社区、排水系统等,也包括分包商、供应商等相关方的人员、活动与场所可施加的影响。

(3) 从状态上，应考虑以下三种状态：

① 正常状态，指固定、例行性且计划中的作业与程序；

② 异常状态，指在计划中，但不是例行性的作业；.

③ 紧急状态，指可能或已发生的紧急事件。

(4) 从时态上，应考虑以下三种时态：

① 过去，以往发生或遗留的问题；

② 现在，现在正在发生的，并持续到未来的问题；

③ 将来，不可预见什么时候发生且对安全和环境造成较大的影响。

(5) 从内容上，应包括所有可能的伤害与影响，包括人为失误，物料与设备过期、老化、性能下降造成的问题。

(6) 弄清危险源伤害与影响的方式或途径。

(7) 确认危险源伤害与影响的范围。

(8) 要特别关注重大危险源与重大环境因素，防止遗漏。

(9) 对危险源与环境因素保持高度警觉，持续进行动态识别。

(10) 充分发挥全体员工对危险源识别的作用，广泛听取意见和建议。

四、风险评价

在识别出危险源后，进行风险评价，给出安全生产风险，按照安全生产的实际情况和管理要求确定可接受风险标准，为采取风险控制措施提供科学依据。因此风险评价是安全生产风险管理的主要内容。

1. 风险评价的目的

风险评价的目的，一是要给出安全生产风险的高低，二是要给出安全生产风险的级别，为安全生产风险管理提供依据。

2. 常用风险评价方法分类

按照风险评价结果的量化程度，评价方法可分为定性风险评价法和定量风险评价法。

(1) 定性风险评价方法

定性风险评价方法主要是根据经验和直观判断能力对生产系统的工艺、设备、设施、环境、人员和管理等方面的状况进行定性的分析，评价结果是一些定性的指标，如是否达到了某项指标、事故类别和导致事故发生的因素等。属于定性风险评价方法的有安全检验表、专家现场询问观察法、因素图分析法、事故引发和发展分析、作业条件危险性评价法(格雷厄姆-金尼法或 IEC 法)、故障类型和影响分析、危险可操作性研究等。

定性风险评价方法的特点是容易理解，便于掌握，评价过程简单。目前定性风险分析方法在国内外企业安全管理工作中被广泛使用。但定性风险评价方法往往依靠经验，带有一定的局限性，评价结果有时因参加评价人员的经验和经历等有相当的差异。同时由于评价结果不能给出量化的危险度，所以不同类型的对象之间评价结果缺乏可比性。

(2) 定量风险评价方法

定量风险分析评价方法是运用基于大量的实验结果和广泛的事故资料统计分析获得的指标或规律(数学模型)，对生产系统的工艺、设备、设施、环境、人员和管理等方面的状况进行定量的计算，评价结果是一些定量的指标，如事故发生的概率、事故的伤害(或破坏)范围、定量的危险性、事故致因因素的事故关联度或重要度等。

3. 风险评价方法的选择原则

在进行风险评价时，应该在认真分析并熟悉评价系统的前提下，选择风险评价方法。风险评价方法选择应遵循充分性、适应性、系统性、针对性和合理性的原则。

（1）充分性原则。充分性是指在选择评价方法之前，应该充分分析评价的系统，掌握足够多的评价方法，并充分了解各种评价方法的优缺点、适应条件和范围，同时为评价工作准备充分的资料。

（2）适应性原则。适应性是指选择的评价方法应该适应评价的系统。要评价的系统可能是由多个子系统构成的复杂系统，评价的重点各子系统可能有所不同，各种评价方法都有其适应的条件和范围，应该根据系统和子系统、工艺的性质和状态，选择适应的评价方法。

（3）系统性原则。系统性是指评价方法与评价的体系所能提供的风险评价初始条件和边界条件应形成一个和谐的整体，也就是说，评价方法获得的可信的评价结果，是必须建立在真实、合理和系统的基础数据之上的，评价的系统应该能够提供所需的系统化数据和资料。

（4）针对性原则。针对性是指所选择的评价方法应该能够提供所需的结果。由于评价的目的不同，需要评价提供的结果可能是：危险有害因素类别、事故发生的原因、事故发生的概率、事故后因、系统的危险性等，评价方法能够给出所要求的结果才能被选用。

（5）合理性原则。在满足评价目的、能够提供所需的评价结果的前提下，应该选择计算过程最简单、所需基础数据最少和最容易获取的评价方法，使评价工作量和要获得的评价结果都是合理的，不要使评价出现无用的结果和不必要的麻烦。

4. 风险评价方法的选择过程

不同的评价系统选择不同的风险评价方法，各种风险评价方法的选择过程有所不同，一般可按图 2-4 所示的步骤选择风险评价方法。

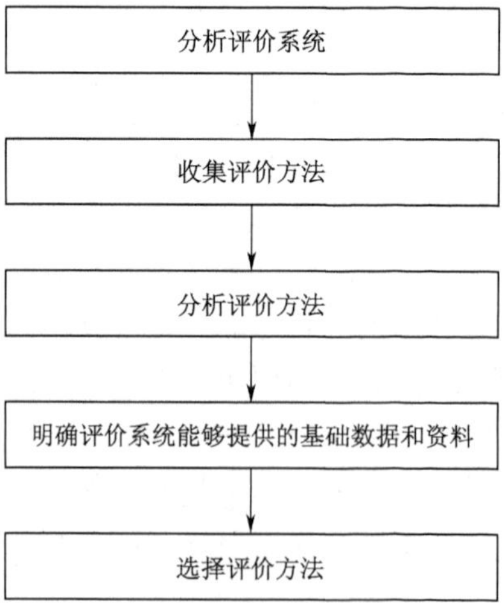

图 2-4 评价方法的选择过程

在选择评价方法时，应首先详细分析评价的系统，明确通过评价要达到的目标，即通过评价需要给出哪些、什么样的评价结果；然后应收集尽量多的评价方法，将评价方法进行分类整理；再就是明确评价的系统能够提供的基础数据、工艺和其他资料；最后是根据评价要达到的目标以及所需的基础数据、工艺和其他资料，选择适用的评价方法。

5. 事故风险等级评价方法

(1) 风险大小的计算

根据风险的概念，用某一特定危险情况发生的可能性和它可能导致后果的严重程度的乘积来表示风险的大小，可以用式(2-1)表达：

$$R=\rho f \tag{2-1}$$

式中 R——风险的大小；

ρ——危险情况发生的可能性；

f——发生危险造成后果的严重程度。

(2) 风险等级的划分

根据式(2-1)计算的风险大小，可以用近似的方法来估计。首先把危险发生的可能性(ρ)分为“很大”、“中等”和“极小”三个等级；然后把发生危险可能产生后果的严重程度(f)分为“轻度损失(轻微伤害)”、“中度损失(伤害)”和“重大损失(严重伤害)”三个等级；ρ 和 f 的乘积就是风险的大小(R)，可以近似按级别分为：“可忽略风险(Ⅰ)”、“可容许风险(Ⅱ)”、“中度风险(Ⅲ)”、“重大风险(Ⅳ)”和“不容许风险(Ⅴ)”共 5 级，如表 2-3 所示。

表 2-3　风险等级评估表

后果 级别	轻度损失 (轻微伤害)	中度损失 (伤害)	重大损失 (严重伤害)
很大	Ⅲ	Ⅳ	Ⅴ
中等	Ⅱ	Ⅲ	Ⅳ
极小	Ⅰ	Ⅱ	Ⅲ

(3) 危险情况发生的可能性

在确定危险情况发生或造成伤害的可能性时，应以法规和行为准则所要求的危险源控制措施为指导，考虑已实施和已符合要求控制措施的充分性。此外，除了前面所述的危险源提示表列出的 20 项设问的信息外，还宜考虑以下方面的因素：

① 暴露人数。

② 暴露在危险源中的频次和持续时间。

③ 服务(如供电、供水)中断。

④ 装置、机械部件和安全装备的失灵。

⑤ 暴露于恶劣气候。

⑥ 个体防护装备所提供的保护和个体防护装备的使用率。

⑦ 不安全行为(无意识的错误或故意违反程序)，通常包括：

a. 可能不知道哪是危险源；

b. 可能不具备执行工作任务所需的知识、体能或技能；

c. 低估了所暴露的风险；

d. 低估了安全工作方法的实用性和有效性。

对危险情况发生的可能性一般可用很大、中等和极小三种情况来判断。在危险情况发生的可能性很小的情况下，还可以用可能、不可能和极不可能三种情况来判断。

(4) 发生危险造成后果或产生伤害的严重程度

在确定发生危险造成的后果或造成伤害的严重程度时，除了评价前面所述的危险源提示表所列20项设问情况所造成的后果外，还宜考虑以下方面：

① 可能受到影响的身体部位。

② 伤害的性质，可分为轻微伤害、伤害和严重伤害。

a. 表面损伤、轻微割伤和擦伤、粉尘对眼睛的刺激、烦躁和刺激(如头痛)、导致暂时性不适的疾病属轻微伤害；

b. 手划伤、烧伤、脑震荡、严重扭伤、轻微骨折、耳聋、皮炎、哮喘、与工作有关的上肢损伤、导致永久性轻微功能丧失的疾病属伤害；

c. 截肢、严重骨折、中毒、复合伤害、致命伤害、职业癌症、其他导致寿命严重缩短的疾病、急性不治之症属严重伤害。

③ 造成财产损失的大小。

第四节　公路施工安全事故发生的内在规律性研究

公路施工中发生的生产安全事故，包括造成人员伤亡的和未造成人员伤亡的事故。公路施工安全事故的发生都是由于存在事故要素并孕育发展的结果，在未及时发现和消除存在的事故要素，或者阻止其孕育和发展的情况下，则事故必将发生，这就是由其内在规律性所决定的事故发生的必然性。由于相同的事故要素会存在于不同的建筑工地及其施工过程的不同阶段，由其必然性又形成了安全事故的多发(常发)性和反复性。在安全防范意识不强、不能警钟长鸣和居安思危(可能发生事故)的情况下，或者认为根据当时的安全工作、安全作业条件、安全技术措施和安全工作经验“不会”、“不可能”、“不应当”出事故时，一旦出了事故，就会产生“意外”或者“偶然”的感觉。这种感觉上的“偶然性”和“意外性”，其实都是没有很好地掌握事故发生的内在规律的必然性的表现。

当能够及时发现和消除存在的事故要素，或者及时阻止其孕育和发展(这就是我们常讲的“消除事故隐患”)时，则安全事故就不会发生，这就是生产安全事故的可预防性或可防止性。因此，只有认真研究和掌握事故发生的内在规律，才能有效地确保生产安全和防止事故的发生。

一、事故五要素及其引发事故时的七种组合

1. 引发事故的五个基本因素及其存在或表现形式

不安全状态、不安全行为、起因物、致害物和伤害方式是引发生产安全事故的五个基本因素，简称“事故五要素”，其定义与存在或表现形式分述如下。

(1) 不安全状态

在建筑工程施工中存在的不安全状态，是指在施工场所和作业项目之中存有事故的起

因物和致害物，或者能使起因物和致害物起作用(造成事故和伤害)的状态。

当在施工的场所和作业状态之中存在有起因物和致害物时，它们就可以通过自身的孕育发展或者在不安全行为的激发启动下引发事故，因而是一种不安全的状态。而某些场所状态，虽并不存在某种事故的起因物和致害物，但却可以使其起作用，例如，毗邻在施工程建筑的无防护(没有搭设防护棚)通道这一场所状态，其本身并不存有落物伤害事故的起因物和致害物，但却可以使得其所毗邻的在施工程建筑的高空落物(事故的起因物、致害物)起作用(伤害通道中的行人)，因此，也是一种不安全状态。

施工场所状态指为施工场所提供的工作(作业)与生活条件的状态，包括涉及安全要求的场地(地面、地下、空中)、周围环境、原有和临时设施以及使用安排状态；作业项目状态为分项分部工程进行施工时的状态，包括施工中的工程状态，脚手架、模板和其他施工设施的设置状态及各项施工作业的进行状态等。一般说来，凡是违反或者不符合安全生产法律、法规、工程建设标准和企业(单位)安全生产制度规定的状态，都是不安全状态。但建设工程安全生产法律、法规、标准和制度没有或未予规定的状态，也会成为不安全状态。因此，应当按照前述的定义，针对具体的工程条件、现场安排和施工措施情况，研究、认识可能存在的不安全状态，并及时予以排除。

不安全状态有 4 个属性：事故属性(属于何种事故)、场所属性(在何种场所存在)、状态属性(属于何种状态)和作业属性(属于何种施工作业项目)，并可按这 4 个属性划分相应不安全状态的类型，列入表 2-4 中。从表中可以看出，4 种划分方法从 4 个不同的侧面反映出不安全状态的存在与表现形式，且在它们之间存在着相互补充、交叉、渗透、作用和影响的关系。由于其中的任何一个侧面都不能全面和完整地反映出在建筑施工中可能存在的不安全状态，因此，不应只按一种划分去研究和把握，而应将其综合起来，并根据主管工作的范围有所重点地去实施管理(消除不安全状态的安全管理工作)，使相应的侧面成为主要负责人、管理部门和有关管理人员分抓的重点，或者作为企业(单位)在某一时期、某一工程项目、某一施工场所或某种作业的安全生产工作中的重点。一般情况下，负责全面工作的企业主要负责人和大的、综合性工程项目负责人，宜以其事故属性为主(为核心)并兼顾其他属性抓好消除不安全状态的工作；企业安全管理部门和从事安全措施技术与设计工作的人员，宜以其状态属性为主兼顾其他属性做好相应工作；而现场管理和施工指挥人员，则应以其场所和作业属性并兼顾其他属性做好工作。所谓“兼顾”，就是将主抓属性中未能涉及的或直接涉及的其他属性的项目与要求考虑进来。

表 2-4　　公路工程施工不安全状态类型表

划分方法(不同属性)	不安全状态的类型
按引发事故的类型划分(事故属性)	① 引发坍塌和倒塌事故的不安全状态；② 引发倾倒和倾翻事故的不安全状态；③ 引发冒水、透水和坍陷事故的不安全状态；④ 引发触电事故的不安全状态；⑤ 引发断电和其他电气事故的不安全状态；⑥ 引发爆炸事故的不安全状态；⑦ 引发火灾事故的不安全状态；⑧ 引发坠落事故的不安全状态；⑨ 引发高空落物伤人事故的不安全状态；⑩ 引发起重安装事故的不安全状态；⑪ 引发施工船舶和机械设备事故的不安全状态；⑫ 引发物体打击事故的不安全状态；⑬ 引发淹溺事故的不安全状态；⑭ 引发中毒和窒息事故的不安全状态；⑮ 引发其他事故的不安全状态

续表 2-4

划分方法(不同属性)	不安全状态的类型
按施工场所的安全条件划分(场所属性)	① 现场周边围挡防护的不安全状态;② 周边毗邻建筑、通道保护的不安全状态;③ 对现场内原高压线和地下管线保护的不安全状态;④ 现场功能区块划分及设施情况的不安全状态;⑤ 现场场地和障碍物处理的不安全状态;⑥ 现场道路、排水和消防设置的不安全状态;⑦ 现场临时建筑和施工设施设置的不安全状态;⑧ 现场施工临时用电线路、电气装置和照明设置的不安全状态;⑨ 洞口、通道口、楼电梯口和临边防护设施的不安全状态;⑩ 现场警戒区和警示牌设置的不安全状态;⑪ 深基坑、深沟槽和毗邻建(构)筑物坑槽开挖场所的不安全状态;⑫ 起重吊装施工区域的不安全状态;⑬ 预应力张拉施工区域的安全状态;⑭ 试压和高压作业区域的不安全状态;⑮ 安装和拆除施工区域的不安全状态;⑯ 整体式施工设施升降作业区域内的不安全状态;⑰ 爆破作业安全警戒区域的不安全状态;⑱ 水上水下施工作业场所的不安全状态;⑲ 特种和危险作业场所的不安全状态;⑳ 生活区域、设备及材料存放区域设置的不安全状态:㉑ 恶劣气候条件下,施工船舶作业、航行引发的水上各类事故;㉒ 各类场所的不安全状态
按设置和工作状态划分(状态属性)	① 施工临时建筑自身结构构造和设置中的不安全状态;② 脚手架、模板和其他支架结构构造和设置的不安全状态;③ 施工中的工程结构、脚手架、支架等承受施工荷载的不安全状态;④ 附着升降脚手架、滑模、提模等升降式施工设施在升降和固定工况下的不安全状态;⑤ 塔式起重机、施工升降机、垂直运输设施(井架、泵送混凝土管道等)设置的不安全状态;⑥ 起重、垂直和水平运输机械工作和受载的不安全状态;⑦ 施工船舶施工设施安全防护保险装置设置的不安全状态;⑧ 现场材料、模板、机具和设备堆(存)放的不安全状态;⑨ 易燃、易爆、有毒材料保管的不安全状态;⑩ 缺氧、有毒(气)作业场所安全保障和监控措施设置的不安全状态;⑪ 高处作业、水下作业安全防护措施设置的不安全状态;⑫ 施工机械、电动工具和其他施工设施安全防护、保险装置设置的不安全状态;⑬ 坑槽上口边侧土方堆置的不安全状态;⑭ 采用新工艺、改变工程结构正常形成程序措施执行中的不安全状态;⑮ 施工措施执行中出现某种问题和障碍时所形成的不安全状态;⑯ 其他设置和工作状态中的不安全状态
按施工作业划分(作业属性)	① 立体交叉作业的不安全状态;② 夜间作业的不安全状态:③ 冬期、雨期、风期作业的不安全状态;④ 应急救援作业的不安全状态;⑤ 爆破作业的不安全状态;⑥ 降水、排水、堵漏、止流沙、抗滑坡作业的不安全状态;⑦ 土石方挖掘和运输作业的不安全状态;⑧ 材料、设备、物品装卸作业的不安全状态;⑨ 洞室作业的不安全状态;⑩ 起重和安装作业的不安全状态;⑪ 整体升降作业的不安全状态;⑫ 拆除作业的不安全状态;⑬ 电气作业的不安全状态;⑭ 热法作业的不安全状态;⑮ 电、气焊作业的不安全状态;⑯ 压力容器和狭窄场地作业的不安全状态;⑰ 高处和架上作业的不安全状态;⑱ 预应力作业的不安全状态;⑲ 脚手架、支架装拆作业的不安全状态;⑳ 模板及支架装拆作业的不安全状态;㉑ 钢筋加工和安装作业的不安全状态;㉒ 试验作业的不安全状态;㉓ 水平和垂直运输作业的不安全状态;㉔ 顶进和整体移位作业的不安全状态;㉕ 深基坑支护作业的不安全状态;㉖ 混凝土浇筑作业的不安全状态;㉗ 维修、检修作业的不安全状态;㉘ 水上、水下作业的不安全状态;㉙ 其他作业的不安全状态

消除不安全状态的工作关系示于图 2-5 中。

(2) 不安全行为

在工程施工中存在的不安全行为,是指在施工作业中存在的违章指挥、违章作业以及其他可能引发和招致发生安全事故发生的行为。不安全行为可以分为 4 类:① 违章指挥——在施工作业中,违反安全生产法律、法规、工程建设和安全技术标准、安全生产制度和规定的指挥;② 违章作业——违反安全生产法律、法规、标准、制度和规定的作业;③ 其他主动性不安全行为——其他由当事人发生的不安全行为;④ 其他被动性不安全行为——当事人缺乏自我保护意识和素质的行为(会受到伤害物或主动不安全行为的伤害)。其中,“其他主动性不安全行为”包括违反上岗身体条件、违反上岗规定和不按规定使用安全防护用品三种行为，故共有六种（类）不安全行为，列入表 2-5 中。

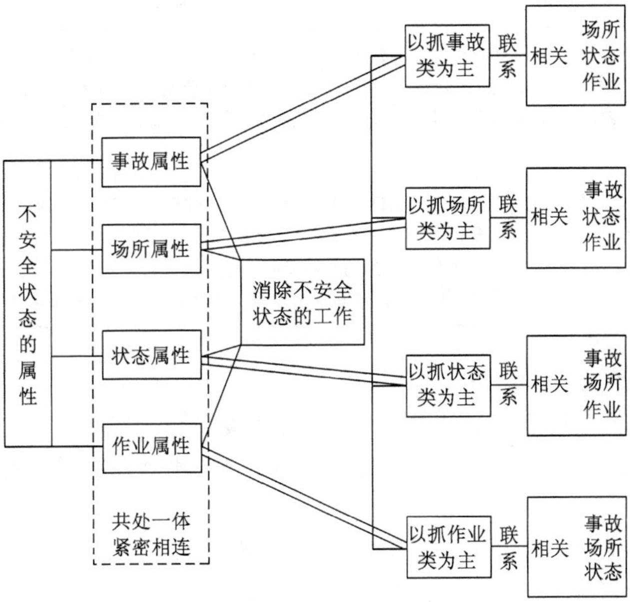

图 2-5　消除不安全状态的工作关系

表 2-5　　　　常见不安全行为的表现形式表

类别	常见表现形式
违反上岗身体条件规定	① 患有不适合从事高空水上、水下和其他施工作业相应的疾病（精神病、癫痫病、高血压、心脏病等）；② 未经过严格的身体检查，不具备从事高空、井下、高温、高压、水上、水下等相应施工作业规定的身体条件；③ 妇女在经期、孕期、哺乳期间从事禁止和不适合的作业；④ 未成年工从事禁止和不适合的作业；⑤ 疲劳作业和带病作业
违反上岗规定	① 无证人员从事需证岗位作业；② 非定机、定岗人员擅自操作；③ 单人在无人辅助、轮换和监护情况下进行高、深、重、险等不安全作业；④ 在无人监管电闸的情况下从事检修、调试高压、电气设备作业；⑤ 在无人辅助拖线情况下从事宜扯断动力线的电动机具（如蛙石打夯机）作业
不按规定使用安全防护用品	① 进入施工现场不戴安全帽、不穿安全鞋；② 高处作业不佩挂安全带或挂置不可靠；③ 水上作业不穿救生衣；④ 进行高压电气作业或在雨天、潮湿环境中进行有电作业不使用绝缘护品；⑤ 进入有毒气环境作业不使用防毒用具；⑥ 电气焊作业不使用电焊帽、电焊手套、防护镜；⑦ 在潮湿环境不使用安全（电压）灯和在有可燃气体环境作业不使用防爆灯；⑧ 其他不使用相应安全护品的行为
违章指挥	① 在作业条件未达到规范、设计和施工要求的情况下，组织和指挥施工；② 在已出现不能保证作业安全的天气变化和其他情况时，坚持继续进行施工；③ 在已发现事故隐患或不安全征兆、未予消除和排除的情况下继续指挥冒险施工；④ 在安全设施不合格，工人未使用安全护品和其他安全施工措施不落实的情况下，强行组织和指挥施工；⑤ 违反有关规范规定（包括修改、降低或取消）的指挥；⑥ 违反施工方案和技术措施的指挥；⑦ 在施工中出现异常情况时，作出了不当的处置（可能导致出现事故或使事态扩大）决定；⑧ 在技术人员、安全人员和工人提出对施工中不安全问题的意见和建议时，未予重视、研究并作出相应的处置，不顾安全地继续指挥施工

续表 2-5

类别	常见表现形式
违章作业	① 违反程序规定的作业；② 违反操作规定的作业；③ 违反安全防（监）护规定的作业；④ 违反防爆、防毒、防触电和防火规定的作业；⑤ 使用带病施工船舶、机械、工具和设备进行作业；⑥ 在不具备安全作业条件下进行作业；⑦ 在已发现有事故隐患和征兆的情况下，继续进行作业
缺乏安全意识，不注意自我保护和保护他人的行为	① 在缺乏安全警惕性的情况下发生的误扶（不可靠物）、误入（“四口”）、误碰（致伤物）、误触（带电物）、误食（毒物）、误闻（有毒气体）情况以及跌、闪失、坠落的行为；② 在作业中出现的工具脱手、物飞溅掉落、碰撞和拖拉别人等行为；③ 在出现异常和险情时不及时通知别人的行为；④ 在前道工序中留下隐患而未予消除或转告下道工序作业者的行为

（3）事故的起因物、致害物和伤害方式

直接引发生产安全事故的物体（品），称为“起因物”；在生产安全事故中直接招致（造成）伤害发生的物体（品），称为“致害物”；致害物作用于被伤害者（人和物）的方式，称为“伤害方式”。

在某一特定的生产安全事故中，起因物可能是唯一的或者为多个。当有多个起因物存在时，按其作用情况会有主次和前后（序次）之分、组合和单独作用之分。在某一特定的伤害事故中，致害物也可能是一个或多个。在同一生产安全事故中，起因物和致害物可能是不同的物体（品）或同一物体（品）。

起因物和致害物的存在构成了不安全状态和安全（事故）隐患，若不及时发现并消除它们，就有可能引发或发展成为事故。而一旦发生生产安全事故，对起因物和致害物的分析确定工作，又是判定事故性质和确定事故责任的重要依据。

起因物和致害物的类别有两种划分方法：一种为按其自身的特征划分，见表 2-6 所列，表中同时注出了其变为起因物和致害物的条件；另一种为按其引发的事故划分，见表 2-7，并分别列出了相应事故的起因物和致害物。

表 2-6　按自身特征划分的起因物和致害物

自身特征	可成为起因物和致害物的物体（品）
单件硬物	① 工程结构件；② 脚手架的杆（构）配件；③ 模板及其支撑件；④ 机构设备的传动件、工作件和其他零部件；⑤ 附着固定件；⑥ 支撑（顶）和拉结件；⑦ 围挡防护件；⑧ 底座和支垫件；⑨ 连（拼）接件；⑩ 安全限控、保险件；⑪ 平衡（配重）件；⑫ 电器件；⑬ 吊具、索具和吊材；⑭ 梯笼、吊盘、吊斗；⑮ 手持和电动工具；⑯ 照明器材；⑰ 钢材、管件、铁钉及其他硬物件；⑱ 阀门和压力控制设备
线路管道	① 电气线路；② 控制线路和系统；③ 泵送混凝土管道；④ 煤气和压缩空气管道；⑤ 氧气和乙炔气管道；⑥ 液压和油品管道；⑦ 压力水管道；⑧ 其他管线
施工船舶、机械设备	① 塔吊和起重机械（具）；② 土方机械；③ 运输车辆；④ 泵车；⑤ 搅拌机；⑥ 其他机械设备；⑦ 附着升降脚手架；⑧ 脚手架和支架；⑨ 整体提（滑、倒）升模板；⑩ 生产和建筑设备；⑪ 施工船舶；⑫ 其他机械和整体式施工设施
易燃和危险物品	① 易燃的材料、物品；② 易爆的材料物品；③ 外露带电物体；④ 亚硝酸钠和其他有毒化学品；⑤ 一氧化碳、瓦斯和其他有毒气体；⑥ 炸药、雷管

续表 2-6

自身特征	可成为起因物和致害物的物体(品)
作业场所、地物和地层状态	① 高温、高湿的作业环境；② 密闭容器、洞室和狭窄、通风不畅作业环境；③ 地基；④ 毗邻开挖坑槽的房屋和墙体等地物；⑤ 涌水层、滑坡层、流沙层等不稳定地层；⑥ 临时施工设施；⑦ 挡水、挡土、护坡措施；⑧ 水上水下的作业环境；⑨ 各种地面堆物
其他	① 飓风、热带气旋、暴雨、大雪、雷电等恶劣和灾害天气；② 突然停、断电；③ 爆炸的冲击波和抛射物；④ 地震作用；⑤ 其他突发的不可抗力事态
注释(成为起因物和致害物的诱发条件)	当表列物体(品)有以下情况之一时，就有可能成为事故的起因物、致害物：① 本身的规格、材质和加工不符合标准(或规定)要求；② 本身已发生变形、损伤或磨损；③ 设计缺陷；④ 安装和维修缺陷；⑤ 各种带病使用情况；⑥ 超额定状态(超载、超速、超位、超时等)或设计要求工作；⑦ 超检(维)修期工作；⑧ 杆构件和零部件脱离正常工作位置；⑨ 出现各种不正常工作状态；⑩ 出现变形、沉降和失衡状态；⑪ 发生超出设计考虑的意外事态；⑫ 任意改变施工方案和安全施工措施的规定；⑬ 出现不安全行为；⑭ 安全防(保)护措施和安全装置失效情况；⑮ 出现破断、下坠事态；⑯ 危险场所和危险作业的安全保障、监控工作不到位；⑰ 其他诱发条件

表 2-7　**部分常见伤害事故的起因物和致害物**

事故类型	起因物	致害物
物体(品)打击	由各种原因引起的同一落物、崩块、冲击物、滚动体、摆动体以及其他足以产生打击伤害的运动硬物	
	引发其他物体状态突变(弹出、倾倒、吊落、滚动、扭转等)的物体，如撬杠、绳索、拉拽物和障碍物等	产生状态突变的模板、支撑、钢筋、块体材料和器具等，以及作业人员
高处坠落	由于不当操作或其他原因造成失稳、倾倒、掉落并拖带施工人员发生高空坠落的手推车和其他器物	
	脚手架面未满铺脚手板，脚手架侧面和“临边”未按规定设防护	吊落的施工人员受自身重力运动伤害
	“四口”未加设盖板或其他覆盖物	
	失控掉落的梯笼和其他载人设备	
	高处作业未佩挂安全带	
机械和起重伤害	进行车、刨、钻、铣、锻、磨、镗加工时的工作部件	
	未上紧的夹持件	脱(飞)出的加工件
	没有、拆去或质量与装设不符合要求的安全罩	机械的转动和工作部件
	超重的吊物	失稳、倾翻的起重机
	软弱和受力不均衡的地基、支垫物	
	变形、破坏的吊具(架)	倾翻、掉落、折断、前冲的吊物
	破断、松脱、失控的索具	
	失控、失效的限控、保险和操作装置	失控的臂杆、起重小车，索具吊钩、吊笼(盘)和机械的其他部件
	滑脱、折断的撬杠	失控、倾翻、吊落的重物和安装物
	失稳、破坏的支架	
	启闭失控的料笼、容器	掉落、散落的材料、物品
	拴挂不平衡的吊索	
	失控的回转和限速机构	

续表 2-7

<table>
<tr><th>事故类型</th><th>起因物</th><th>致害物</th></tr>
<tr><td rowspan="4">触电伤害</td><td colspan="2">未加可靠保护、破皮损伤的电线、电缆</td></tr>
<tr><td>架空高压裸线</td><td>误触高压线的起重机臂杆和其他运动中的导电物体</td></tr>
<tr><td>未设或设置不合格的接零(地)、漏电保护设施</td><td>带(漏)电的电动工具和设备</td></tr>
<tr><td>未设门或未上锁的电闸箱</td><td>易发生误触的电器开关</td></tr>
<tr><td rowspan="11">坍塌伤害</td><td colspan="2">由流沙、涌水、沉陷和滑坡引起的塌方</td></tr>
<tr><td colspan="2">过高、过陡和基地不牢的堆置物</td></tr>
<tr><td>停于坑槽边的机械、车辆和过重堆物</td><td>塌落的土方、机械、车辆和堆物</td></tr>
<tr><td>没有或不符合要求的降水和支护措施</td><td></td></tr>
<tr><td>受坑槽开挖伤害的建(构)筑物的基础和地基</td><td>整体或局部沉降、倾斜、倒塌的建(构)筑物</td></tr>
<tr><td>设计和施工存在不安全问题的临时建筑和设施</td><td rowspan="5">整体或局部坍塌、破坏的工程建筑</td></tr>
<tr><td>发生不均匀沉降和显著变形的地基</td></tr>
<tr><td>附近有强烈的震动和冲击源</td></tr>
<tr><td>强劲的自然力(风、雨、雪等)</td></tr>
<tr><td>因违规拆除结构件、拉结件或其他原因造成破坏的局部杆件和结构</td></tr>
<tr><td>受载后发生变形、失稳或破坏的支架或支撑杆件</td><td>发生倾倒、坍塌的现浇结构、模板、设备和材料物品</td></tr>
<tr><td rowspan="3">火灾伤害</td><td colspan="2">火源与靠近火源的易燃物</td></tr>
<tr><td colspan="2">雷击、导电物体与易燃物</td></tr>
<tr><td colspan="2">爆炸引起的溢漏的易燃物(液体、气体)和火源</td></tr>
<tr><td rowspan="6">中毒、窒息和爆炸伤害</td><td colspan="2">一氧化碳、瓦斯和其他有毒气体</td></tr>
<tr><td colspan="2">亚硝酸钠和其他有毒化学品</td></tr>
<tr><td colspan="2">密闭容器、洞室和其他高温、不通风作业场所</td></tr>
<tr><td colspan="2">爆炸(破)引起的飞石和冲击波</td></tr>
<tr><td>保管不当的雷管和其他引爆源</td><td>爆炸的雷管和炸药</td></tr>
<tr><td>“瞎炮”与引起其爆炸的引爆物</td><td>飞溅块体和气浪</td></tr>
<tr><td>其他</td><td colspan="2">朝天钉子,突出的铁件,散落的钢筋、管子和其他硬物,以及伸入作业空间的杆件和其他硬物</td></tr>
</table>

伤害方式包括伤害作用发生的方式、部位和后果。对人员伤害的部位为身体的各部(包括内脏器官)。伤害的后果分为轻伤、重伤和死亡。伤害作用发生的方式有以下 18 种:碰撞、击打、冲击、砸压、切割、绞缠、掩埋、坠落、滑跌、滚压、电击、灼(烧)伤、爆炸、射人、弹出、中毒、窒息、穿透。

对伤害方式的研究,一是可改进和完善劳动(安全)保护用品的品种和使用,二是可相应加强针对那些没有适用安全护品的伤害方式的安全预防和保护措施。

2. 事故要素作用的七种组合

在发生的生产安全事故中,五种事故要素可能同时存在,也可能部分存在。某些人为事故，其不安全行为同时也是起因物和致害物，而起因物和致害物有时是同一个。因此形成引发事故的 7 种组合，如表 2-8 所列。

表 2-8　　事故要素在引发事故时的 7 种组合

类型	事故要素的组合
E 型	不安全状态，不安全行为，起因物，致害物，伤害方式
D-1 型	不安全状态，起因物，致害物，伤害方式
D-2 型	不安全行为，起因物，致害物，伤害方式
D-3 型	不安全状态，不安全行为，起因物(致害物)，伤害方式
C-1 型	不安全状态，起因物(致害物)，伤害方式
C-2 型	不安全行为，起因物(致害物)，伤害方式
B 型	不安全行为(起因物、致害物)，伤害方式

不安全状态或不安全行为的存在(或者二者同时存在)是事故的“起因”，伤害方式直接导致“后果”，而起因物和致害物则是“事故的载体”，它将起因和后果连接起来。当没有不安全状态和不安全行为存在时，也就没有起因物和致害物的存在，或者即使存在，也不能起作用而引发事故(例如，架空的高压裸线是起因物，没有不安全状态和不安全行为造成触及高压线时，就不会引发触电事故)；而当有效地控制起因物和致害物，使其不能起作用时，即使有不安全状态和不安全行为存在，也不会导致伤害事故的发生(但不安全行为又是起因物和致害物的情况除外)。

二、施工安全隐患和事故征兆

1. 施工安全隐患的构成、类别和检查

在建筑施工中能够或者有可能引发生产安全事故的现存问题称为“施工安全隐患”，简称“安全隐患”。只有及时发现和消除在施工各个阶段、各个部位和各个环节上存在的安全隐患，才能避免生产安全事故的发生。因此，必须掌握安全隐患的构成、类别、基本表现形式和检查要求。

(1) 安全隐患的构成

在生产安全事故的五个基本要素中，由于致害物和伤害方式一般只有在事故发生时方能表现出来，因此，有不安全状态、不安全行为和起因物存在时，就构成了安全隐患，其构成方式有以下三种：

第一种：不安全状态＋起因物；

第二种：不安全行为＋起因物或者不安全行为(同时也是起因物)；

第三种：不安全状态＋不安全行为＋起因物。

(2) 安全隐患的类别

按安全隐患可能引发的事故种类划分一般可分为以下 12 种：用电事故安全隐患；火灾事故安全隐患；爆炸事故安全隐患；坍塌事故安全隐患；施工机械和设备倾翻、倾倒事故安全隐患；施工机械和施工设施局部损坏(折断、垮塌等)事故安全隐患；自升(滑升、提升、爬升、倒升)式整体施工装置(模板、脚手架、工作台等)坠落和失控事故安全隐患；窒息和中毒事故安全隐患；高处作业和交叉作业伤害事故的安全隐患；安全防护设施、护品的配置与使用不到位的安全隐患；违章指挥和违章作业事故安全隐患；预防灾害措施不到位事故的安全隐患。

按安全隐患涉及的安全工作方面划分可以分为以下5种：安全作业环境和条件缺陷隐患；安全施工措施缺陷隐患；安全工作制度缺陷隐患；安全岗位责任不落实隐患；现场安全监控管理工作不到位隐患。

(3) 安全隐患的检查

检查安全隐患就是为了及时发现和消除它的存在，以避免其发展为生产安全事故。

制订和落实齐全到位的安全预防措施、检查和及时发现与消除安全隐患、及时发现事故征兆并立即采取应急处置措施，是施工(生产)安全管理工作中防止生产安全事故发生的三道关口。由于在发现事故征兆时，不一定都能有时间和条件阻止事故的发生(多数只能做到应急撤离人员)，因此，把好检查、发现和消除安全隐患这第二道关，就显得异常重要了。

对安全隐患的检查工作，应当采取阶段检查与日常检查相结合，全面检查与专项检查相结合，安全管理部门、专职安全管理人员检查，施管人员检查与班组检查相结合，以及安全隐患检查与安全生产教育相结合(在进行安全生产教育之后，随即进行相应的安全隐患检查；在检查、发现和消除安全隐患的过程中，相应进行安全生产教育)。检查、发现和消除安全隐患，是一项必须认真、细致和深入进行的工作，应特别注意以下各点：

① 认真查找在施工中以各种形式存在的不安全状态、不安全行为和引发事故的起因物。

② 认真查找由于不安全状态和起因物的存在，可能已经有初期表现的事故征兆。

③ 按照安全隐患的分类，确定安全隐患的类别，并及时采取相应消除与应急处置措施。

2. 施工安全事故的征兆

在施工生产安全事故发生之前所显示出的即将或可能要出事的迹象谓之事故的征兆。如能及早地发现并及时采取应急排险措施，则有可能阻止事故的发生；即使不能阻止其发生，也可以及时撤出人员和采取应急保护措施，减轻事故的伤害和损失。因此，事故征兆是事故发生的内在规律性的又一重要组成部分。

事故的征兆通常出现在事故的起因物开始启动到事故发生的这段孕育和发展的时段内，但也有相当多的事故是突发性的，如物体(击)打击、高空坠落、机械和触电伤害等，几乎没有孕育过程，因而即使有征兆，也很难及时作出应急反应。一些涉及面大且伤害和损害严重的事故，如各类坍塌、倾翻、破坏事故，一般都或长或短地存在着相应的孕育和发展过程，从而显示出某种事故征兆。研究、认识和掌握这些征兆，具有重大作用，同时也是一项细致而且困难的工作。

(1) 事故征兆的类别

事故征兆的类别有以下两种划分方法。

① 按征兆出现的顺序可分为早期、中期和晚期三类。

早期征兆——在事故起因物启动后初现的迹象，如初现的变形、开裂和滑移等；

中期征兆——早期征兆的发展与扩大迹象，如变形迅速发展、裂缝显著扩大，以及局部开始出现过大的滑移、沉降乃至损坏迹象；

晚期(临发)征兆——在事故发生前出现的原有状态面临突变的迹象，如即将发生断裂、脱离、倾倒等险情，预示事故即至。

② 按征兆所示的事故划分：一般都有某种征兆提前出现的事故有基坑（槽）坍（塌）方、脚手架和多层转运平台倾倒、脚手架局部垮架、脚手架垂直坍塌、支撑架垮架和倒塌、独立墙体倒塌、建筑物倒塌、机械设备倾翻、自升式施工设施的坠落、火灾等。

在研究事故征兆时，一般将两种分类结合起来，即按事故的类别分别研究其前期、中期和晚期征兆及发现征兆后的相应处置措施。

（2）常见的事故征兆

表2-9和表2-10分别列出了一些事故发生前的常见征兆和有孕育过程事故的一般可能出现的征象。虽然不少事故都有一定的孕育和发展过程，总会有一些迹象显露出来，但由于事故发生前的状态和起因物千变万化，使其事故征兆及其显示程度也不尽相同，因此，不应只注意表列的征象，而应更广泛深入地研究可能出现的异常迹象，以便及早发现异常并及时采取应对措施。

表2-9　部分事故发生前的常见征兆表

事故类别	早期征兆	中期征兆	晚期（临发）征兆
基坑（槽）坍塌和其他塌方	① 坑槽边壁（坡）或洞室顶、壁轻度渗水、涌沙、落渣；② 出现剥离层裂纹和小块剥离	① 渗水、涌沙、落渣情况加剧；② 剥离层裂纹扩展、加大；③ 底部（或其他部位）土（石）层开始大块剥离；④ 深度裂纹（缝）向上（或向下）扩展	① 坑槽底部土（石）块大面积剥离，上部土（石）体裂纹急剧扩展到地面上；② 由局部开始的塌方连续不断，迅速扩展
脚手架和多层转运栈桥（平台）倾倒	① 脚手架靠转运架一侧立杆的基础出现较为明显的沉降；② 脚手架立杆上部明显地向转运架一侧倾斜；③ 连墙件有初期的拉、压或剪切变形	① 早期出现的变形迅速扩大；② 架子上部出现晃动；③ 立杆根部明显脱离其支垫物或位置	上部急剧向外倾倒，并伴发异常的响声（多为杆件、连接件破坏时的伴发声）
脚手架局部垮架	① 脚手架局部的平（横）杆和脚手板出现显著的弯曲变形和损伤；② 局部连接件出现裂纹或松动下滑	① 早期出现的变形和损伤继续发展；② 连接件裂纹扩展或严重下滑；③ 连接点开始变形	① 脚手板、平（横）杆出现折断或滑脱；② 局部构架结构出现严重变形；③ 可能会有异常响声出现
脚手架垂直坍塌	下部和长度大的立杆开始出现侧向拱曲变形	① 成片立杆自下至上出现明显的多波拱曲变形；② 节点和连接件出现破坏迹象	开始出现节点和连接件破坏的异常声响
支撑架跨架和坍（倒）塌	直接承受模板和设备荷载的受弯与受压杆件开始出现明显变形	① 变形迅速扩大；② 立杆根部位移；③ 节点开始出现破坏迹象	① 部分杆件开始折断掉落；② 支撑结构出现严重变形或失稳迹象
独立墙体倒塌	① 墙体开始出现不均匀沉降裂缝；② 墙体开始出现倾斜	① 裂缝和倾斜继续发展；② 墙体内外出现贯通裂缝	① 墙体下部开始出现滑移；② 伴有拉裂和错动作用产生的异常声响
建筑物倒塌	基础和主要承重结构（及构件）出现明显的沉降、开裂或倾斜变形	① 变形、裂缝和倾斜加速扩展；② 基础错动；③ 部分构件或结构开始出现破坏迹象	建筑物出现倒塌前的晃动、严重倾斜和发出开始破坏产生的异常声响

续表 2-9

事故类别	早期征兆	中期征兆	晚期(临发)征兆
机械设备倾翻	① 一侧开始出现明显沉降,另一侧开始上抬;② 一侧缆绳、锚固设施开始出现松动	① 机械设备明显出现倾斜;② 缆锚点出现被拉出或破坏迹象	机械设备严重倾斜,伴有锚拉点开始破坏时的早期声响
火灾事故	① 绝缘皮线过热、发软、变色;② 保险丝熔断;③ 初期引(暗)燃产生的焦煳味;④ 电、气焊火花(星)落在易燃物上	① 开始出现明显的烟雾;② 开始燃烧的焦煳味变浓;③ 已有开始燃烧的声响	① 明火初起;② 烟雾和焦煳味浓烈;③ 燃烧的声响加剧

表 2-10　　有孕育过程事故一般可能出现的征兆

序次	事故征兆(迹象)
1	水平杆、构件出现不断发展的弯曲变形
2	水平杆、构件出现 45°斜裂纹并向扩大和贯通发展
3	基础(地)出现不断发展的沉降、滑(位)移变形
4	结构节点和连接件出现开裂、松脱、拔出等损伤和初期破坏情况
5	连墙、附着、锚拉构造及其支承结构出现损伤和初期破坏情况
6	结构、机械、设备的状态急剧地改变
7	施工设施出现晃动、倾斜、下坠、扭转以及其他改变稳定状态的变化
8	部分杆配件、零部件发生位置变化或破坏
9	基坑沟槽边坡出现不断发展的渗水、涌沙、裂纹、剥落和塌方
10	出现异常的烟雾、气味和声响

三、施工安全事故发生的内在规律和特性

1. 施工安全事故发生的内在规律

(1) 事故发生的内在规律图解

事故五个基本要素形成三类安全隐患;在未能及时发现和消除的情况下,起因物开始启动,向三期事故征兆发展;在未能及时发现和采取应急处置措施的情况下,发生由事故五要素引发的七种组合形式事故。这就是造成事故发生的基本的内在规律。而防止事故发生的安全措施也就在事故发生的内在规律中产生,可以分为前期预防、中期消除(隐患)和晚期应对(征兆)。前期预防的任务是“四消除一保护”(消除不安全状态、消除不安全行为、消除起因物、消除致害物的存在和针对伤害方式进行保护),中期消除(隐患)的任务是及时进行“两消除一制止”(消除存在的不安全状态、消除存在的起因物和制止存在的不安全行为),晚期应对(征兆)的任务是“两阻止一撤离”(阻止起因物继续作用、阻止事态继续发展和及时撤离人员)。在这三个阶段所采取的安全措施之间,具有前后交叉、连接和延续的关系,即前一阶段措施的缺陷和执行效果的问题,要由后一阶段予以弥补,如果仍然未能制止住,则事故将必然发生。

以上所述施工安全事故发生的内在规律和预防、制止事故发生的安全措施示于图 2-6 中。

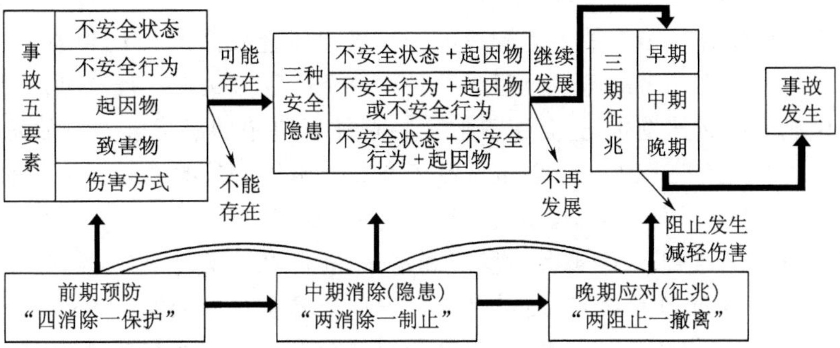

图 2-6　事故发生的内在规律及三期安全措施

(2) 研究和把握事故内在规律的基本要求

研究、认识事故的内在规律是为了把握它，并据此采取有效的预防、消除、阻止和保护措施，以避免事故的发生或者降低其伤害和损失。具体要求为：① 掌握各种事故的因素在施工过程与安全管理工作中存在的具体表现及其内在联系；② 掌握事故要素得以存在、孕育、发展、启动与造成伤害作用所需的条件和因素；③ 消除蕴发事故、因素应当采取的安全技术与管理措施。此外，还应从事故发生的内在规律中正确认识事故的特性(必然性、偶然性、多发性、可防性和难控性)。

使得事故要素得以存在、孕育、发展、启动和作用的条件与因素很多，可归纳为认识因素、技术因素、条件因素和管理因素四个方面，列入表 2-11 中。

表 2-11　　使得事故要素得以存在、孕育、发展、启动和作用的因素

类别	使得事故要素得以存在、孕育、发展、启动与作用的条件和因素
主观认识方面	① 对安全工作认识不足，乃至缺乏应有的认识；② 对安全工作的法律责任认识不足，乃至无视安全法律的要求；③ 对防范安全事故的发生抱有“未必会发生事故”的侥幸心理；④ 满足于已取得的安全工作成绩，滋生麻痹思想，放松安全工作要求；⑤ 为利益驱使，降低乃至无视安全工作要求
安全技术水平方面	① 主要负责人、技术人员和安全工作人员达不到相应的安全工作素质要求；② 安全技术研究工作开展不够，习惯于一般化的管理；③ 缺乏高素质的安全技术研究人才，对重大(要)工程的安全技术研究不够；④ 对事故信息的收集和研究不够
工程和施工条件方面	① 对工程安全施工的有关条件摸底不够，存在疏忽或未能考虑的问题；② 基于各种原因，达不到确保施工安全的作业环境和条件；③ 基于各种原因违反程序施工、冒险施工、违规施工，以及使用不合格材料与带病机械设备；④ 对高安全要求的施工和作业要求缺乏相应的安全保障条件
安全管理工作方面	① 没有建立起包括组织、制度、技术、投入和信息等方面的全面的施工安全保证体系，或者不健全和执行不严格；② 没有实行严格的安全教育，职工安全素质(意识和能力)低下；③ 没有建立起以安全责任为核心的严格的安全管理及其监督保证，各级人员的安全责任没有落实；④ 没有实行严格的安全交底制度，安全宣传和警示工作不到位

2. 施工安全事故发生的特性

施工安全事故的发生都有其内在的规律，并遵守其内在规律。事故发生所表现出的必然性和可防性，分别是内在规律作用的结果和掌握内在规律的结果；而事故发生也会表现出偶然性和难控性，其原因多为没有很好掌握其内在规律的表现，应当从这一角度去掌握事故发生的特性。

(1) 事故发生的必然性和可防性

当在施工过程中存在由事故要素构成的安全隐患未能被及时发现和消除时，它就会继续孕育、发展和启动；当在事故蕴发过程中的各种迹象(征兆)又未能被及时发现并予以紧急阻止、排除时，则事故必然发生，这是由事故内在规律所决定的必然性。事故发生的必然性也直接暴露了安全生产工作中三期防范的缺陷与相应施管人员的责任。由于前期预防工作的不到位和缺陷，使得不安全状态、不安全行为和起因物得以存在；由于中期检查工作的不到位和缺陷，使得安全隐患未能被及时发现和消除，并得以继续其孕育、发展；由于后期检查工作的不到位和警觉意识的缺陷，使得事故蕴发的迹象被忽视，而未能及时进行有效的阻止。因此，安全生产工作的不到位和缺陷，就使得事故的发生有可能变为必然，并形成了事故多方位和反复出现的多发性。

引发事故的基本要素及其孕育、发展过程是有规律性的，但我们认识和掌握了各类事故的基本要素及其孕育、发展规律，并深入细致地做好前期预防、中期检查和后期阻止工作时，就可以防止事故的发生，这就是事故的可防性。除了自然灾害和其他不可抗力因素作用引发的事故(这类事故也有一定的可防性)外，其他各类事故应当都是完全可以防止的。之所以未能完全防止，是由于我们还未能完全认识它，并相应做好防止其发生的安全工作所导致。

(2) 事故发生的偶然性和难控性

施工安全事故有多发(经常发生的)事故和偶发(偶然发生的)事故，偶发事故所表现出的偶发性常有以下两种含义：

① 少见或者想不到会发生的事故，包括事故的类型和事故发生的原因。这里有三个这类事故的例子。20 世纪 60 年代，在东北某炼油厂加氢车间停产检修工程中，因电焊引燃了未予排净的油品，从而引起接续的两次爆炸，造成 43 人死亡，而其中相当一部分的遇难者是发生第一次爆炸后的围观者。20 世纪 70 年代在北京某炼油厂工地发生了担负安装火炬燃烧头的直升机坠毁事故和检修凉水塔排风扇的工人被“搅肉”的事故。前者为了换转 180 m 高火炬(废气燃烧塔)的燃烧头，动用了当时最先进的直升机，试验时一切正常，安装那天还安排了隆重的现场观摩。在飞机将燃烧头起吊并放置在火炬上时，突然刮来一阵风，使吊绳扭转摘不出吊钩，驾驶员怕放脱吊绳会伤及架顶的安装工，只好降低飞行高度，造成机尾触塔后坠毁燃烧的惨痛事故。后者电工上塔维修排风扇前，曾拉掉车间的电闸，并已安排人员看管电闸，后该管闸人员有事离开时又安排另一工人看管，在中午吃饭时，该工人被朋友喊走时忘了看管任务，不知情者误合上了闸，致使作业电工被开始转动的排风扇搅死。

② 在对安全工作放心的情况下竟然出现的事故。这里也有两个典型的脚手架和支架事故例子。一是 20 世纪 80 年代初在北京发生的装修脚手架垂直坍塌例子。发生事故的施工单位的安全工作一向很好，在脚手架倾倒时，在下边(地面上)的人员还按以往的自救经验往里躲，结果造成重大伤亡。二是 20 世纪末发生在南京的高模板支撑架在浇筑屋盖混凝土时坍塌的重大伤亡事故。为了建设好这一工程，还专门从上海调来有施工同类工程经验、安全工作优秀的队伍。因此，客观上的“少见”和主观上的“想不到”是事故发生的偶然性的基本表现。它既反映出在建筑技术发展的情况下会出现一些过去没有发生或很少见的事故，也反映了我们对安全工作以及事故是否发生的认识还与实际情况有相当的距离，即我们的安全工作及防止事故发生的实践还不能使我们作出符合实际的判断。因此，偶然性是我们

还未掌握事故必然性的反映。“多发事故难控、偶发事故难防”，从事安全工作人员大都有这样的体会。无论是事故的多发性，或是事故的偶发性，反映的都是事故的难控性。所谓难控性，就是对事故的预防控制难以达到完全杜绝各类大小事故发生的要求。

之所以存在事故的难控性，并成为使各级施工管理人员常常提心吊胆、难以摆脱的“梦魇”，是因为在我们的安全工作中还存在不少对影响实现杜绝或有效控制事故发生要求的因素，归纳起来有“六个研究、认识、掌握不够”、“五个不到位”和“四个不高”。

六个研究、认识、掌握不够：对事故发生内在规律的研究、认识和掌握不够；对“高、难、新、特”工程施工安全保障要求的研究、认识和掌握不够；对造成事故发生的反复性（多发性）和偶然性原因及其解决措施的研究、认识和掌握不够；对已发生各类事故的细节及引发因素的研究、认识和掌握不够；对安全作业的环境条件、安全施工措施和安全管理工作的全面性、切实性、有效性、保证性及其影响因素的研究、认识和掌握不够；对全面落实各级施管人员的安全责任及监督工作的研究、认识和掌握不够。

五个不到位：全面的施工安全保证体系建立、健全和落实工作不到位；对职工的安全生产教育工作不到位；班前安全交底和班中检查工作不到位；安全监控管理工作不到位；应急预案及其配置工作不到位。

四个不高：主要负责人和专职安全工作人员的安全工作素质不高；技术人员的安全技术工作素质不高；作业人员的安全素质不高；安全投入不高（达不到相应要求）。

因此，我们应当努力解决好上述“六、五、四”中所存在的问题和不足，做好各项施工安全工作，警钟长鸣，保持对事故的高度警惕性，就一定能够较好地解决难控性，实现可防性的要求。

第五节　风险控制

一、风险控制策划的原则

风险评价后，应分别列出所找出的所有危险源和重大危险源清单。有关单位和项目部一般需要对已经评价出的不容许的和重大风险（重大危险源）进行优先排序，由工程技术主管部门的有关人员制订危险源控制措施和管理方案。对于一般危险源，可以通过日常管理程序来实施控制。

风险控制策划可以按照以下顺序和原则考虑：

（1）尽可能完全消除有不可接受风险的危险源，如用安全品取代危险品。

（2）如果是不可能消除有重大风险的危险源，应努力采取降低风险的措施，如使用低压电器等。

（3）在条件允许时，应使工作适合于人，如考虑降低人的精神压力和体能消耗。

（4）应尽可能利用技术进步来改善安全控制措施。

（5）应考虑保护每个工作人员的措施。

（6）将技术管理与程序控制结合起来。

（7）应考虑引入诸如机械安全防护装置维护计划的要求。

（8）在各种措施还不能绝对保证安全的情况下，作为最终手段，还应考虑使用个人防护用品。

(9) 应有可行、有效的应急方案。

(10) 预防性测定指标是否符合监视控制措施计划的要求。

二、风险控制措施计划

不同的组织、不同的工程项目需要根据不同的条件和风险量来选择适合的控制策略和管理方案。表 2-12 中所表示的是针对不同风险水平的风险控制措施计划表的范例。在实际应用中,应该根据风险评价所得出的不同危险源的风险量大小(风险水平),选择不同的控制策略。

表 2-12　　基于不同风险水平的风险控制措施计划表

风险	措　　施
可忽略的	不采取措施且不必保留文件记录
可容许的	不需要另外的控制措施,应考虑投资效果更佳的解决方案或不增加额外成本的改进措施,需要监视来确保控制措施得以维持
中度的	应努力降低风险,但应仔细测定并限定预防成本,并在规定的时间期限内实施降低风险的措施。在中度风险与严重伤害后果相关的场合,必须进一步评价,以更准确地确定伤害的可能性,以确定是否需要改进控制措施
重大的	直至风险降低后才能开始工作。为降低风险有时必须配给大量的资源。当风险涉及正在进行中的工作时,就应采取应急措施
不容许的	只有当风险已经降低时,才能开始或继续工作。如果无限的资源投入也不能降低风险,就必须禁止工作

三、危险源的控制方法

1. 第一类危险源的控制方法

防止事故发生的方法:消除危险源、限制能量或危险物质、隔离。避免或减少事故损失的方法:隔离、个体防护、设置薄弱环节、使能量或危险物质按人们的意图释放、避难与援救措施。

2. 第二类危险源的控制方法

减少故障:增加安全系数、提高可靠性、设置安全监控系统。故障-安全设计:包括故障-消极方案(故障发生后,设备、系统处于最低能量状态,直至采取校正措施之前不能运转);故障-积极方案(故障发生后,在没有采取校正措施之前使系统、设备处于安全的能量状态之下);故障-正常方案(保证在采取校正行动之前,设备、系统正常发挥功能)。

第三章　施工安全保障与危险源辨识

第一节　一般规定

一、辨识原则

（1）全面性原则

公路工程施工危险源的辨识应完整、多角度、无漏项。

（2）系统性原则

公路工程施工危险源的辨识要循序、系统、连贯地进行，应考虑到各单位作业之间或单位作业内施工工序的连续性。

（3）动态性原则

公路工程施工危险源的辨识应考虑到现场环境改变、时间推移等空间和时间变化对施工危险源的影响。

二、辨识程序

（1）确定施工组织方案

通过审核设计文件、资料分析和现场实地勘察，结合实际施工能力，编制实施性施工组织方案。

（2）单位作业分解

依据批准的施工组织方案，以单位工程为单元分解作业。

（3）危险源辨识

分析单位作业存在的危险因素和可能导致的事故类型，对单位作业进行危险源辨识。

三、辨识时间

公路工程施工危险源辨识从工程施工准备开始到工程交工结束，贯穿于整个施工过程。

四、辨识内容

单位工程危险源应以单位作业为单元进行辨识，单位作业危险源应以人、料、机、环境、管理为单元基础进行辨识。

五、危险源管理

（1）将危险源划分为一般和重大两类进行管理。

（2）在工程实施过程中要对一般危险源进行风险预控。

(3) 危险性较大的单位工程按《公路工程施工安全技术规范》(JTG F90—2015)附录A列入重大危险源清单,并按规定进行安全风险评估。

(4) 危险性较大的单位作业按《公路工程施工安全技术规范》(JTG F90—2015)附录B列入重大危险源清单,并按规定编制专项施工方案。

(5) 施工中应结合工程实际对危险源及危险因素进行补充和完善。

第二节 通用作业

一、基础管理

本项列出6条危险源以及所对应的危险因素、事故类型,详见表3-1。

表3-1 基础管理危险源辨识清单

序号	危险源	危险因素	事故类型
1	组织管理	未按规定设置安全生产管理机构或配备符合规定数量的专职安全员	各种伤害
		安全生产管理机构、专职安全生产管理人员未行文上报备案	各种伤害
		安全生产管理人员无安全生产考核合格证或特种作业人员无特种作业操作证或虽有证但未按要求进行审核	各种伤害
		未明确安全生产管理机构的职责权限	各种伤害
		未定期召开安全生产专项会议或无会议纪要	各种伤害
		未与重点作业单位、分包单位签订安全生产目标责任书	各种伤害
		安全生产目标责任制内容针对性不强,未进行动态考核	各种伤害
		未按要求开展各类专项安全活动	各种伤害
		进场的所有人员未按规定佩戴安全设备	各种伤害
		未对各类进出场人员进行检测	各种伤害
2	安全生产费用	未按规定制定安全生产费用使用计划和管理规定	各种伤害
		未按规定制定安全生产费用使用台账或台账不清	各种伤害
		安全生产费用投入不足	各种伤害
		安全生产费用被挤占、挪用	各种伤害
3	危险源管理	未按规定对桥梁、隧道、高边坡、深基坑、爆破工程进行安全风险评估或评估报告内容不全面、不具体	各种伤害
		未分类编制重大危险源清单和一般危险源清单	各种伤害
		未编制重大危险源标准化管理监控措施或监控措施针对性不强	各种伤害
		施工现场未公示重大危险源	各种伤害
		重大危险源清单编制无针对性、缺项,危险源位置表述不清	各种伤害
		支拆模板未进行安全技术交底	各种伤害
		未针对重大危险源制订应急预案或进行应急演练	各种伤害
		危险源清单未及时进行动态更新	各种伤害
		危险源辨识频率太低	各种伤害

续表 3-1

序号	危险源	危险因素	事故类型
4	施工组织设计及专项施工方案	施工组织设计中无安全技术措施	各种伤害
		危险性较大的工程未按要求编制专项施工方案或未按批准方案进行施工	各种伤害
		未按规定制定临时用电方案	各种伤害
		专项施工方案与工程实际不符、针对性不强	各种伤害
		专项施工方案未经相关单位审批	各种伤害
5	安全教育培训	危险性较大工程的作业人员未按规定进行安全教育培训	各种伤害
		危险性较大的施工工序开工前，未进行安全技术交底	各种伤害
		安全生产管理人员未定期组织进行安全教育培训或安全教育培训内容无针对性	各种伤害
6	安全资料	安全生产管理资料收集不全或未分类整理	各种伤害
		安全管理制度的建立有缺项或制度无针对性	各种伤害
		安全检查无记录，隐患整改无回复	各种伤害

二、钢筋作业

本项列出 8 条危险源以及所对应的危险因素、事故类型，详见表 3-2。

表 3-2 钢筋作业危险源辨识清单

序号	危险源	危险因素	事故类型
1	钢筋运输	钢筋与其他物体混吊	物体打击
		上下传递在同一垂直线上	物体打击
		钢筋回转碰到电线	触电
		钢筋在吊运中未降到离地面 1 m 就靠近	物体打击
		吊运钢筋没有拉溜绳	起重伤害
		起吊钢筋下方站人	起重伤害
		吊钢筋规格长短不一	起重伤害
		钢筋搬运场所附近有架空线路临时用电器	触电
		钢筋搬运场所附近有障碍	起重伤害
2	钢筋机械	钢筋机械无人操作不切断电源	机械伤害
		钢筋机械无验收合格手续	机械伤害
		锯盘传动装置无安全防护	机械伤害
		钢筋机械无保护接零	触电
		钢筋机械无漏电保护器	触电
		安装不坚实稳固	触电
3	钢筋加工棚	钢筋成品堆放过高	坍塌
		半成品弯钩朝上	其他伤害
		钢筋工作棚内照明灯无防护	其他伤害

续表 3-2

序号	危险源	危险因素	事故类型
4	切断机加工	切割机无火星挡板	火灾
		切割机附近堆放易燃物品	火灾
		长料加工时无人员帮扶	物体打击
		切断机调直块固定防护罩未盖好就送料	机械伤害
		钢筋送入后手与曳轮接近	机械伤害
		切断机开机前未检查刀具状况和紧固状况	机械伤害
		机器未达到正常转速就送料	机械伤害
		人员两手分在刀片两边握住钢筋伏身送料	机械伤害
		剪切超过铭牌规定直径的料	机械伤害
		切短料时不用套管或夹具	机械伤害
		运转中用手清除切刀附近的杂物	机械伤害
5	弯曲机加工	工作台和弯曲台不在一个平面上	机械伤害
		开机前未检查轴、防护等	机械伤害
		作业时调整速度更换轴心	机械伤害
		对超过铭牌规定直径的钢筋加工	机械伤害
		作业半径内和机身不设固定销的一侧站人	机械伤害
		不及时清理转盘和座孔内的杂物	机械伤害
6	冷拉机加工	冷拉场地未设置警戒区	机械伤害
		冷拉现场未安装防护栏和警告标志	机械伤害
		操作人员在作业时离钢筋 2 m 内	机械伤害
		作业前未检查夹具、滑轮、地锚等	机械伤害
		卷扬机人员未看到指挥人员发信号就开机	机械伤害
		作业后不放松钢丝绳	机械伤害
7	钢筋绑扎	绑扎悬空大梁时站在模板上操作	高处坠落
		绑扎独立柱头时站在钢箍上操作	高处坠落
		用木料管子钢模板穿在钢箍内作立人板	高处坠落
		钢筋集中堆放在脚手架和模板上	坍塌
		模板上堆料处靠近临边洞口	高处坠落
		工具、钢箍、短钢筋随意放在脚手板上	物体打击
		施工过程中钢筋与带电体接触	触电
		沿着钢筋骨架攀上、攀下	高处坠落
		板墙、大梁等绑扎没有设支撑或支撑不牢固	坍塌
		绑扎 4 m 以上独立柱钢筋时没有搭设脚手架	高处坠落
		脚手架未完善开始绑扎	高处坠落
		高处作业未系安全带	高处坠落
		高温下连续作业	其他伤害
		在钢筋骨架上行走	高处坠落

续表 3-2

序号	危险源	危险因素	事故类型
8	钢筋焊接	焊渣阴燃引起明火	火灾
		电焊机无防触电装置	触电
		电焊机未单独设开关和漏电保护装置，外壳未做接零保护	触电
		电焊机一次线长度大于 5 m，二次线长度大于 30 m，两侧接线未压牢	触电
		电焊机未安装防护罩	触电
		电焊机放置的地方没有防雨、防砸措施	触电
		焊接作业 5 m 范围内堆放易燃易爆物品和其他杂物	火灾
		电焊机的焊钳和焊把线有破损或绝缘不好	触电
		焊把线与回路零线没有双线到位，借用金属管道、脚手架、轨道等作回路	触电
		二次线泡在水中，并被物料压在下方	触电
		在密闭场所施焊无排风措施	中毒、窒息
		氧气瓶、乙炔瓶和焊点间的距离超标准	其他爆炸
		焊割时未配备灭火器材	火灾
		焊接时未设置监护(看火)人员	火灾
		操作人员未领取动火证	火灾
		焊接时未佩戴防护面罩、被弧光灼伤	灼烫
		电气焊明火作业违章操作或作业垂直下方有孔洞未封闭	高处坠落
		焊接作业和小工、油漆、防水交叉作业	火灾、触电
		非电焊工操作	其他伤害
		高处焊接人员立足点不牢靠，安全带未生根	高处坠落
		氧气、乙炔瓶混装运输	其他爆炸
		乙炔瓶卧放	其他爆炸
		夏季气瓶直接曝晒	其他爆炸
		氧气瓶沾染油脂	其他爆炸
		气瓶离明火太近	其他爆炸
		雨雪等恶劣气候下从事焊接作业	触电
		赤手更换电焊条	灼烫
		在潮湿地点焊接未采取措施	触电

三、支架及模板作业

本项列出 5 条危险源以及所对应的危险因素、事故类型，详见表 3-3。

表 3-3　　　　支架及模板作业危险源辨识清单

序号	危险源	危险因素	事故类型
1	平刨机	平刨机无安全防护措施	机械伤害
		平刨时用手在料后推送	机械伤害
		刨短料时不用压板和推棍	机械伤害
		在刨口上方回料	机械伤害
		手按在节疤上推料	机械伤害
		不断电或摘掉皮带就换刀片	机械伤害
		刀片有损坏	机械伤害
2	压刨机	刀片的安装不符合要求	机械伤害
		使用双向倒顺开关	机械伤害
		不戴手套送料接料	机械伤害
		送料、接料未和滚筒离开一定距离	机械伤害
		刨长度短于前后压滚距离的料	机械伤害
3	圆盘锯	锯片有损坏	机械伤害
		操作时站在与锯片同一直线上	机械伤害
		锯片无防护罩	机械伤害
		未安装分料器	机械伤害
		使用倒顺开关	机械伤害
		锯超过锯片半径的木料	机械伤害
4	模板堆放	模板物料集中超载堆放	坍塌
		大模板存放无防倾倒措施	坍塌
		攀爬或扰动大模板	坍塌
		各种模板的存放过高或不整齐	坍塌
		大模板场地未平整夯实，未设 1.2 m 高的围栏防护	坍塌
		车辆运送模板时，模板放置不稳	坍塌
		运输时模板超高，司机视线被遮挡	车辆伤害
		清扫模板和刷隔离剂时，未将模板支撑牢固，两模板间距少于 60 cm	其他伤害
5	支架及模板安拆	排架、模板支撑系统未进行安全验算，无验收	坍塌
		排架底部无垫板	坍塌
		不按规定设置纵横向剪刀撑	坍塌
		立杆间距不符合规定	坍塌
		模板上施工荷载超过设计规定	坍塌
		支拆模板在 2 m 以上无可靠立足点高处作业	高处坠落
		支架未按规定进行预压	坍塌
		安装梁外模板时没有设防护栏杆或围铺脚手板	高处坠落
		使用 2×4 木料作顶撑	坍塌
		在坡度大于 25°的平面上作业没有相应的安全防护措施	高处坠落

续表 3-3

序号	危险源	危险因素	事故类型
5	支架及模板安拆	模板未固定牢靠就进行下道工序	坍塌
		支拆模板无专人监护，作业人员未佩戴安全防护用具	物体打击
		用绳索吊模板时绳扣不牢固	起重伤害
		在组合钢模板上使用 220 V 以上的电源	触电
		支拆模板使用 2×4 钢模板做立人板	高处坠落
		交叉作业上下无隔离措施	物体打击
		利用拉杆支撑攀登上下	高处坠落
		支独立梁模不搭设工作台	高处坠落
		在未固定的梁底模上行走	高处坠落
		拆模前没有混凝土强度报告	坍塌
		混凝土未达规定强度就提前拆模	坍塌
		未设承放工具的口袋或挂钩	物体打击
		大风等恶劣气候下作业	物体打击
		模板支撑在脚手架上	坍塌
		拆模后未及时封盖预留洞口	高处坠落
		人员站在正在拆除的模板上	高处坠落
		拆除底模时下方有人员施工	物体打击
		拆模留下无撑悬空模板	物体打击
		拆预制构件模板时不及时加顶撑	坍塌
		模板向下抛掷	物体打击
		大面积撬或拉倒	坍塌
		拆模时未拆除安装在模板上的临时电线	触电
		易失稳预制构件拆除没有随拆随固定	物体打击
		高处拆模没有拉设警戒区	物体打击
		拆除材料凌乱堆放	其他伤害
		有悬挂或松动的模板没有拆下	物体打击
		上下同时拆除	坍塌
		拆除平台底模时未加临时支撑	坍塌

四、混凝土作业

本项列出 2 条危险源以及所对应的危险因素、事故类型，详见表 3-4。

表 3-4　　混凝土作业危险源辨识清单

序号	危险源	危险因素	事故类型
1	拌合站	拌合设备未安装在具有足够承载力、稳定的基础上	坍塌
		拌合场地未设置排水设施或排水不良	坍塌
		水泥储存罐未设置缆风绳	坍塌
		拌合设备和水泥储存罐未设避雷设施	触电
		拌合设备外露转动部分未设置防护罩	机械伤害
		拌合站未设置围挡，人员随意出入	机械伤害
		未设置消防设施	火灾
		未设置车辆专用通道	车辆伤害
		储料仓顶棚未设置防风、防雨、防雪等设施	坍塌
		拌合站操作规程、警示标志未设立或不全	机械伤害
		拌合设备运转时作业人员进行维修、扒料	机械伤害
		拌合设备维修保养时无专人看护、协调	机械伤害
		传输皮带下作业人员站立或穿越、跨越	机械伤害
		作业人员未佩戴或正确使用安全防护用具	机械伤害
		储水池未覆盖或未设置警告标志	淹溺
		水泥罐车倒车时无专人指挥	车辆伤害
		装载机上料坡度大、行驶速度快	车辆伤害
		阴雨、大雾和风力大于 6 级时进行拌合设备安装拆除	坍塌
		拌合站建在人员居住区上风口	其他伤害
2	水泥混凝土浇筑	混凝土溜槽没有固定牢靠	坍塌
		站在溜槽边缘进行操作	高处坠落
		泵送混凝土架子搭设不牢靠	坍塌
		输送泵使用前未经检查	机械伤害
		混凝土泵未停放稳当就作业	机械伤害
		垂直泵送管道直接接在泵的输出口上	机械伤害
		泵送管道和支架之间未用缓冲物	坍塌
		泵送管道与钢筋和模板直接连接	坍塌
		作业前未进行耐压试验	机械伤害
		泵机运转时将手或铁锹伸入料斗	机械伤害
		泵送时调整修理正在运行的部件	机械伤害
		输送泵未卸压就检修	机械伤害
		松软地面泵车支腿没有加垫木	机械伤害
		泵车在布料杆全伸状态下移动	机械伤害
		布料软管范围内有人	物体打击
		采用吊车吊装混凝土进行施工时未设置专人指挥、监护	起重伤害
		人站在吊斗下	起重伤害

续表 3-4

序号	危险源	危险因素	事故类型
2	水泥混凝土浇筑	吊斗起吊时底下仓门未关严	起重伤害
		料斗在临边时人员站在临边一侧	起重伤害
		高度在 2 m 以上小面积混凝土施工无牢靠立足点	高处坠落
		混凝土高空作业施工未设置安全防护设施	高处坠落
		插入式振动器无漏电保护	触电
		振捣作业人员未穿胶鞋和戴绝缘手套	触电
		插入式振捣器开振时强击模板支撑杆	坍塌
		作业人员长时间操作振捣器	机械伤害
		插入式振捣器电缆线上堆物、挤压	触电
		插入式振捣器电缆线不满足所需长度	触电
		用电缆线拖拉或吊挂插入式振动器	触电
		插入式振捣器使用前未经检查	机械伤害
		插入式振捣器在检修作业时间断，未切断电源	触电
		插入式振捣器的软管出现断裂	机械伤害

五、起重吊装

本项列出 1 条危险源以及所对应的危险因素、事故类型，详见表 3-5。

表 3-5　　起重吊装危险源辨识清单

序号	危险源	危险因素	事故类型
1	起重吊装	吊装作业前未对各种制动装置、限位装置、限制器、焊接件、钢丝绳及各种吊件进行全面检查	起重伤害
		塔吊、龙门吊顶部未设置避雷设施	触电
		塔吊与墩台未进行安全锚固	坍塌
		塔吊安装、拆卸时未按照批准的方案实施，现场无专人指挥	起重伤害
		塔吊与架空线路间距小于安全距离且无防护措施	触电
		起重臂、吊钩、平衡重等转动物体上未标鲜明的色彩标志	起重伤害
		吊钩挂绳处出现表面裂纹、破口、断面磨损超过 10%时进行吊装	起重伤害
		起重机与其他设备或固定建筑物的最小距离小于 0.5 m	起重伤害
		吊装的重物超过吊装机械的最大容许质量	起重伤害
		吊装作业无专人统一指挥、统一信号	起重伤害
		6 级以上大风进行吊装作业	起重伤害
		夜间吊装没有足够的照明	起重伤害
		作业过程中设备出现故障，未立即将重物降落到安全位置	起重伤害
		吊车吊着重物行走	起重伤害

续表 3-5

序号	危险源	危险因素	事故类型
1	起重吊装	吊装人员未佩戴安全帽	起重伤害
		架桥机拆除时,未设警戒区和安全防护设施	高处坠落
		起吊作业范围内有人员随意走动	起重伤害
		起吊物从人头顶上通过,起重臂上站人	起重伤害
		龙门吊轨道基础有局部沉陷	坍塌
		龙门吊轨道上未设置限位装置	起重伤害
		龙门吊工作结束后,未开到指定地点将所有手柄均转到零位并切断电源	起重伤害
		龙门吊操作人员上下未设置专用扶梯	高处坠落
		龙门吊空车行走时,吊钩距地面距离小于 2 m	起重伤害
		龙门吊两台同时作业时,相互间距离小于 3 m	起重伤害
		塔吊停止作业时,未松开回转制动装置、未顺风放置起重臂	起重伤害
		塔吊无力矩限制器或力矩限制器不灵	起重伤害
		塔吊无超高、变幅、行走限位装置,或限位不灵	起重伤害
		吊装吊钩无保险装置	起重伤害
		两台以上塔吊作业时,两机之间接近部位空间距离小于 2 m	起重伤害
		塔吊指挥不使用旗语或对讲机	起重伤害
		吊装作业时构件长时间在空中停留	起重伤害
		吊装钢丝绳的安全系数小于规定数值	起重伤害
		起重机作业地面不平整、支脚支垫不牢固	起重伤害
		两台或多台起重机同时吊装重物时,各台起重机超过各自额定 80%的起重能力	起重伤害
		作业人员和重物构件一起升降	起重伤害

六、临时用房及临时设施

本项列出 3 条危险源以及所对应的危险因素、事故类型,详见表 3-6。

表 3-6　临时用房及临时设施危险源辨识清单

序号	危险源	危险因素	事故类型
1	项目部驻地	设置在高压线、滑坡、泥石流、爆破区、洪水位下、强风口、取(弃)土场等危险区域内	触电、坍塌、爆炸、淹溺等
		未设置消防设施或消防设施布置不符合相关要求	火灾
		生活用水不符合国家相关饮用标准	中毒
		采用复合彩钢板搭建时,芯材燃烧性能等级未达到 B 级及以上	火灾
		未设置临时排水设施或布置不合理	淹溺
		屋顶未采用人字形或未加设缆风绳等其他稳固措施	坍塌

续表 3-6

序号	危险源	危险因素	事故类型
1	项目部驻地	宿舍及办公用房与在建工程的间距小于 10 m	物体打击
		宿舍及办公用房与厨房操作间、锅炉房、变配电房等组合建造	火灾
		临时用房间距小于消防规定的净距且小于 7 m	火灾
		双层临时用房未设置疏散楼梯	火灾
		容纳 50 人以上的会议室未设置两个门且门向里开启	火灾
		食堂操作人员未持身体健康证	其他伤害
		食堂的燃气罐未单独设置存放间	容器爆炸
2	试验室	试验区未与生活区分开设置或间距小于 15 m	火灾
		试验室未配置独立的专用电力线路	触电、火灾
		标准养护室等湿度大的环境未采用电缆线及密闭照明灯具	触电
		未指定专项的化学物品管理制度	中毒
		对化学物品未指定专人进行保管、检查	中毒
		试验室固定电源插座未高出地面 1 m	触电
		办公用房未按 200 m^2 以下配置 2 具 MF/ABC4 灭火器且每增加 100 m^2 增配 1 具	火灾
		沥青室、可燃溶剂存放区、配电房未单独配置 2 具灭火器及 0.5 m^3 的消防砂和消防工具	火灾
		操作人员试验过程中擅自离开工作岗位	机械伤害
		压力机、万能试验机等设备未设置金属防护罩或防护网	机械伤害
		试验设备就位后未加固妥当	机械伤害
		沥青室、沥青混合料等存在有害气体的场所未安装大功率通风橱或排气扇	中毒、窒息
		试验人员接触电炉、烘箱等高温设备或进行沥青、化学试验操作时，未正确佩戴相应的防护用品	灼烫、中毒
		仪器设备运行出现异常情况时，未立即切断电源，并排除故障	机械伤害
		易腐蚀的污水未按相关规定进行排放	其他伤害
		易燃物品附近无禁止明火警示牌	火灾
		未派专人定期检查维修仪器设备	机械伤害
3	施工现场临时用房	临时用房未搭建在安全区域或妨碍工程施工	坍塌、物体打击
		现场临时值班室使用电磁炉、电炉、煤气灶等炉具	火灾、触电
		用作堆放材料、工具、小型机具的临时用房内住人或堆放易燃易爆物品	火灾
		室内配线随意悬空拉设	触电
		现场临时值班室与氧气库、乙炔库的间距小于 20 m，与木材加工场、钢筋加工场、木材库的间距小于 15 m，与临时油库的间距小于 50 m	火灾
		现场临时用房未配置灭火器或配置数量小于 2 具	火灾

七、临时用电

本项列出 6 条危险源以及所对应的危险因素、事故类型，详见表 3-7。

表 3-7　　临时用电危险源辨识清单

序号	危险源	危险因素	事故类型
1	一般规定	设计的线路和装置的位置走向、负荷计算、平面图、立面图、接线图、电器安全措施和审批手续不齐	触电、火灾
		电工作业人员未经过安全培训和技术考核	触电
		电工作业人员在作业时未遵守 JGJ 46 的规定	触电
		安装、巡检、维修或拆除临时用电设备、设施时，未由电工完成且指派专人监护	触电
		雨天操作配电箱或用电线路	触电
		直接接地的 220 V/380 V 三相五线制低压电力系统，未采用 TN-S 接零保护系统或做到“三级配电、二级保护”	触电
		临时用电设施未在醒目位置设置禁止、警告标志牌	触电
2	配电设施	变压器未设置安全防护屏障或网栅围栏	触电
		变压器屏障未采用砖墙砌筑或高度小于 2.5 m	触电
		室内变压器的外廊与变压器墙壁、门的净距分别小于 0.6 m 和 0.8 m	触电
		室内变压器未留足够的检修通道	触电
		变压器台座未高出室外地面 0.6 m 或未设置集中沟、挡油墙	触电
		发电机房堆放杂物、储油桶	火灾
		发电机电源未设短路保护、过载保护及低压保护装置	火灾
		发电机房未采用砖混砌筑或阻燃板材搭建	火灾
		发电机房大门向里开启或排烟管道未伸出室外	中毒、窒息
		配电室耐火等级低于 3 级	火灾
		配电室未设置配电柜布线地沟	火灾
		配电柜周围未设置不小于 0.3 m×0.3 m 的排水沟	触电
		配电室与变压器的水平距离小于 3 m	触电
		配电柜操作和维修通道宽度小于规定要求	触电
		配电室内的裸母线与地面垂直距离小于 2.5 m 时，未采用遮拦隔离	触电
		配电室的顶棚与地面的距离低于 3 m	触电
		配电装置的上端距棚顶小于 0.5 m	触电
		配电柜和控制柜未做好接地保护	触电
3	外电线路及电气设备防护	在架空线路正下方搭设临时用房、堆放材料和机具等	触电
		起重机越过无防护措施的外电架空线路作业	触电
		上下脚手架的斜道设在高压线路的一侧	触电
		在建工程周边与外电架空线路边线之间、施工现场的机动车道与架空线路交叉时、起重机与架空线路边线之间、防护设施与外电线路之间的最小安全距离不符合相关规定要求	触电

续表 3-7

序号	危险源	危险因素	事故类型
3	外电线路及电气设备防护	现场开挖沟槽的边缘与埋地外电缆沟槽之间的距离小于 0.5 m	触电
		施工中与外电架空线路达不到规定安全距离时，未采取绝缘隔离防护措施	触电
		架空线未采用绝缘导线或电缆线	触电
		架空线未架设在专用电杆上，电杆长度小于 8 m	触电
		电杆埋设倾斜，且埋设深度小于杆长的 1/10+0.6 m	触电
		架空线路未固定在针式绝缘子或蝶式绝缘子上	触电
		电杆未设置拉线或撑杆，拉线与电杆的夹角未在 30°到 45°之间，且拉线埋设深度小于 1 m	触电
		在一个挡距内每一层架空线的接头数超过了该层导线数的 50%或一根导线多个接头	触电
		架空线路的挡距大于 35 m，线间距小于 0.3 m	触电
		架空线路与邻近线路或设施的距离不符合规定要求	触电
4	配电线路	三相四线制配电电缆线路未采用五芯线缆或各种颜色芯线混用	触电
		电缆线路未采用埋地或架空敷设，在地面明设	触电
		电缆直接埋地敷设深度小于 0.75 m 或电缆穿过建筑物、道路、易受机械损伤、介质腐蚀场所等时未加设防护套管	触电
		进户线的室外端未采用绝缘子固定，过墙未穿管保护	触电
		室内配线敷设时未采用绝缘铜导线、塑料夹，接头未放在接线或分线盒内	触电
		室内线路敷设距地面的高度小于 2.5 m	触电
		室内配线所用导线截面未根据用电设备的计算负荷确定	火灾
		室外灯具距地面小于 3 m 或室内灯具小于 2.4 m	触电
		未经开关控制，直接将相线引入用电设备、灯具	火灾
		配电系统未实行配电柜、分配电箱、开关箱的三级配电	火灾
		分配电箱与开关箱的距离超过 30 m，开关箱与其控制的固定用电设备的水平距离超过 3 m	触电
		动力开关箱与照明开关箱未分别设置	触电
		总配电箱和开关箱未设置漏电保护器	触电
		配电箱、开关箱的电源进线端采用插头或插座做活动连接	触电
5	接地、防雷	在 TN 接零保护系统中，PE 线未单独敷设或 PE 线上装设开关或熔断器	火灾
		采用铝导体做接地体或地下接地线	触电
		施工现场内的防雷设施的冲击接地电阻值大于 30 Ω	触电
		施工现场内的起重机、井字架、龙门架等机械设备以及钢脚手架和正在施工的在建工程等金属结构，未设置防雷装置	触电

续表 3-7

序号	危险源	危险因素	事故类型
6	照明	潮湿场所未选用密闭型防水照明器，有爆炸和火灾危险的场所未选用防爆型照明器	触电、火灾、爆炸
		对夜间影响飞行或车辆通行的在建工程及机械设备，未设置红色信号灯	其他伤害
		施工照明供电电压不符合规定要求：一般场所 220 V；行灯电压不得大于 36 V；高温、有导电粉尘、狭窄场所以及隧道作业地段，不得大于 36 V；潮湿和易触及照明线路场所不得大于 24 V；特别潮湿场所、导电良好的地面、锅炉或金属容器内，不得大于 12 V	触电

八、特种设备

本项列出 3 条危险源以及所对应的危险因素、事故类型，详见表 3-8。

表 3-8　特种设备危险源辨识清单

序号	危险源	危险因素	事故类型
1	一般规定	特种设备作业人员未持有特种作业操作证	机械伤害
		作业前，未对作业人员进行技术交底	机械伤害
		安装、拆卸龙门吊、塔吊、架桥机等起重机械时，未编制安装、拆卸安全专项方案	机械伤害
		设备检修的坑、沟未及时填平或盖板	高处坠落
		高处检修时，未设安全通道、梯子、支架、吊台或吊架	高处坠落
		夜间维修时没有足够亮度的照明工具	高处坠落
		遇到 6 级以上大风时，未停止起重吊装作业	起重伤害
		起重信号工未密切注意观察起吊物及周围情况，未及时发出指挥信号	起重伤害
		人行升降电梯无检验报告	高处坠落
		未定期安排专人进行设备检查维护	机械伤害
2	压力容器	乙炔瓶在运输、储存、使用时，敲击、卧放或靠近热源和电气设备	容器爆炸
		使用乙炔瓶的现场储存量超过 5 瓶	容器爆炸
		超过 5 瓶，但不超过 20 瓶时，未在现场设单独的储存间，超过 20 瓶，未设置乙炔瓶库	容器爆炸
		乙炔瓶未装设专用的减压器、回火防止器	容器爆炸
		开启时，操作者未站在阀口的侧后缓慢拧开	容器爆炸
		氧气瓶、氧气表及焊割工具的表面沾染油脂	容器爆炸
		氧气表及乙炔气表损坏后未及时更换	容器爆炸
		氧气瓶与乙炔瓶未分开放置	容器爆炸
		作业时乙炔瓶、氧气瓶的距离小于 5 m；与明火作业点的距离小于 10 m	容器爆炸
		红色氧气胶管与黑色乙炔胶管相互混用	容器爆炸
		夏季使用气瓶时，未采取遮阳等有效措施防止暴晒	容器爆炸

续表 3-8

序号	危险源	危险因素	事故类型
3	施工电梯	在大雾、雷雨、6 级以上大风，机导轨架、电缆结冰时，未停止运行	起重伤害
		电梯出入口未设置防护棚	物体打击
		在电梯井架、支撑上设置缆绳、标语等	坍塌
		电梯超载或人货混装	物体打击
		电梯运送物料伸出护网	物体打击
		电梯未定期进行清洁、润滑、调整和检查	起重伤害
		电梯四周 5 m 范围内有易燃易爆及其他杂物	爆炸、物体打击

九、安全防护

本项列出 1 条危险源以及所对应的危险因素、事故类型，具体详见表 3-9。

表 3-9　　安全防护危险源辨识清单

序号	危险源	危险因素	事故类型
1	个人劳动防护	未按照劳动防护用品配备标准及有关规定，为从业人员配备劳动防护用品	物体打击、中毒、灼烫、机械伤害等
		配备不符合要求的防护用品	物体打击、中毒、灼烫、机械伤害等
		在有粉尘的场所，使用纱布口罩代替防尘口罩	中毒、窒息
		高处或高空作业时，作业人员未佩戴安全帽、防滑鞋、安全带	高处坠落
		进行混凝土作业时，作业人员未佩戴防噪耳塞	其他伤害
		进行混凝土凿毛时，未佩戴防尘口罩	中毒、窒息
		进行沥青混凝土搅拌和摊铺时，作业人员未佩戴棉质工作服、帆布长手套、防尘口罩、护目镜和帆布鞋盖等	灼烫、中毒
		隧道钻爆作业人员未佩戴防尘口罩	中毒、窒息
		在富含有害气体和瓦斯隧道或深井作业时，作业人员未配备自给式空气呼吸器或长管面具	中毒、窒息
		接触危险化学品、易爆物品或在瓦斯隧道作业人员，未穿戴防静电工作服、防静电鞋和防静电手套	瓦斯爆炸、其他爆炸
		水上施工作业人员未穿戴救生衣	淹溺
		眼部可能受铁屑、玻璃等杂物飞溅伤害时，未佩戴防冲击眼镜	物体打击
		电工作业时未穿戴绝缘手套、绝缘鞋	触电
		作业人员佩戴安全帽时，未系牢下颚带	物体打击
		高处作业时，安全带未高挂低用或挂钩点不牢固可靠	高处坠落

十、施工场所

本项列出 2 条危险源以及所对应的危险因素、事故类型，详见表 3-10。

表 3-10　　施工场所危险源辨识清单

序号	危险源	危险因素	事故类型
1	临时建筑	临时建筑未按规范标准进行设计施工	坍塌
		临时建筑竣工后未进行验收或验收不合格就投入使用	坍塌
		装配式房屋无合格证或生产企业无资质	坍塌
		临时建筑使用不合格材料	坍塌
		临时建筑使用易燃材料	火灾
		施工驻地地质、地形不良，有滑坡、泥石流、崩塌等潜在威胁	坍塌
		施工区、生活区、材料库房等未分开设置，或未达到防火安全距离	火灾
		拆除临时建筑时，随意抛掷杂物	物体打击
		直接踩踏在不承重的轻型屋面上作业，并无防护措施	高处坠落
		未设置避雷装置	火灾、触电
		未设置地锚、拉缆风绳	坍塌
		搭建或拆除临时建筑时，临边、洞口等危险位置无安全护栏	高处坠落
2	施工便道	施工便道过窄或路况不好	车辆伤害
		施工便道与现有道路接线和弯道处、陡坡、岔道位置无警示标志和警示灯	车辆伤害
		施工便道边坡有危石未清理干净	物体打击
		施工便道边坡滑坡	坍塌
		施工便桥未设置限速、限宽、限载标志	车辆伤害
		施工便桥过窄或承载力过低	车辆伤害
		人员通道临边未设置防护栏杆、挡脚板、密目式安全网	高处坠落
		上下人员通道宽度小于 0.9 m 或坡度大于 1∶1	高处坠落
		通道高度大于 6 m 时，未采用之字形梯道或转梯	高处坠落
		通道踏步间距大于 0.25 m 或宽度小于 0.25 m	高处坠落
		梯子的上端未设置固定措施	高处坠落
		爬梯口、转梯口未设置人员出入的防护棚或安全通道	物体打击

十一、消防

本项列出 1 条危险源以及所对应的危险因素、事故类型，详见表 3-11。

表 3-11　　消防危险源辨识清单

序号	危险源	危险因素	事故类型
1	消防安全	手提式灭火器的最大保护水平距离超过 20 m，推车式灭火器的最大保护水平距离超过 12 m	火灾
		手提式灭火器的顶部离地面高度大于 1.5 m 或底部离地面高度小于 0.08 m	火灾
		灭火器上锁	火灾
		每个设置点的灭火器数量小于 2 具或多于 5 具	火灾
		焊接、切割、烘烤或加热等作业前，未清理作业现场的可燃物	火灾
		5 级以上大风时，未停止焊接、切割等作业	火灾
		可燃材料及易燃易爆危险品未按计划限量进场或未分类存放	火灾
		普通灯具与易燃物距离小于 0.3 m，碘钨灯等高热灯具与易燃物距离小于 0.5 m	火灾
		电气设备超负荷运行或带故障使用	火灾
		发电机房、变配电房、水泵房、疏散通道及无天然采光的作业场所等，未配备应急照明器材	火灾
		疏散通道未设置明显的疏散指示标识和照明设施	火灾
		现场发生火灾事故时，未立即启动应急救援程序	火灾

十二、特殊环境施工

本项列出 4 条危险源以及所对应的危险因素、事故类型，详见表 3-12。

表 3-12　　特殊环境危险源辨识清单

序号	危险源	危险因素	事故类型
1	冬期施工	霜冻或雨雪天气时，未停止露天高空作业	高处坠落
		未及时清除施工船舶甲板、人员通道、脚手架、水上作业平台、便道、便桥等上的冰、雪、霜	高处坠落
		机械设备在坡道、冰雪路面上移动时，未减速缓行	机械伤害
		未在易滑区域设置安全警示标志或夜间加设警示灯	机械伤害、高处坠落
		未对临时用房采取防寒保暖设施或对现场人员配备防寒用品	其他伤害
		在大雪、冰冻后，未安排专人全面检查供电线路	触电
		春融期间开工前，未对坑槽边坡和固壁支撑结构进行检查	坍塌
		临时用房使用碘钨灯、电炉等大功率电器取暖	火灾
		明火作业地点未派专人看守	火灾
		冬季取暖的设施不符合防火和防煤气中毒的规定	火灾、中毒、窒息

续表 3-12

序号	危险源	危险因素	事故类型
2	雨期施工	雨期施工未配备防汛应急物资和器材	淹溺
		临水施工区域未做好防洪、防汛应急准备	淹溺
		山体附近的施工现场未做好防滑坡、防塌方工作	坍塌
		脚手架、塔吊、龙门吊等未设置防台风措施	坍塌
		雨期来临前，未对现场供电线路及电气设备进行全面检查	触电
		大雨过后未对临时设施、支架、脚手架、起重设备、机电设备、临时用电线路等进行检查	坍塌、物体打击、触电等
		大雨过后对起重设备的基础、轨道进行检查，发现倾斜、变形、下沉等现象时，未及时修理加固	坍塌
		大雨过后，未及时对基坑边坡进行检查或检查发现问题，未及时采取有效措施	坍塌
		雨期施工时，未对临时便道、作业场地、斜道、上下坡道等采取防滑措施	机械伤害
		雷雨天气在高压线、大树下停留和作业	触电
3	暑期施工	暑期施工时，未制定防高温、防中暑、防中毒的安全防护措施	其他伤害
		暑期施工时，未合理调整作业时间或给作业人员发放人丹、十滴水、风油精等防暑降温物品	其他伤害
		暑期施工时，食堂未配备冷藏设施	中毒
		在容器内和高温条件下的作业场所，未采取通风和降温措施	窒息、其他伤害
4	边通车边施工	未编制安全专项方案并报当地相关主管部门批准	车辆伤害
		人员未穿戴反光背心等安全防护用品	车辆伤害
		施工作业区未按要求设置安全警示标志和防护设施	车辆伤害
		施工路段未安排专职人员指挥交通	车辆伤害
		通车路段的路面未及时清扫土石、杂物	物体打击

十三、高空作业

本项列出 1 条危险源以及所对应的危险因素、事故类型，详见表 3-13。

表 3-13　　高空作业危险源辨识清单

序号	危险源	危险因素	事故类型
1	高空作业	在大风或雷电等天气恶劣的环境下进行高处施工作业	高处坠落、触电
		高处作业人员酒后或身体不适进行高处作业	高处坠落
		未设置防护栏或防护网	高处坠落
		高处作业时下面垂直处站有施工人员	物体打击
		随意投掷金属工具	物体打击

十四、夜间作业

本项列出 1 条危险源以及所对应的危险因素、事故类型，详见表 3-14。

表 3-14 **夜间作业危险源辨识清单**

序号	危险源	危险因素	事故类型
1	夜间作业	夜间进行吊装、脚手架拆除和高处作业	高处坠落
		夜间施工前未办理夜间作业票(含安全措施)	各种伤害
		天气恶劣进行夜间施工	各种伤害
		夜间作业场所照明不充足	各种伤害
		夜间施工应急联络不畅通	各种伤害

十五、施工标志标牌

本项列出 1 条危险源以及所对应的危险因素、事故类型，详见表 3-15。

表 3-15 **施工标志标牌危险源辨识清单**

序号	危险源	危险因素	事故类型
1	标志标牌	未经常检查标志标牌的状态，发现破损、丢失或缺少时，未及时修复或补充到位	各种伤害
		标志标牌的安装不满足抗风、抗拔、抗撞等要求	物体打击
		驻地及施工现场未设置相应的标志标牌	各种伤害

十六、机械作业

本项列出 6 条危险源以及所对应的危险因素、事故类型，详见表 3-16。

表 3-16 **机械作业危险源辨识清单**

序号	危险源	危险因素	事故类型
1	挖掘机	发动机启动后，铲斗内、臂杆、履带和机棚上站人	机械伤害
		挖掘机工作位置湿软、倾斜，工作前履带未制动，车身方向未与挖掘工作面延伸方向一致	机械伤害
		挖掘机操作时进铲过深、提斗过猛	机械伤害
		在高陡的工作面上挖掘夹有石块的土方时，未将较大的石块和杂物除掉	物体打击
		土体挖成悬空状态而不能自然塌落时，用铲斗将悬空土方砸下	机械伤害
		对吊杆顶端的滑轮和钢丝绳进行保养、检修拆换时，未将铲斗和吊杆放落地面后再进行维修	机械伤害
		铲斗从运土车的驾驶室顶上越过	物体打击
		向运土车上卸土时，未降低铲斗高度，防止偏载或砸坏车厢	机械伤害
		铲斗运转范围内，作业人员站立	机械伤害

续表 3-16

序号	危险源	危险因素	事故类型
2	装载机	作业时未使用低速挡	机械伤害
		起步前未将铲斗提升到离地面 0.5 m 左右	机械伤害
		用高速挡行驶时，进行升降和翻转铲斗	机械伤害
		铲斗内载人	机械伤害
		铲斗满载运送时，铲斗未保持在低位	机械伤害
		装料时铲斗未从正面低速插入	机械伤害
		遇推进阻力过大，未稍稍提升铲臂	机械伤害
		装载机在倾斜度超过规定的场地上作业，且运送距离过大	机械伤害
		在松散不平的场地作业，未将铲斗臂放在浮动位置，使铲斗平稳地推进	机械伤害
		向运输车辆上卸土时，铲斗未处在合适的高度，前翻和回位时碰撞车厢	机械伤害
		未经常注意机件运转声响，发现异常时未立即停车排除故障	机械伤害
		当发动机不能运转需要牵引时，未使各转向油缸自由动作	机械伤害
3	载重汽车	未按规定吨位装载，超载、超高	机械伤害
		人货混载，驾驶室内超额坐人	机械伤害
		车辆装土场地平整坚实，汽车就位后未拉紧手闸，装载不均匀	机械伤害
		在陡坡、高坡、坑边或填方边坡卸土时，停卸地点未平整坚实，地面未设反坡，与边缘未保持安全距离	机械伤害
		公路上行驶未遵守道路交通规则	机械伤害
		发动机启动后未检查其翻卸装置，确保良好	机械伤害
		在危险地段卸土，未设有专人指挥	机械伤害
		当装载高度超过车厢拦板时，未平稳行驶，猛力加速、紧急制动	机械伤害
		卸料起斗时，未检查上空有无架空电线电缆	机械伤害
		运载易燃、易爆等危险物品时，未遵守有关规定，除必要的随车人员外，搭乘其他人员	机械伤害
		在驾驶室外进行操作，翻斗内载人	机械伤害
4	压路机	压路机启动前，未检查前后、左右有无障碍物和人员	机械伤害
		压路机靠近路堤边缘作业时，未根据路堤高度留有必要的安全距离	机械伤害
		起振和停振时未在压路机行走时进行	机械伤害
		碾压松软路基，未先在小振动情况下碾压 1～2 遍，然后再振动碾压	机械伤害
		碾压傍山道路时，未由里侧向外侧碾压	机械伤害
		压路机作业利用换向离合器作制动用	机械伤害
		压路机作业时，滚轮未停止便变换压路机前进后退方向	机械伤害
		压路机上坡时未制动就变速，下坡时脱挡滑行	机械伤害
		压路机作业在坚硬路面行走振动	机械伤害
		压路机作业在急转弯时用快速挡	机械伤害
		压路机作业在尚未起振情况下调节振动频率	机械伤害

续表 3-16

序号	危险源	危险因素	事故类型
4	压路机	压路机在主离合器未脱开时就调整换向离合器、起振离合器或制动器	机械伤害
		两台以上压路机同时作业时，其前后安全间距小于 3 m；在坡道上纵队行驶时，其间距小于 20 m	机械伤害
		压路机在没有熄火、下无三角木支垫的情况下进行机下检修	机械伤害
5	平地机	平地机在公路上行驶时刮刀和松土器未提起，或刮刀超出机侧，行驶时不遵守交通规则或速度超过 20 km/h	机械伤害
		平地机进行刮刀的回转与铲土角的调整时未停机	机械伤害
		平地机在坡道上停放时未使车头朝向下坡方向，或未将刀或松土器压入土中	机械伤害
		遇到坚硬土质需要齿耙翻松时，未缓慢下齿或采用齿耙翻松坚硬旧路面	机械伤害
6	推土机	推土机上下坡时，其坡度大于 30°；在横坡上作业，其横坡度大于 10°	机械伤害
		下坡时，未采用后退下行，在必要时未放下刀片做辅助制动	机械伤害
		推土机下坡空挡滑行	机械伤害
		推土机刀片推坡壁上高于机身的孤石或大土块	机械伤害
		推土机送土终了时，未先换成倒车挡后再提铲刀倒车	机械伤害
		在垂直边坡的沟槽作业时，沟槽深度超过 2 m	机械伤害
		推土机在摘卸推土刀片时，辅助人员未同司机密切配合	机械伤害
		多机在同一作业面作业时，前后两机相距小于 8 m，左右相距小于 1.5 m	机械伤害
		用推土机伐除大树或清除残墙断壁时，未提高着力点	机械伤害
		推土机在陡坡高坎上作业时，无专人指挥或铲刀超出边坡边缘	机械伤害
		两台以上推土机并排作业时，两机刀片之间距离小于 0.2 m	机械伤害

十七、施工作业环境安全

本项列出 3 条危险源以及所对应的危险因素、事故类型，详见表 3-17。

表 3-17　施工作业环境安全危险源辨识清单

序号	危险源	危险因素	事故类型
1	噪声	夜间施工超过 22:00 时，未申请夜间施工许可证	其他伤害
		易产生强噪声的成品、半成品加工时，未在车间完成	其他伤害
		搅拌机、电锯等强噪声机械安排在夜间施工	其他伤害
2	空气污染	施工场地垃圾较多时，未采用封闭的垃圾道或翻斗车，随意抛散	其他伤害
		明火作业未经审批直接作业	火灾、其他伤害
		明火作业不控制烟雾排放量	其他伤害
3	水污染	搅拌机等机械排放的污水，未经沉淀池直接排入市政污水管	其他伤害
		现场存放的各种油料未进行放渗漏处理	其他伤害
		办公区、生活区及施工区未设置明排水沟	其他伤害

十八、危险品储存运输

本项列出 2 条危险源以及所对应的危险因素、事故类型，详见表 3-18。

表 3-18　　危险品储存运输危险源辨识清单

序号	危险源	危险因素	事故类型
1	危险品的储存	盛装化学危险物品的容器，在使用前后未进行例行检查	容器爆炸
		炸药未储存在专门的仓库，或仓库未经专家设计、论证合格	火药爆炸
		危险化学品未分类存放	火药爆炸、火灾
		化学品堆垛储存量和安全距离不符合 GB 15603 的规定	火药爆炸、火灾
		受阳光照射容易燃烧、爆炸或产生有毒气体的化学危险品未在阴凉通风的地点存放	火药爆炸、火灾
		储存化学品的仓库未配备足够的消防力量和报警装置	火药爆炸、火灾
2	危险品的运输	作业人员拖拉、倾倒危险化学品	火药爆炸、火灾
		不同的危险品在运输过程中混装	火药爆炸
		运送炸药的车辆掉头过猛	火药爆炸
		运送危险化学品的车辆上载客	火药爆炸、火灾
		运送炸药的车辆行驶速度过快或路面不平稳	火药爆炸

第三节　路 基 工 程

一、路基土石方工程

本项列出 16 条危险源以及所对应的危险因素、事故类型，详见表 3-19。

表 3-19　　路基土石方工程危险源辨识清单

序号	危险源	危险因素	事故类型
1	砍伐树木	未按规定操作电锯	机械伤害
		伐木前未对电锯的设备、线路布置等进行检查	机械伤害、触电
		在山坡上同一地段的上下同时进行砍伐作业	物体打击
		树木砍伐时未系防倒绳	物体打击
		在陡坡悬岩处砍伐树木时，未设置防止树木砍伐倒后顺坡溜滑和撞落石块伤人的安全措施	物体打击
		树木预定倒向范围内有人员站立	物体打击
		清除丛草、树木时放火焚烧	火灾
		砍伐树木时未设置警戒，无关人员进入	物体打击
		大风、大雾和雷雨天气进行砍伐树木作业	物体打击、触电
		树木倒向范围内有架空电缆、线路	触电

续表 3-19

序号	危险源	危险因素	事故类型
2	拆除构造物	没有制定拆除方案或编制拆除方案时没有根据建筑物竣工图纸和现况分析结构受力状态，确定拆除方法和程序，违规拆除	坍塌
		拆除施工存在立体交叉作业现象	物体打击
		爆破拆除时，未严格按照 GB 6722 进行操作	放炮
		非爆破拆除时，采用自下而上、自里而外的程序拆除	坍塌
		高处作业时，作业人员未搭设脚手架	高处坠落
		在高处进行拆除工程时，未设置流放槽，废料随意向下抛掷	物体打击
		作业人员使用大锤等拆除工具前未检查把手拼接等是否牢固	物体打击
		对有倒塌危险的结构物拆除时，未设置可靠的临时支撑加固	坍塌
		拆除石棉瓦及轻型结构屋面时，未使用移动板梯，施工人员直接踩在屋面上作业	高处坠落
		使用推土机拆除房屋、围墙时，被拆物高度大于 2 m	坍塌
		拆除梁柱前，未先拆除其承托的全部结构物，采用掏空、挖切和大面积推倒的拆除方法	坍塌
		被拆除建(构)筑物与周边高压架空电线的距离达不到安全距离要求时，未采取安全防护措施	触电
		切割拆除内有易燃、易爆和有毒介质的管道或容器时，未切断供给源，或管道、容器内残留介质未清除干净	火灾、其他爆炸、中毒
		拆除带压容器或管道时，未先泄除压力	容器爆炸
		采用定向爆破时，未按照设计要求采用铁丝网、安全网或者竹笆、麻袋、棉被等覆盖，以致爆炸产生的建筑碎块飞溅	放炮
		在建筑物推倒、倒塌范围内有其他建筑物时，采用推倒方法	坍塌
		拆除作业前，未将与拆除物有连通的电线、水、气管道切断	触电、中毒
		拆除作业前，未在四周危险区域设置安全护栏、警告标志	物体打击
		使用液压振动锤、挖掘机拆除建(构)筑物时机械与被拆建(构)筑物之间未达到安全距离	机械伤害
		拆除作业时未采取防尘、防噪声的有效措施	其他伤害
3	材料准备	易燃易爆品仓库内明火作业	火灾、其他爆炸
		易燃易爆品仓库内使用违规电源、灯具	火灾、其他爆炸
		材料堆放无序，码放不稳	物体打击
		灯具与易燃易爆品的距离达不到安全距离或高热灯具直接照射易燃物	火灾、其他爆炸
		材料仓库电线线路老化	火灾
		施工区、生活区、材料库房等未分开设置，或未达到防火安全距离	火灾
		易燃易爆品仓库无安全防护措施和警示标志	火灾、其他爆炸
		搭建或拆除临时建筑时，临边、洞口等危险位置无安全护栏	高处坠落
		直接踩踏在不承重的轻型屋面上作业，并无防护措施	高处坠落
		施工驻地地质、地形不良，有滑坡、泥石流、崩塌等潜在威胁	坍塌

续表 3-19

序号	危险源	危险因素	事故类型
4	土方开挖	路基施工未设置临时排水设施	坍塌
		多人作业时，作业间距太小	机械伤害
		多台机械同时作业时，间距过近	机械伤害
		运输机械超速行驶	车辆伤害
		机械作业时，人站在回转半径内	机械伤害
		挖掘土方时，作业人员安全距离不足	物体打击
		开挖工作面未与装运工作面错开，存在上下双重作业	物体打击
		开挖工具存在故障未检修继续用	机械伤害
		逆坡开挖或开挖边坡度不符合安全要求	坍塌
		未按规定程序开挖、超挖或掏底开挖	坍塌
		人工配合机械作业时，未与机械作业交替进行	机械伤害
		取土场未按标准的规划进行规则取土	坍塌
		违反机械设备安全操作规程	机械伤害
		机械设备进场未进行安全验收，违规投入使用	机械伤害
		未探明地下管线埋置位置	触电、中毒
		与槽边距离不符合安全要求，又无安全防护措施	机械伤害
		不按自上而下的顺序开挖，挖“神仙土”，撬“神仙石”	坍塌
		在靠近建筑物、设备基础及各种脚手架附近挖土时，无安全防护措施	坍塌
		外电架空线路附近开沟槽时无防止电杆倾倒措施	触电、物体打击
		距离电缆管线 2 m 范围内采用机械开挖，未采用人工开挖	触电
		高陡边坡地段施工时，工人无防护措施	物体打击
		高陡边坡地段施工时，上下同时作业	物体打击
		滑坡地段施工未设置位移观测桩	坍塌
		弃土场未设置支挡措施	坍塌
		在落石和岩堆地段施工，未先清理危石和设置拦截设施	物体打击
		泥沼地段施工，无安全防范措施，人、机下陷	淹溺
		机械停放在停机棚内未禁烟火	火灾
		机械在危险地段施工时，未设专人指挥，或驾机人员未按指挥人员发出的规定信号操作	机械伤害
		机械在边坡、边沟作业时，轮胎(履带)与边缘安全距离不够	机械伤害
		配合机械作业的清底、平地、修坡等辅助工作的施工人员未按规定施工，与机械同时作业，或在机械运转时进入作业区	机械伤害
		铲运机停止作业进行清理斗内泥土时，推土板未彻底回位	机械伤害
		工作场所发生交通堵塞、工作地面出现陷车、机械运行道路发生打滑、防护设施毁坏失效，或工作面不足以保证安全作业时，未停止施工	机械伤害

续表 3-19

序号	危险源	危险因素	事故类型
4	土方开挖	在垂直边坡的沟槽作业时，沟槽深度超出规定或推土机刀片推坡壁上高于机身的孤石或大土块	机械伤害
		在电杆附近挖土时，对于不能取消的拉线地垄及杆身，未保留土台，或土台周围未设警示标杆	触电、物体打击
		铲运机弯道进土	机械伤害
		上方开挖未按照 JTJ 076 相关操作要求进行	各种伤害
		铲运机作业时道路不平，或路宽过窄	机械伤害
		铲运机靠路堤边沿填土时，未防止铲运机滑下	机械伤害
		弃土下方和有滚石危险范围内的道路，未设警告标志，作业时坡下未禁止通行	物体打击
		坡面上松动的土、石块未及时清除	物体打击
		滑坡地段开挖，采用全面拉槽开挖，或将弃土堆在主滑区内	坍塌
		施工中发现有山体滑动、坍塌等迹象时，继续施工，人机未撤离至安全区域	淹溺
		遇山洪暴发、水位暴涨时未立即停工，人机未撤至安全区域	淹溺
		地下水突出	坍塌
		土质不好，开挖过深	淹溺
		岩溶地区施工，岩溶水涌出	坍塌
		大雨、雪后没有检查现场	淹溺
		未探明地层中有毒有害气体	中毒
5	石方爆破	选择炮位时，炮眼口正对电线、路口或构造物	放炮
		凿打炮眼时，坡面上有浮岩危石未清理	物体打击
		凿打炮眼时，在残眼上打孔	放炮
		人工打眼时，使锤人正对掌钎人，对面使锤	物体打击
		机械扩眼时，凿岩机支架不稳	机械伤害
		机械扩眼时，用胸部或肩膀紧顶凿岩机支架把手	机械伤害
		空压机气压过高或气管爆裂	容器爆炸
		空压机输气管道出气口前方有人作业或站立	物体打击
		空压机运转中，操作人员擅离岗位	机械伤害
		空压机在有荷载的状态下启动	机械伤害
		爆破器材未按要求运输	火药爆炸
		爆破器材未按要求储存	火药爆炸
		爆破器材未按要求检验	火药爆炸
		失效的爆破器材未按要求销毁	火药爆炸
		爆破器材管理不严，剩余爆破器材未当日退库，爆破工人私自收藏，乱丢乱弃	火药爆炸
		用爆炸物品炸鱼、炸兽	火药爆炸
		作业人员在保管、加工、运输爆破器材过程中，穿着化纤衣服	火药爆炸
		使用不符合技术条件的爆破器材	火药爆炸

续表 3-19

序号	危险源	危险因素	事故类型
5	石方爆破	炸药与雷管由同一人同时搬运	火药爆炸
		电雷管与带电物品一起携带运送	火药爆炸
		爆破器材运送时,未避开人员密集地段,中途停留,随地存放或带入宿舍	火药爆炸
		制作起爆器材时,未在专用房间或指定的安全地点进行,在爆破器材存放间、宿舍和爆破作业地点加工	火药爆炸
		制作起爆药包时,房间内或棚内有电气、金属设备	火药爆炸
		制作起爆药包时,房间内或棚内有无关人员	火药爆炸
		制作起爆药包时,导火索猛插入雷管,旋转或摩擦	火药爆炸
		制作起爆药包时,雷管管口用牙咬	火药爆炸
		制作的起爆药柱,雷管露在药柱外面	火药爆炸
		加工的起爆器材超过当班爆破作业的需要量	火药爆炸
		起爆药柱送入孔底后,用炮棍在炮眼内捣插	放炮
		爆破作业时,采用先点燃导火索再将药柱抛入孔底的方法	放炮
		多次扩壶时,每次爆破后孔壁岩石未冷却便装药扩壶	放炮
		超过 5 m 的深孔使用导火索起爆	放炮
		刚打成的炮眼未冷却就装药	放炮
		湿炮眼未擦干就装药	放炮
		装炮工作时未禁烟火和明火照明	放炮
		装炮工作时无关人员未撤离现场	放炮
		使用金属器皿装药	火药爆炸
		投掷或冲击装好的炸药包(柱)或硝化甘油类炸药	火药爆炸
		采用无填塞爆破,使用石块或易燃材料填塞炮孔	放炮
		捣固直接接触药包的填塞材料或用填塞材料冲击起爆药包	放炮
		在深孔装入起爆药包后直接用木楔填塞	放炮
		填塞炮眼时破坏起爆线路	放炮
		爆破区域无明显标志和警戒线	放炮
		警戒线安全距离设置过小	放炮
		爆破现场无专人指挥	放炮
		爆破导火索过短	放炮
		同次爆破中使用不同燃速的导火索	放炮
		露天爆破,一人连续点火的导火索根数超过 10 根	放炮
		爆破时采用明火点燃	放炮
		脚踩或挤压已点燃的导火索	放炮
		信号管的长度超过该次被点燃导火索中最短导火索长度的 1/3	放炮
		爆破时,未点清爆炸数是否与装炮数量相符	放炮

续表 3-19

序号	危险源	危险因素	事故类型
5	石方爆破	电力起爆时，在同一爆破网路上使用不同厂、不同型号的电雷管，或电雷管的电阻值差超过规定值	放炮
		电力起爆时，爆破网路主线绝缘不良，或未设中间开关，或与其他电源线路未分开敷设	放炮
		在炮孔未全部装填完、无关人员尚未全部撤离至安全点之前连接爆破网路	放炮
		用动力或照明电源起爆时，起爆开关未放在上锁的专用起爆箱里，或起爆箱钥匙保管不严	放炮
		雷雨季节采用电力起爆法	放炮
		电力起爆时，装好炸药包后，未全部撤除工作面的电源	放炮
		裸露爆破时，用石块覆盖裸露药包	放炮
		将炸药包插入石缝中进行爆破	放炮
		起爆后，爆破人员提前进入爆破作业点	放炮
		起爆后，检查人员发现盲炮及其他险情，未及时上报或处理	放炮
		盲炮处理前未在现场设立危险标志并采取相应安全措施，无关人员接近现场	放炮
		残余爆破器材未收集上缴，集中销毁	放炮
		盲炮处理不当	放炮
		爆破后未及时清理爆破现场	放炮
		爆破引起山体滑坡	放炮、坍塌
6	土石方填筑	撬动岩石时将撬棍根端紧抵腹部，把撬棍放在肩上施力	机械伤害
		自卸汽车非工作时间停置在靠近路堑和路堤边缘而未采取安全防护措施	高处坠落
		推土机整平石方路基时，推石过快石块滚下路堤	物体打击
		现场多种机械在同一工作面作业时，其前后间距小于 8 m，左右间距小于 1.5 m	机械伤害
		机械设备启动前，没有检查确认机械设备前后、左右有无人员和障碍物	车辆伤害
		机械设备与路基边缘的操作宽度小于 0.3 m	高处坠落
		高填方路基作业时填土边缘未设置安全警示标志，未安排专人指挥	高处坠落
7	抛石挤淤	未探明淤泥性质和深度，机械人员进入	车辆伤害
		抽水时未抽除至指定位置，即开始带水挤淤	车辆伤害
		未标识回填边线	车辆伤害
		抛石后未试压，机械设备即进入作业	车辆伤害
		淤泥呈软塑状即进行碾压	车辆伤害
		运输机械距离淤泥边缘太近	车辆伤害
		淤泥四周未设置安全防护栏、安全警示标志等	高处坠落
8	碎石桩	施工人员在进行成孔时，未按设计要求隔桩跳打	机械伤害
		桩机就位时，未用锤球和钢尺检查导向架与地面垂直度，使垂直偏差大于高度的 1.5%	机械伤害
		桩架未预先移位固定，即进行桩机移位	机械伤害

续表 3-19

序号	危险源	危险因素	事故类型
8	碎石桩	管内带料未及时清理	其他伤害
		料斗插入套管时，料斗未稳定，即灌入碎石	物体打击
		桩机顶部未设置避雷设施	触电
		拔管过程中发现软弱段或下料不足段未及时进行反插	其他伤害
		施工过程中震动沉管超出额定功率	机械伤害
		桩管难打开时，未进行检修，而是利用振动冲击打开桩管	机械伤害
		地基较为软弱时未进行垫层处理	机械伤害
		在地面不平、松软的施工场地进行打桩设备移位、就位作业	机械伤害
		当地下存在空洞、岩溶、暗穴等，未对地下情况进行探明	机械伤害
		打桩前未加固邻近建筑物	坍塌
		大风天气停工后，未将桩管插入地下嵌固	机械伤害
9	CFG 桩	长螺旋钻机就位地段不平稳	机械伤害
		孔口堆积重物	坍塌
		进出孔口时，孔口附近站人	机械伤害
		钻具需要立悬或摆放时，未牢固垫稳，人员直接操作	机械伤害
		因故停钻时，孔口未加盖保护	高处坠落
		移动钻机、钻杆时，与高低压架空电线距离小于 2 m	触电
		未用钻机塔身的前后和左右的垂直标杆检查塔身导杆，桩身垂直度较差	机械伤害
		钻机就位点未进行垫层处理，成孔钻机不平稳，在施工过程中发生倾斜、抖动	机械伤害
		钻进过程中钻进速度太快，存在钻杆摇晃或卡钻继续钻进	机械伤害
		钻进软硬地层交界处时，钻进速度太快	机械伤害
		当钻机电流值接近 140 mA 时，未提升排土，继续钻进	机械伤害
		钻具内无混合料继续提升钻杆	机械伤害
		泵输送混合料前未对输送管进行检查	机械伤害
		长距离泵送时，泵管向下倾斜角度大于 40°	机械伤害
		成孔后副孔未及时回填	高处坠落
		非作业人员在钻机附近逗留	机械伤害
		钻机未设置缆风绳	机械伤害
10	灰土桩	当日成孔未夯填	高处坠落
		夯实人员在处于工作状态的桩机 5 m 范围内进行夯实	机械伤害
		夯实时遇到桩身缩颈，未采取措施强行拔杆	机械伤害
		桩机移位换点时，桩管提起过高	机械伤害
		因故停钻时，孔口未加盖保护	高处坠落
		桩机就位时，未用锤球和钢尺检查导向架与地面垂直度，使垂直偏差大于高度的 1.5%	机械伤害
		钻孔时未对周围较危险的建筑物进行加固	坍塌

续表 3-19

序号	危险源	危险因素	事故类型
10	灰土桩	夯实机夯实时，孔内有积水未进行处理直接夯实	机械伤害
		夯机的机座不够平稳牢固，夯具中心和桩位不成一线	机械伤害
		当地下遇到较为坚硬岩石等，未采取处理措施，强行沉管	机械伤害
		在大风天气对石灰进行过筛	其他伤害
		当地下存在空洞、岩溶、暗穴等，未对地下情况进行探明	机械伤害
11	塑料排水板	液压插板机下插时，机前施工人员在机架 10 m 范围内	机械伤害
		未对场地软弱部位进行标记	机械伤害
		插板机在离地面 2 m 高度处未安装挡板	机械伤害
		作业前未对桩机各部件和起吊用的钢丝绳进行检查	机械伤害
		插板机的运动部分、设备或电动工具无防护罩	机械伤害
		遇到软弱场地，履带下未垫放安全辅助物	机械伤害
		卷扬机绳索磨损未检查	起重伤害
		排水板底部无可靠的锚固措施	机械伤害
		移机行走的道路泥土较多未处理	机械伤害
12	强夯、重夯	各方未就绪即开始提锤夯打	起重伤害
		落锤时，挂钩人员未处于安全地带	起重伤害
		落锤时周围 10 m 范围内有人	起重伤害
		挂钩作业时，下面站人	起重伤害
		挂钩作业时，未等脱钩完全到位即开始挂钩	起重伤害
		强夯时夯机未设置支架	机械伤害
		夯机顶部未设置避雷设施	触电
		未设置作业区域警戒线	机械伤害
13	土工织物	夯坑底倾斜大于 30°时，未将坑底处理水平，继续夯实	机械伤害
		未探明地下电缆线，即进行夯击	触电
		人工搭接土工织物时工具使用不当	物体打击
		土工织物缝制过程中的下脚料直接烧毁	火灾
		缝制机运转过程中违章操作	机械伤害
		土工织物存放点未对火灾引发物实施排查	火灾
14	采空区处理	采空区处理时未加强作业地点的地压监测工作	坍塌
		对稳定性较差的地段未进行支护或支护不到位	坍塌
		采用充填法处理采空区时，对采空区的通道不了解	各种伤害
		天井施工时未考虑戴防毒面具	中毒、窒息
		采用崩落法施工时，未提前与地表或相邻采空区崩透以减小气浪影响	崩塌

续表 3-19

序号	危险源	危险因素	事故类型
15	滑坡治理	抗滑桩施工时桩孔上方散落石块未清理	高处坠落
		没有专人对周围滑坡石进行周期性观测	崩塌
		挡土墙施工时,基坑周围未设置护栏	高处坠落
		挡土墙基坑施工时,上下无专用爬梯	高处坠落
16	黄土陷穴、岩溶洞回填	未探明洞穴深度、周边地质情况进行施工	坍塌
		未设置安全警示标志、护栏	坍塌
		机械设备在洞穴边缘作业	高处坠落

二、排水工程

本项列出 1 条危险源以及所对应的危险因素、事故类型,详见表 3-20。

表 3-20　　排水工程危险源辨识清单

序号	危险源	危险因素	事故类型
1	排水沟砌筑	片石运输过程中未设置防掉落措施	物体打击
		采用石头搭设临时支撑	坍塌
		人工搬运时未轻拿轻放	物体打击
		人工挖基作业时,基坑上边缘堆放的土方距坑边小于 0.8 m,堆放高度超过 1.5 m	坍塌
		高空作业面未搭设牢固的脚手架或脚手板未满铺	高处坠落
		作业面安全防护护栏高度小于 1.2 m	高处坠落
		采用卷扬机上料时,上料滑轮用铁丝固定	起重伤害
		吊运时,吊斗内石头超载或砂浆过满	起重伤害
		在脚手架上进行人工破解片石作业或作业人员未佩戴防护用具	坍塌、物体打击
		砌筑时上下交叉作业	物体打击
		正值汛期时,机械设备、员工宿舍、原材料停放在河道内	淹溺
		作业人员在脚手架下停留、穿越	物体打击
		边坡砌筑作业时,未设置爬梯或安全通道,在砌筑好的坡面上行走	高处坠落
		抬运石块上架,跳板不够坚固或无防滑措施	高处坠落
		砌筑作业由上而下施工	物体打击
		高处作业随意投掷物料、工具	物体打击
		高边坡施工未进行稳定性监测	坍塌
		自卸汽车将石料从路堤上倾倒滚下	物体打击
		雨后边坡土质较软未进行处理直接进行砌筑	坍塌
		运料通道宽度小于 1.5 m 或靠边坡距离小于 50 cm	物体打击
		砌筑边坡时,上下双重作业	物体打击

续表 3-20

序号	危险源	危险因素	事故类型
1	排水沟砌筑	脚手架未与墙体连接牢靠	坍塌
		脚手架上堆放的石料太高	坍塌
		高边坡松动土石未及时清除，未设警示标志	物体打击
		高边坡开挖有崩塌迹象时未及时处理	坍塌
		脚手架拆除无专人指挥	坍塌
		高边坡施工作业人员未佩戴安全防护措施	高处坠落
		高边坡施工下方通行道路未设置安全警戒	高处坠落
		拌合机未安置稳妥或开机前未确认传动及各部装置牢固可靠	机械伤害
		拌合机转运中直接用手或木棒等伸进桶内，清理桶口内的灰浆	机械伤害
		拌合机作业中发生故障，未立即切断电源或将桶内砂浆倒出进行维修	机械伤害
		砂浆喷嘴 5 m 范围内站人，工作间隙时喷嘴朝向人员	机械伤害
		基坑开挖时未视土质、湿度和挖掘的深度设放安全边坡或设置相适应的围壁支撑	坍塌

三、小桥及符合小桥标准的通道、人行天桥、渡槽

本项列出 4 条危险源以及所对应的危险因素、事故类型，详见表 3-21。

表 3-21　小桥及符合小桥标准的通道、人行天桥、渡槽危险源辨识清单

序号	危险源	危险因素	事故类型
1	基础及下部构造	参照“桥梁工程”中“基础及下部构造”	各种伤害
2	上部构造预制和安装	参照“桥梁工程”中“上部构造预制和安装”	各种伤害
3	上部构造现场浇筑	参照“桥梁工程”中“上部构造现场浇筑”	各种伤害
4	桥面	参照“桥梁工程”中“总体、桥面系和附属工程”	各种伤害

四、涵洞、通道

本项列出 3 条危险源以及所对应的危险因素、事故类型，详见表 3-22。

表 3-22　涵洞、通道危险源辨识清单

序号	危险源	危险因素	事故类型
1	基础及下部构造	参照“桥梁工程”中“基础及下部构造”	各种伤害
2	主要构件预制和安装	参照“桥梁工程”中“上部构造预制和安装”	各种伤害
3	上部构造现场浇筑	参照“桥梁工程”中“上部构造现场浇筑”	各种伤害

五、砌筑防护工程

本项列出 2 条危险源以及所对应的危险因素、事故类型，详见表 3-23。

表 3-23　　砌筑防护工程危险源辨识清单

序号	危险源	危险因素	事故类型
1	挡土墙	转运片石时，施工人员未集中注意力	物体打击
		振捣混凝土时，存在过振、漏振的情况发生未及时制止	机械伤害
		使用吊斗浇筑混凝土时，长时间未检查吊斗、钢丝绳和卡具	高处坠落
		开挖时未对基坑边坡的稳定性实行监控	坍塌
		挡土墙开挖基坑未根据土质、湿度和挖掘的深度设置安全坡度	坍塌
2	石笼防护	防护前未及时清理坡面的危石、悬石	物体打击
		未检查石笼钢丝强度	坍塌
		钢筋石笼放置时，下部有大块孤石未及时清理	坍塌
		石笼材质选取时，采用易被腐蚀、易破碎的石块	坍塌
		部分石块块径小于网孔孔径未处理	物体打击

六、大型挡土墙、组合式挡土墙

本项列出 3 条危险源以及所对应的危险因素、事故类型，详见表 3-24。

表 3-24　　大型挡土墙、组合式挡土墙危险源辨识清单

序号	危险源	危险因素	事故类型
1	基础	基坑开挖前，在基坑周围未设置截水沟、排水沟等排水设施	坍塌
		基坑未设置人员上下坡道或安全梯	高处坠落
		间歇时，在基坑坡脚下休息	物体打击
		基坑开挖未采用自上而下分层开挖	各种伤害
		开挖时局部挖深向四周掏土	坍塌
		遇到涌水、涌沙及边坡不稳定时，未采取相应的支护措施即开始施工	坍塌
		挖土深度超过 1.5 m 后，未根据土质放坡或架设支撑	坍塌
2	墙身	在已经砌好的砌体上抛掷、滚动翻转或敲击石块	坍塌
		墙身泄水孔进口未设置反滤层	物体打击
		墙趾部分的基坑未及时回填	坍塌
		未等砂浆强度达到 70%就开始回填挡土墙墙背	坍塌
3	构件预制和安装	构件成品堆放过高	物体打击
		大型预制构件运输无专人指挥	车辆伤害
		精轧螺纹钢筋张拉前，未对锚具、连接器进行检查、试验	机械伤害
		预制构件安装时，导梁刚度不够	起重伤害
		千斤顶使用前未做承载试验，起重吨位小于顶升构件的 1.3 倍	起重伤害
		钢筋张拉或冷拉时，夹具未有足够夹紧力，锚夹不牢	机械伤害

第四节　路 面 工 程

一、基层、底基层

本项列出 3 条危险源以及所对应的危险因素、事故类型，详见表 3-25。

表 3-25　　基层、底基层危险源辨识清单

序号	危险源	危险因素	事故类型
1	稳定土拌合	拌合站安装、拆除方案未审批	坍塌
		料仓卸料时，有人员从斗下通过	物体打击
		检修时作业人员从高空扔物品	物体打击
		作业人员未佩戴安全防护用具	机械伤害
		拌合站基础不牢固	坍塌
		拌合站未设置缆风绳或缆风绳不合格	坍塌
		未使用标准配电箱、电线老化或线路布置不合理	触电
		拌合机未设置避雷设施	触电
		拌合站爬梯无安全网	高处坠落
		蓄水池未设置围挡，进出水口未覆盖	高处坠落
		上料料车失控或钢丝绳断裂	物体打击
		检修电路未切断电源	触电
		拌合站传料带无安全网	物体打击
		搅拌机料斗无保险钩	物体打击
		运输车辆进出拌合站无指挥人员	车辆伤害
		运转中进行维修、保养工作	机械伤害
		作业人员在维修、清理搅拌仓时无专人看护	机械伤害
		在大风天气进行粉状材料的装卸翻动	其他伤害
		散装粉质材料运输中车厢未采用篷布覆盖	其他伤害
		石灰消解时，操作人员站在下风处或未采取防尘措施	其他伤害
		石灰消解时，在浸水的同时边投料边翻拌	其他伤害
		拌合站选址靠近河岸	坍塌
		拌合站安装、拆卸时，起重机无专人指挥	起重伤害
		拌合站安装、拆卸高处作业无安全措施	高处坠落
2	摊铺碾压	摊铺机上的安全防护设施配置不全	机械伤害
		摊铺作业前未清除障碍物或确认前方无人	机械伤害
		作业时无关人员在驾驶台停留或驾驶员擅离岗位	机械伤害
		摊铺机急剧转向，换挡时机械没有完全停止	机械伤害
		摊铺机操作时强行挂挡和在坡道上换挡或空挡滑行	机械伤害

表 3-25

序号	危险源	危险因素	事故类型
2	摊铺碾压	摊铺机停车制动时，未将料斗两侧壁完全放下，熨平板未放到地面或用挂钩挂牢	机械伤害
		摊铺机在加热过程中严禁熨平板处无人看管	灼烫
		摊铺机临时停放时，未在机旁设置安全警示标志(夜间需有反光或发光装置)	机械伤害
		摊铺机弯道作业时，熨平装置的端头与路缘石的间距小于 0.1 m	机械伤害
		压路机启动前未检查前后、左右有无障碍物和人员	机械伤害
		两台以上压路机同时碾压时，其前后间距小于 3 m，在坡道上纵队行驶时，其间距小于 20 m	机械伤害
		碾轮刷油人员站在碾轮行走的前方	机械伤害
		摊铺机上的安全防护设施配置不全	机械伤害
		摊铺作业现场中未设置交通管制，非施工车辆随意进出	机械伤害
		摊铺现场未配备急救箱，无防止烫伤、中毒、中暑等措施	其他伤害
		半幅通车路段未设置行车安全警示标志，半幅施工区与行车道之间未设置隔离栅	车辆伤害
		沥青混合料高温摊铺碾压时，工作人员未佩戴安全防护用品或未采取防护措施	灼烫
		夜间施工时现场照明不足，基准线桩附近未设置警示灯或反光标志	机械伤害
3	运输	运料车上载人	车辆伤害
		运料车向摊铺机卸料时，未和摊铺机协调动作，同步行进	机械伤害
		自卸车卸料后，车厢未复位即起步行驶	车辆伤害
		摊铺匝道时遇弯道处横坡面大时，未做好防车辆侧翻措施	车辆伤害
		车辆使用前未对制动、自卸系统进行检查	车辆伤害

二、沥青混凝土路面

本项列出 4 条危险源以及所对应的危险因素、事故类型，详见表 3-26。

表 3-26　　沥青混凝土路面危险源辨识清单

序号	危险源	危险因素	事故类型
1	沥青混凝土拌合	患有结膜炎、皮肤病及沥青过敏反应者从事沥青作业	中毒、窒息
		从事沥青作业人员的皮肤外漏部分未涂防护药膏	中毒、窒息
		沥青操作工的工作服及防护用品未集中存放，私自穿戴回家和进入集体宿舍	中毒、窒息
		采用液态沥青车运送时，遇有弯道、下坡未提前减速、紧急制动	车辆伤害
		采用吊耳吊装桶装沥青时，未设专人指挥	起重伤害
		人工运送液态沥青时，装油量超过容器的 2/3	起重伤害
		吊起的沥青桶从运输车的驾驶室上空越过或有人站在吊臂旋转半径范围内	物体打击

续表 3-26

序号	危险源	危险因素	事故类型
1	沥青混凝土拌合	加热炉使用前未进行耐压试验或水压力低于额定工作压力 2 倍	容器爆炸
		未对加热炉及设备进行全面检查,各种仪表是否齐全完好	容器爆炸
		未检查超压、超温报警系统是否灵敏可靠	容器爆炸
		未经常检查循环系统有无渗漏、振动和异声	容器爆炸
		未定期检查膨胀箱的液面是否超过规定以及自控系统的灵敏性和可靠性是否符合 JTG F80 的规定	容器爆炸
		导热油的管道未设置防护设施	灼烫
		未定期清除炉管及除尘器内的积灰	容器爆炸
		搅拌机运行中作业人员靠近各种运转机构,传动部位未设置防护罩	机械伤害
		搅拌机运行中使用工具伸入滚筒内掏挖或清理	机械伤害
		作业人员进入搅拌鼓内工作时,未派专人看护	机械伤害
		料斗升起时,有人在斗下工作或通过	起重伤害
		作业人员检查料斗时,未将保险链挂好	起重伤害
		非操作人员进入拌合楼操作室或在不明状态下擅自启动设备	机械伤害
		搅拌器平台上堆放杂物、工具等	物体打击
		采用皮带输送机上料时,储料仓未设置防护	物体打击
		拌合站机械设备需经常检查的部位未设置爬梯	高处坠落
		在高处维修、更换拌合机的部件时未系安全带	高处坠落
		发现送料斗的轨道、滑轮、钢丝绳等出现异常时未及时更换	物体打击
		进行储油罐的沥青存储量检查时,使用明火进行照明	火灾
		系统停机后未切断动力配电柜的总进电开关	触电
		维修拆除气路系统中的部件时,未停止空压机运转或将系统中压缩空气排净	其他伤害
		拌合站未设置消防设施	火灾
		运输车辆拉料、出料时无专人指挥	车辆伤害
2	沥青洒布	工作前未按 JTG F40 的规定检查高压胶管与喷油管连接是否牢固,油嘴和节门是否畅通,机件有无损坏	机械伤害
		喷射沥青时,手握的喷油管部分未加缠旧麻袋或石棉绳等隔热材料	灼烫
		喷射沥青时,喷头向上或喷头附近站人	其他伤害
		喷射沥青时,未注意风向,逆风操作	其他伤害
		发现喷头堵塞或其他故障时,未立即关闭阀门即进行修理	其他伤害
		喷洒粘层后仍有车辆行人通过	其他伤害
		洒布施工现场使用明火	火灾
3	摊铺碾压	参照“路面工程”中“基层、底基层”	各种伤害
4	运输	参照“路面工程”中“基层、底基层”	各种伤害

三、水泥混凝土路面

本项列出 4 条危险源以及所对应的危险因素、事故类型，详见表 3-27。

表 3-27　　水泥混凝土路面危险源辨识清单

序号	危险源	危险因素	事故类型
1	混凝土浇筑	装卸钢模时，未轻抬轻放、随意抛掷	物体打击
		支模未检查使用工具的牢固、完好性	机械伤害
		打锤时周围有其他人员或扶钎人站在打锤人前面	物体打击
		机械摊铺时，摊铺机支腿臂、磨平板、搓平板上站人	机械伤害
		轨道式摊铺机作业时布料机与振平机组间距离小于 5 m	机械伤害
		将刮板置于与运动方向垂直的位置	机械伤害
		采用轨道式摊铺机作业时，借助整机的惯性冲击料堆	机械伤害
		滑膜摊铺机下坡时，快速行驶和空挡滑行	机械伤害
		滑膜摊铺机上未设置安全警示标志	机械伤害
		振捣器移动时强拉电源线	触电
		排式振捣器使用前未确认各部位连接牢固	机械伤害
		抹平机作业时未检查连接螺栓是否牢固	机械伤害
		车厢尚未放下时，操作人员即上车清理残料	高处坠落
		混凝土料车卸料时，未设专人指挥倒车	车辆伤害
2	混凝土切缝养生	切缝机作业前，未检查刀片或刀片和刀架连接是否符合 JTG F30 的要求	机械伤害
		切缝机未设安全防护罩或安全防护罩破损	机械伤害
		切缝时未先打开冷却水或无冷却水时未立即停止工作	机械伤害
		作业时，作业人员站在刀片正面操作	机械伤害
		现场预留孔洞口未设置安全警示标志，未进行覆盖	高处坠落
		切缝机锯缝时刀片未缓缓进入	机械伤害
		切缝机锯缝遇较大阻力时未停止检查刀片	机械伤害
		喷洒养护溶剂时站在下风处，未穿戴安全防护用品	灼烫
		薄膜养护的溶剂处存在明火	火灾
3	摊铺碾	参照“路面工程”中“基层、底基层”	各种伤害
4	运输	参照“路面工程”中“基层、底基层”	各种伤害

四、拌合楼和拌合机施工作业

本项列出 2 条危险源以及所对应的危险因素、事故类型，详见表 3-28。

表 3-28　　拌合楼和拌合机施工作业危险源辨识清单

序号	危险源	危险因素	事故类型
1	起重、吊装	参照“通用作业”中“起重、吊装”	各种伤害
2	安装	电机接地端未妥善接地	触电、火灾
		电机检查时，未确保输入电源处于关闭 OFF 状态	触电、火灾
		拌合机运转时进行维修	触电、火灾
		电机检查维修时，未在电源开关处挂出标有“作业中，禁止输入电源”的标识	各种伤害

第五节　桥梁工程

一、基础及下部构造

本项列出 10 条危险源以及所对应的危险因素、事故类型，详见表 3-29。

表 3-29　　基础及下部构造危险源辨识清单

序号	危险源	危险因素	事故类型
1	人工挖孔桩	采空区采用人工挖孔方法施工	高处坠落
		未按规定采取护壁支护及排水、降水等措施	坍塌、透水
		护壁顶距地面高度小于 30 cm	物体打击
		护壁混凝土质量不符合要求，护壁厚度没达到规范标准，混凝土养护时间不够	坍塌
		没有配备标准化的“一机一闸”	触电
		孔内照明未使用 36 V 以下安全和防暴灯泡，未采用防水绝缘电源	触电
		作业区及孔口没有设置安全防护围挡进行封闭，未设置安全标志、警示灯	高处坠落
		孔口人员未系安全带，孔下人员未戴安全帽	高处坠落、物体打击
		作业人员上下桩孔未设置施工软梯，用取土吊斗提升	高处坠落、物体打击
		孔下作业人员连续作业超过 2 h	窒息、物体打击
		当上层中有水时，未采取疏干措施，继续施工	透水
		采用卷扬机出渣(土)时，作业人员未藏身于半月形防护板下	物体打击
		卷扬机无安全装置(自动抱闸)，钢丝绳断丝不符合安全要求	物体打击
		相邻桩基浇筑和桩孔爆破时，邻孔作业人员未撤至孔外	坍塌
		孔口 1 m 范围内堆放弃料，且弃料高度超 1 m	坍塌
		爆破时无专人指挥并设置警戒区	放炮
		爆破作业时，未严格控制炸药量和采取浅眼爆破法	放炮
		爆破烟雾散尽后，爆破人员未下孔检查有无瞎炮	放炮
		挖孔人员下孔作业前未先用鼓风机将孔内空气排出置换	其他爆炸
		人工挖孔作业时，未经常检查孔壁的稳定、吊具设备和孔内气体情况	高处坠落、物体打击、窒息

续表 3-29

序号	危险源	危险因素	事故类型
1	人工挖孔桩	孔口临近土质边坡下，未规定孔口与边坡安全距离	坍塌
		孔口上边坡未设置观测点	坍塌
		孔口上边坡上方有机械作业或震动	坍塌
		桩位位于季节性河道内，雨季未在上游设预警观察点	淹溺
		桩位临近高边坡未采取支挡措施	坍塌
		高边坡不稳定未采取防护措施	坍塌
		孔内取渣时吊斗装料过满	物体打击
		孔内爆破作业时未采取炮被覆盖	放炮
		CO_2 含量超过 0.3%时，未采取通风措施；或含量未超过规定，但人员有呼吸不适，未采取通风和换班作业等措施	中毒、窒息
		孔内有作业人员，孔上 3 m 内有机动车行驶或停放	坍塌
		爆破或停止作业时，孔口未覆盖防护或覆盖防护不符合规范要求	物体打击、高处坠落
		人工挖孔作业时，未对孔内有毒、有害气体进行检测，未配备气体检测仪器	中毒、窒息
		挖孔深度大于 10 m 或腐殖土层较厚时，未采用强制通风	中毒、窒息
2	钻孔灌注桩	未根据桩径、桩深、工程和水文地质与现场环境等状况选择适宜的施工方法和机具，未制定相应的安全技术措施	坍塌
		钻机开钻前未注意地下电缆、煤气管道、自来水管等	触电、窒息、其他爆炸、透水
		水上钻机作业平台高程达不到施工期最高水位 70 cm 以上，无锚固措施	透水、坍塌
		水上作业平台和泥浆池周围未设置防护围栏进行封闭，未设置安全标志、警示灯	高处坠落、淹溺
		水上施工未配备救护船只	各种人身伤害
		钻机未按规定架设平稳、牢固，钻架未架设斜撑和缆风绳	坍塌
		钻机高速旋转裸露部分未设置防护罩	机械伤害
		钻孔用的钻锥、卷扬机磨损严重，钢丝绳断丝超过 5%仍在使用	物体打击
		钻机无漏电保护、接地、接零装置，电缆线接头松脱、损坏老化，或挪钻机时挤压电缆线	触电
		泥浆护壁成孔时未设置护筒	坍塌
		钻孔过程中未按规定指标保持孔内水位和泥浆参数	坍塌
		泥浆残渣未及时清理，随意排放	其他伤害
		钻机卡钻时强提强扭	物体打击、坍塌
		未检查各节钻杆或钻杆和钻头连接丝扣是否完好，未设置反转松脱的固锁装置	机械伤害、物体打击
		钻机作业时人员靠近和触摸钻杆，钻具悬空时下方有人	机械伤害
		成孔后或因故停钻时，钻具未提至孔外置于地面	其他伤害

续表 3-29

序号	危险源	危险因素	事故类型
2	钻孔灌注桩	钻孔有倒塌危险时，人员和钻机未撤至安全位置	高处坠落
		采用冲抓或冲击钻机钻孔，当钻头接近护筒底缘时，未减速、平稳提升，碰撞护筒	其他伤害
		正反循环钻机未减压钻进	坍塌
		钻孔中出现故障，人员下到孔内处理故障	机械伤害、窒息
		雷雨作业时，作业人员在钻机下停留	触电
		桩基成孔后孔口未覆盖防护或不符合要求	高处坠落
		作业时无专职安全员现场指挥	各种伤害
		吊钢筋笼的吊机桅杆顶上方 2 m 内有架空障碍物和高压线	触电、起重伤害
		随意排放孔内溢出的水和泥浆	其他伤害
		导管未进行闭水试验	物体打击
		孔口未设置防护网，孔口未铺设防滑材料	高处坠落
		混凝土浇筑完成后的空钻部分未及时回填	高处坠落
		夜间照明不足	各种伤害
3	筑岛围堰	筑岛围堰基础施工中，挖土、吊运、浇筑混凝土等作业时碰撞支撑，或在支撑上放置重物	坍塌
		未随时检查挡板、板桩、大框等挡土设施的稳定牢固状况	坍塌
		施工中发现围堰、支撑有松动、变形等情况时未立即加固，危及作业人员安全时未立即撤出	坍塌
		基坑较深时未悬挂人员上下扶梯	高处坠落
		桥梁筑岛围堰作业中，在悬挂状态下维修桩锤	起重伤害
		采用挡土板或板桩围堰未视土质、涌水、挖深情况逐段支撑	坍塌
		作业人员未穿救生衣，未备救生船	淹溺
		基坑抽水未派专人检查土层变化、支撑结构受力等情况	坍塌
		基坑支撑拆除时，未在施工现场技术负责人的指导下进行	坍塌
		拆除支撑与基坑回填未相互配合进行	坍塌
		拆除基坑支撑作业中，有引起坑壁坍塌危险时，未采取安全措施	坍塌
		在围堰内作业，遇有洪水或流冰，未立即撤出作业人员	透水
4	沉井	沉井下沉时未对周围建筑物采取安全防护措施	坍塌
		在围堰筑岛上就地浇筑的沉井，围堰不牢固，产生水流冲刷	透水
		沉井下沉，采用人工挖掘时，井内人员过多	其他伤害
		对涌水、涌砂量大的地方采用人工开挖下沉	透水
		井内、井上搭设的抽水机台座(架)不牢固	物体打击
		抽水机无漏电保护、接地、接零装置或装置不合格	触电
		沉井顶面未设安全防护围栏	高处坠落
		沉井顶面上的机具未设防护挡板	机械伤害

续表 3-29

序号	危险源	危险因素	事故类型
4	沉井	在沉井刃脚和井内横隔墙附近,有人停留、休息	坍塌
		采用吊斗出土时,斗梁和吊钩未绑封牢固或有损坏	物体打击
		吊斗升降时,下方有作业人员	物体打击
		采用抓斗进行不排水下沉,钢丝绳缠绕在一起而需要转动抓斗进行排除时,作业人员站在无护栏的部位	高处坠落
		不排水下沉中,超挖超吸,导致沉井突然下沉或倾斜	其他伤害
		沉井下沉需要配重时,配重物件堆码不齐,捆绑不牢固	其他伤害
		采用空气幕下沉沉井时,空压机、储气罐等不符合安全要求	容器爆炸
		使用减速漏斗灌注混凝土时漏斗未悬挂牢固并未附保险绳	物体打击
		采用井内抽水强制下沉时,井上人员未离开沉井	高处坠落
		由不排水转换为排水下沉,抽水后未经观测确认沉井已稳定即下井作业	其他伤害
		接高沉井时未停止除土作业	高处坠落
		沉井偏斜的情况下继续接高沉井	坍塌
		沉井侧模在混凝土强度未达到 25%时就开始拆模	坍塌
		刃脚模板在混凝土强度未达到 75%时就开始拆模	坍塌
		抽出垫木后未用砂性土回填、捣实	坍塌
		筑岛承受水流对岛体的冲刷较差	透水
		下沉沉井时必须采用爆破时,药量没有控制到位	放炮
		下沉过程中没有及时检查,出现倾斜	坍塌
		各井室之间除土面高差控制不当	坍塌
		在进行水枪冲土操作时,用水枪冲击井壁、栏杆或操作平台等	其他伤害
		未设置人工操作平台	高处坠落
5	钢板桩及钢筋混凝土板桩围堰	钢板桩起吊未设专人指挥,作业前未在钢板桩上拴好溜绳	起重伤害
		组拼的钢板桩组件,未采用坚固的夹具夹牢,或将吊具拴在钢板桩夹具上	起重伤害
		钢板桩吊环的焊接未设专人检查或试吊	起重伤害
		打桩机和卷扬机未设专人操作	机械伤害
		吊起的钢板桩未就位前插桩桩位附近站人	起重伤害
		钢板桩插进锁口后,因锁口阻力不能插放到位而需桩锤压插时,未采用卷扬机钢丝绳控制桩锤下落,令桩锤随钢板桩突然滑落	起重伤害
		插打钢板桩,吊点位置低于桩顶下 1/3 桩长的位置	起重伤害
		桩顶作业处未设吊栏、爬梯,作业人员未系安全带等防护用具	高处坠落
		对钢筋混凝土板桩采用锤击下沉时,未对桩头、桩尖等部位采取加固措施	其他伤害
6	套箱围堰	套箱定位船下锚链时未采取安全防护措施	淹溺
		两船之间的通道及连接梁上未设置人行道板和栏杆等安全设施	淹溺
		钢套箱刚刚落床尚未稳定前未防止往来船舶、流冰、漂流物等碰撞导向船、锚绳等设施	其他伤害

续表 3-29

序号	危险源	危险因素	事故类型
6	套箱围堰	沉浮时双壁钢套箱注水下沉或排水上浮时，非对称均衡施工，产生过大倾斜	坍塌
		拆除时未设置足够的脚手板、扶梯和救生设备等安全防护措施	高处坠落
		施工人员未系安全带、穿救生衣等防护用具	淹溺
7	沉入桩基础	打桩架移动时，现场无专人指挥	起重伤害
		采用滑移打桩架作业时，作业人员在打桩架内操作	起重伤害
		桩架移动不平稳，桩锤未放到最低位置，柴油打桩机后部的配重铁不齐全	起重伤害
		边移位边起锤	起重伤害
		远距离移位时未拆除管路与电线	触电
		浮式沉箱设备沉桩时，桩架与船体连接不紧固	起重伤害
		船体定位后，未以锚缆封固，施工中浮船晃动	起重伤害
		打桩机与高压线距离小于安全距离	触电
		打桩机顶部上方 2 m 内有架空物	起重伤害
		拆装打桩机时，桩架长度半径内有非工作人员	物体打击
		拆装打桩机、起落机架时无专人指挥	起重伤害
		拆装打桩机，机架下方有人员穿行或停留	物体打击
		起吊沉桩或桩锤时，作业人员在吊钩下或在桩架龙口处停留或作业	起重伤害
		在桩锤悬挂状态下维修桩锤	起重伤害
		雷雨时，有人在桩架附近停留	触电
		吊桩时，桩的下部未拴溜绳	起重伤害
		吊桩作业时，现场没有专人统一指挥	起重伤害
		两台卷扬机或千斤顶施压时未同步作业	起重伤害
		高处作业人员的安全带系在被沉的桩上或龙门口上	高处坠落
		高压射水辅助沉桩，未根据不同的地质情况采用相应压力	坍塌
		射水沉桩，桩身入土尚未稳定就射水	坍塌
		震动打桩机开动后，作业人员未离开桩基	机械伤害
		震动打桩机停止作业后，未立即切断动力源	触电
		震打中发现桩回跳、打桩机有异声及其他不正常情况时，未立即停震检查处理	其他伤害
8	扩大基础及承台	基坑土质差、开挖深度超过 3 m 的未制定专项设计和支护方案	坍塌
		基坑边缘 1 m 范围内停放机械和堆积弃料	坍塌
		基坑深度超过 1.5 m 时，未设置作业人员出入的通道和爬梯	高处坠落
		开挖过程中未进行沉降和位移监测	坍塌
		开挖时需要爆破的未按《爆破安全规程》的要求执行	放炮
		基坑四周未设置安全防护栏、警示标志，夜间无发光标志	高处坠落
		对不良地质状况不及时报告、不及时提出方案，遇不良地质状况不及时撤出	坍塌
		基坑深度超过 2.0 m 时，未设置临边防护或防护不符合要求	坍塌
		基坑土层中有水时，未设置有效排水措施	坍塌

续表 3-29

序号	危险源	危险因素	事故类型
8	扩大基础及承台	开挖过程中未派专人随时检查坑壁边坡裂缝和松塌等影响边坡稳定的情况	坍塌
		开挖中出现坑壁裂缝、松塌、支撑折断、松动，或有涌水、涌砂等情况时，未立即加固防护	坍塌
		挖土方从下至上进行，采用挖“神仙土”的方法	坍塌
		机械开挖时人员在坑内同时作业，机械作业半径范围内有作业人员	机械伤害
		采用桅杆吊斗或皮带运输机出土时，吊斗绳索、挂钩、机具等损坏	起重伤害
		在有大量地下水流情况下挖基时未配足抽水机具，施工人员未佩戴好防护用具	透水
		水中安放抽水机具时，拽水泵电源线	触电
		移动、检查或维修抽水机具时未切断电源	触电
		抽水机具在水量很少的情况下空转未关机	触电
		作业人员在坑壁下休息	坍塌
		机械设备的停放位置与基坑边缘的距离不满足安全要求	坍塌
		浇筑混凝土时未铺设临时脚手板，作业人员站在模板和钢筋上操作	高处坠落
9	墩台身、帽	施工前未搭设脚手架及作业平台或搭设不牢固	高处坠落
		未按规定设置作业人员上下爬梯或通道	高处坠落
		墩台钢筋骨架绑扎完成后，未浇筑混凝土部分超过 8 m 时，未设置缆风绳	坍塌
		墩高 10 m 以下时未在平台外侧加设栏杆及上下扶梯，墩高 10 m 以上未设置安全网，墩高 40 m 以上未设置施工电梯	高处坠落
		立柱模板拼装螺丝数量短缺、连接不牢固	坍塌
		墩高 20 m 以上时未设置防雷电设施	触电
		操作人员在上下同一个垂直面操作	物体打击
		安装高墩模板作业人员未系好安全带或安全带未拴在牢固地点	高处坠落
		在高空安装模板时，工具未装入工具袋	物体打击
		爬模、滑模和翻模施工未编制专项施工方案	坍塌
		对模板系统、液压爬升系统和爬架架体系统未进行安全验算和试验，未有足够的安全系数	坍塌
		未对滑模模板限位装置、爬模安全插销和翻模相邻围囹连接进行检查	坍塌
		使用未经检验的不合格开挖支架	坍塌
		支架未按规定架设平稳、牢固	坍塌
		滑模施工采用的油压千斤顶未同步提升，提升速度超过规定值	坍塌
		模板操作平台上集中堆载重物和作业人员	坍塌
		未设专职安全员巡视模板、支撑等受荷载变形、位移情况	坍塌
		拆除模板设备时未设警戒线或警戒线到建筑物距离小于 10 m	物体打击
		下班时，已铺好而来不及钉牢的定型模板或散板、钢模板等未堆放稳妥	物体打击
		在通车地段，安装模板的斜撑及横撑木伸出通道时，未考虑车辆高度	坍塌
		钢筋笼安装后，未浇筑混凝土部分超过 8 m 时未设置缆风绳口	坍塌

续表 3-29

序号	危险源	危险因素	事故类型
9	墩台身、帽	高处作业，把钢筋集中堆放在模板和脚手架上	坍塌
		焊工在高空焊接时未系好安全带	高处坠落
		移动电焊机时未切断电源	触电
		沿着钢筋骨架攀上爬下	高处坠落
		绑扎时未按规定设置操作平台和安全设施	高处坠落
		使用风镐凿除桩头时未经检查，风枪口对着人实施	物体打击
		用大型漏斗直接灌入混凝土冲击模板	坍塌
		用吊斗浇筑混凝土时，吊斗的升降未设专人指挥	起重伤害
		振捣时震动支撑杆和模板	坍塌
		模板提升时进行混凝土振捣	坍塌
10	砌筑墩台	使用振捣器时电源线有破损和漏电	触电
		砌筑前未搭设好脚手架、作业平台、护栏、扶梯等安全防护设施	高处坠落
		人工、手推车推运石块或预制块件时，脚手跳板未铺满且宽度、坡度及强度不符合设计要求	物体打击
		脚手架和作业平台上堆放的物品超过设计荷载	坍塌
		吊机、桅杆吊运砌筑材料时未听从指挥或无人指挥	起重伤害
		人工抬运大块石料未绑扎牢靠，动作不协调	物体打击
		吊机作业下方有人员通过或站人	起重伤害
		砌筑材料吊运到砌筑面时，作业人员未避让，砌筑材料未停稳就上前砌筑	起重伤害

二、上部结构预制和安装

本项列出 7 条危险源以及所对应的危险因素、事故类型，详见表 3-30。

表 3-30　　上部结构预制和安装危险源辨识清单

序号	危险源	危险因素	事故类型
1	梁板预制	自卸车卸落石料时作业人员未避让	物体打击
		预制梁高度超过 2 m 时，未设置爬梯及相关安全措施	高处坠落
		采用龙门吊吊装模板、钢筋网片时，未严格按照起重机械设备作业规程操作	起重伤害
		拆除模板时，采用大面积同时撬或整体拉倒模板的方法	坍塌
		作业人员在直立模板旁边休息	坍塌
		混凝土浇筑时未设专人指挥，吊斗下站人	起重伤害
		存梁场存梁基础不牢固	坍塌
		梁板未采用有效防倾覆措施	坍塌
		存梁场地未设置排水设施或排水不良	坍塌
		预制梁板从台座上起吊时，硬拉猛起	起重伤害
		梁板存放层数超过两层	坍塌

续表 3-30

序号	危险源	危险因素	事故类型
2	预应力筋张拉及压浆	张拉作业时千斤顶对面未设置围挡防护或防护设施不符合要求	机械伤害
		作业人员在钢绞线两端的正面进行伸长量的量测或停留、穿越	机械伤害
		预应力张拉法施工,作业区无关人员进入	机械伤害
		张拉作业区未设警告标志	机械伤害
		高压油泵操作人员未佩戴防护用具	机械伤害
		张拉前,操作人员未确定联络信号	机械伤害
		钢绞线固定钢架焊接不牢靠	物体打击
		张拉设备未进行标定或标定不及时	机械伤害
		张拉操作中,出现异常现象时未立即停机检查	机械伤害
		张拉钢束完毕,退销时未采取安全防护措施	机械伤害
		预应力张拉法施工,人工拆卸销子时强击	机械伤害
		预应力张拉法施工,对张拉施锚两端压重物	机械伤害
		管道尚未灌浆前,梁端未设维护和挡板	物体打击
		未灌浆前,撞击锚具、钢束及钢筋	物体打击
		先张法张拉施工,张拉前未对台座、横梁等进行检查	机械伤害
		先张法张拉中和未浇筑混凝土之前,周围站人或进行其他作业	物体打击
		先张法施工,浇筑混凝土振捣器撞击钢丝(钢束)	物体打击
		先张法施工,采用砂轮切割钢绞线进行放张	物体打击
		先张法施工,采用砂箱放张时,放砂速度不均匀一致	物体打击
		精轧螺纹钢筋张拉前,未对锚具、连接器进行检查、试验	机械伤害
		钢筋张拉或冷拉时,螺丝端杆、套筒螺丝未有足够长度	机械伤害
		钢筋张拉或冷拉时,夹具未有足够夹紧力,锚夹不牢	机械伤害
		管道压浆时,未按规定压力进行	机械伤害
		压浆设备、管道及阀门的密封性和可靠性不够	机械伤害
		管道压浆,关闭阀门时,作业人员站在正面	机械伤害
3	预制构件安装	大型预制构件运输无专人指挥	车辆伤害
		构件运输时,速度过快,下坡未缓慢行驶,紧急刹车	车辆伤害
		构件运输下坡时,未以溜绳控制速度,未用人工拖拉止轮木块跟随前进	车辆伤害
		纵坡坡度加大时,未采取相应的安全措施就运输	车辆伤害
		平板拖车运输大型预制构件时,时速超过 6 km/h	车辆伤害
		简支梁的运输,未在横向加斜撑,平板车上的搁置点未设转盘	车辆伤害
		预制构件运输,平板拖车上坐人	车辆伤害
		水上运输,拖轮牵引驳船行进,急转弯	车辆伤害
		吊装偏心构件时,未使用可调整偏心的吊具进行吊装	起重伤害
		构件吊装时指挥不当	起重伤害
		预制构件安装时导梁刚度不够	起重伤害

续表 3-30

序号	危险源	危险因素	事故类型
3	预制构件安装	构件吊装时不稳定	起重伤害
		大型吊车吊装梁板时，无专人指挥，两辆吊车提升速度、高度不一致	起重伤害
		导梁组装时，各节点连接不牢固，在桥墩上跨越推进时，悬臂部分超出已拼好导梁全长的 1/4	起重伤害
		墩顶(或临时墩顶)导梁通过的导轮支座不牢固	起重伤害
		导梁上的轨道使用不同规格钢轨时接头未处理好，轨道有错台	起重伤害
		墩顶龙门架使用托架时，托架两端不平衡	起重伤害
		龙门架落位后未立即与墩顶预埋件连接，未系好缆风绳	起重伤害
		龙门架顶横移轨道的两端未设置制动枕木	起重伤害
		运输预制构件的平车到达安装位置后未楔紧车轮	起重伤害
		构件起吊横移就位后，未加设支撑、垫木，构件不稳定	起重伤害
		千斤顶使用前未做承载试验，起重吨位小于顶升构件的 1.3 倍	起重伤害
		千斤顶的升降未随时加设或抽出保险垫木，或构件底面与保险垫木间的距离超过 6 cm	起重伤害
		顶升 T 梁、箱梁等大吨位构件时，未在梁两端加设支撑	起重伤害
		顶升大吨位构件时，构件两端同时顶起或下落	起重伤害
		墩顶装载构件的滑移设备没有足够的强度和稳定性，牵引(或推顶)构件滑移时，施力不均匀	起重伤害
		架桥机组拼(或定型产品)、悬臂牵引中的平衡稳定及机具配备等未按设计要求进行	起重伤害
		架桥机安装构件时，前后支点不稳定	起重伤害
		构件在架桥机上移动时，速度过快，或卷扬机操作人员不按指挥信号协同操作	起重伤害
		全幅宽架桥机吊装的边梁就位前，墩顶作业人员未避开	起重伤害
		跨墩龙门架安装构件时，未根据龙门架的高度、跨度采取相应的安全措施	起重伤害
		构件吊至墩顶时，未缓慢、平稳地放落	起重伤害
		安装大型盆式橡胶支座，墩上两侧未搭设操作平台	高处坠落
		墩顶作业人员在支座吊至墩顶尚未稳定时就扶正就位	起重伤害
		每片梁板安装就位后，未采取可靠的临时固定措施	坍塌
		拆除吊装设备时未切断电源	触电
		拆除龙门架时未将龙门架底部垫实，顶部未拉好缆风绳和安装临时连接梁	坍塌
		拆下的杆件、螺栓、材料等未捆好就吊放、随意抛掷	物体打击
4	悬臂拼装	挂篮桁架行走和浇筑混凝土时，稳定系数不符合规定	坍塌
		在挂篮上增加设施(如防雨篷、立井架、防寒篷)时，损坏挂篮结构或改变其受力形式	坍塌
		底模荡移前，未详细检查挂篮位置、后端压重、后锚及吊杆安装情况	坍塌
		使用水箱做平衡重施工时，其位置、加水量不符合设计要求	坍塌

续表 3-30

序号	危险源	危险因素	事故类型
4	悬臂拼装	箱梁凿毛作业人员安全防护措施不当	高处坠落
		滑动斜拉式挂篮施工，在斜拉带安装和使用过程中，内外斜拉带受力不均	坍塌
		用手拉葫芦起降和悬吊底模平台时，未在挂手拉葫芦的位置加设保险绳	起重伤害
		起吊设备使用不当或未进行检查	起重伤害
		悬臂拼装法施工，构件非垂直起吊，未保持平衡稳定	起重伤害
		接近安装部位时，起吊构件碰撞已安装完的构件和其他作业设施	起重伤害
		起吊构件前未对构件进行全面的检查，对存在问题未做全面处理	起重伤害
		运送构件的车辆(或船只)在构件起升后未迅速撤离	起重伤害
		天气突然变化、卷扬机、电机过热及其他机械设备出现故障影响安全作业时，未暂停吊装	起重伤害
		拆除硫黄砂浆垫块、融化硫黄砂浆时，操作人员未佩戴防护用品	灼烫
		采用电热法融化硫黄砂浆垫块时，电热丝与其他金属物接触	触电
		人工凿除硫黄砂浆临时支座时，操作人员之间安全距离不够	物体打击
5	缆索吊装法	缆索吊装法施工，作业人员安全带挂在主索、扣锁、缆风绳等上面	起重伤害
		牵引卷扬机操作不当	起重伤害
		缆索跨越公路、铁路时，未搭设架空防护支架	起重伤害
		在主航道上吊装重大构件时，未采取临时封航措施	起重伤害
6	顶推及滑移模架法	顶推时，所使用的机具不符合要求或未进行检查	机械伤害
		千斤顶的顶推力、顶升高度不符合设计规定，多台千斤顶共同作用时未选用同一类型	物体打击
		顶推及滑移模架法施工，吊运撞击梁体	起重伤害
		箱梁混凝土采用滑移模架法浇筑，模架支撑于钢箱梁上，前后端桁架梁未用优质高强螺栓连接好、拧紧	坍塌
7	转体法及拖拉法	钢箱梁及桁架梁下弦底面未装设不锈钢带，在滑橇上顶推滑移之前，未检查有无障碍及不安全因素	坍塌
		平衡重转体施工前，未先利用配重做试验	坍塌
		平转法施工，转体时悬臂端未设缆风绳	坍塌
		环道上滑道的平整度未达到要求	坍塌
		上下游拱肋需同时作配重转体时，未采用相同型号的卷扬机，未达到同步、同速、平衡转动	坍塌
		使用万能杆件或枕木垛做滑道支撑墩时，基础不稳固或枕木垛未垫密实	坍塌
		搬抬辊轴时，作业人员未配合好	物体打击
		转体或拖拉施工中，钢丝绳附近站人	机械伤害

三、上部构造现场浇筑

本项列出 2 条危险源以及所对应的危险因素、事故类型，详见表 3-31。

表 3-31　　上部构造现场浇筑危险源辨识清单

序号	危险源	危险因素	事故类型
1	支架现浇梁板	支架现浇梁时未做专项设计、安全验算，未编制安全专项方案	坍塌
		支架钢管及配件未进行验收、确认质量合格	坍塌
		支架与道路交叉时，未按照规定净空、设置车(人)通道和防撞墩，未设置发光和反光警示标志，无专人负责交通管制	车辆伤害
		支架底部未铺设热板或混凝土垫块，未设置排水设施	坍塌
		采用木、竹等材料搭设支架和模板支撑系统	坍塌
		支架未进行预压，或预压达不到设计要求	坍塌
		支架基础承载力未满足设计要求即开始施工	坍塌
		支架立柱未设水平撑或双向斜撑	坍塌
		支架立柱高于 5 m 时，水平撑间距大于 2 m，且未在两水平撑之间加剪刀撑	坍塌
		剪刀撑设置欠缺、不连续，设置角度过大或过小	坍塌
		支架高度较高时，未设缆风绳	坍塌
		每搭完一步支架未进行校正	坍塌
		可调节底座的调节螺杆伸出长度超过 30 cm 时，未采取可靠的固定措施	坍塌
		扣件式支架立杆对接在同一断面	坍塌
		在同一支架上混用不同型号、规格钢管	坍塌
		支架现浇梁时未设置临时支撑等抗倾覆固定措施	坍塌
		支架搭设完成后，未对节点支撑进行检查、确认符合设计要求	坍塌
		未设置人员安全通道，利用支架或模板支撑上下攀登	高处坠落
		混凝土输送泵管道与支架连接	坍塌
		对于横、纵坡较大、曲率半径较小的结构物浇筑时未从低处往高处浇筑	坍塌
		混凝土浇筑过程中没有专人巡查模板、支架的变形情况	坍塌
		模板、支架变形、沉陷时未立即停工并采取校正或加固措施	坍塌
		混凝土浇筑时未设脚手板，作业人员站在模板和钢筋上操作	高处坠落
		张拉压浆作业时，作业人员没有足够的作业平台进行操作	高处坠落
		作业面未按照规定配备消防器材	火灾
		支架拆除时，未按照施工设计要求的方法、程序进行拆除，采用机械牵引、推倒方法拆除	坍塌
		支架拆除时，安全防护不到位	物体打击
		支架拆除时，混凝土强度未达到规定强度	坍塌
		拆除作业时进行上下多层交叉作业	物体打击

续表 3-31

序号	危险源	危险因素	事故类型
2	悬臂浇筑	悬臂浇筑采用桁架挂篮施工时，使用的机具设备(如千斤顶、滑车、手拉葫芦、钢丝绳等)不符合安全规定	坍塌
		采用挂篮施工时，未对挂篮、临时支撑和托架进行安全验算	坍塌
		挂篮组拼后未进行全面检查和静载试验	坍塌
		挂篮四周未设置围护设施、工作平台及安全通道	高处坠落
		5 级以上大风、雷雨等恶劣天气下移动挂篮	坍塌
		挂篮行走移位时未对挂篮的安全防护设施和周边环境进行检查	坍塌
		挂篮行走中未设观察哨进行监护	坍塌
		两端挂篮未对称、缓慢前行，且最大不同步量超过 0.5 m	坍塌
		作业人员上下未设置专用爬梯，未设置安全警示标志、标牌	高处坠落
		底模标高调整时，未设专人统一指挥，作业人员未站在铺设稳固的脚手板上	高处坠落
		挂篮行走时，速度超过 0.1 m/min，挂篮后部未设溜绳	坍塌
		未在倒链葫芦的位置加设保险绳	起重伤害
		双层作业时，上层作业人员铁件工具掉落	物体打击
		混凝土浇筑时未两端对称、均衡进行	坍塌
		新浇筑节段混凝土施加预应力前移动挂篮	坍塌
		浇筑节段混凝土面上，杂物乱堆乱放	物体打击
		临边作业人员未系安全带或安全带使用不当	高处坠落
		浇筑箱梁预留洞口未覆盖钢板或设置护栏	高处坠落

四、总体、桥面系和附属工程

本项列出 3 条危险源以及所对应的危险因素、事故类型，详见表 3-32。

表 3-32　　总体、桥面系和附属工程危险源辨识清单

序号	危险源	危险因素	事故类型
1	湿接缝、体系转换	湿接缝模板安装及拆除、预应力筋张拉压浆时未搭设操作平台	高处坠落
		专用吊篮未进行安全验算	高处坠落
		在密闭箱室内进行作业时，没有足够的照明，夏季没有采取通风、降温措施	中毒、窒息
		拆除临时支座时未采用适宜工具拆除，直接采用手工拆除	物体打击
2	桥面铺装	作业人员穿越中央分隔带时未设专用通道	高处坠落
		采用压缩空气清洗管道、桥面时，管口前方 10 m 内站人	物体打击
		伸缩缝预留槽未采用钢板覆盖	其他伤害
		未设置施工通道，作业人员直接站在钢筋网上操作	其他伤害
		混凝土浇筑时吊斗或混凝土泵管无专人指挥	物体打击
		桥面杂物乱堆乱放	其他伤害

续表 3-32

序号	危险源	危险因素	事故类型
3	护栏	护栏施工没有足够的操作平台	高处坠落
		护栏施工过程中桥下未设警戒区，无专人监护	高处坠落
		作业人员未佩戴或正确使用安全带	高处坠落
		未做好临边防护设施	高处坠落
		护栏施工时，作业人员直接从桥面向下抛工具等物品	物体打击

五、防护工程

本项列出 2 条危险源以及所对应的危险因素、事故类型，详见表 3-33。

表 3-33　　防护工程危险源辨识清单

序号	危险源	危险因素	事故类型
1	砌石	搬运石料前，未检查绳索是否牢靠	物体打击
		在脚手架上砌石时使用大锤	高处坠落
		修正石块未佩戴护目镜	物体打击
		用绳缆抬石时，采用单缆	物体打击
		为施工便利，将石块直接向下抛掷	物体打击
2	石笼防护	参照“路基工程”中“石笼防护”	各种伤害

六、引道工程

本项列出 4 条危险源以及所对应的危险因素、事故类型，详见表 3-34。

表 3-34　　引道工程危险源辨识清单

序号	危险源	危险因素	事故类型
1	路基	参照“路基工程”	各种伤害
2	路面	参照“路面工程”	各种伤害
3	挡土墙	参照“路基工程”中“挡土墙”	各种伤害
4	小桥	参照“桥梁工程”	各种伤害

七、拱桥

本项列出 1 条危险源以及所对应的危险因素、事故类型，详见表 3-35。

表 3-35　　拱桥危险源辨识清单

序号	危险源	危险因素	事故类型
1	拱桥上部作业	砌筑拱圈，未搭设脚手架及施工平台	高处坠落
		拱桥施工，拱石或预制混凝土块过多地堆积在拱架或脚手架上，抬运块件碰撞拱架	坍塌
		拱架拆除，使用机械强拽拱架	坍塌
		拱架拆除时，未听从统一指挥	坍塌
		拆除拱架时在拱架上、下同时作业	物体打击
		拱石加工或砌筑石拱工程时，未按规定穿戴安全防护用品，作业人员未保持一定的安全距离	物体打击
		拱石或预制混凝土堆积在拱架或脚手架上，下方有人停留或休息	物体打击
		砌筑拱圈时，拱下站人，未派人观察拱架变形状况及检查卸架装置	坍塌
		砌筑砂浆的强度未达到设计要求就拆架	坍塌
		无支架拱桥分段吊装的单肋合龙后未用缆风绳稳固	坍塌
		双曲拱、箱形拱、纵横向悬砌拱桥施工时，在墩台顶设置的扣架底部固定不牢靠，架顶未设缆风绳，或缆风绳设置不对称	坍塌
		在河流中设置缆风绳时，未采取可靠的防护措施	坍塌

八、斜拉桥、悬索桥

本项列出 1 条危险源以及所对应的危险因素、事故类型，详见表 3-36。

表 3-36　　斜拉桥、悬索桥危险源辨识清单

序号	危险源	危险因素	事故类型
1	斜拉桥、悬索桥上部作业	电气设备和线路没有良好绝缘措施	触电
		各种电机机械没有接地保护或接地电阻大于 5 Ω	触电
		大风、雷雨时仍在作业	高处坠落
		斜拉桥的斜拉索强度达不到设计要求	坍塌
		使用的吊篮、平台等没有足够的强度，设置的防护围栏高度小于 1.3 m	高处坠落
		浇筑塔身混凝土时未按规定挂好减速漏斗及保险绳，漏斗上口未堵严	高处坠落
		塔桥与桥墩铰接时，塔身建筑到一定高度未设置风缆	坍塌
		索塔升高到 20 m 以上时防雷设施未跟上、避雷系统不完善未停止作业	触电
		缆索套筒内采用压注水泥浆防护，当索塔超过 50 m 时未分段向上压注	坍塌
		索夹采用高强度螺栓旋紧时，对螺栓的拧合扭矩未先经试验	坍塌
		索塔未设置上下扶梯和塔顶作业平台	高处坠落
		纵、横梁吊装时，不注意作业中的安全防护	起重伤害

九、钢桥

本项列出 1 条危险源以及所对应的危险因素、事故类型，详见表 3-37。

表 3-37　　钢桥危险源辨识清单

序号	危险源	危险因素	事故类型
1	钢桥上部作业	已安装的横梁未及时联结风构斜撑	坍塌
		山硐式锚碇在开凿及爆破作业中不遵守 GB 6722 的规定	放炮
		斜拉桥、悬索桥施工中未配备水上救护船只	淹溺
		装拆脚手架、上紧螺栓、铆合等上下同时作业	坍塌
		钢梁杆件的组装未在平整的作业台上进行，其基础未有足够的承载力	物体打击、坍塌
		杆件拼装对孔作业人员用手伸入探孔	机械伤害
		架梁时，作业人员相互抛掷扳手、小工具、冲钉及螺栓等物品	物体打击
		拼装杆件时，未安好梯子、溜绳、脚手架	高处坠落
		钢梁表面喷漆作业，无防毒保护措施	中毒、窒息
		工作坑的后背墙(后背梁)未采取安全防护措施	坍塌
		顶入工作坑的边坡靠铁路、公路一侧上端距铁路或公路边缘距离小于 JTG F50 的规定	坍塌
		顶入法施工，当火车、汽车通过时未停止施工，在工作坑坡顶的一定范围内堆放弃土、料具	坍塌
		顶入法施工中地下渗水	坍塌
		顶入作业机械挖土碰撞已挖好的洞内土壁	透水
		顶入机械发生故障带病作业	坍塌
		顶入施工的接缝未采取封闭措施，土石方掉落	物体打击
		顶入法施工，雨期施工或地下水位较高时，无防护措施	透水
		非作业人员站在工作井内，作业人员跨越或接近顶铁	机械伤害

十、水上工程

本项列出 1 条危险源以及所对应的危险因素、事故类型，详见表 3-38。

表 3-38　　水上工程危险源辨识清单

序号	危险源	危险因素	事故类型
1	水上作业	水上工作人员为工作方便未穿救生衣	淹溺
		在水上施工时，未设置防雾灯、变频警示灯等装置	各种伤害
		安装主桥纵向贝雷片梁和主桥拱肋时，未提前和海事部门联系以实行海上交通管制	各种伤害
		未设置水上作业事故应急小组	各种伤害
		在河道上下游 300 m 处未设置警告标志牌	机械伤害
		夜间水上作业，警示灯数量不足	机械伤害

十一、水下工程

本项列出1条危险源以及所对应的危险因素、事故类型，详见表3-39。

表3-39　水下工程危险源辨识清单

序号	危险源	危险因素	事故类型
1	水下作业	水下作业时，带的呼吸气体储备不足	窒息
		水下有破渔网、缆绳等“陷阱”未查明	淹溺
		每一名水下作业人员未配备相应的地上人员	各种伤害
		通信系统长时间无联络未及时处理	各种伤害
		潜水人员作业之前未进行体检	淹溺
		水下作业周围急救措施未准备齐全	淹溺

十二、跨线工程

本项列出1条危险源以及所对应的危险因素、事故类型，详见表3-40。

表3-40　跨线工程危险源辨识清单

序号	危险源	危险因素	事故类型
1	跨线作业	跨道路施工路段未设置专职人员指挥交通	车辆伤害
		跨航道施工路段未与海事部门联系，进行水上临时交通管制	机械伤害
		施工时，未对安全防护设施、安全警示标志、夜间警示灯等出现的缺损及时进行修补	机械伤害
		跨路、跨航道施工门洞两侧未设置防撞设施	机械伤害
		跨路、跨航道施工门洞上方未设置安全网、防护棚等防坠落设施，或防坠落设施超出门洞两侧小于1 m	机械伤害
		进行焊接作业时，未设置挡板或派专人监护	灼烫
		跨路门洞前方未设置限高、限宽门架或门架距离小于30 m	车辆伤害
		在门架前方20 m外未安装减速带	车辆伤害
		跨航道作业时，水上作业人员未穿救生衣、防滑鞋和高处作业未系安全带	高处坠落、淹溺

第六节 案 例

公路工程危险源辨识和管理制度

第一章 总 则

第一条 为了贯彻“安全第一、预防为主、综合治理”的安全生产管理方针，加强安全管理事前控制，强化对××公路工程项目施工安全重大危险源的监控，提高工程项目安全生产管理水平，杜绝重大生产事故发生，现就××公路建设项目危险源辨识、管理和监控以及风险控制，制定本办法。

第二条 本办法适用于××公路工程项目。

第三条 本办法所称危险源是指有可能引发××公路施工人身伤害及设备、财产损失的各种危险因素和安全生产事故隐患。

第四条 施工单位应当根据本标段工程项目特点、地质地貌、当地气候、周边环境等具体情况以及承担的施工范围及工程进展和开工情况，在工程项目大面积施工前，辨识出施工安全危险源，并对其进行风险评价，确定重大危险源，从而使安全生产管理工作做到突出重点、有的放矢。

第二章 危险源辨识

第五条 危险源辨识工作方法采用现场调查、工作任务分析和工作任务危险性研究结合的方法。

第六条 危险源辨识的各项准备工作：

1. 施工单位管理者要高度重视，在人员、时间和其他资源上给予支持和保证。

2. 必须由懂专业、有经验的人员组成辨识小组，如项目生产经理、项目总工、工程或技术部长、专职安全管理人员、施工队长、专业工程师、技术员、安全员、班组长、材机部负责人、机械调度员、现场施工人员和机械操作手等。

3. 危险源辨识的专业技术知识和安全防护知识要全，要能基本覆盖本项目的所有工程项目和施工工序以及机械设备(设施)、工作场所等知识。

4. 对参加辨识的员工进行专门的危险源辨识培训，使每个人能掌握辨识范围和类别的基本情况，了解本项目安全生产具体要求。

5. 基础资料准备齐全，包括图纸、清单、施工组织设计、机械设备说明书、技术规范、安全技术规程等；

第七条 危险源辨识工作具体操作步骤：

1. 按照工程量清单章节，列出各清单细目包括的所有分项工程内容。

2. 根据定额以及施工经验，列出每一分项工程中包含的所有施工工序及每工序内的施工活动内容及活动场所。

3. 对每个施工活动内容及活动场所存在的危害危险因素(包括人的不安全行为、物的不安全状态、安全管理缺陷)进行详尽的列举。

4. 将危害危险因素可能导致的事故和伤害对应于危险因素列出。

5. 危险源辨识小组在完成上述工作后，按照清单章节、清单细目、分项工程、施工工序、施工活动内容及活动场所、危险和危害因素、可能导致的伤害或事故等内容，对已经辨识的危险源及其潜在风险，编制详细的《危险源辨识清单》。格式详见附件一。

第八条　本项目公路施工中可能发生的危险因素造成的事故、伤害类别大致有以下类型：

1. 物体打击：是指失控物体的惯性力造成的人身伤亡事故。如落物、滚石、锤击、碎裂、砸伤而造成的伤害，不包括机械设备、车辆、起重机械、坍塌、爆炸引发的物体打击。

2. 车辆伤害：是指本企业机动车辆引起的机械伤害事故。如机动车在行驶中的挤、压、撞车或倾覆等事故，在行驶中上下车、搭乘自卸车或放飞车引起的事故，以及车辆挂钩、跑车事故。

3. 机械伤害：是指机械设备与工具引起的绞、碾、碰、割、戳、切等伤害。如工具或刀具飞出伤人、切削伤人、手或身体被卷入、手或其他部位被刀具碰伤、被转动的机具缠压住等，不包括车辆、起重机械引起的伤害。

4. 起重伤害：是指从事各种起重作业时导致的机械伤害事故。不包括触电、检修时制动失灵引起的伤害，上下驾驶室时引起的坠落。

5. 触电：是指电流流经人身，造成生理伤害的事故，包括雷击伤亡事故。

6. 淹溺：包括高处坠落淹溺，不包括井下、隧道、洞室透水淹溺。

7. 灼烫：是指火焰烧伤、高温物体烫伤、化学灼伤（酸、碱、盐、有机物引起的体内外灼伤）、物理灼伤（光、放射性物质引起的体内外灼伤），不包括电灼伤和火灾引起的烧伤。

8. 火灾：是指造成人员伤亡的企业火灾事故，不包括非施工单位原因造成的火灾。

9. 高处坠落：是指在高处作业中发生坠落造成的伤亡事故，包括脚手架、平台、陡壁施工等高于地面的坠落，也包括由地面坠入坑、洞、沟、升降口、漏斗等情况，不包括触电坠落事故。

10. 坍塌：是指建筑物、构筑物、堆置物等倒塌以及土石塌方引起的事故。适用于因设计或施工不合理而造成的倒塌，以及土方、岩石发生的塌陷事故。如建筑物倒塌、脚手架倒塌，挖掘沟、坑、洞时土石塌方等情况，不适用于矿山冒顶片帮和爆炸、爆破引起的坍塌。

11. 冒顶片帮：是指隧道、洞室矿井工作面、巷道侧壁由于支护不当、压力过大造成的坍塌，称为片帮；拱部、顶板垮落为冒顶。二者常同时发生，简称冒顶片帮。

12. 放炮：是指爆破作业中发生的伤亡事故。

13. 火药爆炸：是指火药、炸药及其制品在生产、加工、运输、贮存中发生的爆炸事故。

14. 容器爆炸：容器（压力容器、汽瓶的简称）是指比较容易发生事故，且事故危害性较大的承受压力载荷的密闭装置。容器爆炸是指压力容器破裂引起的气体爆炸即物理性爆炸。包括容器内盛装的可燃性液化气在容器破裂后，立即蒸发，与周围的空气形成爆炸性气体混合物，遇到火源时形成的化学爆炸，也称容器的二次爆炸。

15. 中毒和窒息：中毒是指人体接触有毒物质，如在误吃有毒食物或呼吸有毒气体引起的人体急性中毒事故。窒息是指在废弃的坑道、横通道、暗井、涵洞、地下管道等不通风的地方工作，因为氧气缺乏有时会发生突然晕倒甚至死亡的事故。不适用于病理变化导致的中毒和窒息事故，也不适用于慢性中毒和职业病导致的死亡。

16. 其他伤害：凡不属于上述伤害的事故均称为其他伤害，如扭伤、跌伤、野兽咬伤、钉子扎伤等。

第九条　危险源辨识工作过程中要注意以下几点：

1. 在范围上应包括施工现场内受到影响的全部人员、活动场所，以及受到影响的周围环境、排水系统等，也包括劳务分包人、供应商等相关方的人员、活动与场所可施加的影响。

2. 危害和危险因素确定要防止遗漏，不仅要分析正常施工、操作时的危险因素，更重要的是要充分考虑施工生产组织活动的3种时态（过去、现在、将来）和3种状态（正常、异常、紧急）下潜在的各种危险，分析支护失效，设备、装置破坏及操作失误可能产生严重后果的危险因素。

3. 对同一分项工程不同施工工序中存在的相同危害危险因素，按照危险性最大的原则，进行归纳合并。

4. 要充分发动全员参与危险源辨识工作，广泛听取意见和建议。

第三章　危险源风险评价

第十条　在完成危险源辨识工作后，施工单位应由项目部领导、主要技术管理人员、施工队长等成立危险源风险评价小组，对危险源进行风险评价。评价小组由5～7人组成，讨论通过，必要时可邀请监理单位参加讨论。

第十一条　危险源风险评价采用LEC评价法：

1. 风险评价公式为：$D=L\times E\times C$。

2. 事故发生的可能性为L，按照施工经验和本单位管理特点，根据危险和危害发生的可能性赋予不同分值，见下表：

分数值	事故发生的可能性
10	完全可能发生
6	相当可能发生
3	可能发生，但不经常
1	可能性小，意外时发生
0.5	很不可能
0.2	极不可能
0.1	实际不可能

3. 作业工人出现于危险环境的频繁程度为E，根据不同的时间频率，赋予不同的分值，见下表：

分数值	工人出现于危险环境的频繁程度
10	连续出现
6	每天工作时间内出现
3	每周一次，或偶尔出现
2	每月一次出现
1	每年几次出现
0.5	非常罕见地出现

4. 发生事故产生的后果为 C，并赋予不同分值，见下表：

分数值	发生事故产生的后果
100	10 人以上死亡或直接经济损失 100 万～300 万元
40	3～9 人死亡或直接经济损失 30 万～100 万元
15	1～2 人死亡或直接经济损失 10 万～30 万元
7	人员重伤或经济损失 1 万～10 万元
3	人员重伤或经济损失 1 万元以下
1	轻伤，可能需要救护

5. 把危险性作为 D，其值为 L、E、C 三者乘积，其等级划分见下表：

风险等级	分数值	危险程度
A 级	＞320	极其危险，坚决不能作业
B 级	320～160	高度危险，需要立即整改
C 级	160～70	显著危险，需要整改
D 级	70～20	一般危险，需要注意
E 级	＜20	稍有危险，可以接受

第十二条　风险评价结果填入《危险源风险评价表》，对是否为重大危险源进行确定。格式详见附件二。

第四章　危险源的管理与控制

第十三条　凡具备以下条件之一的危险源均可判定为重大风险危险源：

1. 采用 LEC 评价法，D＞160 分，即 A、B 类危险源；
2. 明显不符合法律、法规要求的；
3. 曾发生过事故，仍未采取有效防范控制措施的；
4. 直接观察到可能导致危险的发生，且无适当控制措施的。

第十四条　施工单位根据《危险源风险评价表》和第十三条的规定，应该把本单位存在的重大危险源汇总，同时提出风险控制措施，填写《重大危险源风险评价清单》。

第十五条　施工单位编制的《危险源辨识清单》、《危险源风险评价表》和《重大危险源风险评价清单》经项目部领导和专职安全生产管理人员审核合格后，报监理单位审核确认。经监理审核通过的危险源资料必须报××公司安全部备案。

第十六条　施工方案因施工图设计变更或施工条件影响发生变动的，施工单位应将施工方案变动后增加的危险源及时补充和完善，并经自审和工程监理单位审查确认后报××公司安全部备案。

第十七条　施工单位应当对工程项目的施工安全重大危险源在施工现场人员集中的显要位置予以公示，公示内容应当包括施工安全重大危险源名录、可能导致发生的事故类别、注意事项及保障措施。在每一施工安全重大危险源处醒目位置应悬挂安全警示标志。

第十八条　对危险源应当进行定期的监控，确认是否存在安全隐患，是否进行了整改，具体检查方法参照《××安全生产事故隐患排查治理办法》执行。各从业单位及部门应按照不同的重大危险源监控检查周期进行检查，落实安全技术措施，确保安全生产，具体见下表：

危险源类别	检查单位及检查周期				
	班组	项目部	驻地监理	安全监理工程师	××公司工程部
A 级	每班	每天	每天	每 3 天	每 7 天
B 级	每班	每天	每 2 天	每 5 天	每 10 天
C 级	每班	每天	每 3 天	每 10 天	每 15 天

第十九条　本制度自发布之日起执行，由××公司安全部负责解释。

附件一：危险源辨识清单；

附件二：危险源风险评价表；

附件三：重大危险源控制管理清单；

附件四：危险源辨识和评价范例；

附件五：其他格式的桥梁和通道工程等危险源辨识和评价范例。

附件一：

(第　　章　　工程)危险源辨识清单

施工单位：　　　　　　　　　　　　监理单位：　　　　　　　　　　编号：

序号	过程区域（清单细目）	行为、设备、环境等（清单子目）	危险危害因素类别	可能导致的事故和伤害	时态			状态		
					过去	现在	将来	正常	异常	紧急

填写人：　　　　　　　　　　　　审核人：　　　　　　　　　　　　日期：

附件二：

(第　　章　　工程)危险源风险评价表

施工单位：　　　　　　　　　　　　监理单位：　　　　　　　　　　　　编号：

序号	过程区域（清单细目）	行为、设备、环境等（清单子目）	危险危害因素类别	可能导致的事故和伤害	评价依据	作业条件危险性评价				风险等级	是否是重大危险源
						L	E	C	D		

填写人：　　　　　　　　　　　　审核人：　　　　　　　　　　　　日期：

附件三：

重大危险源控制管理清单

施工单位：　　　　　　　　　　监理单位：　　　　　　　　　　编号：

序号	过程区域（清单细目）	行为、设备、环境等（清单子目）	危险危害因素类别	可能导致的事故	定量评价 LEC 法	控制计划

填写人：　　　　　　　　　　审核人：　　　　　　　　　　日期：

附件四：

（第 200 章　路基工程）危险源辨识清单

施工单位：　　　　　　　　　　　监理单位：　　　　　　　　　　　编号：

序号	过程区域（清单细目）	行为、设备、环境等（清单子目）	危险危害因素类别	可能导致的事故和伤害	时态			状态		
					过去	现在	将来	正常	异常	紧急
1	清理与掘除	砍伐树木	没有防护设施	机械伤害		●		●		
2			没有专人指挥瞭望	物体打击		●		●		
3			没有进行安全技术交底	机械伤害、物体打击		●		●		
4			无安全带	高处坠落		●			●	
5		挖除树根	没有足够的操作空间	机械伤害		●		●		
6			没有安全防护用品	机械伤害		●		●		
7			没有进行安全技术交底	机械伤害、物体打击		●		●		
8	拆除结构物	混凝土路面	没有安全警示标志	车辆伤害			●	●		
9			机械操作人员未持证上岗、未考核	车辆伤害、物体打击		●		●		

填写人：　　　　　　　　　　审核人：　　　　　　　　　　日期：

（第 400 章　桥梁工程）危险源辨识清单

施工单位：　　　　　　　　　　　监理单位：　　　　　　　　　　　编号：

序号	过程区域（清单细目）	行为、设备、环境等（清单子目）	危险危害因素类别	可能导致的事故和伤害	时态			状态		
					过去	现在	将来	正常	异常	紧急
1	基础钢筋	灌注桩、沉桩、沉井、承台等	没有进行安全技术交底	机械伤害、物体打击		●		●		
2			没有特种作业岗位培训及资格证书	机械伤害、物体打击		●		●		
3			没有按照操作规程进行作业	机械伤害、物体打击		●		●		
4			没有配备标准化的电闸箱	触电伤害		●		●		
5			起重设备安全装置不符合安全规定	起重伤害、机械伤害		●		●		
6			没有使用标准的劳动保护用品	机械伤害、物体打击		●		●		
7			扶手、爬梯、脚踏板不符合规定	高处坠落		●			●	
8			没有设置安全防护栏、标志灯等	机械伤害、物体打击		●			●	
9			夜间施工照明设备不符合规定	触电伤害、机械伤害、物体打击		●	●	●		

填写人：　　　　　　　　　　审核人：　　　　　　　　　　日期：

(第 200 章　路基工程)危险源风险评价表

施工单位：　　　　　　　　监理单位：　　　　　　　　编号：

序号	过程区域(清单细目)	行为、设备、环境等(清单子目)	危险危害因素类别	可能导致的事故和伤害	评价依据	作业条件危险性评价				风险等级	是否是重大危险源
						L	E	C	D		
1	清理与掘除	砍伐树木	没有防护设施	机械伤害	施工经验	6	6	7	252	B	是
2			没有专人指挥瞭望	物体打击	施工经验	3	6	7	126	C	否
3			没有进行安全技术交底	机械伤害、物体打击	施工经验	3	6	7	126	C	否
4			无安全带	高处坠落	施工经验	6	6	7	252	B	是
5		挖除树根	没有足够的操作空间	机械伤害	施工经验	1	6	3	18	E	否
6			没有安全防护用品	机械伤害	施工经验	1	6	3	18	E	否
7			没有进行安全技术交底	机械伤害、物体打击	施工经验	3	6	7	126	C	否
8	拆除结构物	混凝土路面	没有安全警示标志	车辆伤害	施工经验	3	6	7	126	C	否
9			机械操作人员未持证上岗、未考核	车辆伤害、物体打击	施工经验	3	6	3	54	D	否

填写人：　　　　　　　　审核人：　　　　　　　　日期：

(第 400 章　桥梁工程)危险源风险评价表

施工单位：　　　　　　　　监理单位：　　　　　　　　编号：

序号	过程区域(清单细目)	行为、设备、环境等(清单子目)	危险危害因素类别	可能导致的事故和伤害	评价依据	作业条件危险性评价				风险等级	是否是重大危险源
						L	E	C	D		
1	基础钢筋	灌注桩、沉桩、沉井、承台等	没有进行安全技术交底	机械伤害、物体打击	施工经验	3	6	7	126	C	否
2			没有特种作业岗位培训及资格证书	机械伤害、物体打击	施工经验	3	3	15	135	C	否
3			没有按照操作规程作业	机械伤害、物体打击	施工经验	3	3	15	135	C	否
4			没有配备标准化的电闸箱	触电伤害	施工经验	3	6	15	270	B	是
5			起重设备安全装置不符合安全规定	起重伤害、机械伤害	施工经验	3	3	40	360	A	是
6			没有使用标准的劳动保护用品	机械伤害、物体打击	施工经验	3	6	7	126	C	否
7			扶手、爬梯、脚踏板不符合规定	高处坠落	实际量侧	3	6	7	126	C	否
8			没有设置安全防护栏、标志灯等	机械伤害、物体打击	实际量测	3	6	7	126	C	否
9			夜间施工照明设备不符合规定	触电伤害、机械伤害、物体打击	施工经验	6	6	15	540	A	是

填写人：　　　　　　　　审核人：　　　　　　　　日期：

重大危险源控制管理清单

施工单位：　　　　　　　　监理单位：　　　　　　　　编号：

序号	过程区域（清单细目）	行为、设备、环境等（清单子目）	危险危害因素类别	可能导致的事故	定量评价LEC法	控制计划
1	清理与掘除	砍伐树木	没有防护设施	机械伤害	252	配置安全防护用具及设施
			无安全带	高处坠落	252	上树作业人员必须系安全带
2	基础钢筋	灌注桩、沉桩、沉井、承台等	没有配备标准化的电闸箱	触电伤害	270	必须购买和配备合格的电闸箱
			夜间施工照明设备不符合规定	触电伤害、机械伤害、物体打击	540	夜间施工必须配备足够的照明设施
			起重设备安全装置不符合安全规定	起重伤害、机械伤害	360	满足特种设备安全装置使用和验收要求

填写人：　　　　　　　　审核人：　　　　　　　　日期：

附件五：

危险源辨识及风险评价调查表(钻孔灌注桩)

序号	作业活动	危险源	可能导致的事故	涉及相关方	作业条件危险性评价				现有控制措施	备注
					L	E	C	D		
1	测量放样	阳光暴晒	光敏性皮炎	操作者	6	6	1	36	给操作者配遮阳伞	
2	筑捣	使用铁锹	身体伤害	操作者	1	6	1	6	安全交底	
3	钻机就位	移动钻机时钻机倾覆	砸伤人	操作者	1	6	3	18	安全交底	
4	护筒埋设	人工挖土	肢体伤害	操作者	1	6	1	6	安全交底	
5	护筒埋设	搬动护筒	砸伤人	操作人	1	6	3	18	安全交底、电工上岗前检查	
6	护筒固定	使用打夯机压实土壤	触电	操作者	1	6	3	18	安全交底	
7	回填土施工	灰土回填产生的扬尘	尘肺病	操作者、管理人员	6	6	1	36	配备劳保用品	
8	回填土施工	夯土时操作人员未戴绝缘手套	触电事故	操作人员	1	6	15	90	教育、配备劳保用品	
9	回填土施工	夯土时机电线老化	触电事故	操作人员	1	6	15	90	交底、检查	
10	回填土施工	夯土机未按规定维修保养	机械伤害	操作人员、管理人员	1	0.5	15	7.5	交底、检查	
11	钢筋加工	机具安置不合理、操作空间狭小	机械伤害	操作人员、管理人员	1	3	3	9	加强现场监督检查	
12	下导管	移动导管砸伤人	其他伤害	操作者	1	6	1	6	安全交底	
13	水下混凝土浇筑	混凝土运输车辆失控	车辆伤害	现场人员	1	6	7	42	签订安全协议、教育	
14	水下混凝土浇筑	混凝土浇筑挤伤手	其他伤害	操作者	1	6	1	6	安全交底	
15	凿除桩尖	凿桩尖混凝土块飞溅	物体打击	操作人	1	6	1	6	配备防护镜	
16	回填土施工	夯土作业前 2 m 内站人	机械伤害	现场人员	0.5	3	15	22.5	安全教育、检查	
17	护筒定位	搬动枕木	砸伤人	操作者	3	6	1	18	安全教育	
18	泥浆池准备	挖泥浆池	物体打击	操作者	1	6	1	6	安全教育	
19	泥浆池准备	挖泥浆池	高处坠落	现场人员	3	6	7	126	控制目标指标控制方案	
20	泥浆池制备	往泥浆池中机械加料	高处坠落	操作者	3	6	7	126	控制目标指标控制方案	

续表

序号	作业活动	危险源	可能导致的事故	涉及相关方	作业条件危险性评价				现有控制措施	备注
					L	E	C	D		
21	泥浆制备	往泥浆池中机械加料	车辆伤害	现场人员	1	6	7	42	安全交底	
22	钻机钻进	钻机倾覆	机械伤害	现场人员	1	6	7	42	安全交底	
23	钢筋笼制作	使用切断机	触电	操作者	1	6	15	90	装漏电保护、操作规程	
24	钢筋笼制作	钢筋绑扎扎伤手	其他伤害	操作者	1	6	1	6	安全交底	
25	钢筋加工	钢筋切断机防护罩脱落	机械伤害	操作人员	1	2	3	6	装设防护装置、加强对机械的检查	
26	钢筋加工	切断短料时和切刀距离超过规定要求	机械伤害	操作人员、管理人员	1	3	3	9	装设防护装置、加强现场监督检查	
27	钢筋加工	切断作业中打开防护罩	机械伤害	操作人员	0.5	6	3	9	加强现场监督检查	
28	钢筋加工	用手直接清除运转中切刀附近的断头和杂物	机械伤害	操作者	1	3	3	9	装设防护装置、加强现场监督检查	
29	钢筋加工	钢筋切割机作业时切割机片断裂	物体打击	操作人员、管理人员	0.5	6	15	45	装设防护装置、加强现场监督检查	

危险源辨识及风险评价调查表(盖板通道及桥梁施工)

序号	作业活动	危险源	可能导致的事故	涉及相关方	作业条件危险性评价				现有控制措施	备注
					L	E	C	D		
1	测量放样	阳光暴晒	光敏性皮炎	操作者	6	6	1	36	给操作者配遮阳伞	
2	基坑开挖	不当使用铁锹	其他伤害	操作者	1	6	1	6	—	
3	基坑开挖	坑边不作防护	高处坠落	现场人员	6	6	3	108	做坑边防护	
4	基坑开挖	坑边堆土过近	坍塌	现场人员	6	6	3	108	安全交底	
5	基坑检验	上下爬梯不稳	高处坠落	检验者	1	6	1	6	按标准做爬梯	
6	基坑混凝土施工	混凝土车失控	车辆伤害	现场人员	1	6	7	42	使用合格分供方	
7	混凝土浇筑	泵管操控人员操作失误	其他伤害	操作人员、管理人员	1	3	7	21	加强现场监督管理	

续表

序号	作业活动	危险源	可能导致的事故	涉及相关方	作业条件危险性评价				现有控制措施	备注
					L	E	C	D		
8	钢筋加工	切断短料时手和切刀的距离超过规定	机械伤害	操作人员、管理人员	1	3	3	9	加强现场监督检查	
9	钢筋加工	钢筋切断机防护罩脱落、松动	机械伤害	操作人员	1	2	3	6	装设防护装置、加强对机械的检查	
10	钢筋加工	切断作业中打开防护罩	机械伤害	操作人员	0.5	6	3	9	加强现场监督检查	
11	钢筋加工	用手直接清除运转中切刀附近的断头和杂物	机械伤害	操作者	1	3	3	9	装设防护装置、加强现场监督检查	
12	钢筋加工	设备外壳没有保护接零	触电事故	操作人员、管理人员	0.5	6	15	45	装漏电保护器	
13	钢筋加工	防护罩未盖好进行送料	机械伤害	操作人员	0.5	6	3	9	加强现场监督检查	
14	焊接作业	电焊机接线柱处无防护罩	触电事故	操作人员、管理人员	0.5	6	15	45	装漏电保护器	
15	焊接作业	电焊工作业时未戴防护面罩	灼烫	操作人员	3	6	3	54	加强现场监督检查	
16	焊接作业	闪光对焊作业时未戴防护面罩	灼烫	操作人员	1	6	7	42	使用合格分供方	
17	焊接作业	乙炔瓶、氧气瓶距离小于 5 m	火灾	操作人员、管理人员	3	3	7	63	配备消防器材	
18	焊接作业	电焊作业 10 m 范围内存放易燃易爆物品	火灾	操作人员、管理人员	1	0.5	40	20	配备消防器材	
19	焊接作业	乙炔瓶、氧气瓶混放,乙炔瓶平躺	火灾	操作人员、管理人员	0.5	6	15	45	配备消防器材	
20	焊接作业	钢筋焊接时无动火申请,无人看护	火灾	操作人员、管理人员	1	3	3	9	配备消防器材	
21	焊接作业	雨天露天电焊	触电事故	操作人员	0.5	0.5	15	3.75	装漏电保护器	
22	焊接作业	焊把线破损严重	触电事故	操作人员	0.5	6	3	9	装漏电保护器	
23	焊接作业	焊钳破损严重	触电事故	操作人员	3	3	7	63	装漏电保护器	
24	钢筋绑扎	钢筋绑扎不牢滑落	物体打击	操作人员、管理人员	1	6	7	42	配备劳保用品	

续表

序号	作业活动	危险源	可能导致的事故	涉及相关方	作业条件危险性评价				现有控制措施	备注
					L	E	C	D		
25	混凝土浇筑	泵车支架支设不稳	其他伤害	操作人员、管理人员	1	3	15	45	加强现场监督检查	
26	混凝土浇筑	泵送管碰触脚手架	其他伤害	操作人员管理人员	0.5	3	15	22.5	加强现场监督管理	
27	混凝土浇筑	夜间作业照明不良	其他伤害	操作人员、管理人员	1	3	15	45	配备照明设施	
28	混凝土浇筑	电缆任意拖拉，随意绑在钢筋上	触电事故	操作人员、管理人员	1	3	15	45	装漏电保护器、加强检查	
29	混凝土振捣	振捣人员没有戴绝缘手套或穿绝缘鞋	触电事故	操作人员	0.5	6	15	45	装漏电保护器、加强检查	
30	混凝土振捣	插入式振动器作业过程中的噪声	噪声污染	操作人员、管理人员	6	6	1	36	配备劳保用品	
31	混凝土浇筑	输送泵作业时产生的噪声	噪声污染	在场人员	6	6	1	36	配备劳保用品	
32	混凝土浇筑	运输混凝土的来往车辆不按规定行驶	车辆伤害	操作人员、管理人员	1	3	15	45	专人指挥车辆	
33	打磨作业	混凝土剔凿、打磨时产生的扬尘	扬尘	操作人员、管理人员	0.5	6	1	3	加强现场监督检查	
34	砌筑施工	作业人员未按照要求传递砌块、出现乱扔现象	物体打击	操作人员	1	1	7	7	安全交底	
35	砌筑施工	码块未码放在坚实地基上	物体打击	操作人员、管理人员	0.5	6	7	21	安全交底	
36	砌筑施工	砌块码放超过1.5 m	起重伤害	操作人员、管理人员	0.5	6	7	21	安全交底	
37	模板施工	木工手持电锯未设置漏电保护器	触电事故	操作人员	6	0.5	15	45	安全交底、现场检查	
38	模板施工	模板存放区未设置安全警告标示	其他伤害	操作人员、管理人员	0.5	6	15	45	安全交底、现场检查	
39	模板施工	带铁钉木方随意放置	其他事故	现场人员	6	3	3	54	安全交底、现场检查	
40	模板施工	夜间作业照明不足	其他伤害	操作人员、管理人员	0.5	6	15	45	加强照明	
41	模板施工	模板脚手架水平杆间隔不符合要求	其他伤害	操作人员、管理人员	0.5	6	15	45	模板方案	

续表

序号	作业活动	危险源	可能导致的事故	涉及相关方	作业条件危险性评价				现有控制措施	备注
					L	E	C	D		
42	模板施工	施工荷载超过限定标准	其他伤害	操作人员、管理人员	0.5	6	15	45	模板方案	
43	模板施工	模板上面的雨、雪、霜未及时清除	其他伤害	操作人员、管理人员	0.5	6	15	45	模板方案	
44	模板施工	底层模板安装时，未设置或设置的上下斜梯不符合规范	物体打击	操作人员、管理人员	0.5	6	15	45	模板方案	
45	模板施工	安装独立柱未设置操作平台	物体打击	操作人员、管理人员	1	6	7	42	模板方案	
46	模板施工	拆模时采用大面积撬落方法	物体打击	操作人员、管理人员	1	6	15	90	模板方案	
47	模板施工	混凝土强度未达到要求提前拆模	其他伤害	操作人员、管理人员	0.5	6	15	45	模板方案	

危险源辨识及风险评价调查表(土方路基、便道施工)

序号	作业活动	危险源	可能导致的事故	涉及相关方	作业条件危险性评价				现有控制措施	备注
					L	E	C	D		
1	土方清表	司机误操作	机械伤害	现场工人	1	6	3	18	驾驶员有操作证、安全技术交底、现场专人监控	
2	填前碾压	司机误操作	机械伤害	现场工人	1	6	3	18	驾驶员有操作证、安全技术交底、现场专人监控	
3	测量放样	阳光暴晒	光敏性皮炎	操作者	6	6	1	36	配备防晒伞	
4	打格上土	司机误操作	机械伤害	现场工人	1	6	3	18	驾驶员有操作证、安全技术交底、现场专人监控	
5	推土机粗平	视野不开阔	机械伤害	现场工人	1	6	3	18	驾驶员有操作证、安全技术交底、现场专人监控	

续表

序号	作业活动	危险源	可能导致的事故	涉及相关方	作业条件危险性评价				现有控制措施	备注
					L	E	C	D		
6	推土机粗平	司机误操作	机械伤害	现场工人	1	6	3	18	驾驶员有操作证、安全技术交底、现场专人监控	
7	检测含水量	实验室使用微波炉	烫伤	操作者	1	6	1	6	安全交底	
8	检测含水量	实验室使用微波炉	触电	操作者	1	6	3	18	电工每周巡查电气安全	
9	平地机精平	司机误操作	机械伤害	现场工人	1	6	3	18	驾驶员有操作证、安全技术交底、现场专人监控	
10	平地机精平	司机误操作	车辆伤害	司机及现场工人	1	6	3	18	驾驶员有操作证、安全技术交底、现场专人监控	
11	压路机碾压	司机视野不开阔	压伤	现场工人	3	6	3	54	驾驶员有操作证、安全技术交底、现场专人监控	
12	压路机碾压	司机误操作	车辆伤害	司机及现场工人	1	6	3	18	驾驶员有操作证、安全技术交底、现场专人监控	
13	检测压实度	环刀取样	砸伤手脚	操作者	1	6	1	6	配备劳保用品	
14	混凝土浇筑	移动电箱没有稳固、未按离地面 0.6～1.5 m要求设置	触电事故	操作人员、管理人员	0.5	3	15	22.5	装设漏电保护器、加强检查	
15	混凝土浇筑	电缆任意拖拉，随意绑在钢筋上	触电事故	现场人员、管理人员	1	3	15	45	装设漏电保护器、加强检查	
16	混凝土振捣	振捣人员没有戴绝缘手套或穿绝缘鞋	触电事故	操作人员	0.5	6	15	45	装设漏电保护器、加强检查	
17	混凝土振捣	振动器漏电	触电事故	现场人员、管理人员	0.5	6	15	45	装设漏电保护器、加强检查	

续表

序号	作业活动	危险源	可能导致的事故	涉及相关方	作业条件危险性评价				现有控制措施	备注
					L	E	C	D		
18	混凝土振捣	插入式振动器作业过程中的噪声	噪声污染	操作人员、管理人员	6	6	1	36	配备劳保用品	
19	混凝土浇筑	输送泵作业产生的噪声	噪声污染	现场人员	6	6	1	36	配备劳保用品	
20	混凝土浇筑	运输混凝土的来往车辆不按规定行驶	车辆伤害	操作人员、管理人员	1	3	15	45	专人指挥车辆	

危险源辨识及风险评价调查表(拌合站)

序号	作业活动	危险源	可能导致的事故	涉及相关方	作业条件危险性评价				现有控制措施	备注
					L	E	C	D		
1	混凝土运输车	混凝土罐车发生故障	机械伤害	现场人员	3	6	1	18	驾驶员有操作证、安全技术交底、现场专人监护	
2	搅拌机	搅拌机故障	机械伤害	操作者	3	6	1	18	驾驶员有操作证、安全技术交底、现场专人监护	
3	搅拌机	料斗钢丝绳断裂	坠落伤害	现场人员	6	6	1	36	日常检查维修	
4	搅拌机	物料坠落	坠落物伤害	现场工人	6	6	3	108	清理拌合机杂物、日常检查	
5	搅拌机	线路老化	触电伤害	操作人员	3	6	1	18	装设漏电保护器、日常检查	
6	抽水机	线路老化	触电伤害	操作人员	3	6	1	18	装设漏电保护器、日常检查	
7	备用发电机	发电机故障	机械伤害	操作者	3	6	1	18	装设漏电保护器、日常检查	
8	备用发电机	未使用标准配电箱	触电	操作者	6	6	3	108	装设漏电保护器、日常检查	
9	混凝土罐车	混凝土罐车制动、方向失灵,灯光不全	交通事故	司机、现场人员	3	6	3	54	驾驶员有操作证、安全技术交底	
10	水泥罐仓	罐仓倾覆	砸伤	现场人员	0.5	3	0.5	0.75	装设缆风绳	
11	水泥罐仓	基础下沉	砸伤	现场工人	0.5	3	0.5	0.75	日常检查	
12	材料仓	坍塌	砸伤	现场人员	3	1	1	3	日常检查	

续表

序号	作业活动	危险源	可能导致的事故	涉及相关方	作业条件危险性评价				现有控制措施	备注
					L	E	C	D		
13	蓄水池	水池周围无围挡	淹溺	现场人员	3	1	1	3	安全教育、设安全网	
14	装载机	制动、方向失灵，灯光不全	机械伤害	现场人员	3	6	3	54	驾驶员有操作证、安全技术交底	
15	装载机	机械故障	机械伤害	现场人员	3	6	3	54	日常检查、维修	
16	拌合站操作间	电路老化	火灾	操作人员	0.5	3	0.5	0.75	装设漏电保护器、加强检查、增设防火设施	

第四章　公路施工项目安全准备

第一节　施工准备阶段安全管理

施工准备阶段安全管理是指在正式施工前进行的安全管理，其管理重点是做好施工准备工作，且施工准备工作要贯穿于施工全过程中。

一、施工准备范围

施工准备的范围包括如下几个方面：

(1) 全场性施工准备，是指以整个工程项目施工现场为对象进行的各项施工准备。

(2) 单位工程施工准备，是指以一个建筑物或构筑物为对象而进行的施工准备。

(3) 分项(部)工程施工准备，是指以单位工程中的一个分项(部)工程或冬期、夏季、雨期施工为对象而进行的施工准备。

(4) 项目开工前的施工准备，是指在拟建项目正式开工前所进行的一切施工准备。

(5) 项目开工后的施工准备，是指在拟建项目开工后，每个施工阶段开工前所进行的施工准备，如房屋建筑工程，一般分为基础工程、主体工程、安装工程、装饰工程和竣工验收工程等，每个阶段的施工内容均不同，其所需的物质技术条件、组织要求和现场布置也不同，因此，必须做好相应的施工准备。

二、施工组织设计的审核审批

施工组织设计已包含了建设工程施工安全计划的主要内容，因此，对施工组织设计的审批也同时包括了对建设工程施工安全计划的审批。但是，国内已有地区，如上海市地方规范《施工现场安全生产保证计划》规定建设工程施工前，除小型工程项目外，宜单独编制安全生产保证计划。

1. 施工组织设计(专项施工方案)的审核审批程序

(1) 一般工程安全技术措施(方案)。

由施工单位项目经理部工程技术人员审核，项目经理部总工程师审批，报公司项目管理部、安全管理部备案。同时，审核和审批人应有明确意见并签名，职能部门盖章。

(2) 重要工程安全技术措施(方案)。

由施工单位项目经理部总工程师审核，公司项目管理部、安全管理部复核，由公司技术发展部或公司总工程师委托技术人员审批并在公司项目管理部、安全管理部备案。同时，审核和审批人应有明确意见并签名，职能部门盖章。

(3) 大型、特大工程安全技术措施(方案)。

由施工单位项目经理部总工程师组织编制报公司技术发展部、项目管理部、安全管理部审核。同时，审核和审批人应有明确意见并签名，职能部门盖章。

(4) 专业性强、危险性大的工程项目。

按《建设工程安全生产管理条例》、《建筑施工安全检查标准》(JGJ 59)、《危险性较大工程安全专项施工方案编制及专家论证审查办法》规定，如基坑支护与降水工程、土方开挖工程、模板工程、起重吊装工程、脚手架工程、拆除与爆破工程，以及其他危险性较大的工程，如建筑幕墙的安装施工、预应力结构张拉施工、隧道工程施工、桥梁工程施工、特种设备施工、网架和索膜结构施工、6 m 以上的边坡施工等，应单独编制安全专项施工方案。其中涉及深基坑、地下暗挖工程、高大模板工程、30 m 及以上高空作业的工程、深水作业的工程、城市房屋拆除爆破和其他土石方爆破工程的安全专项施工方案，施工单位项目经理部还应组织专家进行论证审查。同时，审核和审批人应有明确意见并签名，职能部门盖章。

经过批准的施工组织设计(安全专项施工方案)，不准随意变更修改。确因客观原因需修改时，应按原审核、审批的分工与程序办理。

在工程项目开工前约定的时间内，施工承包单位必须完成施工组织设计的编制及内部自审批准工作，填写“施工组织设计(方案)报审表”(表 4-1)报送监理工程师。

表 4-1　　施工组织设计(方案)报审表

工程名称：　　　　　　　　　　编号：

致：　　　　　　　　　　(监理单位) 我方已根据施工合同的有关规定完成了__________工程施工组织设计(方案)的编制，并经我单位上级技术负责人审查批准，请予以审查。 附：施工组织设计(方案) 承包单位(章)__________ 项目经理__________ 日期__________
专业监理工程师审查意见： 专业监理工程师__________ 日期__________ 总监理工程师审核意见： 项目监理机构__________ 总监理工程师__________ 日期__________

2. 审核审批施工组织设计(方案)时应掌握的原则

(1) 施工组织设计的编制、审核和审批应符合规定的程序。

(2) 施工组织设计应符合国家的技术政策,充分考虑承包合同规定的条件、施工现场条件及法规条件的要求,突出"安全第一,预防为主"的原则。

(3) 施工组织设计的针对性:充分掌握本工程的特点及难点,施工条件的分析等。

(4) 施工组织设计的可操作性:是否有能力执行并保证施工安全,实现安全目标;该施工组织设计是否切实可行。

(5) 安全技术方案的先进性:施工组织设计采用的安全技术方案和措施是否先进适用,技术是否成熟。

(6) 安全管理体系、安全保证措施是否健全且切实可行。

(7) 环保、消防和文明施工措施是否切实可行并符合有关规定。

3. 施工组织设计(方案)审核审批的注意事项

(1) 安全专项施工方案的内容,应符合规定。安全专项施工方案应力求细致、全面、具体,并根据需要进行必要的设计计算,对所引用的计算方法和数据,必须注明其来源和依据。所选用的力学模型,必须与实际构造或实际情况相符。为了便于方案的实施,方案中除应有详尽的文字说明外,还应有必要的构造详图。图示应清晰明了,标注齐全。

(2) 施工方案与施工进度计划的一致性。施工进度计划的编制应以确定的施工方案为依据,正确体现施工的总体部署、流向顺序及工艺关系等。

(3) 施工方案与施工平面图布置的协调一致。施工平面图的静态布置内容,如临时供水、供热、供气管道、施工道路、临时办公房屋、物资仓库等,以及动态布置内容,如施工材料模板、工具器具,应做到布置有序,有利于各阶段施工方案的实施。

三、现场施工准备的安全管理

1. 熟悉工程施工合同

施工现场项目负责人,即项目经理,应组织工程项目技术、安全、管理人员在工程建设施工前对施工合同文件进行全面地熟悉,发挥合同管理作用,才能有效地进行建设工程施工安全管理。

2. 设计交底与施工图纸的现场核对

施工阶段,设计文件是施工生产工作的依据。因此,施工单位应认真参加由建设单位主持的设计交底工作,以透彻地了解设计原则及施工安全、质量要求;同时,认真做好审核及图纸核对工作,对于审图过程中发现的问题,及时以书面形式报告工程监理单位。

(1) 参加设计交底应着重了解的内容:

① 有关地形、地貌、水文气象、工程地质及水文地质等自然条件方面;

② 建设主管部门及其他部门(如规划、环保、交通、消防等)对本工程的要求、设计单位采用的主要设计规范等;

③ 设计意图方面:诸如设计思想、设计方案比选的情况、基础开挖及基础处理方案、结构设计意图、设备安装和调试要求、施工进度及工期安排等;

④ 施工应注意事项方面:如基础施工安全的要求,主体工程设计中采用新结构或新工艺对施工安全提出的要求,对实现进度安排而应采用的施工组织和安全技术保证措

施等。

(2) 施工图纸的现场核对。

施工图纸是工程施工的直接依据,为了充分了解工程特点、设计要求,减少图纸的差错,确保工程施工安全,减少工程变更,预防安全事故发生,施工单位应做好施工图纸的现场核对工作。

施工图纸现场核对主要包括以下几方面:

① 施工图纸合法性的认定:施工图纸是否经设计单位正式签署,是否按规定经有关部门、机构审查批准,是否得到建设单位的同意;

② 图纸与说明是否齐全,如分期出图,图纸供应是否满足需要;

③ 地下构筑物、障碍物、管线是否探明并标注清楚;

④ 图纸中有无遗漏、差错或相互矛盾之处,图纸的表示方法是否清楚和符合标准等;

⑤ 地质及水文地质等基础资料是否充分、可靠,地形、地貌与现场实际情况是否相符;

⑥ 新材料、新技术的采用有无问题;

⑦ 所提出的施工工艺、方法是否合理,是否切合实际,能否保证安全要求。

3. 施工现场环境的管理

(1) 施工作业环境的管理。

施工作业环境条件主要是指水、电或动力供应、施工照明、安全防护设备、施工场地空间条件和通道、交通运输和道路条件等。这些条件是否良好,直接影响到施工安全,例如当同一个施工现场有多个承包单位或多个工种同时施工或平行立体交叉作业时,更应注意避免它们在空间上的相互干扰,影响施工安全。项目管理人员应对施工作业环境方面的有关准备工作做好安排和准备妥当。

(2) 施工安全管理环境的管理。

施工安全管理环境,主要是指施工单位的安全管理体系和安全自检系统是否处于良好的状态;安全管理机构和人员配备,安全管理制度等方面是否完善和明确;安全生产责任制是否落实等。

(3) 自然环境因素的管理。

对于未来的施工期间,自然环境因素可能出现对施工作业安全的不利影响时,施工单位应事先充分认识不利的自然环境因素并已做好充足的准备和采取了有效措施与对策以保证工程施工安全。例如,对严寒季节的防冻,夏季的防高温,高地下水位情况下基坑施工的排水,施工场地的防洪与排水,以及现场因素对工程施工安全的影响,如邻近有易爆、有毒气体等危险源,或邻近高层、超高层建筑深基础施工安全保证难度大等,应事先做好应对方案及有针对性的保证安全的措施等。

4. 危险源的控制

(1) 应进行危险源识别、评价、控制等,并建立档案。

危险源是指可能导致死亡、伤害、职业病、财产损失、工作环境破坏或上述情况的组合的根源或状态。施工单位项目经理部应根据本企业的施工特点,依据建设工程项目的类型、特征、规模及自身管理水平等情况,识别出危险源,列出清单,并对危险源进行一一评价,将其中导致事故发生的可能性较大,且事故发生会造成严重后果的危险源定义为重大危险源,如可能出现高处坠落、物体打击、坍塌、触电、中毒以及其他群体伤害事故的状态。同时，应建立管理档案，其内容包括危险源识别、评价结果和清单。对重大危险源可能出现伤害的范围、性质和时效性，制定消除和控制的措施，且纳入安全管理制度、员工安全教育培训、安全操作规程或安全技术措施中。

承包工程性质的改变，或管理水平的变化，会引起重大危险源的数量和内容的改变，因此对重大危险源的识别应及时更新。

(2) 应对重大危险源制订应急救援预案。

对可能出现高处坠落、物体打击、坍塌、触电、中毒以及其他群体伤害事故的重大危险源和重大环境因素，应制订应急救援预案。

预案必须包括有针对性的安全技术措施，监控措施，检测方法，应急人员的组织，应急材料、器具、设备的配备等。

预案编制要求应有较强的针对性和实用性，力求细致全面，操作简单易行。

施工单位项目经理部应按企业内部应急救援预案的要求，编制符合工程项目特点的、具体的、细化的应急救援预案，指导施工现场的具体操作。

施工现场项目经理部的应急救援预案应上报企业审批。

5. 施工平面布置的管理

施工单位在进行施工平面图设计时，应充分考虑安全、防火、防爆、防污染等因素，做到分区明确、合理定位。施工现场的平面布置图是施工组织设计的重要组成部分，必须科学合理规划，绘制出施工现场平面布置图，在施工实施阶段按照施工总平面图要求，设置道路、组织排水、搭建临时设施、堆放物料和设置机械设备等。

(1) 施工平面布置原则。

满足施工要求，场内道路畅通，运输方便，各种材料能按计划分期分批进场，充分利用场地；材料尽量靠近使用地点，减少二次搬运；现场布置紧凑，减少施工用地；在保证施工顺利进行的条件下，尽可能减少临时设施搭设，尽可能利用施工现场附近的原有建筑物作为施工临时设施；临时设施的布置，应便于现场员工生产和生活，办公用房靠近施工现场，福利设施应在生活区范围之内；平面图布置应符合安全、消防、环境保护、卫生的要求。

(2) 施工总平面图表示的内容。

拟建建筑的位置，平面轮廓；施工用机械设备的位置；塔式起重机轨道、运输路线及回转半径；施工运输道路、临时供水、排水管线、消防设施；临时供电线路及变配电设施位置；施工临时设施位置；物料堆放位置与绿化区域位置；围墙与入口位置等。

(3) 施工现场功能区域划分要求。

施工现场按照功能可划分为施工作业区、辅助作业区、材料堆放区和办公生活区。施工现场的办公生活区应当与作业区分开设置，并保持安全距离。办公生活区应当设置于在建建筑物坠落半径之外，与作业区之间设置防护措施，进行明显的划分隔离，以免人员误入危险区域；办公生活区如果设置在在建建筑物坠落半径之内时，必须采取可靠的防护措施。功能区在规划设置时还应考虑交通、水电、消防、卫生、环保等因素。

6. 安全物资采购和进场验证的管理

安全生产设施条件的安全状况，很大程度上取决于所使用的材料、设备和防护用品等安全物资的质量。为了防止假冒、伪劣或存在质量缺陷的安全物资流入施工现场，造成安全隐患，施工单位项目经理部应对安全物资供应单位的评价和选择、供货合同条款约定和进场安全物资的验收的管理要求、职责权限和工作程序作出具体规定，形成文件并组织实施。

施工单位项目经理部应通过供货合同约定安全物资的产品质量和验收要求。供货合同签订前应按规定程序进行审核审批。具体条款包括：规格、型号、等级及品名；生产制造规程和标准；验收准则和方法等。

施工单位项目经理部应对进场安全物资进行验收，并形成记录。未经验收或验收不合格的安全物资应做好标识并清退出场。验收的方法包括：查验质量合格证明和质量检验报告；通过外观检查和规格检查实物质量；按规定抽样复试。

7. 施工机械、设备进场的管理

施工单位项目经理部应做好施工机械、设备进场的管理，有关内容如下：

（1）施工机械设备的选择，除应考虑施工机械的技术性能、工作效率、安全、质量、可靠性及维修难易等方面对施工安全的影响与保证外，还应考虑其数量配置对施工安全的影响与保证条件。此外，要注意设备型号应与施工对象的特点及施工安全要求相适应。在选择机械性能参数方面，也要与施工对象特点及安全要求相适应。例如，选择起重机械进行吊装施工时，其起重量、起重高度及起重半径均应满足吊装安全要求。

（2）审核施工机械设备的数量是否足够。

（3）审核所需的施工机械设备是否按已批准的计划备妥；所准备的机械设备是否与施工组织设计或安全计划中所列者相一致；所准备的施工机械设备是否都处于完好的可用状态等等。对于与批准的计划中所列施工机械不一致，或机械设备的类型、规格、性能不能保证施工安全的，以及维护修理不能保证良好的可用状态者，不准使用。

8. 制订施工安全控制程序

安全生产管理人员在对工程施工安全进行严格控制时，要严格按照工程施工工艺流程制订一套相应的科学的安全控制程序，对不同结构的施工工序制订出相应的检查、验收方法。在施工过程中，安全生产管理人员应对工程项目做详尽的记录并填写表格。

9. 调查可能导致意外安全事故的其他原因

在施工开始之前了解现场的环境、人为障碍等不利因素，以便掌握不利因素的有关资料，及早提出防范措施。不利因素包括图纸未表示出的地下结构、地下管线，施工现场毗邻区域的建筑物、构造物、地下管线等，以及建设单位需解决的用地范围内地表以上的电信、电杆、房屋及其他影响安全施工的构筑物。施工单位应对施工现场及毗邻区域的建筑物、构造物、地下管线等采取专项防护措施。

10. 掌握新技术、新材料的工艺和标准

施工中采用的新技术、新材料，应有相应的技术标准和使用规范。安全生产管理人员根据工作需要与可能，对新材料、新技术的应用进行必要的走访与调查，以防止施工中存在安全事故隐患，并作出相应对策。

11. 开工的控制

施工单位项目经理应审核施工现场开工前的各项施工准备工作，确保人员、施工机械设备、安全物资、场地、水电供应、施工通道及安全管理措施等处于良好正常状态，签署“工程开工/复工报审表”，见表 4-2，报监理工程师审批。

表 4-2　　工程开工/复工报审表

工程名称：　　　　　　　　编号：

<table>
<tr><td>致：　　　　　　　　　　　　　　　　　　　　　　（监理单位）
我方承担的工程，已完成了以下各项工作，具备了开工/复工条件，特此申请施工，请核查并签发开工/复工指令。

附：1. 开工报告
2.（证明文件）

承包单位（章）__________
项目经理__________
日期__________</td></tr>
<tr><td>审查意见：

项目监理机构__________
总监理工程师__________
日期__________</td></tr>
</table>

第二节　施工项目安全规章制度的建立

一、概述

施工项目安全规章制度是施工项目贯彻国家有关安全生产法律法规、国家和行业标准以及国家安全生产方针政策的行动指南，是施工项目有效控制施工生产过程风险、保障施工从业人员安全健康、加强和规范施工项目安全管理的重要措施。本节简要介绍了施工项目安全规章制度的概念和内容。

1. 施工项目安全规章制度概念

规章制度是指国家机关、社会团体、企事业单位，为了维护正常的工作、劳动、学习和生活秩序，保证国家各项政策的顺利执行和各项工作的正常开展，依照法律、法令、政策而制订的各种行政法规、章程、制度、公约的总称。规章制度具有法规性或指导性与约束力。

施工项目的安全规章制度是施工项目根据国家有关法律法规、国家和行业标准和施工企业安全规章制度，结合施工项目的安全生产实际，以施工项目名义制订实施的有关施工安全管理的规范性文件。

施工项目安全规章制度包括：管理性安全规章制度和技术性安全规章制度。

2. 施工项目安全规章制度的内容

(1) 施工项目管理性安全规章制度

顾名思义，施工项目管理性安全规章制度就是施工项目为了加强安全管理而制订的规范性文件。这里主要指施工项目的安全管理制度。施工项目安全管理制度的内容主要包括以下几方面：

① 安全生产责任制度。应包括施工项目职能部门、各层次管理人员及各施工岗位的安全职责等内容。

② 安全会议制度。应包括会议的时间、形式、内容等。

③ 安全教育培训制度。应包括安全教育培训的实施机构，安全教育培训的时间、形式、

内容、对象等。

④ 安全检查制度。应包括安全检查的内容、形式、重点等。

⑤ 安全奖惩制度。应包括安全奖惩的原则,奖惩的种类、额度等内容。

⑥ 安全隐患排查和治理制度。应包括隐患排查的范围、周期、人员、处置程序和跟踪管理等内容。

⑦ 安全台账管理制度。应包括安全台账的种类、要求等内容。

⑧ 安全技术交底制度。应包括安全技术交底的要求、方法等内容。

⑨ 安全资金保障制度。应包括安全资金来源,安全资金的使用范围,安全资金使用要求等内容。

⑩ 安全事故报告处理制度。应包括事故分类,事故的报告、调查、处理程序等内容。

⑪ 设备安全管理制度。应包括设备的进场验收,设备的使用、维修、保养,设备管理台账要求等内容。

⑫ 危险物品使用管理制度。应包括施工现场存在的危险物品的名称、种类,使用和管理的程序、手续,紧急处置措施等内容。

⑬ 消防安全管理制度。应包括消防安全管理的原则、机构、日常管理、现场处置程序,消防器材的配置、维修、保养、定期检测,消防检查和消防演练等内容。

⑭ 车辆交通安全管理制度。应包括车辆的保养、车辆驾驶员的学习培训、车辆管理的要求等内容。

⑮ 劳动安全防护用品发放使用和管理制度。应包括劳动防护用品的种类、适用范围、发放程序和要求等内容。

⑯ 施工现场安全文明施工管理制度。应包括施工现场的文明施工、环境卫生以及现场管理要求等内容。

⑰ 施工现场危险告知制度。应包括施工现场告知的形式、内容、要求等事项。

⑱ 专项施工方案审查制度。应包括专项施工方案的审查程序和要求等内容。

(2) 施工项目技术性安全规章制度

施工项目技术性安全规章制度,又称安全技术操作规程,也称作业指导书,是施工项目根据施工实际情况所制订的一种具体规章制度,是对施工操作具体技术要求和实施程序所作的规定,用于指导施工生产人员安全操作的行为规范。施工项目技术性安全规章制度主要包括施工机械(设备)安全技术操作规程、工种安全技术操作规程。

二、安全生产管理制度

1. 建立安全生产管理制度的必要性

施工企业是公路工程建设施工项目中的安全主体,要全面落实安全生产责任,就必须根据自身特点和实际状况,建立健全适合本单位的各项安全生产管理制度。通过制度来提高全体从业人员的安全意识、安全知识和安全操作技能。安全生产管理制度是约束企业各级安全管理人员在安全生产工作中的行为准则,是安全生产法律法规的要求与本单位的安全生产实际紧密联系的桥梁和纽带。建立一整套规范有效的安全生产管理制度,是企业做好安全生产工作的前提。

2. 建立安全生产管理制度的目的和意义

实践证明，安全生产事故大多都是由于违章指挥、违章作业、违反劳动纪律造成的，用制度来约束人的不安全行为，物的不安全状态，用制度来保证施工活动的顺利实施，保证生产经营活动的健康有序，保证从业人员的生命安全和企业的财产安全都具有十分重要的意义；同时，国家的安全生产方针、政策和部门规章也必须通过企业规章制度去实现、去落实。通过建立健全企业安全生产规章制度，促进广大从业人员树立“安全第一，预防为主”的思想，促使企业最高管理者正确处理安全与生产、安全与效益、安全与进度的关系，真正做到当安全与生产发生矛盾时，安全永远是第一位的。

3. 安全生产管理制度的主要内容

建立一套切实可行的安全生产规章制度并不是随意定几条规则就行了，必须对本单位安全生产状况进行深入调查研究，指定专门部门或者专人负责，才能制订出政策性、科学性和可操作性较强的安全生产管理制度。同时，在制度的实施过程中还要采取严格的管理措施和手段，加强对制度执行力和落实情况的考核，确保安全生产管理制度的有效实施。

（1）建立安全生产管理制度的基本要求

① 政策性。编写安全管理制度之前必须对现行的国家、地方、行业和部门有关安全生产的法律法规、规范标准进行充分了解和全面掌握，并深入分析，把政策和法规的要求转化成制度的具体内容。

② 科学性。安全生产管理制度的贯彻执行是安全生产管理活动正常运行的前提条件。因此建立安全生产管理制度必须要有科学性和前瞻性，科学性就是符合安全生产技术的科学要求，不能盲目制订，也不能朝令夕改。使得一个安全管理制度在一定时间内便于执行，使企业能在一定时间内形成统一的安全管理模式和管理流程。

③ 可操作性。安全生产管理制度一定要符合本单位安全生产实际、便于操作。同时，结合制度在执行过程中出现的问题和企业内外部环境变化及时修订、修改甚至重新制订，对原有制度中无法适应或无法满足安全工作要求的条款及时进行修订完善，安全管理制度建设必须实行 PDCA 闭环管理。

（2）安全生产管理制度的主要内容

施工企业安全生产管理制度一般包括以下五大方面的内容：安全生产责任制度、安全生产管理制度、岗位安全操作规程和规定、安全生产技术管理制度、安全生产事故和应急管理制度。具体制度包括：安全生产责任制度，安全生产组织管理制度，安全生产例会制度，安全生产管理人员考核制度，安全教育与培训制度，安全生产资金保障制度，安全风险评估制度，安全技术交底制度，危险性较大工程专项审批论证制度，特种设备及作业人员安全管理制度，职业健康安全和劳动防护用品管理制度，事故隐患排查和治理制度，安全生产检查制度，安全生产事故应急管理制度，安全生产信用评价制度，安全生产事故报告制度等。

4. 安全生产管理制度的实施流程

安全生产管理制度必须依据国家法规、部门规章和地方要求并结合本单位安全工作实际进行制订。各项规章制度一经下发就有了法律依据，就必须严格实施，具体实施流程见图 4-1。

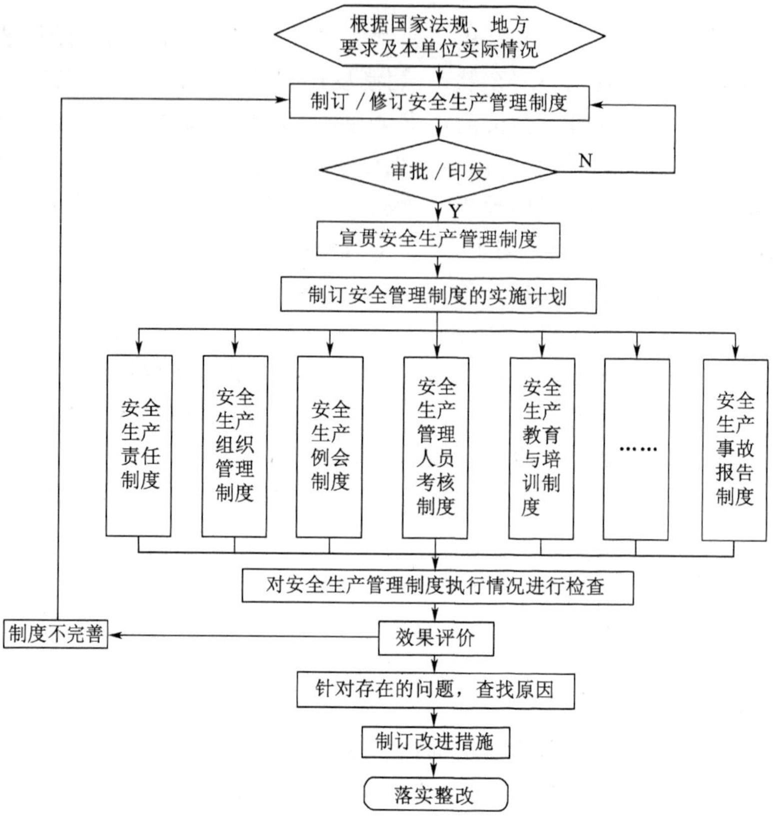

图 4-1 安全生产管理制度的实施流程

三、安全生产责任制度

1. 建立安全生产责任制度的必要性

安全生产责任制度是根据我国“安全第一、预防为主、综合治理”的安全生产方针，按照“管生产必须管安全”的原则建立的，是企业岗位责任制的一个重要的组成部分，是安全生产管理各项制度中最基本、最核心的规章制度，也是落实安全生产事故行政责任追究的主要依据。

《安全生产法》第四条明确规定：“生产经营单位必须遵守本法和其他有关安全生产的法律、法规，加强安全生产管理，建立、健全安全生产责任制度和安全生产规章制度，改善安全生产条件，推进安全生产标准化建设，提高安全生产水平，确保安全生产。”

建立、健全安全生产责任制不仅可以明确企业各部门和各级管理人员的安全责任，还可以提高企业的安全生产管理水平，有效预防、控制、减少伤亡事故的发生。因此，企业必须建立安全生产责任制。

2. 建立安全生产责任制度的目的和意义

建立安全生产责任制的目的是一方面明确了企业各职能部门、各级管理人员及各岗位工作人员在安全生产工作中所承担的工作任务；另一方面主要确定了他们在企业安全生产中应履行的职责和所应承担的责任，使安全生产真正做到有法可依、有人负责、有人监督、有人落实。

建立安全生产责任制的意义体现在两方面：一是我国安全生产方针和有关安全生产法规和政策的具体落实；二是通过明确责任使各类人员真正重视安全生产工作，把每个岗位的安全职责一一对应，实现"一岗双责"，这对全面做好安全生产工作具有重要作用。

3. 安全生产责任制度的主要内容

企业安全生产责任制度的建立是对企业主要负责人、安全管理部门和其他职能部门以及各类施工人员在管理和施工过程中应当承担的责任作出明确规定，即将企业安全生产主体责任分解到施工单位主要负责人、项目负责人、班组长以及每个岗位的作业人员身上。因此，企业安全生产责任制度的编制必须根据企业自身特点和组织机构的设置、职能人员的编制来考虑安全生产职责。即由谁负责，负什么责，要做到横向到边、纵向到底、不留死角。具体应包括以下八个方面的内容：

(1) 物质保障责任

① 具备法律、法规和国家标准、行业标准规定的安全生产条件。

② 保证履行建设项目安全设施"三同时"的规定。

③ 依法为从业人员提供劳动防护用品，并监督、教育其正确佩戴和使用。

(2) 资金保障责任

① 按规定提取和使用安全生产费用，确保资金投入满足安全生产条件需要。

② 按规定存储安全生产风险抵押金。

③ 依法为从业人员缴纳工伤保险费，保证安全生产教育培训的资金。

(3) 机构设置和人员配备责任

依法设置安全生产管理机构，足额配备安全生产管理人员。

(4) 安全生产规章制度制订责任

建立、健全安全生产责任制和各项规章制度以及安全生产操作规程。

(5) 教育培训责任

依法组织从业人员参加安全生产教育培训，组织有关人员取得相关上岗资格证书。

(6) 安全管理责任

① 依法加强安全生产管理。

② 定期组织开展安全检查。

③ 依法取得安全许可。

④ 依法对重大危险源实施监控。

⑤ 及时消除事故隐患。

⑥ 开展安全生产宣传教育。

⑦ 统一协调管理承包、承租单位的安全生产工作。

(7) 事故报告和应急救援责任

① 按规定报告生产安全事故。

② 及时开展事故抢险救援。

③ 妥善处理事故善后工作。

(8) 法律、法规、规章规定的其他安全生产责任

①《安全生产法》明确规定生产经营单位负责人为本单位安全生产第一责任人，对本单

位安全生产负总责。

②《安全生产法》对生产经营单位负责人的安全生产责任作了专门的确定：建立健全安全生产责任制；组织制订安全生产规章制度和操作规程；组织制订并实施安全生产教育和培训计划；保证安全生产投入；督促检查安全生产工作，及时消除生产安全事故隐患；组织制订并实施生产安全事故应急救援预案；及时、如实报告生产安全事故。

部分安全生产责任制的内容如下：

（1）企业主要负责人的安全生产职责

①《公路水运工程安全生产监督管理办法》规定：施工单位主要负责人依法对本单位的安全生产工作全面负责。

② 企业主要负责人是本单位安全生产的第一责任人，应全面贯彻执行国家安全生产方针政策和法律法规。

③ 建立、健全本单位安全生产责任制和安全生产管理制度。

④ 保证本单位安全生产投入的有效实施。

⑤ 组织本单位安全生产大检查并及时消除生产安全事故隐患。

⑥ 组织制订并实施本单位的生产安全事故应急救援预案并组织演练。

⑦ 及时、如实报告生产安全事故。

⑧ 按要求设立安全生产管理机构，并配备足够数量的安全生产管理人员等。

（2）项目负责人的安全生产职责

① 贯彻执行国家有关安全生产的方针、政策和法律、法规，严格执行安全生产技术标准、规范和规程。

② 项目负责人是项目安全生产第一责任人，要负责组织制订项目安全生产责任制、安全生产操作规程和安全生产规章制度。

③ 组织项目工程的危险源识别和安全风险评价工作。

④ 组织对施工现场事故易发、多发部位、环节进行监控。

⑤ 保证项目安全生产资金投入。

⑥ 组织制订施工现场生产安全事故应急救援预案并组织演练。

⑦ 负责报告安全生产事故。

⑧ 发生事故后，积极组织抢救人员，采取措施防止事故扩大，同时保护好事故现场，按照规定的程序及时、如实报告，积极配合事故的调查处理等。

（3）项目专职安全员的安全生产职责

① 负责施工现场安全生产日常检查并做好检查记录。

② 协助有关部门做好安全教育和安全技术交底工作。

③ 现场监督危险性较大工程安全专项施工方案实施情况。

④ 及时制止“三违”现象，遇有紧急情况有权暂停施工，并报告有关部门。

⑤ 对施工现场存在的安全隐患有权责令立即整改，对发现的重大安全隐患有权向企业安全管理机构报告。

⑥ 依法报告生产安全事故情况等。

（4）生产经营单位分管安全生产副职职责

协助主要负责人抓好安全生产，但不能免除主要负责人的安全责任。同时，企业的安全生产责任制还必须明确职能机构负责人及其工作人员安全生产责任制、班组长安全生产责任制和岗位工人安全生产责任制。

（5）安全生产管理部门的安全职责

① 贯彻执行国家、地方有关安全生产的方针政策、法律法规和规范标准，并及时向所属单位、项目部传达。

② 负责全面实施本单位安全生产管理具体工作。包括参与编写本单位各类安全生产管理制度，安全培训教育和安全技术交底等工作。

③ 参与施工组织设计和安全技术措施的编制和审批，并对贯彻执行情况进行监督检查。

④ 组织制订并实施本企业的生产安全事故应急救援预案。

⑤ 建立、健全安全生产各类技术档案，定期进行统计分析。

⑥ 定期组织对本企业在建工程的安全生产检查，建立重大危险源监管制度，对各项安全检查中发现的安全隐患落实整改，并组织复查等。

（6）技术质量部门的安全职责

① 建立以技术负责人为第一责任人的企业安全生产责任制度，建立和完善施工组织设计的编审程序制度和专家审查制度，明确各级技术人员的职责。

② 根据现行有效的技术标准、规范、施工图设计文件负责编写重大施工组织设计和专项施工方案。

③ 负责施工中采用的新设备、新技术、新工艺和新材料安全技术保证工作，安排编制（或审核）相应的操作规程及安全技术措施。

（7）设备管理部门的安全职责

① 掌握和统计本企业机械设备的数量、产品质量和安全使用情况。

② 建立施工机械设备的安装（拆除）、验收、检测、使用、维修保养和报废制度。

③ 严格执行机械设备装拆专项施工方案的编审程序，确保机械设备装拆专项施工方案的可靠性，明确各特种作业人员的职责和操作规程。

④ 采购或租赁具备生产（制造）许可证、产品合格证等相关有效证件的安全防护用具、机械设备、施工机具及配件，并进行经常性的安全查验等。

（8）生产或工程管理部门的安全职责

① 对本单位生产过程中的安全工作负责。

② 严格执行国家及上级各部门有关安全生产的法律法规，要求从业人员遵守安全操作规程，遵守劳动纪律，做到不违章、不蛮干。

③ 合理确定施工工期，在安排生产任务时优先考虑安全问题，当生产与安全发生矛盾时，坚持生产必须服从安全的原则，杜绝事故的发生。

④ 施工方案和安全措施要按规定认真审查和落实，遇到生产中的异常情况，应及时、妥善、果断处理，紧急情况先处理后报告。

（9）经营部门的主要安全职责

① 企业在从事经营活动时，应该根据工程特点和招标文件要求合理计算安全费用，保证施工中安全防护、文明施工等安全环保措施费用的合理使用。

② 在工程施工过程中，应配合企业各相关职能部门监督项目部安全管理人员的到位和

安全经费的合理使用等。

（10）人力资源部门的主要安全职责

① 负责员工的安全培训教育、安全生产管理人员（即“三类人员”）、注册安全工程师的取证及继续教育工作。

② 督促特种作业人员按规定接受有关部门的培训。

③ 按规定比例配备安全管理人员。

④ 为从业人员提供劳动保护用品、保险等。

（11）财务部门的主要安全职责

① 按照《高危行业企业安全生产费用财务管理暂行办法》中有关安全费用的规定比例，提供安全防护措施、安全培训教育等安全费用，保证安全投入。

② 监督检查本单位安全生产费用的提取、管理和使用情况，并在年度财务会计报表中披露安全生产费用提取和使用的具体情况。

③ 监督本单位安全经费的合理使用等。

4. 安全生产责任制度的实施流程

安全生产责任制是企业安全生产规章制度中最核心、最根本的制度，它对本单位各部门、各级管理人员及全体从业人员在安全生产中应履行的职责加以明确。安全生产责任制一经建立，必须严格实行，具体实施流程见图 4-2。

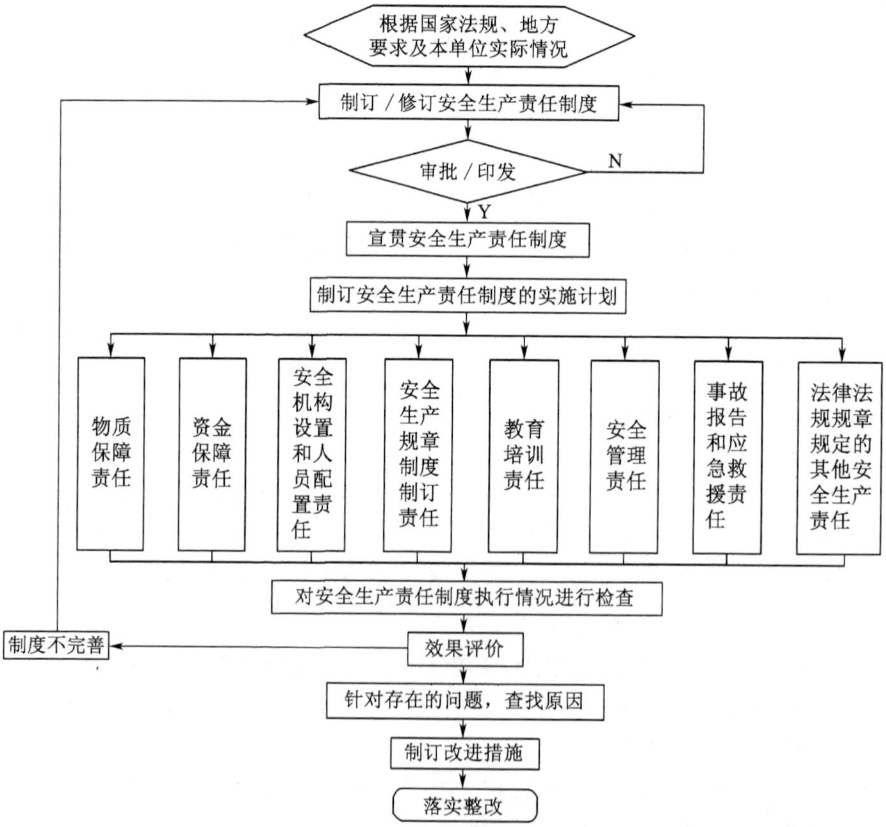

图 4-2　安全生产责任制度的实施流程

四、安全生产组织管理制度

1. 建立安全生产组织管理制度的必要性

安全生产的组织管理制度是企业为了有效实施安全生产的组织管理所建立的一种规章，是指导、协调安全生产机构和部门的责任，实现安全生产各项工作目标的制度保证。企业要想实现安全生产的总目标，就必须建立完善的安全生产组织保障体系，建立相应约束机制，这是企业安全生产管理组织工作实际的需要。

2. 建立安全生产组织管理制度的意义和目的

实现企业安全生产自我约束机制，首先必须在企业内部建立完善的安全组织管理体系。建立安全生产组织管理制度就是为了有效规范、指导、协调企业安全生产各级组织和各职能部门的工作行为，是保障安全管理工作正常、有效运转的依据，是控制安全生产事故、实现安全工作目标、指标的根本途径和方法，对强化企业安全生产组织管理，促进安全生产管理机构正常运行具有一定的指导意义。

3. 安全生产组织管理制度的主要内容

1）安全生产委员会或安全生产领导小组的建立

（1）公路工程施工企业应当建立由单位主要负责人任主任，主管生产、安全的副职或总工程师任副主任，各职能部门负责人任组员的安全生产委员会。安全生产委员会应设办事机构，一般办事机构设在本单位安全生产管理部门。

（2）项目经理部要建立由项目经理任组长，主管生产、安全的副经理任副组长，各职能部门负责人和所属工区主任或工班长任组员的安全生产领导小组，组织落实本单位安全生产规章制度，贯彻安全生产会议的决议，检查指导各作业队、工区、工班专兼职安全员的工作等。

2）安全生产组织机构的建立及设置要求

（1）《公路水运工程安全生产监督管理办法》第十四条规定：施工单位应当设置安全生产管理机构或者配备专职安全生产管理人员。施工单位应当根据工程施工作业特点、安全风险以及施工组织难度，按照年度施工产值配备专职安全生产管理人员，不足 5 000 万元的至少配备 1 名；5 000 万元以上不足 2 亿元的按每 5 000 万元不少于 1 名的比例配备；2 亿元以上的不少于 5 名，且按专业配备。

（2）《建筑施工企业安全生产管理机构设置及专职安全生产管理人员配备办法》第五条规定：建筑施工企业应当依法设置安全生产管理机构，在企业主要负责人的领导下开展本企业的安全生产管理工作。

（3）建筑施工专业承包资质序列企业：一级资质不少于 3 人，二级和二级以下资质企业不少于 2 人。

（4）建筑施工劳务分包资质序列企业：不少于 2 人。

（5）建筑施工企业的分公司、区域公司等较大的分支机构（以下简称分支机构）应依据实际生产情况配备不少于 2 人的专职安全生产管理人员。

（6）安全生产组织管理体系的建立在满足国家安全生产法律法规的有关规定的同时，还要和本单位的生产经营实际紧密联系，达到有效控制本单位安全生产状况，实现安全生产的目的。

3）企业安全生产组织机构的主要工作内容

（1）宣传和贯彻国家有关安全生产法律法规和标准。

（2）编制并适时更新安全生产管理制度并监督实施。

（3）组织或参与企业生产安全事故应急救援预案的编制及演练。

（4）组织开展安全教育培训与交流。

（5）协调配备项目专职安全生产管理人员。

（6）制订企业安全生产检查计划并组织实施。

（7）监督在建项目安全生产费用的使用。

（8）参与危险性较大工程安全专项施工方案专家论证会。

（9）通报施工项目重大危险源的控制情况。

（10）组织开展安全生产评优评先表彰工作。

（11）建立企业安全生产管理档案。

（12）考核评价分包企业安全生产业绩及项目安全生产管理情况。

（13）参加本企业生产安全事故的调查和处理工作。

（14）企业明确的其他安全生产管理职责等。

4）企业内部安全组织管理的重点

（1）落实各级人员、各个岗位的安全生产责任制。

（2）建立、健全安全规章制度和安全操作规程，并严格执行。

（3）实行安全目标管理，加强信息反馈和控制。

（4）坚持安全教育和培训，逐步提高全体职工安全技术水平和安全素质。

（5）开展各种安全检查、评价工作，将安全考核纳入职工绩效考核之中。

（6）保证安全技术措施的经费和施工项目安全生产的实施效果。

（7）重视事故的预防、事故的调查处理。

（8）不断总结经验，研究安全生产的新情况、新问题，应用新技术、新方法，以适应企业管理环境的不断变化。

4. 安全生产组织管理制度的实施流程

安全生产组织管理制度明确规定了安全生产组织机构的设置及要求，安全生产组织管理制度建立后，各级安全生产管理组织必须严格执行。

具体实施流程见图4-3。

五、安全生产例会制度

1. 安全生产例会制度的必要性

为加强企业安全生产工作的组织领导，及时传达贯彻上级有关安全生产工作要求，有效加强企业内部的沟通与联系，企业召开各种形式的安全生产会议是十分必要的。但如何明确安全生产例会的形式、内容、时间地点等会议要求，全面实现安全生产例会的各项议程，就必须建立安全生产例会制度。

2. 安全生产例会制度的目的和意义

建立安全生产例会制度的目的在于，通过有计划的召开安全生产会议，可以全面了解和掌握安全生产工作动态，全面布置和安排安全生产工作，认真落实各项预防、预控和预警措

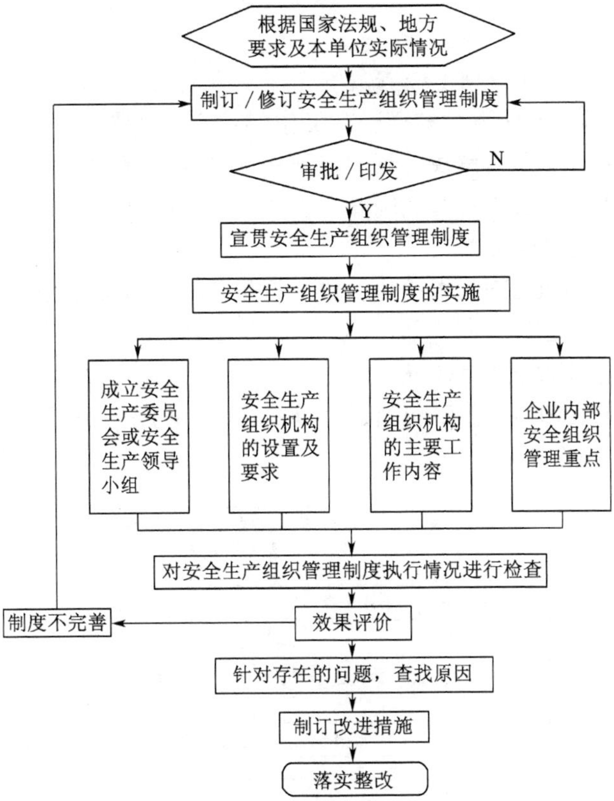

图 4-3　安全生产组织管理制度的实施流程

施，达到减少违章、避免安全生产安全事故发生的目的。

3. 安全生产例会制度的主要内容

1）安全生产例会制度

安全生产例会制度的内容必须包括该制度的适用范围、职责和主要工作程序。

2）安全生产例会制度的分类

(1) 企业安全生产委员会会议

① 企业的安全生产委员会会议一般每季度召开一次，由安委会办公室负责召集，企业主要负责人主持，全体委员参加。时间、地点由会议组织者决定。

② 会议主要内容包括：传达国家、行业、地方及上级有关部门的重要文件和重要指示精神；总结一个阶段以来的安全生产工作经验，取得的效果，安全生产现状、难点和急需解决的突出问题，确定切实可行的对策；根据存在问题和下一阶段生产经营的实际，确定安全管理的具体工作任务、安全监控的重点和阶段性目标；研究确定对安全工作有突出贡献的单位、部门、人员给予表彰，通报安全生产事故及对有关单位和责任人的处罚决定等。

③ 会议所议事项以及作出的决定应形成会议纪要，企业安委会办公室应负责督促、检查、考核会议决议的执行情况。

(2) 企业安全生产会议

① 企业的安全生产会议每月至少应该召开一次，由企业安全生产部门负责组织召开，

会议由企业主管安全生产的负责人主持。参加会议的人员一般有:安全生产负责人、技术负责人、专职安全员等。

② 会议主要内容:传达贯彻上级有关安全生产方面的方针政策文件,并研究提出本企业的贯彻落实措施;检查上阶段的安全生产工作,部署下阶段的安全生产工作;对生产中存在的问题和事故隐患研究落实解决问题的措施和方法;对发生的安全生产事故按照“四不放过”的原则作出处理和决定;表彰和奖励安全生产典型人物和事迹等。

(3) 不定期安全生产会议

由企业安全生产各职能部门根据建设单位的要求、工程进展、生产的季节性和突发性等情况随时召开安全生产会议。

4. 安全生产例会制度的实施流程

安全生产例会制度的内容主要包括适用范围、职责和工作流程及类别等,具体工作流程见图 4-4。

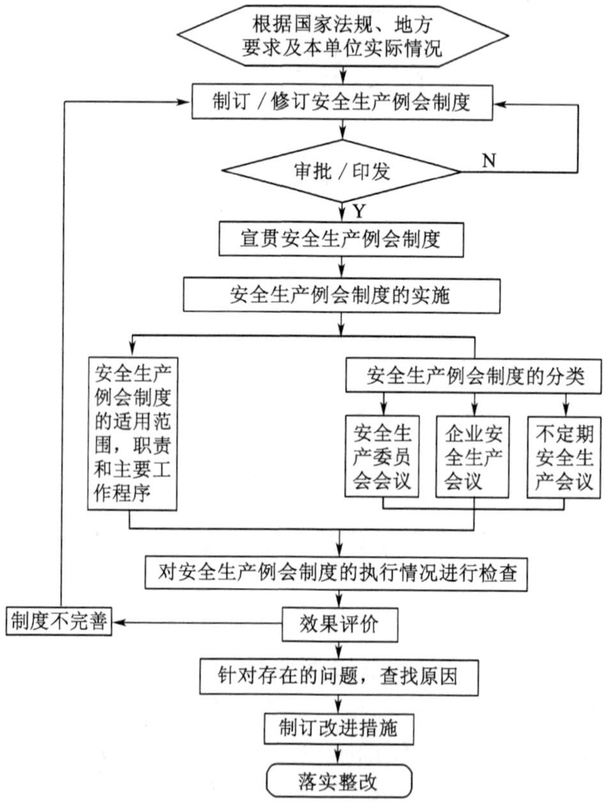

图 4-4 安全生产例会制度的实施流程

六、安全生产管理人员考核制度

1. 建立安全生产管理人员考核制度的必要性

为规范企业主要负责人、项目负责人和专职安全生产管理人员的行为,提高安全生产管理人员的责任感和使命感,增强安全管理人员的整体素质,企业必须建立安全生产管理人员考核制度。

2. 建立安全生产管理人员考核制度的目的和意义

为提高安全生产管理人员安全生产知识水平和管理能力，各施工企业应当在《公路水运工程施工企业安全生产管理人员考核管理办法》的基础上，建立、健全本单位的安全生产管理人员考核制度，确保工程施工安全生产，杜绝各类安全生产责任事故发生。

3. 安全生产管理人员考核制度的主要内容

1）施工单位负责人的考核依据

《安全生产法》明确规定：建筑施工单位的主要负责人和安全生产管理人员，应当由有关主管部门对其安全生产知识和管理能力进行考核，考核合格后方可任职；《公路水运工程安全生产监督管理办法》也明确规定：施工单位的安全生产三类人员必须取得考核合格证书，方可参加公路水运工程投标及施工。

2）企业主要负责人的考核要点

（1）安全生产知识考核要点

国家有关安全生产的方针政策、法律法规、部门规章、标准及有关规范性文件，本地区有关安全生产的法规、规章、标准及规范性文件；公路施工企业生产管理的基本知识和相关专业知识；重、特大事故防范和应急救援措施，报告制度及调查处理方法；企业安全生产责任制和安全生产规章制度的内容、制订方法；国内外安全生产管理经验；典型事故案例分析。

（2）安全生产管理能力考核要点

能认真贯彻执行国家安全生产方针、政策、法规和标准；能有效组织和督促本单位安全生产工作，建立、健全本单位安全生产责任制；能组织制订本单位安全生产规章制度和操作规程；能采取有效措施保证本单位安全生产所需资金的投入；能有效开展安全检查，及时消除生产安全事故隐患；能组织制订本单位生产安全事故应急救援预案，正确组织、指挥本单位事故应急救援工作；能及时、如实报告生产安全事故。

3）项目负责人的考核要点

（1）安全生产知识考核要点

① 国家有关安全生产的方针政策、法律法规、部门规章、标准及有关规范性文件，本地区有关安全生产的法规、规章、标准及规范性文件。

② 工程项目安全生产管理的基本知识和相关专业知识，重大事故防范、应急救援措施，报告制度及调查处理方法。

③ 企业和项目安全生产责任制和安全生产规章制度的内容、制订方法，施工现场安全生产监督检查的内容和方法。

④ 国内外安全生产管理经验，典型事故案例分析。

（2）安全生产管理能力考核要点

① 能认真贯彻执行国家安全生产方针、政策、法规和标准。

② 能有效组织和督促本工程项目安全生产工作，落实安全生产责任制。

③ 能保证安全生产费用的有效使用。

④ 能根据工程的特点组织制订安全施工措施。

⑤ 能有效开展安全检查，及时消除生产安全事故隐患。

⑥ 能及时、如实报告生产安全事故；安全生产业绩：自考核之日起，所管理的项目一年内未发生由其承担主要责任的死亡事故。

4）公路施工企业专职安全生产管理人员

（1）安全生产知识考核要点

国家有关安全生产的方针政策、法律法规、部门规章、标准及有关规范性文件，本地区有关安全生产的法规、规章、标准及规范性文件，重大事故防范、应急救援措施，报告制度、调查处理方法以及防护救护方法，企业和项目安全生产责任制和安全生产规章制度，施工现场安全监督检查的内容和方法，典型事故案例分析。

（2）安全生产管理能力考核要点

能认真贯彻执行国家安全生产方针、政策、法规和标准；能有效对安全生产进行现场监督检查，发现生产安全事故隐患，能及时向项目负责人和安全生产管理机构报告、能及时消除生产安全事故隐患，能及时制止现场违章指挥、违章操作行为，能及时、如实报告生产安全事故。

4. 安全生产管理人员考核制度的实施流程

安全生产管理人员考核制度主要是规定企业安全生产主要负责人、项目安全负责人及专职安全管理人员的主要考核内容及相关要求，主要包括安全生产知识和安全生产管理能力的考核。具体实施流程见图 4-5。

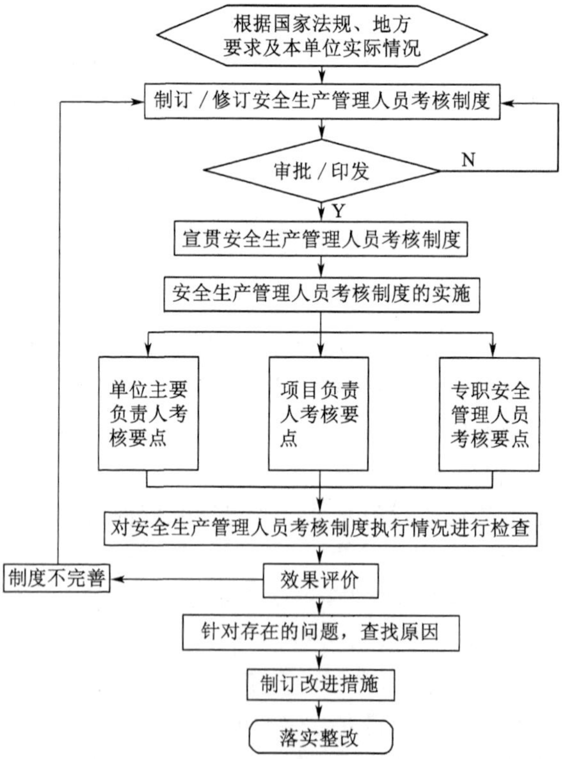

图 4-5　安全生产管理人员考核制度的实施流程

七、安全生产教育与培训制度

1. 建立安全生产教育与培训制度的必要性

1）法规要求

《安全生产法》明确规定：生产经营单位应当对从业人员进行安全生产教育和培训，保证从业人员具备必要的安全生产知识，熟悉有关的安全生产规章制度和安全操作规程，掌握本岗位的安全操作技能。未经安全生产教育和培训合格的从业人员，不得上岗作业。

2）公路工程施工企业安全管理现状的需要

目前，公路工程施工企业生产设施、设备状况参差不齐，安全条件不等，直接接触危险源的从业人员大多是文化程度相对较低的农民工，从事公路工程施工作业的时间短，自保互保的意识和能力不足，安全意识不强。因此，企业必须要建立安全生产教育与培训制度，这对于提高从业人员的安全意识和安全技能，防止人的不安全行为有着非常重要的作用。

2. 建立安全生产教育与培训制度的目的和意义

安全教育和培训的目的不仅能提高各级领导和广大从业人员对安全生产方针和政策的认识，增强搞好安全生产工作的责任感、使命感和法律意识，提高贯彻执行安全法律、法规以及各项规章制度的自觉性；而且能促使广大从业人员掌握所需的安全生产知识，提高安全操作技能和应急自救能力，达到提高全员安全素养，提高企业安全生产管理水平和防止事故，实现安全生产的目的。

3. 安全生产教育与培训制度的主要内容

1）安全生产教育培训的内容

安全生产教育与培训制度的主要内容应包括：安全意识、安全知识和安全技能教育。

（1）安全意识教育：包括安全法规、安全思想教育和劳动纪律教育三个方面内容。

（2）安全知识教育：包括施工生产的概况、生产过程、作业方法或者工艺流程，生产经营单位内特别危险的设备和区域，专业安全技术操作规程，安全防护基本知识和注意事项，有关特种设备的基本安全知识，有关预防生产经营单位常发生事故的基本知识，个人防护用品的构造、性能和正确使用的有关常识等。

（3）安全技能教育：内容包括设备的性能、一般的结构原理和正确操作知识，设备的使用、维护和事故的预防措施、紧急救援技能等。

（4）特定情况下的适时教育：冬季、夏季、汛期、雨雪天施工，节假日前后，节假日加班或突击赶任务，工作对象改变；工种交换，新工艺、新材料、新技术、新设备施工，发现事故隐患或发生事故后；进入新环境现场等。

（5）经常性的安全教育。

2）安全教育培训的形式

（1）企业组织的各类安全教育培训班。

（2）三级安全教育培训。

（3）岗前安全教育培训。

（4）在作业现场作业前进行的班前“五分钟”安全宣传教育。

（5）企业组织的各种安全技术知识讲座、竞赛。

（6）企业组织的“安全生产月”活动期间的技术交流，展览、张贴宣传画、标语，设置警示标志，以及利用媒体等方式进行的安全教育。

(7) 召开安全例会、事故分析会、现场会，分析造成事故的原因、责任、教训，制订事故防范措施。

(8) 日常进行的广播、电影、电视、录像、网络等声像式安全教育，是用现代技术手段使安全教育真正寓教于乐。

3) 安全教育和培训的对象

(1) 企业法定代表人、企业主管安全生产的领导和企业总工程师。

(2) 项目经理(独立承包工程负责人、施工队长)。

(3) 企业专职安全管理人员。

(4) 企业其他生产管理人员和技术人员。

(5) 企业特种作业人员。

(6) 企业新进场的从业人员。

(7) 重新上岗的待岗、转岗、换岗、复工人员。

(8) 企业其他的所有从业人员。

4) 安全教育培训的时间和要求

按规定，施工企业应当对管理人员和作业人员每年至少要进行一次安全教育培训，其教育培训情况记入个人工作档案。安全生产教育培训考核不合格的人员，不得上岗。也就是说，企业各类安全生产管理人员除了按照《关于印发公路水运工程施工企业主要负责人和安全生产管理人员考核管理办法的通知》的要求取得岗位合格证书外，每年还必须接受一次专门的安全教育培训，时间不得少于如下规定：

(1) 企业法定代表人、项目经理每年接受安全培训的时间，不得少于 30 学时；企业专职安全管理人员不得少于 40 学时；企业其他管理人员和技术人员每年接受安全培训的时间，不得少于 20 学时。

(2) 特种作业人员必须持证上岗。每年须接受有针对性的安全培训，时间不得少于 20 学时。

(3) 生产经营单位待岗、转岗、换岗的从业人员，再重新上岗前，必须接受一次安全培训教育，时间不得少于 20 学时。

(4) 公路工程施工行业的生产经营单位新进场的从业人员，必须进行公司、项目经理部(或工区、工程队等)、作业队(或班组等)的三级安全培训教育。

5) 企业三级安全教育的具体要求

(1) 公司级安全培训教育的主要内容是：国家和地方有关安全生产的方针、政策、法规、标准、规范、规程和企业的安全规章制度等。培训教育的时间不得少于 15 学时。

(2) 项目安全培训教育的主要内容是：工地安全制度、施工现场环境、工程施工特点及可能存在的不安全因素等。培训教育的时间不得少于 15 学时。

(3) 班组安全培训教育的主要内容是：本工种的安全操作规程、安全事故案例、劳动纪律和岗位讲评等。培训教育的时间不得少于 20 学时。

4. 安全生产教育与培训制度的实施流程

人的安全素质一般包括三个方面：一是安全意识，二是安全知识，三是安全技术。企业提高员工安全素质最直接、最有效的一个途径就是加强对职工的安全教育与安全培训。安全生产教育与培训制度实施还要注意如下问题：

（1）要经本单位安委会或上级安全生产主管部门审批下发后实施。

（2）要制订企业年度安全生产教育与培训计划。

（3）要建立本单位安全生产教育与培训档案，详细记录有关教育与培训信息。

（4）制度执行过程中要严格监督检查，对制度不重视或执行力不强的情况进行整改，并把相关信息反馈到有关部门，实施制度的修改修订工作。

具体实施流程见图 4-6。

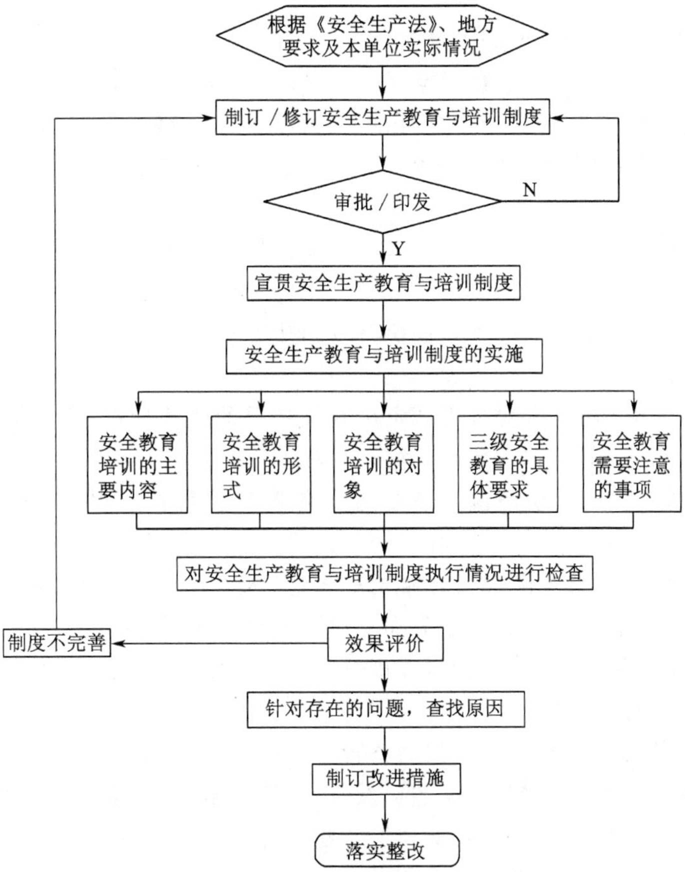

图 4-6　安全生产教育与培训制度的实施流程

八、安全生产资金保障制度

1. 建立安全生产资金保障制度的必要性

安全生产有关法规要求，公路工程施工企业应当具备安全生产条件所必需的资金投入，应当安排用于配备劳动保护用品、进行安全生产培训的经费，并对由于安全生产所必需的资金投入不足导致的后果承担责任；《高危行业企业安全生产费用财务管理暂行办法》明确规定：建筑施工企业以建筑安装工程造价为计提依据，提取的安全费用列入工程造价，在竞标时不得删减；《公路水运工程安全生产监督管理办法》也要求交通建设项目的安全投入"一般不得低于投标价的 1%，且不得作为竞争性报价"等等。因此，企业要想解决安全生产措施经费足额提取、及时到位、合理使用等问题，就必须建立相关“安全生产资金保障制度”。

2. 建立安全生产资金保障制度的目的和意义

建立企业安全生产资金保障制度的目的是为了加强企业安全生产费用的统一管理；保证安全生产资金的有效投入；改善从业人员工作条件和工作环境，保障职工职业健康安全；进一步实现安全生产、文明施工和安全生产标准化管理；减少和防止生产安全事故的发生。

3. 安全生产资金保障制度的主要内容

1）安全生产资金保障制度的主要内容

（1）安全生产资金是指企业按规定标准提取，在成本中列支，专门用于完善和改进企业安全生产条件所发生的各项资金（提取标准为：公路1%、铁路1.5%、房建2%）。

（2）企业安全生产资金管理必须坚持“企业提取、政府监管、确保需要、规范使用”的原则进行管理。

（3）企业安全生产资金必须做到专项立户，由本单位财务部门统一管理，实行专款专用，不得挪作他用。

（4）企业安全生产第一责任人全面负责安全生产资金计划的审批，并保证资金的落实及合理使用等工作。

（5）企业的安监部门负责安全生产资金相关情况的监督检查，审计部门应定期对安全生产投入资金使用情况进行专项审计，并出具报告。

（6）企业安全生产资金保障制度还要明确使用计划、统计上报的时间、相关工作程序、职责权限、奖励与处罚等。

（7）上级安监、财务等主管部门要加强安全生产资金的监督管理，对未按照相关规定落实安全生产资金保障制度的单位给予处罚。对因未建立或不严格执行安全生产资金保障制度的单位和个人，造成企业安全生产责任事故的还应追究相关责任人的责任。

2）安全生产资金的使用范围

按照《高危行业企业安全生产费用财务管理暂行办法》要求，安全资金应当在以下规定的范围内使用：完善、改造和维护安全防护设备、设施支出，配备必要的应急救援器材、设备和现场作业人员安全防护物品支出，安全生产检查与评价支出，重大危险源、重大事故隐患的评估、整改、监控支出；安全技能培训及进行应急救援演练支出，其他与安全生产直接相关的支出。

在公路工程施工中，对建设单位列入建设工程概算的安全生产资金应主要用于施工安全防护用具及设施采购和更新、安全施工保障措施的落实、安全生产条件改善等。

4. 安全生产资金保障制度的实施流程

安全生产资金保障制度建立后关键在于落实，各施工企业在落实安全生产资金管理工作中必须做到“三到位”，即责任到位、措施到位、资金到位。同时，各级财务部门、安全生产部门还应对安全生产费用提取标准、使用范围和结余处理等进行可行性分析评价，并结合本单位实际，在监督有关部门实施的同时，适时修订，确保安全生产资金的有效使用，做到科学、合法、合理、有效。具体实施流程见图4-7。

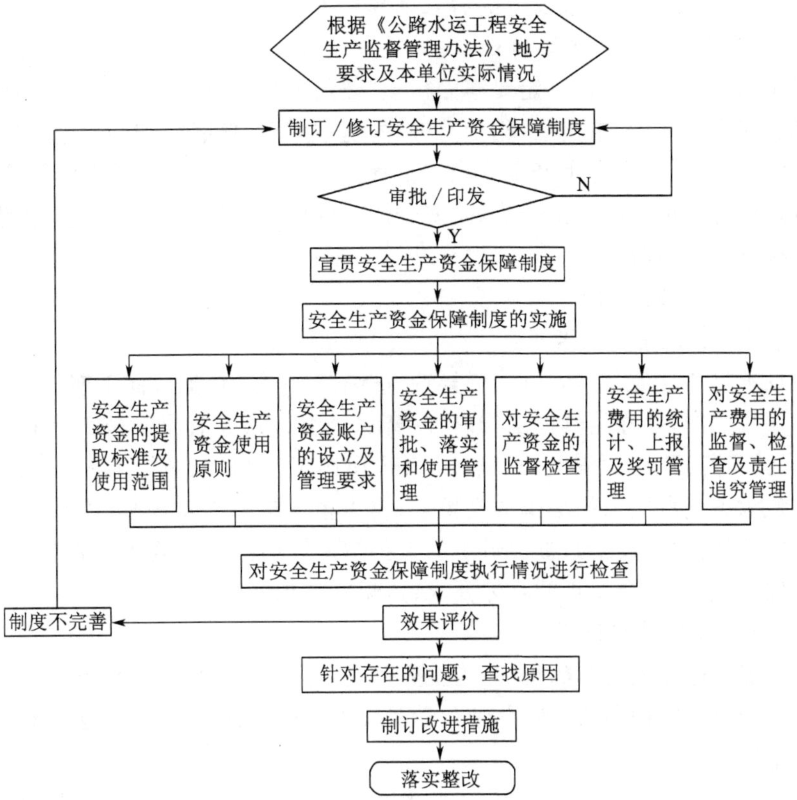

图 4-7　安全生产资金保障制度的实施流程

九、安全风险评估制度

1. 建立安全风险评估制度的必要性

安全风险评估制度是风险评估理论和方法在安全生产管理工作中的具体运用，是在科学分析施工生产当中危险危害因素的基础上，强调安全风险的预防、风险的控制、风险的转移、风险的补偿、风险的分散等之间作出决策的过程。企业的安全生产工作都应该在建立安全风险评估的基础上进行，只有在正确地、全面地了解安全风险后，才能在控制风险、减少风险、转移风险之间作出正确的判断，决定调动多少资源、以什么样的代价、采取什么样的应对措施去化解风险、控制风险。建立安全风险评估制度，及时识别、评价和控制危险源，可以有针对性地采取防范措施，是实现安全生产"可控、能控、在控"的必然要求。

2. 建立安全风险评估制度的目的和意义

在公路工程施工过程中，诱发安全生产事故的原因很多，控制的方法和手段也是不断推陈出新，建立安全风险评估制度是现代企业安全管理的重要手段之一。其目的就是对施工中的不同环境或不同时期的安全风险进行识别与分析，以及对安全风险产生的后果进行综合评价，并通过安全风险评价查找其存在的危险、有害因素并确定危险程度，提出合理可行的安全对策、措施及建议，使企业在生产运行期内的安全风险控制在安全、合理的范围内。建立安全风险评估制度对于企业建立健全符合企业实际的安全预控机制，整体提高企业安全管理水平，达到科学预测事故发生的后果都具有重大的意义。

3. 安全风险评估制度的主要内容

建立安全风险评估制度就一定要牢固树立“任何风险都可以控制”的理念，坚持“以人为本、安全发展、实事求是、注重实效、稳步推进”的基本原则，按照“分专业、分层次、理流程”的工作思路，密切结合企业安全生产实际和安全管理基础，稳步推进企业安全风险管理。

安全风险评估一般有以下三个步骤：安全风险的辨识与评价→危险危害因素的分析、分类及管理措施→安全风险评估。

1）安全风险的辨识与评价

（1）危险源辨识的准备及要求

根据工程项目所在地、自然环境、气候特点等客观条件，依据合同工期的要求，首先应制订出施工工序流程图，并确定具体工作内容；辨识小组应由具有丰富施工经验的人员组成，如生产经理、技术经理、专职安全员、施工队长、现场工程师、现场施工人员，要力求考虑周全、详尽；危险源识别所应用的法律法规要全，辨识范围应覆盖本单位、本项目的所有施工、作业（工作）区域及设备（设施）；参加辨识的人员掌握辨识范围和类别的基本情况，了解法律法规对本单位、本项目安全管理的具体要求；辨识的各项资料准备要齐全。

（2）危险源辨识的法律依据

对于公路工程施工危险源的辨识，应主要依据《建设工程安全生产管理条例》、《公路水运工程安全生产监督管理办法》和《危险化学品重大危险源辨识》等有关法规和标准进行。

（3）危险源的分类

目前我国关于危险源的分类方法，有按生产过程危险分类、按照有害因素分类以及按照企业职工伤亡事故分类等方法。根据《生产过程危险和有害因素分类与代码》（GB/T 13861）的规定，将生产过程中的危险、有害因素分为六类，分别是：① 物理性危险、有害因素；② 化学性危险、有害因素；③ 生物性危险、有害因素；④ 心理、生理性危险、有害因素；⑤ 行为性危险、有害因素；⑥ 其他危险、有害因素。

（4）危险源辨识与评价方法

危险源辨识方法大致可分为三类。

① 经验分析法：包括直观判断法、对照分析法和类比分析法。

直观判断法仅限于有可供参考先例、有以往经验可以借鉴的建设项目。对照分析法是对照有关法律法规、标准、检查表或依靠分析人员的观察能力，借助于经验和判断能力直观地对评价对象的危险因素进行分析的方法，其缺点是容易受到分析人员的经验和知识等方面的限制，对此，可采用安全检查表的方法加以弥补。类比分析法是利用相同或类似工程或作业条件的经验和劳动安全卫生的统计资料来类推、分析评价对象的危险因素，总结以往的生产经验，对以往发生过的事故或未遂事故的原因进行分析，不难找出危险因素。

施工现场的危险源主要是通过经验分析方法来辨识。

② 材料性质和生产条件分析法。了解生产或使用的材料性质是危害辨识的基础，危害辨识中常用的材料性质有：毒性、物理化学性质、燃烧和爆炸特性等。生产条件也会产生危险或使生产过程中的材料的危险性质加剧。

③ 作业条件危险性评价法。作业条件危险性评价法认为影响危险性的三个主要因素是：发生事故的可能性大小，用符号 L 表示；人体暴露于危险环境的频繁程度，用符号 E 表

示；发生事故可能产生的后果，用符号 C 表示。作业条件危险性分值用符号 D 表示，$D=L\times E\times C$，D 值越大，说明危险性越大，当 D 值超过不可容许或不可接受的风险时，就认定为重大危险源。具体数值可参照表 4-3～表 4-6。

a. L——事故发生的可能性(表 4-3)。

表 4-3　　事故发生的可能性(L)

分数值	事故发生的可能性	分数值	事故发生的可能性
10	完全可以预料	0.5	很不可能，可以设想
6	相当可能	0.2	极不可能
3	可能，但不经常	0.1	实际不可能
1	可能性小，完全意外		

b. E——暴露于危险环境的频繁程度(表 4-4)。

人员出现在危险环境中的时间越多，危险性越大。因此将人员连续出现在危险环境的情况定为 10，将非常罕见出现在危险环境中定为 0.5，而介于两者之间的各种情况分别规定出若干中间值。

表 4-4　　暴露于危险环境的频繁程度(E)

分数值	暴露于危险环境的频繁程度	分数值	暴露于危险环境的频繁程度
10	连续暴露	2	每月一次暴露
6	每天工作时间内暴露	1	每年几次暴露
3	每周一次或偶然暴露	0.5	非常罕见暴露

c. C——发生事故的后果(表 4-5)。

在公路工程施工范围内所有的活动、服务过程中，因各种过失酿成机械设备损坏和安全设施失当造成人身伤亡或重大经济损失的事故，按其可能产生的后果即人员受到伤害程度、经济损失额度的变化范围进行界定(经济损失系指直接经济损失，泛指因事故造成人身伤亡及善后处理支出的费用和损坏财产的价值)。由于范围广阔，所以依据《企业职工伤亡事故分类》(GB 6441—1986)规定分数值为 1～100。

表 4-5　　发生事故的后果(C)

分数值	发生事故产生的后果
100	10 人以上死亡或直接经济损失 100 万～300 万元
40	3～9 人死亡或直接经济损失 30 万～100 万元
15	1～2 人死亡或直接经济损失 10 万～30 万元
7	伤残或经济损失 1 万～10 万元
3	重伤或经济损失 1 万元以下
1	轻伤(损失 1～105 工日的失能伤害)

d. D——危险性分值(表 4-6)。

表 4-6　　作业条件危险性分值(*D*)

D 值	危险程度	风险等级	备注
＞720	极其危险，不能继续作业	5	重大风险
500～720	高度危险，要立即整改	4	
400～500	显著危险，需整改	3	
100～400	一般危险，需注意	2	低度风险
＜100	稍有危险，可以接受	1	

根据公式就可以计算作业的危险性程度，但关键是如何确定各分值和总分的评价。根据上述计算结果总分在 400 分以下，认为是低度风险，采取加强培训增强意识和能力，建立、健全相关规章制度，强化安全检查等方法进行管理。如果风险分数值在 400 分以上，则是要采取措施进行整改的重大风险。

同时，危险源的确定要防止遗漏，不仅要分析正常施工、操作时的危险因素，更重要的是要充分考虑施工活动三种时态（过去、现在、将来）和三种状态（正常、异常、紧急）下潜在的各种危险，分析支护失效，设备、装置破坏及操作失误可能产生严重后果的危险因素。对于已经评价为重大危险源还要制订相应的管理措施或管理方案。

2）危险危害因素的分析、分类及管理措施

此项工作应由工程技术人员、安全管理人员、设备使用与施工现场管理人员等各方面专家共同讨论完成，要以可能发生或者历史上曾经发生过的事故和事件为借鉴，以有关安全技术操作规程为依据，从以下几个方面进行危害分析：

（1）物（设备、设施）的不安全状态，包括可能导致事故发生和危害扩大的设计缺陷、工艺缺陷、设备缺陷、停放位置保护措施和安全装置的缺陷等。

（2）人的不安全因素，上岗人员未按要求培训、不采取安全措施、不按规定方法操作、疲劳等。

（3）可能造成职业病、中毒的劳动环境和条件，包括物理的（噪声、振动、湿度、辐射、粉尘）、化学的（易燃、易爆、有毒、危险气体、氧化物等）和生物因素。

（4）管理缺陷，包括安全监督、检查、事故防范、应急措施、作业人员安排、劳保防护用品不足或质量缺陷、工艺过程和操作方法不正确等。

（5）自然灾害，如地震、台风、洪水、雷击、泥石流、塌方等。

通过对危险源的分析、分类后采取相应的控制措施是控制事故的关键。

3）安全风险评估

根据以上几个方面的危害分析，应将所分析的结果进行风险评估，根据事故隐患危害程度和产生后果的不同进行分类，以便为制订防范措施奠定基础。应从以下几个方面进行评估：

（1）人身伤害（包括烧伤、烫伤、挤伤、砸伤、摔伤、电伤、咬伤、磁力伤、溺水等）和死亡。

（2）职业病发生（如粉尘、静电、有害气体、放射源等）。

（3）环境污染（如对大气、水源、农作物、动物等造成污染）。

（4）企业财产损失。

(5) 可能受到上级单位的批评、处罚或承担法律责任。

(6) 企业信誉的影响。

(7) 其他影响。

安全风险评估后应得出评价结论。

4) 出具安全风险评估报告

安全风险评估报告包括工程项目概况、安全风险评估的主要内容和风险评估结论等。

4. 安全风险评估制度的实施流程

安全风险评估的实施与运行步骤为:法律法规→危险源辨识→风险确定→风险评估→风险控制措施→目标→管理方案→危险源更新→风险更新→评估更新。风险评估中危险源辨识和风险评价是基础,运行控制、目标和管理方案的策划是持续改进和绩效提高的关键。具体实施流程见图 4-8。

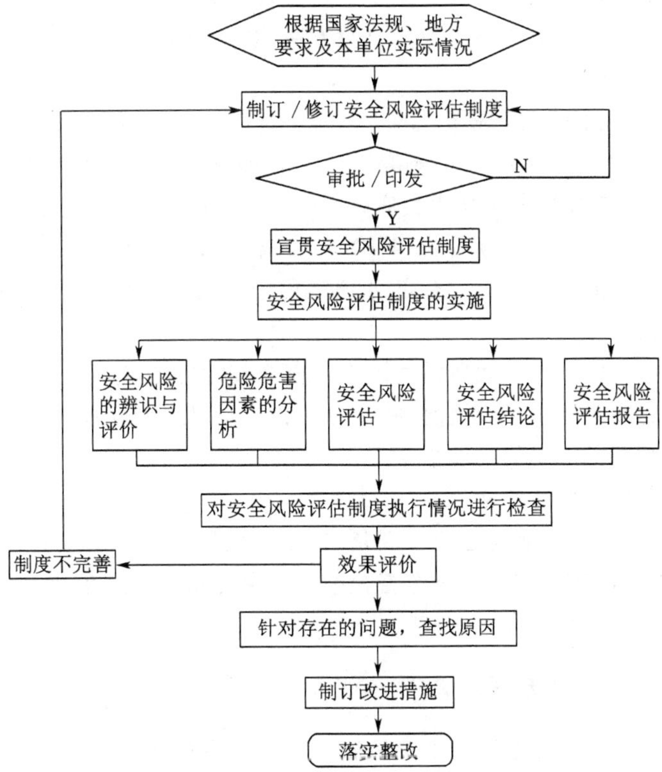

图 4-8　安全风险评估制度的实施流程

十、安全技术交底制度

1. 建立安全技术交底制度的必要性

公路工程施工一般属线性工程,要跨越大江大河、峡沟深谷,经过各种不良地质路段,修建大桥、隧道、高边坡等结构物不可避免,施工任务艰巨,安全风险高。同时,随着国家经济的高速发展,我国修建的公路等级越来越高,深水、高墩、大跨危险工程越来越多,机械化程度越来越高,施工范围逐渐由近海向远海发展,由浅水有掩护向深水无掩护扩展;新技术、新结构、新工艺、新材料和新设备，也不断地被应用于公路工程中，安全生产技术和管理工作也随之更加复杂、多变。在这样错综复杂的环境下，做好安全技术交底工作，能真正起到指导施工，预防事故、保证施工安全的作用。

2. 建立安全技术交底制度的目的和意义

建立技术交底制度目的是为了规范项目安全技术交底工作，提高从业人员的安全意识、安全知识和安全操作技能，是减少伤亡事故发生的必要手段和根本途径。

3. 安全技术交底制度的主要内容

(1) 交底的主要内容

① 告知施工过程中的作业危险特点、重大危险源及危害因素。

② 针对危险点和重大危险源制订具体预防措施。

③ 作业过程中应注意的安全事项。

④ 特殊工序的操作方法和相应的安全操作规程和标准要求。

⑤ 发生安全生产事故后应该采取的自救方法、紧急避险和紧急救援措施等。

(2) 交底的具体要求

① 安全技术交底由项目经理部技术负责人负责实施，实行逐级安全技术交底制度。横向涵盖各相关部门，纵向延伸到班组全体作业人员，即从项目管理者到现场施工负责人直到现场具体操作人员都应接受安全技术交底，任何人未经安全技术交底不准作业。

② 安全技术交底的内容必须具体、明确，有针对性和可操作性。

③ 安全技术交底的内容应针对分部分项工程施工给作业人员带来的潜在或隐含的危险因素和存在问题。

④ 安全技术交底应优先交底所采用的新的安全技术方法和技术措施。

⑤ 安全技术交底应涵盖工程概况、施工方法、施工程序、安全技术措施等内容。

⑥ 安全技术交底必须保留书面签字记录。

4. 安全技术交底制度的实施流程

安全技术交底制度的实施与运行步骤是：依据相关法律法规→制订安全技术交底制度→安全技术交底制度的宣贯与落实→监督检查→效果评价→问题落实整改。

具体流程见图 4-9。

十一、危险性较大工程专项方案审批论证制度

1. 建立危险性较大工程专项方案审批论证制度的必要性

危险性较大的工程由于施工中危险危害因素众多，是安全生产管理的重点和难点，因此其施工专项方案必须经过严格的审批和论证，保证每个施工工艺、施工方法中存在的危险危害因素得到有效控制和防护，才能确保施工过程中的安全生产能够实现。建立“危险性较大工程专项方案审批论证制度”就是要保证这个审批和论证的过程科学严谨、有效落实。

2. 建立危险性较大工程专项方案审批论证制度的目的和意义

危险性较大工程施工中往往具有安全生产隐患多、治理难度大、安全生产事故发生率高的特点。建立“危险性较大工程专项方案审批论证制度”是为了保证危险性较大工程在施工前能够充分考虑施工过程中可能存在的各种安全生产隐患，适当调整施工工艺和施工方法，

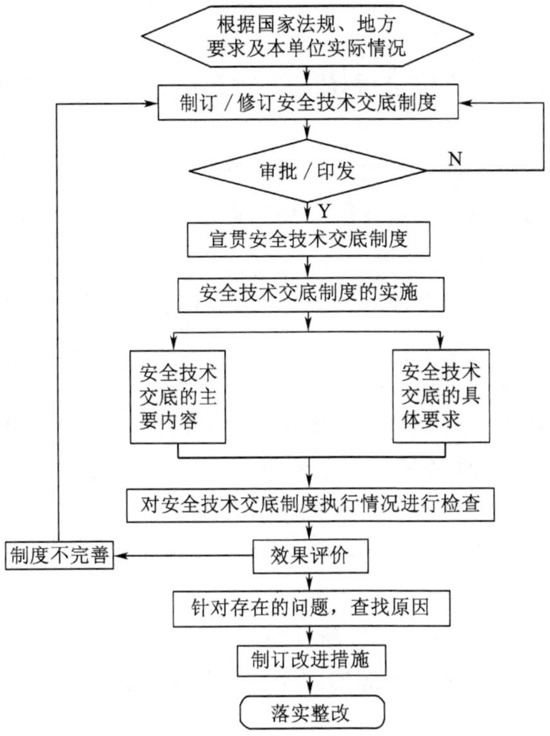

图 4-9　安全技术交底制度的实施流程

研究制订可操作性强的预防和治理措施，避免或减少安全生产事故的发生，对于保障施工过程中安全生产顺利进行、施工人员人身安全、企业财产不受损失具有重要意义。

3. 危险性较大工程专项方案审批论证制度的主要内容

危险性较大工程在施工前必须根据地质水文条件、设计图纸要求、技术规范标准及国家和地方法律法规等制订严谨可行的专项施工方案，然后经过审批和论证程序后方可施工。

1）专项方案的编制

专项方案应由施工单位组织编制，编制人员应具有本专业中级及以上专业技术职称。实行施工总承包的，应由施工总承包单位组织编制。其中，超深基坑、高大模板、大型边坡、大型脚手架等专业工程，应由专业承包单位负责编制。

专项方案的主要内容应包括：工程概况、编制依据、施工计划、施工工艺技术、施工安全保证措施、劳动力计划、计算书及相关图纸。

(1) 专项方案编制应遵循的原则。

① 进行施工平面布置时，生活、生产设施要避开周边重大危险因素，并不得对周边环境造成安全影响，同时要对具有危险性的临时设施按有关规定进行布置并做标志。

② 确定对施工作业有可能造成重大安全影响的周边危险因素，并制订相应的安全技术措施，消除这些危险因素。在无法消除的情况下，要制订相应的监控措施，必要时设计修建符合国家有关标准的安全防护设施，将其影响降至最低限度。

③ 根据设计文件、工期要求、施工环境，具体分析本项目施工的特点，找出施工过程中可能出现的不安全状态，针对这些不安全状态制订相应的技术措施。

④ 对施工过程进行作业流程分析，找出危险点，针对这些危险点制订相应的技术防范措施。

⑤ 安全技术措施的处置方法包括：消除与预防法、替代隔离法、设置薄弱环节法、错位布局法、连锁法、警告法。

(2) 在编制安全技术措施时，需要特别注意的内容。

① 编制前应收集施工项目所处的施工环境资料、工程图纸、设计文件、工期要求并深入施工现场进行查勘。

② 收集有关的国家安全生产法律法规、行业标准、安全防护设施标准、安全操作规程、施工工艺、同类技术文件。

③ 收集有关的危险因素辨识、评价资料。

④ 根据施工机械具体状况和使用条件，从技术角度考虑对设备的使用制订相应的规定，尤其是一些老旧设备、工作环境特别差的设备。对安全保护装置的使用作出明确规定，防止设备超负荷运行。

⑤ 根据相关的安全操作规程和作业过程特点，规定作业程序，规范施工人员的作业行为。

⑥ 在使用新工艺、新技术、新材料、新设备时，要对作业过程进行认真的分析，找出其薄弱点和危险点，并有针对性地编制相应的安全技术措施，对作业人员专门进行培训，考核合格后方能上岗。

⑦ 在进行有毒有害作业时，要根据作业特点从技术上对作业场所、防护设施、个人防护装备、作业时间进行具体的规定，最大限度地降低对作业人员的危害。

⑧ 对安全事故出现前的事故征兆、异常情况分析清楚并进行描述，制订出现事故征兆后应立即采取的应急措施，以避免安全事故的发生或将事故损失降低到最低限度。具体专项施工方案编制流程见图 4-10。

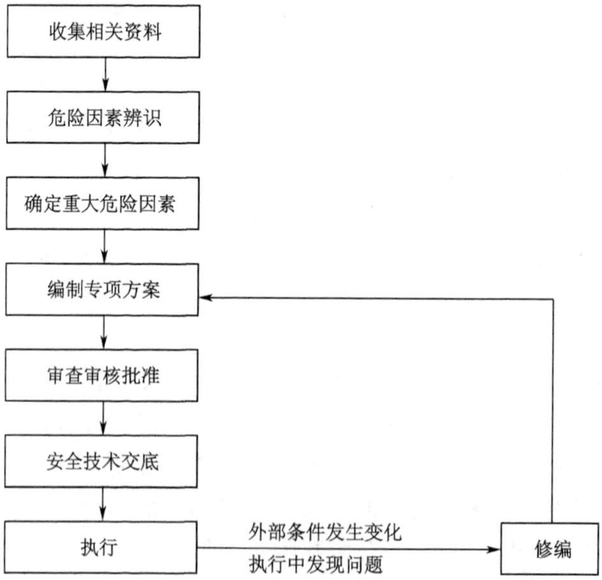

图 4-10　专项施工方案编制流程

2）专项方案的审核、审批

(1) 专项方案应当由施工单位技术部门组织本单位生产、安全、技术、质量等部门的专业技术人员进行审核。

(2) 实行施工总承包的，专项方案应当由总承包单位技术负责人及相关专业承包单位技术负责人审核。

(3) 不需专家论证的专项方案，须经施工单位审核合格后报施工监理单位，项目监理工程师审核通过、签字后，由项目技术负责人批准实施。

3）专项方案的论证

具有一定规模的危险性较大的分部分项工程，专项方案应当由施工单位组织召开专家论证会。工程实行施工总承包的，由施工总承包单位组织召开专家论证会。论证审查的专项方案在审核论证会通过后实施。

方案中需要专家论证的主要内容包括：

(1) 专项方案内容是否完整。

(2) 专项方案计算书和验算依据是否符合有关工程建设标准，采用新技术、新工艺、新材料、新设备的工程专项方案的数学模型是否准确。

(3) 专项方案是否可行，是否符合施工现场实际情况。

专家组认为专项施工方案需做重大修改的，施工单位应当根据论证报告组织修改，并重新组织专家进行论证。

施工单位应当根据专家组提交的论证报告对专项方案进行修改完善，经施工单位技术负责人、工程项目总监理工程师和建设单位签字后，方可实施。实行施工总承包的，还应经施工总承包单位技术负责人审核签字。

施工单位必须严格执行专项方案，不得擅自修改经过审批的专项方案。如因设计、结构等因素发生变化，确需修订的，应重新履行审核、论证、审批程序。

4. 危险性较大工程专项方案审批论证制度的实施流程

(1)专项方案编制。专项方案由施工单位负责组织编制，实行施工总承包的，由施工总承包单位负责组织编制。

(2) 专项方案审批。施工单位组织专业技术人员对专项方案进行审核。不需要进行专家论证的，审核合格后，由施工单位技术负责人进行审批，实行施工总承包的，还应报总承包企业技术负责人审批。需要进行专家论证的，审核通过后，组织专家进行论证审查。

(3) 专项方案论证。施工单位应组织专家或者委托第三方组织专家对方案进行论证审查。实行施工总承包的，由施工总承包单位组织专家论证。

(4) 方案的修改完善。施工单位应根据审核意见和专家组审查论证结果对专项方案进行修改完善，经施工单位技术负责人(实行施工总承包的，还应经施工总承包单位技术负责人签字)、工程项目总监理工程师和建设单位签字后，方可实施。

(5) 完善后实施。施工前应对施工人员进行安全技术交底；施工中应对方案执行情况进行检查；对方案执行情况进行定期验收，验收合格方可进入下一道工序。

具体流程见图 4-11。

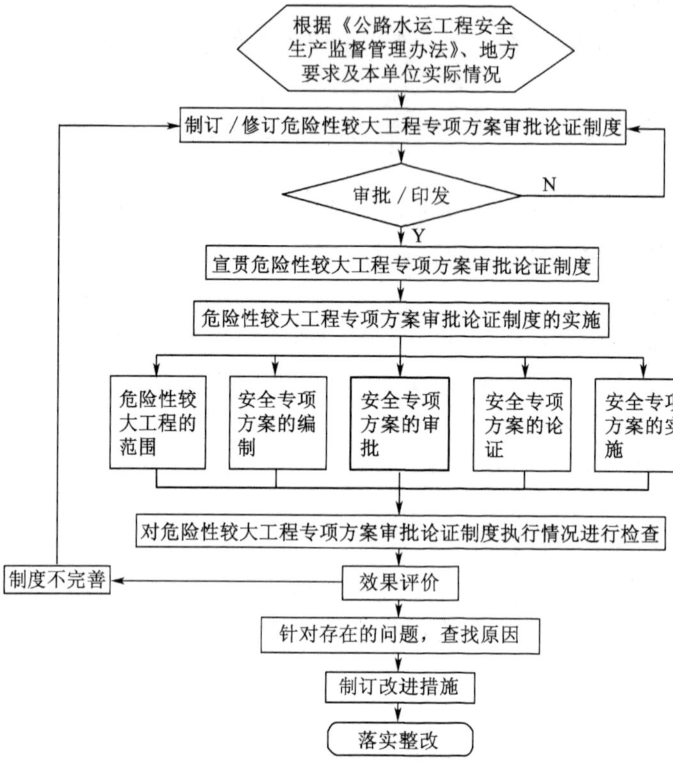

图 4-11　危险性较大工程专项方案审批论证制度实施流程

十二、特种设备及作业人员安全管理制度

1. 建立特种设备及作业人员安全管理制度的必要性

随着公路工程建设的迅速发展,工程施工机械化程度越来越高。然而由于施工机械设备本身和操作人员的原因,使得机械设备在使用中存在许多不安全因素,稍有疏忽,就可能发生机械伤害事故,给企业财产和企业员工职业健康安全造成危害。为了杜绝或减少机械伤害事故的发生,确保机械设备及人员的安全,创造良好的施工环境,就必须建立“特种设备及作业人员安全管理制度”,加强对特种设备及其作业人员的安全管理。

2. 建立特种设备及作业人员安全管理制度的目的和意义

建立“特种设备及作业人员安全管理制度”的目的是为了保证特种设备的品质和安全,加强设备的检验检测;规范特种作业人员的教育培训、持证上岗等安全管理,杜绝违章指挥、违章操作、违反劳动纪律的“三违”行为,避免人身伤害和财产损失;建立此项制度对于企业贯彻国家有关法律法规,建立健全企业安全生产管理体系,提高保障能力,完成既定的安全生产管理目标都具有重要意义。

3. 特种设备及作业人员安全管理制度的主要内容

1）特种设备的分类

根据《特种设备安全监察条例》等相关法律法规,结合公路工程施工的实际特点,特种设备及作业人员安全管理制度中包含的特种设备包括以下几类:

(1) 锅炉。范围规定为容积大于或者等于 30 L 的承压蒸汽锅炉；出口水压大于或者等于 0.1 MPa(表压)，且额定功率大于或者等于 0.1 MW 的承压热水锅炉；有机热载体锅炉。

(2) 压力容器。最大工作压力大于或者等于 0.1 MPa(表压)，且压力与容积的乘积大于或者等于 2.5 MPa·L 的气体、液化气体和最大工作温度高于或者等于标准沸点的液体的固定式容器和移动式容器；盛装公称工作压力大于或者等于 0.2 MPa(表压)，且压力与容积的乘积大于或者等于 1.0 MPa·L 的气体、液化气体和标准沸点等于或者低于 60 ℃液体的气瓶；氧舱等。

(3) 压力管道。其范围规定为最大工作压力大于或者等于 0.1 MPa(表压)的气体、液化气体、蒸汽介质或者可燃、易爆、有毒、有腐蚀性、最大工作温度高于或者等于标准沸点的液体介质，且公称直径大于 25 mm 的管道。

(4) 电梯。电梯是指动力驱动，利用沿刚性导轨运行的箱体或者沿固定线路运行的梯级(踏步)，进行升降或者平行运送人、货物的机电设备，包括载人(货)电梯、自动扶梯、自动人行道等。

(5) 起重机械。起重机械是指用于垂直升降或者垂直升降并水平移动重物的机电设备，其范围规定为额定起重量大于或者等于 0.5 t 的升降机；额定起重量大于或者等于 1 t，且提升高度大于或者等于 2 m 的起重机和承重形式固定的电动葫芦等。

(6) 场(厂)内专用机动车辆。即除道路交通、农用车辆以外仅在工厂厂区、旅游景区、游乐场所等特定区域使用的专用机动车辆。

(7) 其他危险性较大的特种设备。

特种设备包括其所用的材料、附属的安全附件、安全保护装置和与安全保护装置相关的设施。

2) 特种设备的安装与调试

(1) 对特种设备进行安装调试的单位应该具有相应的资格，使用单位需对承接该项工作的单位进行安全资格验证。

(2) 特种设备在安装调试前，使用单位应对特种设备安装调试承揽单位进行安全资质审查、验证后报上级质量技术监督行政主管部门备案，方可进行特种设备的安装调试。

(3) 特种设备安装调试必须按照国家相关安全法规、标准进行。

(4) 设备安装调试完成后，安装单位必须出具有关安装合格报告。使用单位还应组织有关部门组织验收，验收合格后方可投入使用。

3) 特种设备的管理

(1) 特种设备使用单位应当使用符合安全技术规范要求的特种设备。检查验收时，应要求厂家提供设备的设计文件、产品质量合格证明、安装调试及使用维修保养说明等文件。

(2) 特种设备在投入使用前或者投入使用后 30 日内，特种设备使用单位应当向直辖市或者设区的市的特种设备安全监督管理部门登记。登记标志应当置于或者附着于该特种设备的显著位置。

(3) 特种设备使用单位应当建立特种设备安全技术档案。安全技术档案应当包括以下内容：

① 特种设备的设计文件、制造单位、产品质量合格证明、使用维护说明等文件，以及安装调试技术文件和资料。

② 特种设备的定期检验和定期自行检查的记录。

③ 特种设备的日常使用状况记录。

④ 特种设备及其安全附件、安全保护装置、测量调控装置及有关附属仪器仪表的日常维护保养记录。

⑤ 特种设备运行故障和事故记录。

⑥ 高耗能特种设备的能效测试报告、能耗状况记录以及节能改造技术资料。

(4) 特种设备使用单位应当加强对在用特种设备进行经常性日常维护保养，并做好记录；维护保养时发现异常情况应当及时处理。

(5) 特种设备的使用单位至少每月进行一次专门的安全检查，发现问题及时处理，有效预防机械伤害事故的发生。

4) 特种设备作业人员管理

特种设备作业人员是指从事特种设备安装调试、维修保养、指挥、操作等的人员。

(1) 特种设备的使用单位应当加强对特种设备作业现场和作业人员的安全管理，履行下列义务：

① 制订特种设备安全操作规程和有关安全管理制度；

② 保证特殊工种人员持证上岗，建立特种设备作业人员管理档案；

③ 对特种作业人员及时进行安全教育和培训；

④ 专项安全检查，确保持证上岗和按章操作；

⑤ 提供必要的安全作业条件，发放必要的个人安全防护用品、用具；

⑥ 定期组织从事危险危害作业的特殊工种作业人员进行身体健康检查；

⑦ 及时进行安全技术交底和危险危害因素书面告知。

(2)《特种作业人员安全技术培训考核管理规定》对从事特种设备操作的作业人员有下列要求：

① 年满 18 周岁，且不超过国家法定退休年龄；

② 经社区或者县级以上医疗机构体检健康合格，并无妨碍从事相应特种作业的器质性心脏病、癫痫病、美尼尔氏症、眩晕症、癔病、震颤麻痹症、精神病、痴呆症以及其他疾病和生理缺陷；

③ 具有初中及以上文化程度；

④ 具备必要的安全技术知识与技能；

⑤ 相应特种作业规定的其他条件。

(3) 特种设备作业人员应当遵守以下规定：

① 作业时随身携带证件，并自觉接受用人单位的安全管理和质量技术监督部门的监督检查；

② 积极参加特种设备安全教育和安全技术培训；

③ 严格执行特种设备操作规程和有关安全规章制度；

④ 拒绝违章指挥；

⑤ 发现事故隐患或者不安全因素应当立即向现场管理人员和单位有关负责人报告；

⑥ 接受安全技术交底，熟悉现场危险源及应急措施。

4. 特种设备及作业人员安全管理制度的实施流程

具体流程见图 4-12。

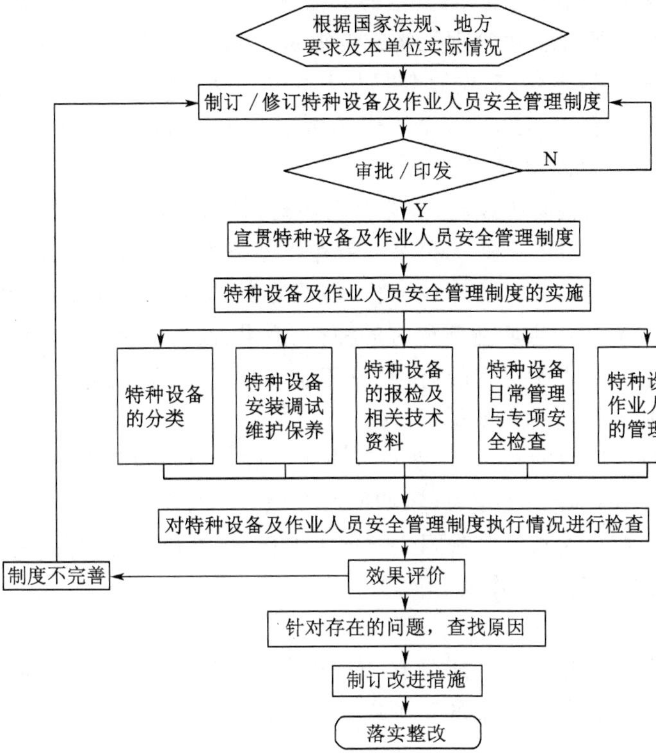

图 4-12　特种设备及作业人员安全管理制度的实施流程

十三、职业健康安全和劳动防护用品管理制度

1. 建立职业健康安全和劳动防护用品管理制度的必要性

劳动防护用品是保护劳动者在生产过程中的安全与健康所必备的个人安全防护用具。事实证明，作业人员配备和正确使用劳动防护用品能够有效避免或减少职业危害、预防职业病和工伤事故的发生。建立"职业健康安全和劳动防护用品管理制度"是国家法律法规的要求，是构建和谐社会、贯彻"以人为本、安全发展"安全生产理念的必要措施，也是建立各单位职业健康安全管理体系的重要组成部分，是保障安全生产必不可少的重要手段。

2. 建立职业健康安全和劳动防护用品管理制度的目的和意义

建立"职业健康安全和劳动防护用品管理制度"的目的是：规范企业劳动防护用品的管理，减少作业场所职业危害，降低职业病发生率，提高企业对于职业病和职业伤害的防控能力。它的重要意义在于，一方面有助于劳动者合法权益的实现，有助于劳动者生产作业环境的持续改进；另一方面有助于企业完善职业健康安全管理体系，有助于企业更好地开展职业病防治工作，预防或减少安全生产责任事故的发生。

3. 职业健康安全和劳动防护用品管理制度的主要内容

"职业健康安全和劳动防护用品管理制度"应根据国家和地方有关法律法规要求，并结合企业施工生产实际和劳动者作业环境中的特点来制订。

1）职业病防治管理

企业作为职业病防治和职业健康安全的责任主体应采取下列管理措施：

(1) 本企业要设置职业卫生管理机构或者组织，全面负责本单位的职业病防治工作；制订职业病防治计划和实施方案；建立健全职业卫生管理制度和操作规程；建立健全职业卫生档案和劳动者健康监护档案；建立、健全工作场所职业病危害因素监测及评价制度；建立健全职业病危害事故应急救援预案。

(2) 设置有效的职业病防护设施，并为劳动者提供合格的职业病防护用品。

(3) 优先采用有利于防治职业病和保护劳动者健康的新技术、新工艺、新材料。

(4) 对产生严重职业病危害的作业岗位，应当在其醒目位置设置警示标志和中文警示说明。警示说明应当载明产生职业病危害的种类、后果、预防以及应急救治措施等内容。

(5) 对可能发生急性职业损伤的有毒、有害工作场所，设置报警装置，配置现场急救用品、冲洗设备、应急撤离通道和必要的危险区。

(6) 按照卫生行政部门的规定，定期对工作场所进行职业病危害因素检测、评价，检测、评价结果存入用人单位职业卫生档案，定期向所在地卫生行政部门报告并向劳动者公布。

(7) 不得安排未成年人从事接触职业病危害的作业，不得安排孕期、哺乳期的女职工从事对本人和胎儿、婴儿有危害的作业。

2）常见的劳动防护用品

公路工程常见的个人安全防护用品有：安全帽、安全带、安全网、防毒面具、防尘口罩、护目镜、高温鞋、绝缘鞋等。一般劳动的防护用品还包括：工作服、工作帽、风镜、雨衣、水靴、防寒服、毛巾、手套等。

3）劳动防护用品的配备与使用

(1) 企业应当按照《个体防护装备选用规范》(GB/T 11651)和国家颁发的劳动防护用品配备标准以及有关规定，为从业人员配备劳动防护用品。

(2) 企业应当安排用于配备劳动防护用品的专项经费。企业不得以货币或者其他物品替代应当按规定配备的劳动防护用品。

(3) 企业为从业人员提供的劳动防护用品，必须符合国家标准或者行业标准，不得超过使用期限。并督促、教育从业人员正确佩戴和使用劳动防护用品。

(4) 企业应当建立健全劳动防护用品的采购、验收、保管、发放、使用、报废等管理制度。

(5) 企业不得采购和使用无安全标志的特种劳动防护用品，购买的特种劳动防护用品须经本单位的安全生产技术部门或者管理人员检查验收。

(6) 从业人员在作业过程中，必须按照安全生产规章制度和劳动防护用品使用规则，正确佩戴和使用劳动防护用品；未按规定佩戴和使用劳动防护用品的，不得上岗作业。

4）施工安全“三宝”的内容及使用方法

施工安全“三宝”指的是：安全帽、安全带、安全网。

(1) 安全帽的正确使用

① 凡进入施工现场的所有人员，都必须佩戴安全帽。作业中不得将安全帽脱下，搁置一旁，或当坐垫使用。

② 国家标准中规定佩戴安全帽的高度，为帽箍底边至人头顶端（以试验时木质人头模

型作代表)的垂直距离为 80～90 mm。国家标准对安全帽最主要的要求是能够承受 500 N 的冲击力。

③ 要正确使用安全帽，扣好帽带，调整好帽衬间距(一般 40～50 mm)，勿使其轻易松脱或颠动摇晃。缺衬缺带或破损的安全帽不得使用。

(2) 安全带的正确使用

① 使用安全带时要高挂低用，防止摆动碰撞，绳子不能打结，钩子要挂在连接环上。当发现有异常时要立即更换，换新绳时要加绳套。使用 3 m 以上的长绳要加缓冲器。

② 在攀登和悬空等作业中，必须佩戴安全带并有牢靠的挂钩设施，严禁只在腰间佩戴安全带，而不在固定的设施上拴挂钩环。

③ 安全带不使用时要妥善保管。不可接触高温、明火、强酸、强碱或尖锐物体。使用频繁的绳要经常做外观检查，使用两年后要做抽检，抽验过的样带要更换新绳。

(3) 安全网的正确使用

① 网内不得存留建筑垃圾，网下不能堆积物品，网身不能出现严重变形和磨损，防止受化学品与酸、碱烟雾的污染及电焊火花的烧灼等。

② 支撑架不得出现严重变形和磨损，其连接部位不得有松脱现象。网与网之间及网与支撑架之间的连接点亦不允许出现松脱。所有绑拉的绳都不能使其受严重的磨损或有变形。

③ 网内的坠落物要经常清理。保持网体洁净，还要避免大量焊接或其他火星落入网内，并避免高温或蒸汽环境。当网体受到化学品的污染或网绳嵌入粗砂粒或其他可能引起磨损的异物时，必须立即清洗，洗后使其自然干燥。

④ 安全网在搬运中不可使用铁钩或带尖刺的工具，以防损伤网绳。网体要存放在仓库或专用场所，并将其分类、分批存放在架子上，不允许随意乱堆。对仓库要求具备通风、遮光、隔热、防潮、避免化学物品的侵蚀等条件。在存放过程中，亦要求对网体作定期检验，发现问题，立即处理，以确保安全。

4. 职业健康安全和劳动防护用品管理制度的实施流程

建立职业健康安全和劳动防护用品管理制度在实施过程中，还要注意该制度的工作程序、适用范围、相关责任以及具体要求等。具体实施流程见图 4-13。

十四、安全生产事故隐患排查和治理制度

1. 建立安全生产事故隐患排查和治理制度的必要性

安全生产事故隐患，是指未被事先识别或未采取必要防护措施可能导致安全生产事故的危险源或不利环境因素，也指具有潜在的对人身安全或健康构成伤害，造成财产损失或兼具其他损失的根源或情况。公路工程施工中人、机、料、物的协同作业、交叉作业频繁，安全管理难度大，事故隐患多，加强安全生产事故隐患的排查治理工作，建立企业“安全生产事故隐患排查和治理制度”是提高安全生产事故防控能力，保障安全生产顺利进行的必要手段和措施。

2. 建立安全生产事故隐患排查和治理制度的目的和意义

为了建立安全生产事故隐患排查治理长效机制，加强事故隐患监督管理，预防和减少事故的发生，保障员工生命财产安全，企业应建立“安全生产事故隐患排查和治理制

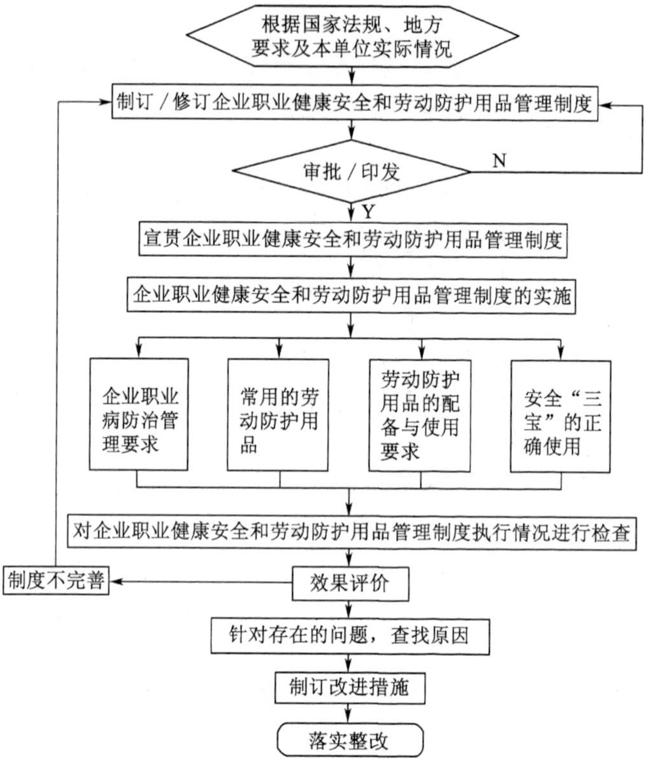

图 4-13　职业健康安全和劳动防护用品管理制度实施流程

度”。这是建立完善安全生产长效机制的基本措施之一，对落实企业安全生产主体责任，加强事故隐患排查治理力度，提高企业安全生产管理水平，保障人民群众生命财产安全有着重大意义。

3. 安全生产事故隐患排查和治理制度的主要内容

“安全生产事故隐患排查和治理制度”的主要内容应包括事故隐患分级管理、事故隐患的排查治理与报告及重大事故隐患排查治理方案等。

1）事故隐患的分级

事故隐患分为一般事故隐患、较大事故隐患、重大事故隐患和特别重大事故隐患。

（1）一般事故隐患：可能造成一次死亡 1～2 人或一次重伤 3～9 人，或直接经济损失 100 万元以下的事故隐患。

（2）较大事故隐患：可能造成一次死亡 3～9 人或一次重伤 10～29 人，或直接经济损失 100 万元以上 500 万元以下的事故隐患。

（3）重大事故隐患：可能造成一次死亡 10～29 人或一次重伤 30 人以上，或直接经济损失 500 万元以上 1 000 万元以下的事故隐患。

（4）特别重大事故隐患：可能造成一次死亡 30 人以上，或直接经济损失 1 000 万元以上的事故隐患。

针对重大和特别重大事故隐患，企业应该建立预警机制，按隐患危害程度分红色、橙色、黄色、蓝色 4 级预警，采取相应的排查治理措施。

2）事故隐患的排查治理

（1）企业是事故隐患排查、治理和防控的责任主体。应当把隐患排查治理工作贯穿到生产活动全过程，建立实时检查、班检查、日排查等隐患排查治理制度，明确排查地点、项目、标准、责任，将隐患排查治理日常化。企业主要负责人对本单位事故隐患排查治理工作全面负责。

（2）企业应成立事故隐患排查治理小组，由单位安全生产第一责任人任组长，定期组织安全生产管理人员、工程技术人员和其他相关人员排查本单位的事故隐患，并逐级落实从主要负责人到每个从业人员的隐患排查治理的范围和责任，做到不留空档，不留死角。

（3）企业应依照有关法律法规和文件要求制订具体方案，对安全生产规章制度、责任落实、安全管理组织体系、资金投入、人员培训、劳动纪律、现场管理、防控手段、事故查处以及安全生产基本条件、工艺系统、基础设施、技术装备、作业环境等方面组织检查。每月至少组织一次事故隐患排查工作，并下发隐患整改通知，限期整改，落实事故隐患排查治理工作责任。

（4）企业应将排查出的事故隐患分级建档，登记编号，对重大及特别重大的事故隐患应报上级管理部门。当事故隐患等级可能随时间、外界条件变化时，应注重动态监控并在档案中及时调整其等级，对升级为重大及特别重大的事故隐患予以补报，对降级的事故隐患亦应相应报告。

（5）受检单位在接受隐患整改通知后，应立即按照隐患整改通知的要求采取有效措施，按照“三限”原则对隐患进行整改治理；隐患整改完成后应形成隐患整改回执，将隐患整改情况及时报送至检查单位，并组织召开会议进行总结；受检单位在接到隐患整改回执后，应对整改情况进行复查核实。

（6）企业应加强对自然灾害的预防。对于因自然灾害可能导致事故灾难的隐患，应当按照有关法律、法规、标准的要求排查治理，采取可靠的预防措施，制订应急预案。在接到有关自然灾害预报时，应当及时向所属单位发出预警通知；发生自然灾害可能危及企业和人员安全的情况时，应当采取撤离人员、停止作业、加强监测等安全措施，并及时向当地人民政府及有关部门报告。

（7）企业接到有关部门下达的责令停产整改指令，必须立即停止生产，由主要负责人组织制订整改方案，并及时报送有关部门。制订整改方案应确定整改项目、整改目标、整改时限、整改作业范围、从事整改的作业人员，落实整改责任人、资金，还应包括安全技术措施和应急预案，以及职工安全教育和培训等内容。

（8）企业应建立奖惩机制，促进事故隐患的排查和治理工作。

3）事故隐患排查治理的报告

（1）企业应每季或每半年对事故隐患排查治理情况进行统计分析，写出隐患排查治理报告，并定期向有关部门报送隐患排查治理情况。

（2）企业应当及时向所属单位和部门通报隐患排查与治理情况，提出下阶段事故隐患排查治理工作要点。

（3）重大事故隐患治理报告还应包括：隐患的现状及其产生原因，隐患的危害程度和整改难易程度分析，隐患治理方案等。

（4）隐患治理方案应包括：治理的目标和任务，采取的方法和措施，经费和物资的落实，负责治理的机构和人员，治理的时限和要求，安全措施和应急预案等。

4）事故隐患排查结果公示

企业应当如实向施工作业班组、作业人员详细告知作业场所和工作岗位存在的危险因素、危险特征及防范措施，由双方签字确认。在作业场所明显部位设置重大及特别重大的事故隐患公示牌；制订应急预案并告知作业人员与现场相关人员，必要时组织演练。

在上述场所应设置明显安全警示标志，在无法封闭施工的工地，还应当悬挂当日施工现场危险告知牌，以将危险告知路人和社会车辆。

5）事故隐患治理和验收销号

（1）事故隐患的治理

企业对处在危险区域或有潜在危险的驻地坚决搬迁，对有危险的作业点进行有效防范，对施工机具登记管理，在使用维修保养前应加强检查，对所有隐患的防范措施应一一审核是否有操作性，是否有效。监理单位应加强对防范整改的监督检查，并对施工单位的整改情况加以书面确认。工程建设单位也应制订相应的奖惩措施，对无防范措施或措施无效及整改不力的施工项目部严格惩处，对仍存在重大及特别重大事故隐患的场所、部位，立即停工整顿。

（2）事故隐患治理的验收与销号

企业应建立本单位的安全生产事故隐患排查治理的验收销号标准。对已经按要求治理的事故隐患及时销号，解除监控。对难以按时消除的事故隐患，应编制监控措施，落实专门的责任人和整改时限。

① 重大事故隐患整改，要落实跟踪督办的责任部门和责任人，督促落实各项防范措施，对整改治理情况进行跟踪督办。

② 督促整改的责任人要深入现场，跟踪检查有关防范和监控措施落实情况，及时掌握重大事故隐患治理情况，确保按整改方案进行治理，彻底消除重大事故隐患。

③ 重大事故隐患整改结束后，整改单位应向督办的责任部门和责任人提出验收申请。督办的责任部门和责任人在接受申请后，应当在10日内组织有关人员进行现场核查。对于彻底治理的事故隐患，经有关部门验收合格后，及时摘牌销号，将有关档案或台账整理后归档管理。

4. 事故隐患排查和治理制度的实施流程

事故隐患排查与治理制度的实施主要包括：责任落实、组织机构、隐患排查、隐患治理及报告、治理方案、验收与销号等。具体实施流程见图4-14。

十五、安全检查制度

1. 建立安全检查制度的必要性

施工企业进行的安全检查工作是发现和消除安全管理缺陷、施工现场事故隐患，单位间交流经验，促进安全生产的有效措施，是企业安全生产管理体系运行中的重要环节，是安全生产管理工作的重要内容，也是防止事故发生、改善劳动条件的重要手段。通过安全检查可以及时掌握安全管理体系的运行情况和生产经营过程中的危险危害因素，以便有计划地制订相应措施，保证企业安全生产顺利进行。因此，企业必须建立、完善安全检查制度。

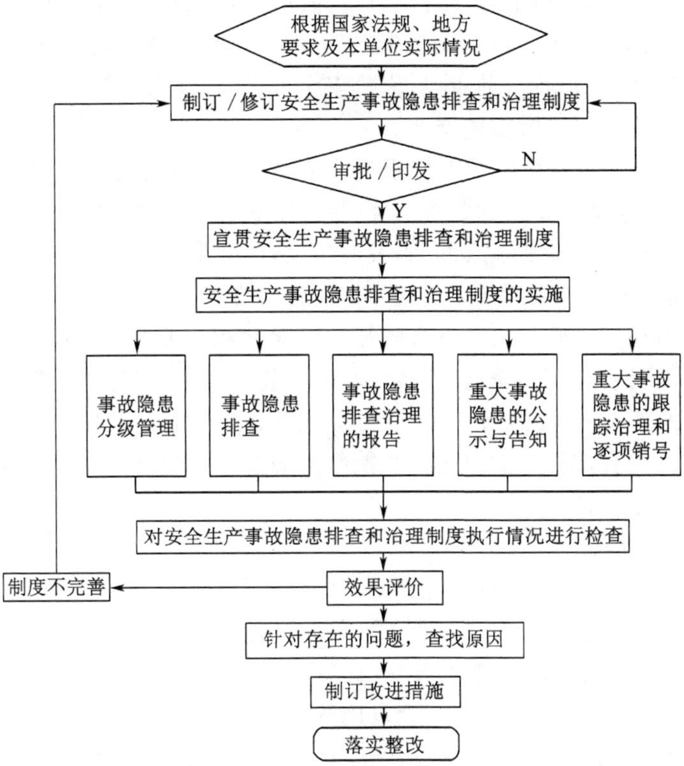

图 4-14 事故隐患排查和治理制度实施流程

2. 建立安全检查制度的目的和意义

为了更好地履行企业安全生产监管的主体责任，规范安全检查工作，促进安全检查工作经常化、规范化、制度化，各企业应根据国家和地方性法律法规的要求，结合企业生产特点，建立“安全检查制度”。这项制度的建立有助于企业更好地贯彻执行安全生产有关的法律、法规；有助于及时纠正安全生产违法违规行为，排查和消除事故隐患；有助于不断提高管理水平，防范和减少各类事故的发生。

3. 安全检查制度的主要内容

企业建立的安全检查制度应包括：检查的目的、要求、依据、标准、形式、内容、分工职责、频次、整改以及对检查效果的评价等。

1）安全检查的类型

安全检查可以分为定期性的、经常性的、季节性的、专业性的、综合性的安全检查的等形式。

（1）定期性检查。它是企业或主管部门组织的定期全面的安全检查。公路施工企业内部必须建立其分级检查的制度。检查周期为：一般中型以上的公路工程施工单位，每季度组织一次检查；所属项目经理部，每月组织一次检查；施工作业队（班组），每周进行一次检查；施工现场比较集中的单位可每月组织一次检查。定期检查要面广、有深度，能及时发现并解决问题。

（2）经常性检查。由各级生产单位负责人或安全管理人员根据生产情况和各项安全生产规章制度的执行情况，进行的经常性检查，能及时发现隐患，消除隐患，保证施工生产正常进行。检查中要狠抓易发生和可能发生事故的主要因素，变事后处理为事前预防。这类检查通常有：作业队（班组）进行班前、班后岗位安全检查，各级安全管理人员巡回安全检查，各级管理人员在检查生产时同时检查安全。

（3）季节性检查。由各级生产单位根据季节变化，按事故发生的规律对易发生的潜在危险，突出重点进行季节检查。如冬季防冻保温、防火、防煤气中毒，夏季防暑降温、防汛、防雷电等检查。这种检查可提前发现问题，及时整改，消除隐患，做到防患于未然。

（4）专业性检查。由各级生产部门组织，以各类专业技术人员为主，根据各专业特点，而进行的专业安全检查。此类检查具有较强的针对性和专业要求，用于检查难度较大的项目。通过检查，发现潜在问题，研究整改对策，进行技术改造，及时消除隐患。

（5）综合性检查。一般由主管部门或行业主管组织，对所属各企业或生产单位进行的全面综合性检查。综合性检查能引起各职能部门的重视，整改措施能及时落实，必要时也可组织进行系统的安全性评价。

2）安全检查的方法

常用的安全检查方法有一般检查法和安全检查评分表法。

（1）一般检查方法主要包括：看、听、闻、问、查、测、析。

① 看：看施工现场的环境和作业条件，看实物和施工人员的实际操作，看施工人员在施工过程中所做的记录和资料，看施工安全设施等。

② 听：听汇报、听介绍、听反映、听意见或批评、听建议、听机械设备的运转响声或承重物发出的微弱声等。

③ 闻：对施工现场存在的包括油漆、化学材料、腐蚀物等的泄漏或挥发引起的有毒气体进行辨别。

④ 问：向项目经理部的某项工作和作业有经验的人询问工作中的危险源和不利环境因素，对影响安全的问题进行详细询问、寻根究底。

⑤ 查：在企业内部除了在现场查明问题、查出隐患、查对数据、查清原因、追查责任外，还可以查阅企业相关的事故、职业病记录，从中发现在本项目中可能存在的危险源与不利因素，从企业外部获取信息。从有关类似企业、类似项目、文献资料、专家咨询等方面获取有关危险源和不利因素信息，加以分析研究。

⑥ 测：对重要的施工控制点进行测量，对重要的施工机械、安全防护设施以及重要的附件进行测试，对重要的物资进行检测以及必要的试验或化验。

⑦ 析：实事求是地分析安全事故的隐患、原因，弄清事故的时间、地点；研究事故受害者的工作环境、本人的情况，包括身体思想状况，作业中的工具、材料、机具设备情况，技术交底情况，对操作规程是否熟悉，是否持证上岗，现场管理情况等是否存在不安全因素，是哪些不安全因素，是如何诱发事故的等等。

（2）安全检查评分表法。

安全检查评分表法是一种原始的、初步的定量分析方法，它通过事先拟订安全检查明细或清单从而对生产安全进行初步的诊断和控制。

① 安全检查评分表的含义：安全检查评分表是为系统地发现人-机-环境系统中的危险源和不利安全因素而事先拟订好的问题清单。它根据安全系统工程分解和综合的原理，事

先把所要检查的对象加以剖析，把大系统分割成若干个小的子系统，然后确定检查项目，查出不安全因素所在，采用对各分项打分的方式，将检查项目按系统或子系统的顺序编制成表，以便于检查，这种表就叫安全检查评分表。

② 安全检查评分表的内容及要求具体如下。

a. 安全检查评分表的项目：安全检查评分表的检查项目应列出所有可能导致事故发生的因素或状态。

b. 安全检查评分表采用的方式：安全检查评分表一般采用对各分项打分的方式。

c. 扣分标准：根据相应的规章制度、规范规程制定合适的检查标准或要求。

d. 检查结果：将检查中发现的问题实事求是地记录在表格内。

e. 改进措施：根据具体问题制订切实可行的改进措施。

③ 安全检查评分表的优点。

a. 在安全检查前能够有充足的时间编制和讨论检查表，这样可以做到系统化、完整化、全面化，不漏掉任何可能导致危险发生的关键因素，可以克服目的性不明确、走过场的安全检查方法，提高检查质量。

b. 安全检查评分表用对各分项打分的方式，给人的印象深刻，能够比较直观地反映安全程度。

c. 可以和安全生产责任制相结合：由于不同检查对象用不同的检查表，易于分清责任；检查表还可以注明对改进措施的要求，对安全因素进行动态管理。

d. 安全检查评分表简明易懂，容易掌握，既适合我国现阶段施工安全生产管理使用，又可以为进一步使用更先进的安全系统工程方法，进行事故的预测，以及安全评价打下基础。

e. 可以根据已有的规章制度、规程标准要求及检查执行、遵守的情况，得出较为准确的评价。

(3) 安全检查后必须进行总结，检查中发现安全隐患，应立即下达隐患整改通知书。被检查单位应立即组织整改。对于检查中发现的重大隐患，不能立即解决的，应下达停工指令。被检查单位接到停工指令，必须定人员、定措施，在规定时间内完成整改，经复验合格才能继续施工。

3) 安全检查的内容

从面向被检查的对象来说，安全检查的内容，主要是查意识、查制度、查隐患、查整改落实、查岗位责任。

(1) 查意识

安全意识是人脑对生活、生产等活动中安全观念的反映，是对客观现实的反映，意识的存在会对事物发展进程起到巨大的促进或阻碍作用。应注意检查企业领导的思想路线，检查他们对安全生产是否重视，是否把员工的安全健康放在了第一位；其次，检查企业领导和员工的安全意识。

(2) 查制度

安全检查也是对企业安全管理制度上的大检查，包括安全生产管理制度的落实情况和企业的安全教育制度的执行情况等。

(3) 查隐患

安全检查的内容，主要以查现场、查隐患为主，通过深入生产现场工地，检查企业的劳动条件、生产设备以及相应的安全防护设施是否符合安全要求。

(4) 查整改落实

检查各个部位、任何环节出现的隐患，检查是否严格按照整改要求及时落实整改，检查是否把安全隐患消灭在萌芽状态中，确保安全生产。检查企业对工伤事故是否及时上报，是否按照“四不放过”的原则严肃处理；是否已采用有效措施，防止类似事故重复发生。

(5) 查岗位责任

企业岗位的责任落实至关重要，在检查中，必须对企业各级岗位人员的责任落实情况进行检查，尤其是企业负责人(包括董事长、总经理、安全总监等)、项目经理、专职安全员的责任落实情况。

4) 公路工程施工企业安全检查的主要内容

由于各企业的生产性质和特点不同，以及检查的目的、要求不同，安全检查的具体内容应根据企业的实际情况来制订。

公路工程施工企业在进行安全检查过程中，可依据《公路工程施工安全技术规程》(JTG F90)、《建筑施工安全检查标准》(JGJ 59)进行。对施工中易发生伤亡事故的主要环节、部位和工艺等按照检查评分表内容。检查表中各检查项目得分应为按规定检查内容所得分数之和，每张表总得分应为各自表内各检查项目实得分数之和，共分为优良、合格、不合格三个等级。对不合格单位按照有关规定给予相应处罚。

5) 安全生产评价标准

公路工程施工企业应采取听取汇报、查阅安全规章制度和安全档案资料、全面检查所有在建施工现场等方法进行安全生产评价。在检查过程中，依据《施工企业安全生产评价标准》(JGJ/T 77)所列项目对建筑施工企业安全生产条件、安全生产业绩、安全生产管理制度、资质、机构与人员管理、安全技术管理、设备与设施管理逐项打分，然后结合目标责任状综合评价安全生产能力，分为合格、基本合格、不合格三个等级，评价为不合格的单位或项目将对其限期整改，对不合格单位或整改后仍达不到合格标准的要进行相应处罚。

4. 安全检查制度的实施流程

为全面落实安全检查制度，有步骤地开展安全检查活动，安全检查制度的实施流程见图 4-15。

十六、安全生产事故应急管理制度

1. 建立安全生产事故应急管理制度的必要性

公路工程施工过程中安全生产事故时有发生，人员伤亡和财产损失屡见不鲜。企业作为安全生产管理的责任主体，有义务对职工的安全、企业的信誉和社会的稳定负责，必须建立“安全生产事故应急管理制度”，落实安全生产事故应急措施，这对降低突发和偶然事件对安全生产的影响，不断提高对安全生产事故的应急能力是十分必要的。

2. 建立安全生产事故应急管理制度的目的和意义

企业建立应急管理制度的目的是为了规范企业安全生产事故的应急救援行为，从容有效地应对重大生产安全事故，最大限度地减少事故中人员伤亡、财产损失、环境损害和社会影响。

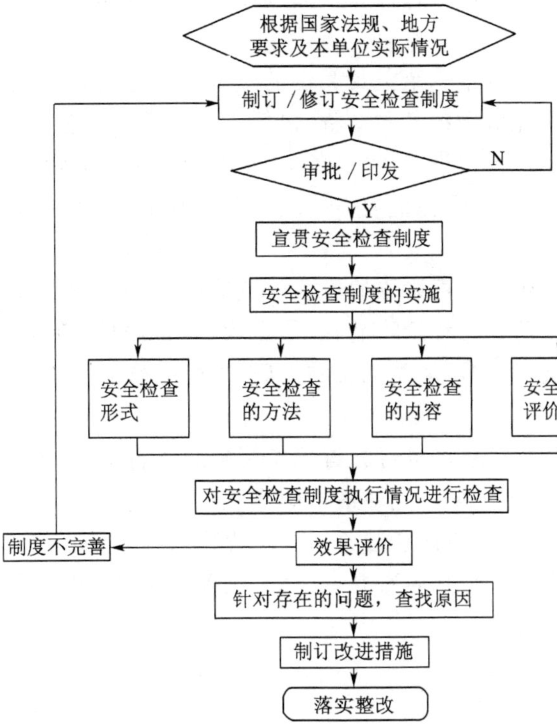

图 4-15　安全检查制度实施流程

3. 安全生产事故应急管理制度的主要内容

尽管安全生产事故的发生具有突发性和偶然性，但安全生产事故的应急管理不只限于事故发生后的应急救援行动。应急管理是对安全生产事故的全过程管理，贯穿于事故发生前、中、后的各个过程，充分体现“预防为主，常备不懈”的应急思想。应急管理是一个动态的过程，包括预防、准备、响应和恢复四个阶段。尽管在实际情况中这些阶段往往是交叉的，但每一阶段都有自己明确的目标，而且每一阶段又是构筑在前一阶段的基础之上，因而预防、准备、响应和恢复的相互关联，构成了安全生产事故应急管理的循环过程。

1）安全事故应急管理的基本原则

（1）坚持“防止事故扩大，减少人员伤亡”的第一原则。发生各类安全生产事故时，以最快速度实施救援和处置。

（2）坚持“以人为本、时间就是生命”的原则。事故发生立即实施救援和处置。

（3）坚持“分工合作、落实责任”的原则。

（4）坚持“服从命令，听从指挥”的原则。发生事故时，各相关人员必须坚守工作岗位，保证联系方式畅通，应急救援机构所有成员必须无条件服从应急救援指挥机构的统一调度、统一指挥。

2）安全生产事故应急管理的过程

（1）预防

在应急管理中预防有两层含义：一是事故的预防工作，即通过安全管理和安全技术等手段，尽可能地防止事故的发生，实现本质安全；二是在假定事故必然发生的前提下，通过预先采取的预防措施，达到降低或减缓事故的影响或后果的严重程度。

（2）准备

应急准备是应急管理过程中一个极其关键的过程。它是针对可能发生的事故，为迅速有效地开展应急行动而预先所做的各种准备，包括应急体系的建立、有关部门和人员职责的落实、预案的编制、应急队伍的建设、应急设备（施）与物资的准备和维护、预案的演练、与外部应急力量的衔接等，其目标是保持重大事故应急救援所需的应急能力。

（3）响应

应急响应是在事故发生后立即采取的应急与救援行动，包括事故的报警与通报、人员的紧急疏散、急救与医疗、消防和工程抢险措施、信息收集与应急决策和外部求援等。其目标是尽可能地抢救受害人员，保护可能受威胁的人群，尽可能控制并消除事故。

（4）恢复

恢复工作应在事故发生后立即进行。首先应使事故影响区域恢复到相对安全的基本状态，然后逐步恢复到正常状态。要求立即进行的恢复工作包括事故损失评估、原因调查、清理废墟等。在短期恢复工作中，应注意避免出现新的紧急情况，长期恢复包括厂区重建和受影响区域的重新规划和发展。在长期恢复工作中，应汲取事故和应急救援的经验教训，开展进一步的预防工作和减灾行动。

3）事故应急救援体系的建立

（1）事故应急救援体系的基本构成

由于潜在的事故风险多种多样，所以相应每一类事故灾难的应急救援措施可能千差万别，但其基本应急模式是一致的。构建应急救援体系，应贯彻顶层设计和系统论的思想，以事件为中心，以功能为基础，分析和明确应急救援工作的各项需求，在应急能力评估和应急资源统筹安排的基础上，科学地建立规范化、标准化的应急救援体系，保障各级应急救援体系的统一和协调。

一个完整的应急体系应由组织体制、运作机制、法制基础和应急保障系统四部分构成。

① 组织体制。应急救援体系组织体制建设中的管理机构是指维持应急日常管理的负责部门；功能部门包括与应急活动有关的各类组织机构，如消防、医疗机构等；应急指挥是在应急预案启动后，负责应急救援活动场外与场内指挥系统；而救援队伍则由专业和志愿人员组成。

② 运作机制。应急救援活动一般划分为应急准备、初级反应、扩大应急和应急恢复四个阶段，应急机制与这四个阶段的应急活动密切相关。应急运作机制主要由统一指挥、分级响应、属地为主和公众动员这四部分组成。统一指挥是应急活动最基本的原则；分级响应是指在初级响应到扩大应急的过程中实行的分级响应的机制；属地为主强调“第一反应”的思想和以现场应急、现场指挥为主的原则；公众动员机制是应急机制的基础，也是整个应急体系的基础。

③ 法制基础。法律法规是应急体系的基础和保障，也是开展各项应急活动的依据。与应急有关的法规可分为四个层次：由立法机关通过的法律，如紧急状态法、公民知情权法和紧急动员法等；由政府颁布的规章，如应急救援管理条例等；包括预案在内的以政府令形式颁布的政府法令、规定等；与应急救援活动直接有关的标准或管理办法等。

④ 保障系统。列于应急保障系统第一位的是信息与通信系统，构筑集中管理的信息通

信平台是应急体系最重要的基础建设。应急信息通信系统要保证所有预警、报警、警报、报告、指挥等活动的信息交流快速、顺畅、准确，以及信息资源共享；物资与装备不但要保证有足够的资源，而且还要实现快速、及时供应到位；人力资源保障包括专业队伍的加强、志愿人员以及其他有关人员的培训教育；应急财务保障应建立专项应急科目，如应急基金等，以保障应急管理运行和应急反应中各项活动的开支。

（2）事故应急救援体系响应机制

安全生产事故应急救援体系应根据事故的性质、严重程度、事态发展趋势和控制能力实行分级响应机制，对不同的响应级别，明确事故的通报范围、应急管理的启动程度、应急力量的出动和设备物资的调集规模、疏散的范围、应急总指挥的职位等。典型的响应级别通常可分为以下三级：

① 一级紧急情况。必须利用所有有关部门及一切资源的紧急情况，或者需要各个部门同外部机构联合处理的各种紧急情况，通常要宣布进入紧急状态。在该级别中，作出主要决定的职责通常是紧急事务管理部门。现场指挥部可在现场作出保护生命和财产以及控制事态所必需的各种决定。解决整个紧急事件的决定，应该由紧急事务管理部门负责。

② 二级紧急情况。需要两个或更多部门响应的紧急情况。该事故的救援需要有关部门的协作，并且提供人员、设备或其他资源。该级响应需要成立现场指挥部来统一指挥现场的应急救援行动。

③ 三级紧急情况。能被一个部门正常可利用的资源处理的紧急情况。正常可利用的资源指在该部门权力范围内通常可以利用的应急资源，包括人力和物力等。必要时，该部门可以建立一个现场指挥部，所需的后勤支持、人员或其他资源增援由本部门负责解决。

（3）事故应急救援体系响应程序

事故应急救援系统的应急响应程序按过程可分为接警、响应级别确定、应急启动、救援行动、应急恢复和应急结束等几个过程。

① 接警与响应级别确定。接到事故报警后，按照工作程序，对警情作出判断，初步确定相应的响应级别。如果事故不足以启动应急救援体系的最低响应级别，响应关闭。

② 应急启动。应急响应级别确定后，按所确定的响应级别启动应急程序，如通知应急中心有关人员到位、开通信息与通信网络、通知调配救援所需的应急资源（包括应急队伍和物资、装备等）、成立现场指挥部等。

③ 救援行动。有关应急队伍进入事故现场后，迅速开展事故侦测、警戒、疏散、人员救助、工程抢险等有关应急救援工作，专家组为救援决策提供建议和技术支持。当事态超出响应级别无法得到有效控制时，向应急中心请求实施更高级别的应急响应。

④ 应急恢复。救援行动结束后，进入临时应急恢复阶段。该阶段主要包括现场清理、人员清点和撤离、警戒解除、善后处理和事故调查等。

⑤ 应急结束。执行应急关闭程序，由事故应急总指挥宣布应急结束。

（4）现场指挥系统的组织结构

发生安全生产事故的现场情况往往十分复杂，且汇集了各方面的应急力量与大量的资源，应急救援行动的组织、指挥和管理成为重大事故应急工作所面临的一个严峻挑战。

对事故势态的管理方式决定了整个应急行动的效率。为保证现场应急救援工作的有效实施，必须对事故现场的所有应急救援工作实施统一的指挥和管理，即建立事故指挥系统，形成清晰的指挥链,以便及时地获取事故信息、分析和评估势态,确定救援的优先目标,决定如何实施快速、有效的救援行动和保护生命的安全措施,指挥和协调各方应急力量的行动,高效地利用可获取的资源,确保应急决策的正确性和应急行动的整体性和有效性。

现场应急指挥系统的结构应当在紧急事件发生前就已建立,预先对指挥结构达成一致意见,将有助于保证应急各方明确各自的职责,并在应急救援过程中更好地履行职责。现场指挥系统模块化的结构由指挥、行动、策划、后勤以及资金和行政五个核心应急响应职能组成。

① 总指挥。总指挥负责现场应急响应所有方面的工作,包括确定处理事故目标及实现目标的策略,批准实施书面或口头的事故处理行动计划,高效地调配现场资源,落实保障人员安全与健康的措施,管理现场所有的应急行动。总指挥可将应急过程中的安全问题、信息收集与发布以及与应急各方的通信联络分别指定相应的负责人,各负责人直接向总指挥汇报。其中,信息负责人负责及时收集、掌握准确完整的事故信息,包括事故原因、大小、当前的形势、使用的资源和其他综合事务,并及时公布事故的有关信息;联络负责人负责与有关支持和协作机构联络,包括到达现场的上级领导、地方政府领导等;安全负责人负责对可能遭受的危险或不安全情况提供及时、完善、详细、准确的危险预测和评估,制订并向总指挥建议确保人员安全和健康的措施,从安全方面审查事故行动计划,制订现场安全计划等。

② 行动部。行动部负责所有主要的应急行动,包括消防与抢险、人员搜救、医疗救治、疏散与安置等。所有的战术行动都依据事故行动计划来完成。

③ 策划部。策划部负责收集、评价、分析及发布事故相关的战术信息,准备和起草事故行动计划,并对有关的信息进行归档。

④ 后勤保障部。后勤部负责为事故的应急响应提供设备、设施、物资、人员、运输、服务等。

⑤ 资金/行政部。资金/行政部负责跟踪事故的所有费用并进行评估,承担其他职能未涉及的管理职责。

4. 安全生产事故应急救援预案的制订与演练

安全生产事故应急预案的编写应当根据本单位建设工程施工特点、范围,针对施工现场易发生重大事故的部位、环节进行监控,制订符合本单位实际的安全生产事故应急救援预案。

安全生产事故应急救援预案包括综合应急预案和专项应急预案。

1) 综合应急预案的主要内容

(1) 总则:编制的目的、依据、适用范围、应急预案体系、应急工作原则;

(2) 企业的危险性分析:企业概况、危险源与风险分析;

(3) 组织机构及职责:应急组织体系、指挥机构及职责;

(4) 预防与预警:危险源监控、预警行动、信息报告与处置;

(5) 应急响应:响应分级、响应程序、应急结束;

(6) 信息发布;

(7) 后期处置;

(8) 保障措施:通信与信息保障、应急队伍保障、应急物资装备保障、经费保障、其他保障;

(9) 培训与演练；

(10) 奖惩；

(11) 附则：术语和定义，应急预案备案、维护和更新，制订与解释，应急预案实施。

2) 专项应急预案的主要内容

(1) 事故类型和危害程度分析；

(2) 应急处置基本原则；

(3) 组织机构及职责：应急组织体系、指挥机构及职责；

(4) 预防与预警：危险源监控、预警行动；

(5) 信息报告程序；

(6) 应急处置：响应分级、响应程序、处置措施；

(7) 应急物资与装备保障。

3) 应急救援预案编制的其他要求

(1) 搜集、整理信息。在编制预案前需对所涉及的区域进行全面调查。掌握详细而准确的资料，是预案编制的基础。

(2) 重大危险源排查。通过对重大危险源的排查，确定可能导致的重大安全事故的类型和严重程度。对于公路工程施工单位，建议根据工程量清单和当地水文、地质、气候等自然环境情况进行重大危险源排查。

(3) 预案的编写格式参考依据是《生产经营单位安全生产事故应急预案编制导则》(AQ/T 9002)。

(4) 预案的演练用以检验预案是否安全、可行、合理、实用，主要有桌面演练、功能演练和全面演练三种方式。

① 桌面演练是指由应急组织的代表或关键岗位人员参加的，按照应急预案及其工作程序讨论紧急情况时应采取行动的演练活动。

② 功能演练是指针对某项应急响应功能或其中某些应急响应行动举行的演练活动。

③ 全面演练指针对应急预案中全部或大部分应急响应功能，检验、评价应急组织运行能力的演练活动。

(5) 预案的修订。在预案演练过程中发现问题，如：危险设施和危险物质发生变化、组织机构或人员发生变化、救援技术改进等的情况，应当及时对预案进行修订，并及时通知相关人员。

5. 安全生产事故应急管理制度的实施流程

为保障安全生产应急管理制度的有效实施，必须具备以下保障措施：

(1) 通信与信息保障。明确与应急工作相关联的单位或人员通信联系方式和方法，并提供备用方案。建立信息通信系统及维护方案，确保应急期间信息通畅。

(2) 应急队伍保障。明确各类应急响应的人力资源，包括专业应急队伍、兼职应急队伍的组织与保障方案。

(3) 应急物资装备保障。明确应急救援需要使用的应急物资和装备的类型、数量、性能、存放位置、管理责任人及其联系方式等内容。

(4) 资金的保障。明确应急专项经费来源、使用范围、数量和监督管理措施，保障应急状态时生产经营单位应急经费的及时到位。

(5) 其他保障。根据本单位应急工作需求而确定的其他相关保障措施(如:交通运输保障、治安保障、技术保障、医疗保障、后勤保障等)。

具体实施流程见图 4-16。

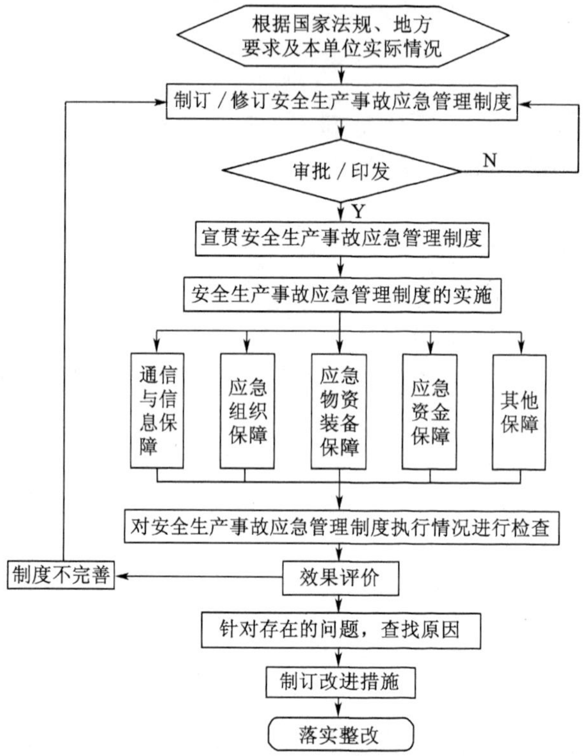

图 4-16 安全生产事故应急管理制度实施流程

十七、分包单位安全生产管理考评制度

1. 建立分包单位安全生产管理考评制度的必要性

施工企业在法律和合同允许范围内把所承揽的工程的低端生产资源部分分包给劳务分包队伍和专业协作队伍,自身专注于增强和提高项目管理优势,是大型施工企业应对市场竞争、获得长足发展的有效途径之一。随着企业不断发展壮大,对于协作队伍的管理逐渐成为企业安全生产管理的重点。因此,大型施工企业必须抓好对分包单位安全生产管理考评制度的建设。

2. 建立分包单位安全生产考评制度的目的和意义

为了加强对协作队伍的安全管理,促使协作队伍提高安全管理水平,规范安全生产考评工作,搞好对协作队伍的审查、选择工作,企业应根据相关法律法规的要求,结合企业实际生产特点,建立"安全生产考评制度"。

建立"安全生产考评制度",对于企业合理规避分包工程的施工风险,增强事故风险的防控能力,完善安全生产管理体系,提高安全生产管理水平具有重要意义。

3. 安全生产考评制度的主要内容

企业应该组织生产、安全、技术质量等部门对分包单位进行安全生产考评，并建立分包单位安全生产考评档案。评价工作应遵循公平、公正、公开的原则，评价结果实行签认和公示、公告制度。安全生产考评管理工作实行统一管理、分级负责。

1）安全生产考评的方法

安全生产考评工作实行定期评价和动态评价相结合的方式。定期评价工作每年应开展一次，对分包单位上一年度的安全生产行为进行评价。动态评价根据实际生产情况随时进行，并根据评价结果及时调整安全生产评价等级。评价结果应实行分级管理，并逐级上报，经公示后加入分包单位安全生产考评档案。安全生产考评档案内容包括：

(1) 守法经营、从业，安全生产业绩突出，受到表彰、奖励的记录。

(2) 违反安全生产法律法规、强制性标准等受到行政处罚的记录。

(3) 发生生产安全责任事故的记录。

(4) 其他守法、诚信及不良失信行为记录。

2）安全生产信息评价的主要内容

(1) 企业在进行工程分包时，必须严格遵守法律规定，对首次分包工程的队伍，应做好以下资质审查：

① 严格审查施工方的营业执照、资质证书、安全生产许可证书、安全管理人员和特种作业人员持证情况等。

② 严格审查施工方的人员素质、机械设备、安全防护设备设施的使用和管理状况。

③ 调研相关方以往工作业绩，是否发生过安全生产事故等。

需要强调的是：安全生产信用评价应每年进行一次，评价结果分合格、基本合格及不合格。对年内发生安全生产责任事故的单位一律评为不合格，严格实行“一票否决”制。

(2) 安全生产评价分为阶段性评价和综合评价。阶段性评价包括投标行为评价、履约行为评价和其他行为评价；综合评价作为分包单位安全生产信用的最终评价。

① 投标行为评价。分包工程项目招标时，开展对投标单位的资质审查，对于已合作过的投标单位，参考其安全生产信用评价结果。

② 履约行为评价。企业应与分包单位签订“安全生产管理协议”，明确双方权责。企业结合日常安全生产管理，对分包单位履行“安全生产管理协议”的情况进行评价，对分包合同中承诺满足安全生产要求的施工人员和机械设备进行检查考评。

③ 其他行为评价。主要包括安全生产事故控制能力、安全生产奖罚情况、施工现场安全管理制度执行情况、施工安全检查及隐患排查治理情况。

④ 综合评价。分包工程验收交付前，企业对分包单位整个施工阶段安全生产情况进行总结，结合投标行为评价、履约行为评价和其他行为评价结果对分包单位作出安全生产信用评价。

3）安全生产考评的应用

(1) 安全生产考评结果作为企业及其所属单位在分包工程招标时，对投保单位综合考核评价的重要依据。

(2) 安全生产考评结果作为对分包单位阶段性考评的重要依据。

(3) 安全生产考评结果作为督促分包单位加大安全生产投入、提高安全生产管理水平的依据。

(4) 安全生产考评结果作为企业清理、淘汰不合格分包单位的依据。

4. 安全生产考评制度的实施流程

企业实施安全生产考评制度一定要实事求是,不能弄虚作假。只有企业的主要负责人严格把关,主管部门严格审查,施工方积极配合才能落实好此项制度。具体实施流程见图4-17。

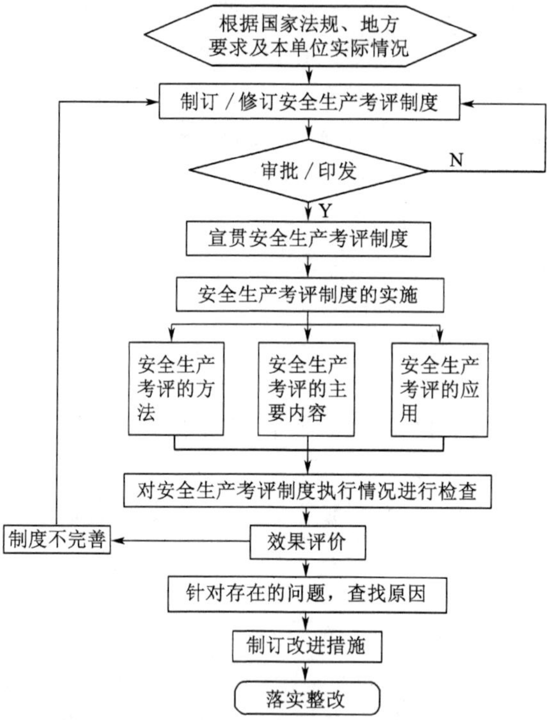

图4-17 安全生产考评制度实施流程

十八、安全生产事故报告制度

1. 建立安全生产事故报告制度的必要性

安全生产事故发生后,为迅速、准确、全面地掌握安全生产事故情况,及时确定对安全生产事故的处置方案。根据《生产安全事故报告和调查处理条例》及国家有关安全事故报告和调查处理有关规定的要求,企业必须建立"安全生产事故报告制度"来规范安全生产事故报告的相关要求。

2. 建立安全生产事故报告制度的目的和意义

为了规范安全生产事故的报告工作,及时开展布置事故应急救援等应对措施,最大限度地减少事故造成的损失,企业应根据法律法规的要求,结合企业生产实际,建立"安全生产事故报告制度"。这对规范事故报告和事故调查处理程序,防范次生灾害和减少生产安全事故损失等具有十分重大的意义。

3. 安全生产事故报告制度的主要内容

1）安全生产事故分类

根据《生产安全事故报告和调查处理条例》的有关规定，按照造成的人员伤亡或者直接经济的损失，安全生产事故分为以下四个等级：

（1）特别重大事故，是指造成30人以上死亡，或者100人以上重伤（包括急性工业中毒，下同），或者1亿元以上直接经济损失的事故。

（2）重大事故，是指造成10人以上30人以下死亡，或者50人以上100人以下重伤，或者5 000万元以上1亿元以下直接经济损失的事故。

（3）较大事故，是指造成3人以上10人以下死亡，或者10人以上50人以下重伤，或者1 000万元以上5 000万元以下直接经济损失的事故。

（4）一般事故，是指造成3人以下死亡，或者10人以下重伤，或者1 000万元以下直接经济损失的事故。

2）安全生产事故报告程序和主要内容

（1）事故报告的内容

① 事故发生时间、地点、工程项目和事故单位名称。

② 事故的简单经过、紧急抢险救援情况、人员伤亡情况、预估的直接经济损失。

③ 事故原因的初步分析判定。

④ 事故发生后所采取应对措施和控制情况。

⑤ 事故报告单位、签发人及报告时间等。

事故报告应当及时、准确、完整，任何单位和个人对事故不得迟报、漏报、谎报或者瞒报。

报告方式可采取电话、传真、电子邮件的形式先行报告事故概况，有新情况及时续报，但应在12 h内补齐书面材料。

事故报告后出现新情况的，应当及时补报。自事故发生之日起30日内，事故造成的伤亡人数发生变化的，应当及时补报。道路交通事故、火灾事故自发生之日起7日内，事故造成的伤亡人数发生变化的，应当及时补报。

（2）事故报告程序

事故发生后，现场有关人员应当立即报告现场安全生产负责人。现场安全生产负责人接到报告后应立即报告单位安全管理部门和企业主要负责人，并立即启动事故相应应急预案，或者采取有效措施，组织抢救，防止事故扩大，减少人员伤亡和财产损失。单位负责人接到报告后，应当于1 h内向事故发生地县级以上人民政府安全生产监督管理部门和负有安全生产监督管理职责的有关部门报告。

发生重大生产安全事故后，施工单位除向项目建设和监理单位报告外，还应立即将事故情况如实向事故所在地交通主管部门、地方安全监管部门报告。实行工程总承包的交通建设项目，由总承包单位负责上报。

3）事故处理的一般要求

事故处理应遵循“统一指挥、快速反应、各司其职、协同配合”的要求，各相关部门共同做好事故的应急处置工作。施工单位或上级交通主管部门可视具体情况派现场督导组参与事故调查处理工作。建设、施工等单位，在公安、消防、卫生等专业抢险力量到达现场前，应立即启动本单位的应急救援预案，全力开展事故抢险救援工作，防止事故扩大，尽量减少人员伤亡和财产损失。同时协助有关部门保护现场，维护现场秩序，妥善保管有关物证，配合有关部门搜集证据。

4. 安全生产事故报告制度的实施流程

各施工企业要高度重视安全生产事故报告制度，在严格执行制度的同时，确保报告渠道畅通，报告内容真实、准确，对隐瞒不报、谎报或拖延不报的单位和个人应追究相关责任人的责任。具体实施流程见图4-18。

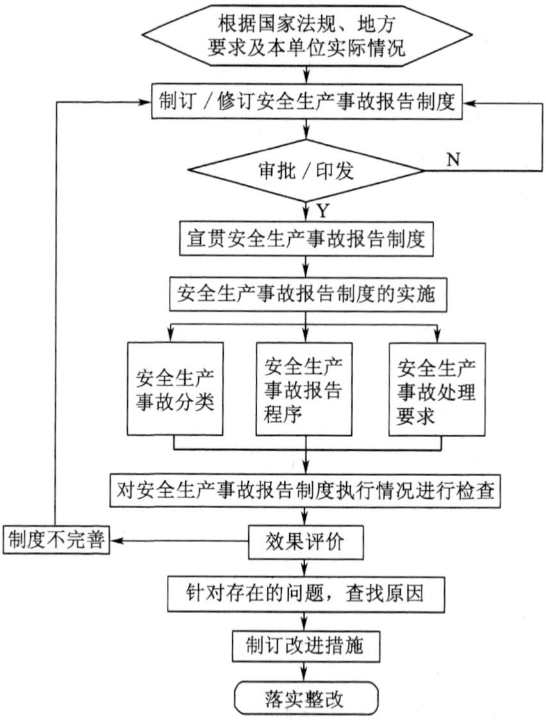

图4-18 安全生产事故报告制度实施流程

十九、安全管理制度的保障措施

1. 制订安全管理制度保障措施的必要性

公路工程施工企业的管理制度是企业为求得利益最大化，在生产与经营实践活动中，为规范企业各项管理行为制订的强制性规范，表现为各项规定、规程、办法等。安全管理制度是企业管理制度中重要组成部分，是实现企业安全生产总目标的强制性措施，是员工从事生产活动的“行为规范”和“行为准则”，是贯彻我国安全生产方针、实现企业安全管理目标的有效载体。

近年来，“安全发展”战略目标深入人心，企业安全管理工作不断加强和改进。各级管理人员安全责任意识不断增强，从业人员安全施工技能不断提高，企业安全管理制度一般都能得到较好的落实。但是，当前在一些企业不同程度存在着安全管理制度落实不到位，制度的执行力差等问题。原因是多方面的，但从企业内部安全管理来看，主要是一些企业只重视安全管理制度的制订与完善工作，却忽视了制度的落实和实施保障问题，使得制度在执行过程中宣贯、培训不到位，制度的监督检查与考核走过场，制度缺少执行力。这些问题直接导致安全管理职责错位，安全责任不清，使得安全管理制度得不到真正落实。因此，制订安全管理制度的实施保障措施，强化制度的执行力是十分必要的。

2. 安全管理制度保障措施的具体内容

1）加强企业安全文化建设，为实施安全管理制度创造良好氛围

安全文化是企业在长期的生产经营活动中逐渐形成，以物质为载体所体现出来的人本观念和社会责任意识的总和。公路工程项目施工是一个仅次于矿山行业的事故多发的“三高危”行业之一，要做好安全管理工作，在建立完整的生产安全保障体系的同时，还要在意识形态领域加强安全文化的建设，以此形成施工企业的安全管理思想和安全文化氛围，来弥补安全管理的不足。通过教育、宣传、奖惩、创建群体氛围等手段，不断提高施工企业职工的安全修养，改进安全意识和行为，从而使职工从不得不服从管理制度的被动执行状态，转变成主动自觉地遵守，即从“要我遵章守纪”转变成“我要遵章守纪”。企业的安全文化要从以下几个方面入手：

（1）加强安全教育，提高全体员工的安全意识。

（2）培养员工的核心价值观，树立“企业荣我荣，企业耻我耻”，个人命运与企业命运唇齿相依、息息相关的思想。

（3）使员工尽快掌握“以人为本”的企业制度，使员工了解企业是通过人性化的制度建设来凝聚人心。

（4）建立灵活多样的制度执行激励机制，使员工有成就感和归属感。

2）领导重视是安全管理制度落实的关键

在新的安全管理模式下，企业安全管理组织已经不再是单独的岗位安全管理，而是以安全生产第一责任人（法人）为首的，以专职的机构和岗位安全管理为核心，以各专业工程师为骨干，班组长及工人全员参与的安全监管体系框构。因此，企业安全管理制度的落实领导是关键，只有领导重视了才能形成一种高压态势，使各级管理人员不敢有丝毫懈怠。

（1）齐抓共管：领导是企业的决策层和管理层，要搞好安全生产管理工作领导班子必须齐抓共管。

（2）领导要率先垂范，做执行制度的模范。

（3）坚持“管生产必须管安全”和“全员参与”的原则。

3）分清职责、落实责任是落实安全管理制度的根本保证

企业安全管理过程中，责任制的落实永远是第一位的。每个员工、每个部门都认认真真落实各自的责任，真正形成横向到边、纵向到底的强有力的安全生产网络，那么安全管理制度就一定会得到很好的落实。

（1）分清责任，即明确施工企业各岗位的安全管理职责，通过培训，使各级人员掌握规章制度，明确各自职责，做到在其位，谋其政，尽其责。

（2）分解责任，即通过层层签订安全生产责任书，把安全管理责任落实到每个岗位，并用规章制度加以明确、规范，形成层层抓、层层管的全员参与的安全管理格局。

4）做好安全管理制度执行情况的监督检查

把握安全工作的主动权，要把安全工作重点放在做好规章制度执行情况的监督、检查上。

(1) 首先要确立安全管理制度执行情况的检查内容、检查方式、检查时间、检查程序。

(2) 要按照“谁检查、谁签字、谁落实、谁负责、谁整改”的“五谁”要求，全面细致地开展制度执行情况和制度适应情况的检查，并留存检查记录。

(3) 要深入基层，摸清情况，采取定期、不定期的监督检查方式，查安全规章制度落实情况进行监督检查，查企业安全管理制度是否做到有部署、有检查、有落实，便于解决制度在执行过程中存在的问题。

(4) 要把制度执行情况检查结果作为基础单位安全考核的内容。

3. 做好安全管理制度执行效果综合评价、评估工作

企业的安全管理制度要随着安全生产的相关法律法规、规范标准的推陈出新，随着企业生产的发展、科学技术水平和人们认识水平的不断提高，而不断地进行修订和完善，使之进一步科学化、合理化、规范化。因此，企业制度的执行者就必须通过调研、评估、监督、检查等方法，对企业现行的安全管理制度进行科学评价，把评价结果作为制度修改、修订和完善的主要依据。

二十、公路工程保险主要种类和内容的基本知识

保险是一种受法律保护的分散风险、消化损失的经济制度。公路工程保险属于工程保险的组成部分。保险的种类很多，工程投保的险种应按标书中合同条件的规定以及该项目所处的外部条件、工程性质及业主与承包商对风险的评价和分析来决定。其中，合同条件的规定是决定的主要因素。凡是合同条件要求保险的项目一般都是强制性的。

工程保险包括财产保险和人身伤亡保险。目前，我国公路工程保险主要有：建筑工程一切险、第三者责任险、雇主责任险、人身意外伤害险、机器设备损坏险等。

1. 各类保险的主要内容

1) 建筑工程一切险

建筑工程一切险承保各类工程民用、工业和公共事业建筑项目，在建造过程中因自然灾害或意外事故而引起的损失。建筑工程一切险对工程项目提供全面保障，既对在施工期间工程本身、施工船机设备所遭受的损失予以赔偿，又对因施工给第三者造成的物资损失或人员伤亡承担赔偿责任。

建筑工程一切险的保险契约生效后，投保人就成为被保险人，但保险的受益人同样也是被保险人。受益人必须是在工程进行期间承担风险责任或具有利害关系，即具有可保利益的人，具体包括业主、总承包商、分包商、监理工程师以及与工程有密切关系的单位和个人。如果被保险人不止一家，则各家接受赔偿的权利以不超过其对保险标的的可保利益为限。

2) 第三者责任险

第三者责任险承保在工程施工过程中因发生意外事故造成工地及邻近地区第三者的人身伤亡、疾病或财产的损失。

3) 工伤事故险

(1) 工伤保险：《工伤保险条例》于 2003 年 4 月 27 日颁布，2004 年 1 月 1 日起施行，根据 2010 年 12 月 20 日《国务院关于修改〈工伤保险条例〉的决定》修订。该险种为强制保险。《工伤保险条例》规定：

中华人民共和国境内的企业、事业单位、社会团体、民办非企业单位、基金会、律师事务

所、会计师事务所等组织和有雇工的个体工商户(以下称用人单位)应当依照本条例规定参加工伤保险,为本单位全部职工或者雇工(以下称职工)缴纳工伤保险费。

中华人民共和国境内的企业、事业单位、社会团体、民办非企业单位、基金会、律师事务所、会计师事务所等组织的职工和个体工商户的雇工,均有依照本条例的规定享受工伤保险待遇的权利。

工伤保险费的征缴按照《社会保险费征缴暂行条例》关于基本养老保险费、基本医疗保险费、失业保险费的征缴规定执行。

(2) 人身意外险:又称人身意外伤害保险,为商业险。一般是承包人对其施工人员进行的人身意外事故保险。

4) 机器设备损坏险

机器设备损坏险承保大型机械设备在使用期间发生损坏的损失。

5) 施工合同规定双方保险义务的分担

(1) 本工程的建筑工程一切险和第三者责任险的投保在合同专用条款中约定,一般由甲方承担。

(2) 本工程的施工人员、船机设备的保险,由乙方负责。

2. 工程保险的特点

工程保险是一种财产保险和责任保险的综合保险,属于财产险的一部分,但又有一定的区别。

(1) 保险标的的不完整性和保险金额的渐增性。随着工程进度的发展,处于风险中的保险财产价值不断增加,在工程完工或工程建设终止时,保险财产的价值达到最大,保险公司对整个合同价值采用一个单一的保险费率。

(2) 工程保险承保的是综合风险。

(3) 被保险人的多方性。

(4) 保险费率的个别性。

(5) 保险期限与建设期限的一致性。

3. 工程保险的作用

(1) 保障项目财务的稳定性。业主和承包商以少量的固定成本通过投保将可保风险转移给保险人,从而解除自己在承保风险发生时遭受损失的经济补偿责任,可以减少影响工程概算的不确定因素,保障项目财务的稳定性,降低了融资风险,增强了业主或承包商抵御风险的能力。

(2) 加强工程风险的防范和控制。尽量减少保险事故的发生符合保险公司的利益,所以,保险公司在提供工程保险时,首先会对申请人的资信、施工能力、管理水平、索赔记录等进行全面的严格审核,并实行差别费率。其次,保险公司还会增加对工程施工的防灾防损要求,在保险服务中,保险公司可以凭借自己多年对各种工程的承保、风险管理和事故理赔经验,积极参与被保险工程的防灾减损工作,对大型工程和安装工程试运行阶段派出自己的监督管理人员监督工程的实施,提出安全管理意见。

(3) 改善项目融资的条件。通常,一个工程项目的建设除了工程所有人投资的部分自有资金外,大部分都是来自银行贷款。由于工程建设周期长,面临的风险较多,发生大的损失事故后,往往会影响工程的按期完工和对银行贷款的本息偿还,银行为了防范借款人的还贷风险,往往将足够的保险作为工程贷款的先决条件。对业主来讲,购买足够的保险,可以保障还贷的安全性,提高自己的信用水平。

(4) 减少经济纠纷。工程建设比较复杂,参与工程建设的单位较多,有些风险事故发生后,会导致业主和承包商之间、总包商和分包商之间对风险所致的经济损失由谁来承担发生纠纷,在投保工程保险后,工程的各方都是共同的被保险人,那么,属于保险责任范围内的损失,保险公司就会负责赔偿,有利于减少经济纠纷。

4. 工程保险市场的参与各方

工程保险和其他财产保险一样,其重要的一个格式文件就是保险合同,保险合同的当事方为保险市场两个重要的主体,即保险人和被保险人。较为成熟的工程保险市场除了有保险人和被保险人外,还有保险经纪公司、保险评估公司等中介机构,各方在市场上起着不同的作用。保险经纪公司接受被保险人委托,为被保险人提供风险管理、保险安排、理赔等服务;保险评估公司接受保险公司或客户委托,进行损失评估和理算服务。

由于工程保险通常技术较为复杂、保险金额较高、期限较长,承保时多由保险经纪公司为客户提供风险评估,在评估基础上制订保险方案,然后在保险市场上进行招标或询价,对报价公司进行选择,订立保险合同。保险公司则结合保险经纪公司提供的风险评估报告,依据自身情况报价,申请承保份额。在业主和承包商对工程保险不甚了解或不是这方面的专家时,一般都会聘请保险经纪公司(或保险顾问)来帮助和代表自己与保险公司谈判保险事宜。尽量安排合适的保险保障和低廉的保费支出。

第三节　施工安全技术措施的编制

施工安全技术措施,又称施工安全组织设计,是具体安排和指导工程安全施工的安全管理与技术文件,是施工组织设计中的重要组成部分。它不仅可以指导施工,而且也是进行安全技术交底、安全检查和验收的有效依据。

一、施工安全技术措施的编制要求和范围

施工安全技术措施是工程施工中安全生产的指令性文件,在施工现场管理中具有安全生产法规的作用,必须认真编制和贯彻执行。结合以往的施工经验与教训,施工项目可参照以下要求和内容编制安全技术措施。

1. 安全技术措施的编制要求

(1) 要在开工前编制。项目开工前必须编制施工组织设计,项目施工组织设计中必须编制安全技术措施。因为开工前编制完成安全技术措施,便于工程的各项安全设施有较多的时间做工作准备,保证各项安全设施的落实。安全技术措施由项目经理部组织项目相关技术人员制订。

(2) 要有针对性。安全技术措施要有针对性,根据工程概况特点、施工现场环境、施工方法、作业方法、劳动力组织和所采用的机电设备、配电设备及架设工具、各项安全防护措施等第一手资料和安全法律法规、标准编制,防止一般化。

(3) 要全面具体。具体的安全技术措施应能在全部施工工序之中体现出来,力求做到细致、全面和具体。只有把多种因素和各种不利条件考虑进来,制订有针对性的对策措施,

才能真正做到防患于未然。

(4) 对特殊工程有相应要求。对专业性较强、达到一定规模、危险性较大的分部分项工程，除必须在施工组织设计中编制施工安全技术措施外，还必须单独编制专项施工安全技术措施。

(5) 要审批。安全技术措施必须经项目工程部门、安全部门联合审核，经项目总工审批方可生效。必须严格执行经审核、审批后的安全技术措施。施工过程中，因工程变更等情况必须变更时，安全技术措施也必须及时补充完善，也应同样按规定办理审核、审批手续。

2. 安全技术措施编制范围

安全技术措施的范围包括：

(1) 水上施工。水深、流速、河床断面、船舶、栈桥等资料和结构稳定、防落水的技术措施。

(2) 土石方施工。基坑深度、渗透水量、地质资料、保证土石方边坡的稳定措施。

(3) 高处作业及交叉作业。脚手架、吊篮、安全网、各类洞口、高边坡防止人员坠落的技术措施。

(4) 机械设备安全。外用电梯、塔吊、支架、挂篮、吊机、物料提升机的结构要求、拉结要求和防倒塌措施。

(5) 施工用电安全。安全用电和机电防短路、防触电的措施。

(6) 有毒、有害、易燃、易爆作业的防火、防毒、防爆、防雷等技术措施。

(7) 预防自然灾害(防台风、防雷击、防洪水、防地震、防暑降温、防冻、防寒、防滑等)的措施。

(8) 现场周围进行道路及居民防护隔离措施。

二、专项施工安全技术措施的编制

专项施工安全技术措施也称分部分项工程安全施工组织设计，又称专项安全施工方案。《建设工程安全生产管理条例》第二十六条规定，对专业性较强的、达到一定规模的、危险性较大的分部分项工程，如基坑支护与降水工程、土方开挖工程、模板工程、起重吊装工程、脚手架工程、拆除及爆破工程等，应编制专项施工方案。

1. 编制专项安全施工方案的要求

编制专项安全施工方案时，应按照下列要求进行：

(1) 项目专项安全施工方案应力求细致、全面、具体；安全技术措施要贯彻于全部施工工序之中。但这并不等于罗列一般的操作工艺、施工方法以及日常安全工作制度、安全纪律，要制订详细的施工程序、方法及防护措施。

(2) 施工安全技术措施内容必须符合现行安全生产法律、法规和安全技术规范、标准。

(3) 需要计算的，必须进行设计计算。对所应用的计算方法和数据，必须注明其来源和依据。

(4) 所选用的力学模型，必须与实际构造情况相符。

(5) 方案中除应有详尽的文字说明外，还应有必要的构造详图，图示应清晰明了、标注齐全。

2. 专项安全施工方案的内容

编制专项安全技术方案时，应针对下列几点来进行：

(1) 该项目编制的施工标准和规范。

(2) 相关的安全技术操作规程。

(3) 施工现场作业环境。

(4) 劳动力的组织(包括安全管理组织机构，安全管理程序，安全检查控制，职工安全教育培训的内容、形式和方法，安全考核奖惩制度等)。

(5) 国家强制性法律法规。

(6) 各项安全防护设施。

三、其他施工安全技术措施的编制

1. 季节性施工安全技术措施

季节性施工安全技术措施是指考虑不同季节的气候对施工生产带来的不安全因素，可能造成各种突发性事故，从而在防护上、技术上、管理上采取的措施。一般建筑工程，可在施工设计或施工方案的安全技术措施中编制季节性施工安全措施；危险性大的建筑工程，应编制季节性的施工安全措施。季节性主要指夏季、雨季和冬季。

(1) 夏季施工安全措施。夏季气候炎热，高温时间持续较长，主要是做好防暑降温工作。

(2) 雨季施工安全措施。雨季进行作业，主要做好防触电、防雷、防坍塌、防台风工作。

(3) 冬季施工安全措施。冬季进行作业，主要应做好防风、防火、防滑、防煤气中毒的工作。

2. 施工临时用电安全技术措施

施工临时用电安全技术措施也称施工临时用电方案。施工临时用电方案应按照《施工现场临时用电安全技术规范》(JGJ 46)进行编制。

四、施工安全技术措施示例

施工安全技术措施是为了消除或控制施工过程中的不安全因素、防范事故发生，针对施工过程中可能发生的事故隐患和可能发生安全问题的环节进行预测，从而在技术上和管理上采取的措施。那么，编制施工安全技术措施是否都要从技术和管理方面进行编制呢？答案是否定的。分项分部工程或危险性大、专业性强的工程编制的是施工安全组织设计，涉及的工序较多且复杂，单纯从技术上不能根本上防范事故发生，因此，需要从技术和管理两个方面进行编制。有的作业工序，如高处作业，一般不涉及施工组织设计，而只是从技术上采取措施，控制伤亡事故发生，因此，单纯从技术单方面编制即可。

下面分别给出示例，供施工项目参考。

1. 高处作业安全技术措施示例

高处作业安全技术措施

(1) 凡是临边作业，必须在临边处设置防护栏杆，水平工作面的防护栏杆上杆离地面高度一般为 1.0～1.2 m，下杆离地面高度一般为 0.5～0.6 m。防护栏杆应自上而下用安全网封闭，或者在栏杆底部设置高度不低于 18 cm 的挡脚板或 40 cm 的挡脚笆。

(2) 对于洞口作业,可根据具体情况采取设防护栏杆、加盖板、张挂安全网与装栅门等措施。具体是:深度在 2 m 及以上的孔与洞口边,必须设置防护栏杆。较小的洞口,应采用坚实的盖板盖严,且盖板能够防止移位;较大的洞口除应在洞口采用安全网或盖板封严外,还应在洞口四周设置防护栏杆。施工升降电梯出入口应设置栅门。

(3) 攀登用的上下通道梯子应有防滑措施,上端应有固定措施,应牢固可靠。进行攀登作业时,作业人员要从规定的通道上下,不得任意利用吊车车臂架等施工设备进行攀登。

(4) 进行悬空作业时,应有牢靠的立足处,并视具体作业条件设置防护栏杆、搭设脚手架或操作平台、张挂安全网以及佩戴安全带等其他安全措施。

(5) 进行交叉作业时,不得在上下同一垂直方向上操作,下层作业的位置必须处于上层高度可能坠落的半径范围之外。不能满足要求时,必须设置安全防护层。

(6) 高处作业之前,应进行安全防护设施的检查和验收。验收合格后,方可进行高处作业。

2. 专项施工安全技术措施示例

×××石方爆破工程专项安全施工方案

第一章　总　　则

一、编制范围

×××标段桩号石方爆破工程施工。

二、编制目的

通过编制石方爆破安全专项施工方案,指导爆破施工每一环节的具体处理方法,保证石方爆破工程施工的安全。

三、安全目标

在本合同段石方爆破工程施工期间,确保不发生死亡事故、重大伤亡事故和重伤事故。

四、编制依据

1.《中华人民共和国安全生产法》。

2.《中华人民共和国劳动法》。

3.《建设工程安全生产管理条例》。

4.《生产安全事故报告和调查处理条例》。

5.《公路水运工程安全生产监督管理办法》。

6.《公路工程施工安全技术规程》。

7.《中华人民共和国民用爆炸物品安全管理条例》。

8.《爆破安全规程》。

9. ××建设单位安全管理文件。

10. 爆破施工的地理位置、周边环境及其他相关资料信息。

第二章　爆破施工概述

五、工程概况(略)

六、施工安全防护难点分析(略)

七、防护技术措施

对爆破区域实施封闭的安全防护措施，采用炮位覆盖防护和微差爆破技术相结合的安全技术措施。

八、石方爆破炮位覆盖设计

1. 炮孔覆盖

购置废旧车胎编制柔性炮被覆盖于炮位上。这种覆盖材料有较高的强度、弹性和韧性，不易折断，并有一定的质量，不易被爆炸气浪抛起。同时，这种材料可反复使用，易修补，经济实惠。要求胶皮炮被厚度不得小于 1 cm，编织要严实，四面用钢丝扎紧加固。

2. 土袋覆盖加压

在柔性炮被上方加压土袋，土袋均采用工地废弃水泥编织袋装土，严禁装石子，以免飞石伤人。

九、爆破施工工艺流程

本段石方爆破施工，严格按照爆破施工流程操作。

工艺流程如图 4-19 所示。

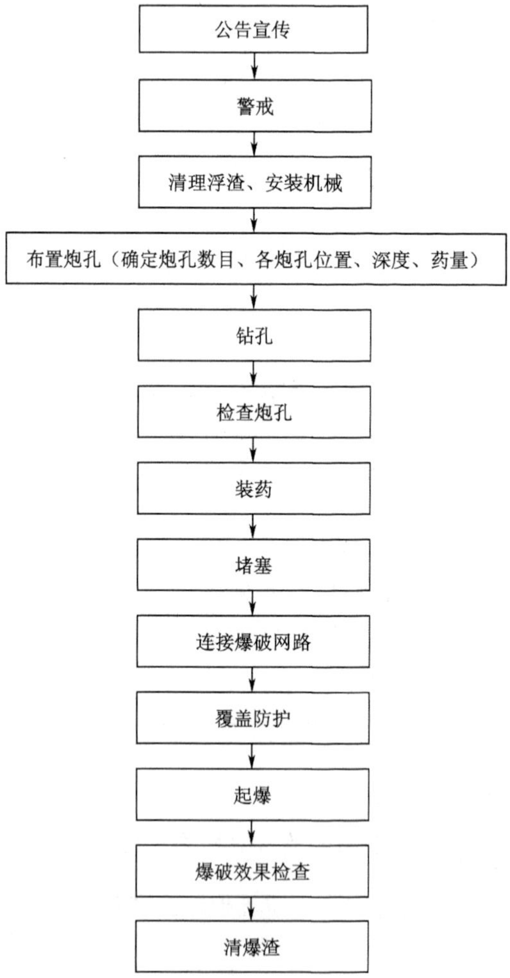

图 4-19　爆破施工工艺流程图

第三章　危险源辨识与风险评价

十、危险源辨识

根据本合同段爆破施工的实际情况，按导致事故、职业危害的直接原因将危险、有害因素分为物理性危险、有害因素，化学性危险、有害因素，生物性危险、有害因素，心理、生理性危险、有害因素，行为性危险、有害因素及其他危险、有害因素共六大类。

1. 物理性危险、有害因素

在爆破施工过程中，可能出现的物理性危险、有害因素主要包括以下十个方面：

(1) 设备、设施缺陷；

(2) 防护措施不当；

(3) 电危害；

(4) 噪声；

(5) 振动危害；

(6) 运动物危害；

(7) 明火危害；

(8) 作业环境不良危害；

(9) 信号缺陷；

(10) 标志缺陷。

分析见表 4-7。

表 4-7　物理性危险、有害因素

序号	危险、有害因素分类	危险、有害因素描述	备注
1	设备、设施缺陷		
(1)	密封不良	密封件、密封介质、设备辅件、加工精度、装配工艺等缺陷及磨损、变形、气蚀等造成的密封不良	钻孔设备可能存在此类问题
(2)	应力集中	设备、设施表面的尖角利棱和不应有的凹凸部分等	主要表现在钻孔设备等
(3)	制动器缺陷	结构不合理，装置损坏、失灵等	主要是指钻孔设备
2	防护缺陷		
(1)	无防护	在爆破影响区域无任何防护	
(2)	防护不当	防护装置、设施和防护用品不符合要求，使用不当，不包括防护距离不够	覆盖炮孔用的土袋、覆盖钢丝网布置是否合理
(3)	防护距离不够	设施布置，机械、电气、防火、防爆等安全距离不够和卫生防护距离不够等	安全距离和警戒范围是否满足要求
3	电危害		
(1)	带电部位裸露	人员易接触的裸露带电部位	线路铺设、电工维修人员
(2)	漏电	主次电缆或电线局部破损漏电或者机械用电接触发生漏电等	

续表 4-7

序号	危险、有害因素分类	危险、有害因素描述	备注
(3)	静电		在炸药的运输、储存、保管、安装过程中防止静电和电火花
(4)	电火花		
4	噪声		
(1)	机械性噪声		钻孔过程中产生机械噪声
(2)	爆破噪声		爆破过程中产生的噪声
5	振动危害		
(1)	爆破震动	在爆破施工过程中,起爆时产生的地震效应	爆破过程中对周边房屋等产生冲击波
6	运动物危害		
(1)	固体抛射物	固体飞甩	起爆时个别飞石等
(2)	岩土滑动		爆破后可能发生岩土滑落
(3)	飞溅物	液体飞溅	
(4)	坠落物	高空坠落物	爆破过程中形成个别滚石
7	烟火、明火		
(1)	烟火、明火	对炸药、雷管造成威胁的火源	严禁烟火和明火照明,严禁明火起爆,无关人员应撤离现场
8	作业环境不良		
(1)	粉尘	起爆过程中产生的粉尘	
(2)	作业区环境不良	地面滑、场地狭窄、地面高低不平、场地杂乱等	
(3)	安全过道缺陷	无安全通道,安全通道狭窄、不畅等	
(4)	强迫体位	生产设备、设施的设计或作业位置不符合人类工效学要求而易引起作业人员疲劳、劳损或事故的一种作业姿势	
(5)	自然灾害	雷电、风、雨、雪、大雾等	在雨雪、雷电等自然条件恶劣的情况下,禁止爆破施工作业
9	信号缺陷		
(1)	无信号设施	爆破作业中无传达信号的设施设备	起爆的预告信号、起爆信号、解除信号、紧急撤离信号等
(2)	信号选用不当	爆破施工过程中的施工人员和监管人员信号指挥不当	
(3)	信号位置不当	信号不能及时准确传达	
(4)	信号不清	指挥信号量不足,如响度、亮度、对比度、信号维持时间不够等	
(5)	信号显示不准	包括信号显示错误、显示滞后或超前	
10	标志缺陷		
(1)	无标志	在爆破实施期间,在爆炸影响范围内未设置标志	爆破实施期间,在爆炸区 200 m 范围内设置相应的标志,乡村公路应设置交通安全标志,并配专人疏导
(2)	标志不清晰		

续表 4-7

序号	危险、有害因素分类	危险、有害因素描述	备注
(3)	标志不规范		
(4)	标志选用不当		
(5)	标志位置缺陷		标志设立应选取准确的位置，让相关人员能通视
(6)	其他标志缺陷		

2. 化学性危险、有害因素

在施工过程中主要化学危害有易燃易爆物质、有毒物质两种类型。分析见表 4-8。

表 4-8　　化学性危险、有害因素

序号	危险、有害因素分类	危险、有害因素描述	备注
1	易燃易爆物质	炸药、雷管	炸药、雷管等爆破材料在运输、储存、安装使用过程中，按照相关规程之规定办理
2	有毒物质	有毒气体	爆炸后的粉尘

3. 生物性危险、有害因素

在爆破施工过程中主要生物性危险、有害因素是传染病媒介物。

4. 心理、生理性危险、有害因素

心理、生理性危险、有害因素包括：

(1) 负荷超限；

(2) 健康状况异常：

(3) 从事禁忌作业；

(4) 心理异常；

(5) 辨识功能缺陷等。

分析见表 4-9。

表 4-9　　心理、生理性危险、有害因素

序号	危险、有害因素分类	危险、有害因素描述	备注
1	负荷超限	体力、听力、视力负荷超限	工人疲劳作业
2	健康状况异常		工人带病作业
3	从事禁忌作业		如有恐高症进行高处作业
4	心理异常	情绪异常、冒险心理、过度紧张	带紧张、惧怕等情绪作业和野蛮作业
5	辨识功能缺陷	感知延迟、辨识错误	缺少爆破作业的基本认识，反应迟钝，非爆破特种作业人员进行爆破

5. 行为性危险、有害因素

行为性危险、有害因素主要包括指挥错误、操作错误和监护失误三个方面。分析见表 4-10。

表 4-10 行为性危险、有害因素

序号	危险、有害因素分类	危险、有害因素描述	备注
1	指挥错误	指挥失误、违章指挥	因指挥不当,造成操作程序错误或事故
2	操作错误	错误操作、违章作业	
3	监护失误	监管不力、工序控制不到位	

6. 其他危险、有害因素

分析见表 4-11。

表 4-11 其他危险、有害因素

序号	危险、有害因素分类	危险、有害因素描述
1	起爆网路连接	根据设计方案连接电力起爆网路
2	盲炮过程	
3	危石	具有潜在的安全隐患
4	炮孔装药	在已完成炮孔内,按相应的计算药量填充炮孔

十一、风险评价

1. 评价方法

上文通过危险源的辨识,进一步明确了解爆破施工中的危险、有害因素。下面按照定性风险评价法(直观经验法)对其进行分析,识别其可能造成的事故类别,判定其危害级别(分为 1、2、3 级,其中 1 级等级最高、风险最大,3 级等级最小、风险最小),提出有效的控制措施,找出不可接受风险。在施工中对不可接受风险进行重点控制,降低其发生的几率,避免事故发生。

风险评价见表 4-12。

表 4-12 风险评价表

序号	危险源类别	危险源具体分类	危险源描述	事故类别	级别	控制措施
1	物理性危险、有害因素	设备设施缺陷	装置损坏、失灵等	其他伤害	3	加强检查维修保养
		防护缺陷	防护距离不够	其他伤害	3	爆炸区进行警戒封闭,爆破前进行隔离检查
		电危害	电线电缆带电部位裸露、漏电	触电	2	编制临时用电方案。加强检查,确保用电安全
			炸药运输、存储、安装过程中遇到静电、电火花	火药爆炸	1	避免静电、电火花
		振动危害	爆炸过程中对附近房屋造成震动	坍塌	2	按方案进行试爆,限制一次爆破的规模和最大爆破药量,对房屋进行观测
		噪声		听力伤害	3	加强个人劳动防护
		运动物危害	爆炸产生的飞石、岩土滑动、高处坠落物	物体打击	1	按照方案落实土袋、覆盖钢丝网

续表 4-12

序号	危险源类别	危险源具体分类	危险源描述	事故类别	级别	控制措施
1	物理性危险、有害因素	明火	烟火、明火	火灾、火药爆炸	1	雷管、炸药运输、存储、安装过程中严禁烟火，严禁用明火起爆
		作业区环境不良	施工场地狭小、高处作业	高处坠落、其他	2	加强工人教育，佩戴安全防护用品
			风、雨、雪、大雾等	放炮	2	严禁雷雨、雪雾等不良天气作业
		信号缺陷	爆破的预告信号、起爆信号、解除信号、紧急撤离信号等信号指挥不清、不当，信号传达不畅	放炮	2	加强工人的安全技术交底等，做到信息畅通，口径一致
		标志缺陷	交通标志、安全警示标志、隔离标志	车辆伤害、其他伤害	3	按设计，爆破前落实各类安全警示标志、交通标志
2	化学性危险、有害因素	易燃易爆性物质	雷管、炸药	火药爆炸	1	建立危险品使用台账，严格爆破器材的管理。严格按照《爆破安全规程》(GB 6722)作业
		有毒气体	粉尘	其他伤害	3	作业人员佩戴防护口罩
3	生物性危险、有害因素	传染病媒介物		其他伤害	3	做好个人卫生，文明施工
4	心理、生理性危险、有害因素	负荷超限		其他伤害	3	爆破作业人员持证上岗。合理安排施工时间，加强工人的教育和技术交底，严禁酒后作业、疲劳作业
		健康状况异常				
		从事禁忌作业				
		心理异常				
		辨识功能缺陷				
5	行为性危险、有害因素	指挥错误	指挥失误、违章指挥	放炮、火药爆炸	1	爆破作业人员持证上岗。加强教育培训和安全技术交底，落实责任，严格按《爆破安全规程》办事
		操作错误	装药、起爆网路连接、起爆等工序中误操作、违章作业			
		监护失误	监管不力			加强监管
6	其他危险、有害因素	盲炮		放炮	1	分析产生盲炮的原因，严格按《爆破安全规程》处理
		炮孔装药	炮孔内按相应的计算药量填充炸药	放炮	1	装药过程避免静电、火花
		起爆网路连接	根据设计方案连接电力起爆网路	放炮	1	合理布置起爆网路，避免盲炮。 1. 爆破网路主线应绝缘良好，并设中间开关，与其他电源线路应分开敷设。

续表 4-12

序号	危险源类别	危险源具体分类	危险源描述	事故类别	级别	控制措施
6	其他危险、有害因素	起爆网路连接	根据设计方案连接电力起爆网路	放炮	1	2. 必须严格检查主线、区域线、端线、电源开关和插座等的断通与绝缘情况，在连入网路前各自的两端应短路。 3. 爆破网路的连接必须在全部炮孔填装完毕，无关人员全部撤至安全地点后进行。 4. 连接应由工作面向起爆站依次进行，两线的接点应错开 10 cm，接点必须牢固，绝缘良好
		危石	爆破完成后，必须确认已解除警戒，作业面上的悬岩危石具有潜在的安全隐患	物体打击	2	经检查处理后，清理石方人员方准入场

2. 评价结果

通过爆破施工危险源的辨识与风险评价，可以发现在施工工序中比较容易发生的危险状况主要是行为性危险、有害因素(违章指挥和操作)，心理、生理性危险、有害因素(施工过程操作人员辨识功能失误危险)，以及盲炮危险、飞石危险等。由此，爆破施工现场必须加强指挥人员和操作人员行为的正确性和准确性，按适当的方法对盲炮进行处理，严格检查炮孔覆盖的准确性，严防飞石的出现，以保证爆破施工安全。

第四章　爆破施工安全措施

十二、组织保障

1. 组织机构

项目部成立以项目经理任组长，项目副经理任副组长，项目安全、设备、质管、工程、测量等部门负责人、爆破施工队负责人为成员的爆破安全施工领导小组，全面负责爆破安全施工的领导工作。人员组成如下：

(1) 组长：××。

(2) 副组长：××。

(3) 成员：××。

项目安全部门是项目部为确保爆破安全施工的常设机构，具体负责爆破日常工作。施工队设专职爆破安全员，负责爆破施工的安全管理工作。组织机构图如图 4-20 所示。

2. 职责划分

为保证爆破施工过程的安全，项目部进一步明确了人员的职责和分工，如表 4-13 所示。

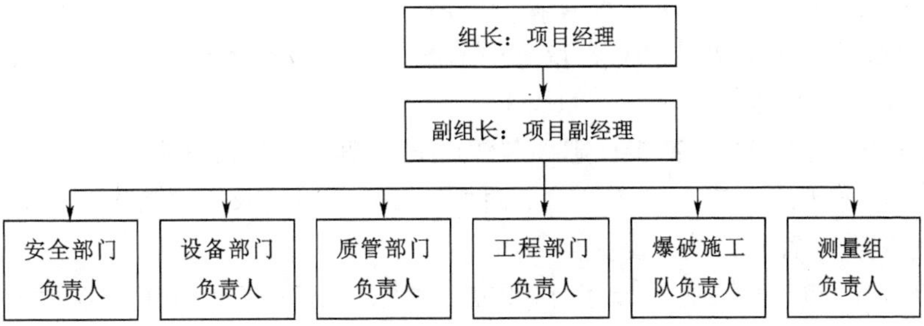

图 4-20　项目部组织机构图

表 4-13　　项目部人员职责和分工

序号	部门	责任人	参加人员	主要工作内容
1	现场总负责	××	××	施工现场总指挥
2	工程部门	××	××	施工方案的编制、技术交底
3	爆破施工队	××	××	布孔、钻孔、装药、起爆
4	质管部门	××	××	施工控制、施工记录
5	安全部门	××	××	安全检查、安全技术交底
6	设备部门	××	××	炸药、雷管等物资供应
7	测量组	××	××	现场布孔测量

3. 爆破施工作业程序人员的确定

为保证爆破施工方案的可行性，施工过程中采取持证上岗制度，每一道工序由专人负责，并随时与安全防护人员联络，各工序人员安排如下：

(1) 炮孔的布设：××(TEL：××)。

(2) 装药及填塞：××(TEL：××)。

(3) 炮孔口覆盖：××(TEL：××)。

(4) 起爆线路的布设：××(TEL：××)。

十三、施工安全管理

1. 爆破前安全准备工作

(1) 加强爆破施工从业人员安全教育培训工作。项目结合施工情况，对爆破施工从业人员进行遵章守纪和自我保护教育，增强从业人员的安全意识，提高安全素质，做到“三不伤害”，即“不伤害自己、不伤害他人、不被他人伤害”。

(2) 对爆破点与附近居民居住设施的距离进行测算，确定爆破施工的爆炸当量和用药量，将爆破控制在有效范围内。

(3) 项目部与爆破施工队伍签订“安全生产责任书”，明确相互间的责、权、利。

(4) 编制爆破施工专项安全方案，送监理审批后报建设单位安全部门备案。

(5) 从事现场爆破安全管理人员、特种作业人员必须持证上岗。所有参与爆破的作业人员必须经省级以上安全生产监督管理部门培训考核合格，并持有“中华人民共和国爆破作业操作证”方可上岗作业，同时按规定参加复审工作，确保证件的有效性。

(6) 对危险区内的设施等，采取安全保护措施，防止爆破飞石和地震冲击波的破坏，并完善相关资料，按规定办理施工生产安全许可证。

(7) 在爆破危险区的边界设立警戒和警告标志。采取有效的防护措施，防止爆破有害气体、噪声对人体的危害。

(8) 将爆破信号的意义、警告标志和起爆时间通知当地所在单位和居民。

(9) 在进场实施爆破施工之前编制全面切实可行的险情及紧急情况应急预案和事故处理程序，送监理审核后报建设单位安全部门。

(10) 在编制、审核爆破施工计划时，要充分考虑现场情况，使施工计划均衡、合理，防止因盲目赶工而对施工安全产生负面影响。

(11) 进行安全技术交底，由项目技术人员将工艺流程危险点的分析状况和所制订的相关安全措施，对爆破施工队和相关人员进行层层书面安全技术交底，确保各级施工人员对作业过程中存在的危险点和预控措施心中有数。被交底人书面签字，完善记录并存档保存。

2. 施工实施期间的安全管理

(1) 加强爆破现场施工组织与管理，确保爆破施工顺利进行。

(2) 爆破作业人员必须严格按照设计要求和《爆破安全规程》及相关的规程、法规实施爆破作业。

(3) 应根据现场实际情况和爆破要求拉尺布孔，不得随意增减炮孔。必须保证炮孔的堵塞长度和堵塞质量。

(4) 明确划定爆破施工作业及施爆时的安全警戒范围，设立安全警戒线。在作业区周围设立安全指示牌，张贴安全告示，使全体施工人员和附近居民事先知道警戒范围、警戒标志、声响信号的意义及其发出方法。起爆时临时封闭本标段爆破施工区域安全通道，待警戒解除后恢复安全通道畅通。

(5) 爆破时，必须对警戒区内的人员进行疏散、撤离，做到起爆信号鲜明。警戒信号采用哨音、信号旗和警示牌。

① 视觉信号。在警戒线插警示牌、红旗。

② 听觉信号。

第一次信号——预告信号：所有无关人员撤出爆破区，派警戒人员。

第二次信号——起爆信号：确认人员、设备安全后，准许起爆。

第三次信号——解除信号：经检查确认安全后，解除警戒。

(6) 在加工起爆药包及装药、连接爆破网路过程中严禁烟火。

(7) 爆破后由安全员或爆破员及时检查爆区的各类安全状况，在确认无安全隐患时，方能进行下一工序的作业。若发现盲炮，应及时上报，并设立警戒区，严禁无关人员进入。处理盲炮必须严格按照《爆破安全规程》的有关规定进行。

3. 保证安全的其他措施

(1) 浓雾、大雨、大风、雷电及夜间严禁爆破施工。

(2) 严格管理与使用爆破器材，严禁爆破器材丢失或挪作他用。

① 爆破器材的储存。根据爆破施工的工作量，施工现场不设爆破器材储存库，直接由取得爆破施工资质的民爆公司储存。

② 爆破器材的运输。

a. 爆破材料的装、卸均应轻拿轻放，堆放时要平稳整齐，炸药不能与雷管、传爆线同装；

运输爆破材料的车辆应遮盖、捆紧，除押运人员外不得搭乘其他人员；在雨雪天运输时，必须做好防雨、防滑等措施。

b. 爆破材料应使用专车运输，且必须要有熟悉爆炸物性能的专人押运，不允许使用自卸汽车等不符合要求的车辆运输。

c. 运输爆破材料的车辆，如遇中途停车时，须离开民房、桥梁 200 m 以上距离的地点，并禁止在衣袋中携带爆破材料。

③ 爆破器材的使用。根据本段爆破的具体位置，按照当天爆破量，由民爆公司运输炸药及雷管到施工现场。如当天有使用剩余的炸药和雷管，直接送回民爆公司，避免民爆炸药等民爆器材在工地过夜。

(3) 爆破震动的监测。

本合同段爆破位置距民用建筑设施较远，民用建筑设施不在震动区范围内。鉴于此，在爆破施工推进过程中，应尽可能做好防护工作。为确保附近的建筑设施不受震动的影响，在靠近民用建筑设施的一方，尽量采用微差爆破技术，改善破碎质量和控制爆破震动，最大限度地降低爆破震动，使爆区附近的建筑设施震动速度控制在规定的安全范围内。

(4) 爆破飞石的控制。

在爆破施工过程中不允许飞石出现，通过对爆破区炮孔的覆盖，起爆时出现飞石几率微乎其微，但为了保证居民的安全，在起爆时应通知民房内居民，劝其离开房屋，确保安全。

(5) 盲炮的处理。

爆破后如有盲炮，应由原施工人员参加处理，并采取妥善的安全措施进行及时排除，以免发生事故。盲炮的处理要点如下：

① 检查盲炮的主要方法是一听、二看、三判断。

② 如发现炮眼外的电线电阻、电爆网路不符合要求，经校正后方可重新起爆。

③ 当炮眼不深时，也可用裸露药包爆破。

④ 当炮眼较深时，可用木制或竹制工具，小心地将炮眼上部的堵塞物掏出，取出起爆体并用水灌浸药使炸药失效，然后再重新装入起爆药包起爆。

⑤ 对中小型炮，可在距盲炮的最近距离不小于 0.6m 处钻一平行炮眼，然后装药起爆销毁原盲炮。

⑥ 如炮眼底还有剩药，可以在原炮眼内重新加装起爆药包起爆。

⑦ 在处理盲炮时，不能把带有雷管的药包从炮眼内取出来，或者拉住电雷管上的导线，把雷管从药包里取出来。

(6) 安全警示牌的设置。

为保证爆破施工期间安全，在爆区范围内设置警示标牌，起爆时派专人做好疏散疏通工作。起爆后，查看周围是否有爆渣。如有，应清理爆渣，解除警戒，恢复正常秩序。

(7) 安全检查。

在爆破施工过程中，应认真贯彻执行《爆破安全规程》及有关安全规定，切实做好爆破作业前后各个施工工序的操作检查与处理，杜绝各种安全事故的发生。

① 项目现场安全负责人组织相关人员在每次爆破前对爆破各工序、爆破网路进行全面的安全检查。

② 项目安全负责人对每次爆破情况作详细的施工安全记录，并从中总结技术经验，保

证在其爆破施工作业中不出现安全事故。

③ 对查出的隐患，必须填写整改通知书，并当场予以整改，进行隐患登记。

④ 所有检查必须做好记录并存档，以备上级和地方相关部门检查。

第五章　爆破安全应急措施

十四、应急措施

为加强对爆破施工安全事故的防范，快速、及时、妥善地处理爆破安全事故发生后的救援工作，最大限度地减少事故损失，结合本标段爆破施工实际，制订爆破安全应急措施。

1. 成立应急救援组织机构

为加强爆破施工安全事故应急救援的领导，统一指挥协调本标段爆破期间事故的应对工作，本项目成立事故应急救援工作领导小组。人员组成如下：

(1) 组长：项目经理××、爆破施工安全领导小组组长。

(2) 副组长：项目副经理××、爆破施工安全领导小组副组长。

(3) 成员：××。

项目应急组织机构框图(略)。

2. 现场应急程序

(1) 紧急报告

事故发生后，施工现场责任人必须以最迅捷的方式，第一时间将所发生事故的情况报告项目安全部门；项目安全部门接到报告后，及时报告应急救援领导小组组长，并按规定逐级上报。

(2) 启动预案

发生安全事故后，应急领导小组立即进入应急状态，迅速启动应急预案，协调项目内各方力量，密切配合，协同作战，互相支持，立即赶赴现场组织施救。

(3) 现场应急处理

① 项目部按照应急预案组织有关人员，最大可能地调集汽车吊、挖掘机、推土机等设备开展抢救工作；撤离、疏散施工现场相关人员和事故可能波及区域内的其他人员；将事故区域内的危险品、易燃易爆品及设备设施等转移至安全区域；疏散人群，维持秩序。

② 必要时，可根据事故的严重性、影响范围和可控性，请求消防部门、公安部门、医疗卫生机构等外来援助(火警电话 119，治安报警电话 110，医疗急救电话 120)协助抢险；清理路障，保持场内外的道路畅通，并在路口为救援车辆指示最近的路线，夜间在现场设置足够的临时照明；进行现场保护，防止事故的进一步扩大，力争把事故损失降到最低程度。

③ 现场施救人员应本着以人为本的原则，做好伤亡人员的安置工作；积极处置死亡和救治受伤人员，最大限度地减少死伤人数和损失，千方百计地做好降低损失工作。

(4) 应急结束

事故现场经过应急救援预案实施后，引起事故的危险源得到有效的控制和消除，所有现场人员均撤离现场，不存在其他影响应急救援终止的因素，应急救援组长下令应急工作终止。

3. 保障措施

(1) 通信和信息保障

① 建立应急救援人员信息联络制度，保证应急救援人员的通信公开。值班电话：××。

② 应急救援人员电话要保证 24 h 处于开机状态，保证紧急情况下的通信联络畅通。

(2) 应急救援车辆、设备保障

根据本标段爆破施工的性质、特点和应急救援工作的实际需要，有针对性地配备应急救援车辆、设备和器材，并进行经常维护、保养。

① 机动车辆保障。值班车辆：××；驾驶员：××。

② 应急机械设备保障(表 4-14)。

表 4-14　应急机械设备保障表

序号	名称	型号	应急用途	数量
1	挖掘机	××	恢复通道	1
2	推土机	××	恢复通道	1
3	汽车吊	××	救援	1
4	小汽车	××	人员运输	1
5	小货车	××	货物运输	1

(3) 应急救援资金保障

为了确保爆破施工期间的资金保障，项目部建立安全生产资金保障制度，保障项目爆破施工安全生产应急救援的需要。

(4) 应急救援培训

应急预案编制完成后，爆破施工前，组织项目部全体人员以及应急救援人员进行有针对性的培训，使从业人员具备完成应急任务所需的知识和技能。培训的主要内容如下：

① 应急救援的职责分工和应急救援程序。

② 施工安全防护、作业区内安全警示标志设置、个人防护措施、施工用电常识等。

③ 对危险源特性的辨识和分析。

④ 事故报警的方式方法。

⑤ 紧急情况下的人员安全疏散。

⑥ 现场抢救的基本急救知识。

第五章　公路施工项目安全实施和运行

第一节　施工项目安全组织措施

施工项目的安全管理必须有组织措施作为保障，否则安全管理就无从谈起。所谓组织措施包括两方面：一是建立施工项目安全组织机构；二是配置施工项目安全管理人员。

一、建立施工项目安全组织机构

1. 设立施工项目安全管理机构

成立安全管理机构在施工项目安全管理中是一项最基本、也是最重要的工作。安全管理机构是指施工项目中专门负责安全生产监督管理的内设机构。施工项目应依据工程特点以及本项目的施工规模，设置具有独立职能的安全管理机构。

安全管理机构的作用是落实国家有关安全生产的法律法规和方针政策，组织项目安全检查、日常安全检查，及时整改各种事故隐患，监督安全责任落实等。

2. 成立施工项目安全领导小组

施工项目是保障施工安全的第一线组织，应建立由项目经理任组长，主管生产、安全的项目副经理任副组长，各职能部门负责人、所属工区或劳务施工队长和兼职安全员任组员的安全领导小组（图 5-1），用以计划和决策本项目的安全生产工作。

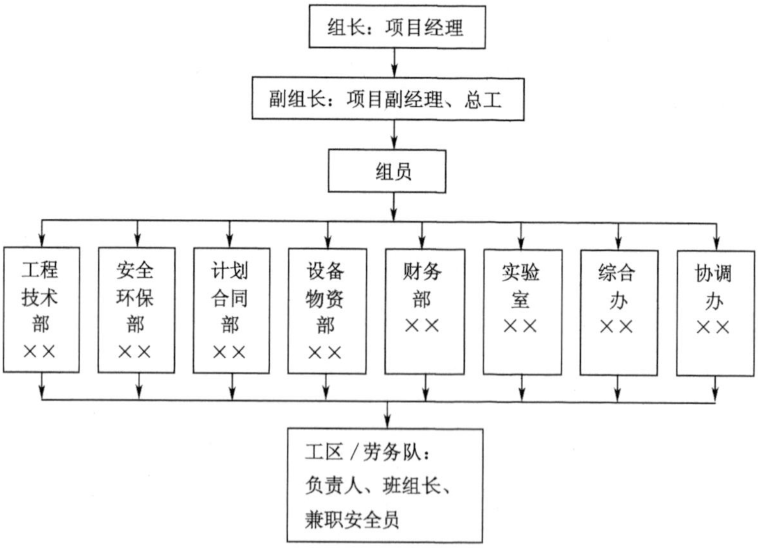

图 5-1　施工项目安全领导小组框图

安全领导小组其他成员还要负责自己管辖范围内的部门或工区、班组落实安全规章制度。工区、班组负责人和兼职安全员要监督指导本工区。班组的全体作业人员执行安全规章制度，严格按安全技术操作规程进行作业。

施工项目安全领导小组的主要职责是：

(1) 贯彻落实国家有关安全生产的法律、法规和标准。

(2) 组织制订项目安全生产管理制度并监督实施。

(3) 编制项目生产安全事故应急救援预案并组织演练。

(4) 保证项目安全生产费用的有效使用。

(5) 组织编制危险性较大工程安全专项施工方案。

(6) 开展项目安全教育培训。

(7) 组织实施项目安全检查和隐患排查。

(8) 建立项目安全生产管理档案。

(9) 及时、如实报告生产安全事故。

二、配置施工项目安全管理人员

安全管理人员是指在施工项目中从事安全管理工作的专职或兼职人员。专门从事安全管理工作的人员为专职安全管理人员。在施工项目中既承担其他工作职责，同时又承担安全管理职责的人员为兼职安全管理人员。专职安全管理人员负责组织落实安全规章制度，贯彻安全决议，检查指导各工区、班组兼职安全员的工作，处理日常工作。

施工项目应按照工程规模设置专职安全管理人员。根据《建筑施工企业安全生产管理机构设置及专职安全生产管理人员配备办法》，按照目前施工企业的一般情况，施工项目专职安全管理人员数量应保证 5 000 万元合同价至少配备 1 人。具体配备原则是：

(1) 5 000 万元以下的工程不少于 1 人。

(2) 5 000 万～1 亿元的工程不少于 2 人。

(3) 1 亿元及以上的工程不少于 3 人，且按专业配备专职安全生产管理人员。

《公路水运工程安全生产监督管理办法》规定，不足 5 000 万元的至少配备 1 人，5 000 万元以上不足 2 亿元的按每 5 000 万元不少于 1 名比例配备，2 亿元以上的不少于 5 名，且按专业配备。

第二节　施工项目安全责任措施

安全责任制是施工项目岗位责任制的一个重要组成部分，是施工项目最基本的安全制度，也是施工项目安全规章制度的核心。

一、建立安全责任制的必要性

1. 安全法律法规要求

《安全生产法》规定，生产经营单位的主要负责人要建立、健全本单位安全生产责任制，并对其负责。因此，作为施工单位的一级组织的施工项目也应建立、健全本项目安全生产责任制，并对其负责。《建设工程安全生产管理条例》规定，施工单位的项目负责人应当由取得相应执业资格的人员担任，对建设工程项目的安全施工负责，落实安全生产责任制度、安全生产规章制度和操作规程，确保安全生产费用的有效使用，并根据工程的特点组织制订安全施工措施，消除安全事故隐患，及时、如实报告生产安全事故。

2. 施工项目安全管理的需要

安全生产责任制是施工项目各项规章制度的核心，也是施工项目最基本的管理制度。落实安全生产责任制是安全管理的重要内容，也是做好安全施工的关键。若不首先制订安全生产责任制度，其他如安全教育培训制度、安全检查制度等的制订便无从谈起，更不用说执行了。

二、安全责任制的内容

安全生产责任制的建立是根据“安全第一、预防第一、综合治理”方针和安全生产人人有责的原则，通过确立项目各级领导、各职能部门和各类人员在施工生产活动中应负的安全责任来实现的。责任制的内容要详细、全面、有针对性，具体落实到各部门及个人，并充分体现责、权、利相统一的原则。施工项目经理是施工项目安全生产的第一责任人，对施工项目的安全生产负全面责任；施工项目分管安全的领导是施工项目安全生产的直接责任人，对施工项目的安全生产负管理责任；其他项目领导对其管辖范围内的工作负管理责任；项目施工生产管理人员在管理生产的同时，还要负责管理安全工作；有关的职能部门和人员必须在自己的业务工作范围内，对实现安全生产负责；施工一线从业人员必须履行岗位安全职责，严格遵守安全生产法规、制度和安全操作规程，不违章作业，并有权拒绝违章指挥，险情严重时有权停止作业，采取紧急防范措施。

下面是施工项目安全生产责任制示例，以供参考。

1. 项目经理安全职责

(1) 认真贯彻执行上级有关安全生产和文明安全施工的方针、政策、法规、规定，对本项目在生产经营活动中的安全生产全面负责。

(2) 建立本项目安全生产管理制度，结合施工企业安全生产管理目标，制订本项目的安全生产管理目标，并抓好落实。

(3) 支持本项目安全职能部门(人员)的工作，定期听取本项目有关安全生产的工作汇报；及时研究解决本项目安全生产中存在的问题，确保本项目安全生产工作的正常进行。

(4) 严格遵守劳务分包方面的各项管理规定，督促本项目有关职能部门做好对劳务队伍的资质把关和安全管理。

(5) 主动接受施工企业、上级有关部门和业主对项目的安全生产工作检查和工作指导，督促本项目认真落实整改存在的安全隐患及问题。

(6) 发生工伤事故，按有关规定及时上报施工企业领导和主管部门，积极采取措施，抢救伤员，保护现场。同时，积极参与和配合事故的调查、分析、处理工作，并对有关的事故责任者提出初步处理意见。

2. 项目副经理安全职责

(1) 协助经理做好本项目的安全生产工作，对本项目安全生产负直接责任。

(2) 结合施工企业有关规定和本项目实际情况，建立、健全本项目的安全生产责任制以及有关的安全生产管理制度，编制年度安全生产工作计划，并认真组织贯彻落实。

(3) 参与审核施工组织设计、特殊复杂项目或专业性工程项目施工方案，严格审查其中的安全管理等措施是否具备、可行。

(4) 进行定期、专项安全检查(如防汛、防暑、冬季施工等检查)，及时督促解决检查中发现的安全生产隐患，确保安全生产。

(5) 定期听取本项目安全部门(人员)的工作汇报，及时审批或签发本项目有关安全文件、安全奖惩决定等。

(6) 参与安全生产事故的调查、处理等具体工作，并从管理上分析事故原因，提出防范措施的具体意见。同时，对事故责任者提出处理意见。

3. 项目总工程师安全职责

(1) 协助经理做好安全生产中的技术管理工作，对本项目安全生产负技术管理责任。

(2) 组织编制施工组织设计或专业性工程项目施工方案，制订安全技术措施，严格审查安全技术措施的安全性和可行性，并督促落实施工组织设计(方案)中的安全技术措施。

(3) 认真落实施工企业和施工项目安全技术交底制度，做好项目技术性强、危险性大的分部分项工程的安全技术交底工作。

(4) 主持本项目组织的对有关生产设施的安全验收。

(5) 负责本项目的安全生产科技攻关，总结推广安全生产科技成果和先进经验。

(6) 参与安全生产事故的调查、处理工作，并从技术上分析事故原因，提出技术防范措施意见。同时，对事故责任者提出处理意见。

4. 项目安全部门安全职责

(1) 积极贯彻、执行上级有关安全生产的各项方针、政策、法规、规定等。

(2) 在本项目副经理的领导下，建立、健全本项目的安全生产责任制以及各项安全生产管理制度。

(3) 负责对危险源的识别评价，对重大危险源进行控制、策划、建档，制订有针对性的应急预案并组织实施。

(4) 组织并参加本项目的安全生产工作会议，各种安全生产活动和安全生产会议必须有详细记录。

(5) 组织并参加本项目定期、专项安全检查(如防汛、防暑、冬季施工等检查)。对检查中存在的问题，督促被检单位及时、有效地加以解决。为确保安全生产，对有安全重大隐患的施工工序，安全部门有权责令停工整改。

(6) 按照上级部署，结合自身实际认真开展安全生产活动，落实整改上级安全检查中提出的问题和隐患。

(7) 参与安全生产事故的调查、处理和事故报告，做好相应的登记工作。

(8) 对新进场人员进行安全教育，监督并参与审核劳务分包单位的安全生产资质，并行使一票否决权。

(9) 及时对劳务队伍做好入场安全教育，及时签订安全生产协议书。

(10) 监督检查专职安全员做好安全技术交底工作，并对安全技术交底进行必要的审核和管理。

(11) 完善责任业务范围的内业资料，加强对内业资料的规范、管理和保存。

(12) 负责本项目劳保用品的计划、发放审批，并监督检查劳保用品的使用情况。

(13) 做好安全生产工作总结,如年度总结、重大安全活动总结等。

5. 项目综合办公室/人力资源部门安全职责

(1) 认真贯彻、执行上级有关职业健康等方面的政策、法规,并监督检查工作落实情况。

(2) 建立、健全项目安全教育培训制度,并负责做好安全教育培训制度的落实。

(3) 参与重大伤亡事故的处理工作,并做好理赔等相应资料的归档。

6. 项目工程管理部门安全职责

(1) 组织并参加本项目施工组织设计、施工方案的编制。严格审核施工技术措施的可靠性、安全技术措施的可行性,并从工序安排、质量措施的合理性等方面为安全生产把关,从工艺、技术上确保符合安全生产和劳动条件。

(2) 编制或修改本项目安全技术方案、专项安全技术方案和安全技术操作规程,并组织贯彻落实。

(3) 实施安全生产科技攻关,总结推广本项目安全生产科技成果和先进经验。

(4) 制订安全技术交底制度,并负责做好安全技术交底制度的落实。

7. 项目财务部门安全职责

(1) 制订项目安全生产保障金制度,并负责督促检查安全劳动用品资金、安全教育培训资金和安全生产技术措施的保障资金制度的落实情况,启动安全生产保障金制度,实施报批程序。

(2) 认真做好项目安全奖惩等有关资金的财务手续工作。

8. 项目设备部门安全职责

(1) 建立项目设备安全管理制度,并负责做好监督实施。

(2) 组织监督大型设备的维修、拆卸、装配、调运和吊装过程中的安全措施的落实。

(3) 建立安全设施和防护设施所需各类物资的采购、验收、保管的管理制度,并负责做好监督实施。

(4) 负责项目特种设备的安全管理。

(5) 加强对项目劳务队伍机械设备的进场验证,并做好验证记录。

(6) 参加由于机械设备问题造成的项目安全生产事故的处理,并提出整改、防范措施和处理意见。

9. 项目计划合同部门安全职责

建立工程劳务供方合同审核制度,并抓好落实。

10. 工区长安全职责

(1) 认真执行上级有关安全生产的各项规定,对本工区生产安全负责。

(2) 认真组织施工人员学习安全技术操作规程,坚决制止各种违章现象。

(3) 重视班组安全建设,充分发挥班组长、安全员的作用。

(4) 发生安全事故后,保护现场,立即上报,积极组织抢救,参加事故调查,提出防范措施并认真落实。

(5) 对事故责任者认真进行教育,坚决执行事故处理决定。

(6) 保证施工人员按规定正确使用劳动保护用品。

(7) 对各级安全部门在检查中发现的安全隐患,在限期内妥善解决。

(8) 有权拒绝和停止执行上级部门违反安全生产法规、政策的指令。

11. 专职安全员安全职责

(1) 认真贯彻执行上级和施工企业的各项安全管理制度、操作规程以及安全技术措施，对安全生产负管理责任。

(2) 认真落实施工企业和施工项目安全技术交底制度，做好安全技术交底工作。

(3) 对作业人员违规违章行为有权予以纠正或查处，对施工现场存在的安全隐患有权责令立即整改。

(4) 负责施工现场安全生产日常检查并做好检查记录。发现问题，采取积极有效措施，及时督促有关班组或作业人员落实解决。

(5) 参加本项目组织的对有关生产设施安全验收，并负责整改存在的问题。

(6) 现场监督危险性较大工程安全专项施工方案实施情况。

(7) 发生伤亡事故，保护现场并立即上报直接分管领导。同时，立即组织伤员抢救，积极配合，并参与事故调查等工作。

12. 劳务队伍负责人安全职责

(1) 认真贯彻执行上级有关安全生产的方针、政策、法规等。

(2) 严格履行劳务用工手续，建立本队自身的安全管理体系和管理制度。

(3) 模范遵守项目的安全管理制度，自觉接受和服从项目的安全管理，带领本队全体成员积极配合和接受项目的安全入场教育。

(4) 以身作则，严格执行安全生产管理制度、安全技术操作规程、安全技术交底规定和现场劳动纪律，制止各种违章现象，对本队人员在生产中的安全和健康负责。

(5) 积极参与上级开展的各项安全活动，定期研究本施工区域的安全生产工作，提高作业人员安全意识和自保能力，改进本队安全生产工作。

(6) 做好新员工的岗位安全教育，合理安排作业队人员工作，监督班组人员正确使用劳动保护用品。

(7) 经常检查本队作业现场的安全生产状况，发现问题及时解决或上报项目部安全部门。

(8) 发生伤亡事故，保护现场并立即上报项目部安全部门。同时，立即组织抢救伤员，积极配合，并参与事故调查。

13. 班组长安全职责

(1) 严格执行安全生产管理制度、安全技术操作规程、安全技术交底规定，遵守劳动纪律，制止各种违章现象，对本班组人员在生产中的安全和健康负责。

(2) 积极参加上级开展的各项安全活动，提高作业人员安全意识和自保能力，改进班组安全生产工作。

(3) 做好新进人员的岗位安全教育，合理安排班组人员工作，监督班组人员正确使用劳动保护用品。

(4) 经常检查班组作业现场的安全生产状况，发现问题及时解决或上报项目部安全部门。

(5) 发生伤亡事故，保护现场，并立即上报项目部安全部门。同时，积极配合，并参与伤员抢救、事故调查等工作。

14. 特种作业人员安全职责

(1) 特种作业人员必须持证上岗，模范遵守项目安全生产管理制度、安全技术操作规程和劳动纪律，杜绝违章行为。

(2) 积极参加项目开展的安全活动，服从项目有关安全生产工作的管理和指导。

(3) 正确使用必需的劳动防护用品，认真对所操作的设备或工具进行必要的检查或维修，禁止机械设备带病工作，并做好有关记录(如维修记录、故障记录等)。

(4) 对不安全作业行为要积极提出意见，有权拒绝违章指挥。

(5) 发生伤亡事故，保护现场，并立即上报班组长或项目部。同时，积极配合事故调查工作。

15. 施工员安全职责

(1) 认真贯彻上级审批的项目安全技术措施和施工组织设计，严格履行职责，坚持先防护、后施工的原则，坚决制止违章行为。

(2) 对施工过程中发现的隐患，要及时处理，并提出合理化建议。必要时，有权责令停工整改。

(3) 发现险情时，要及时上报项目部，并配合做好善后工作。

(4) 发生伤亡事故，保护现场，抢救伤员，并立即上报项目部。同时，积极配合事故调查工作。

16. 质量员安全职责

(1) 认真贯彻执行有关安全生产法律法规和标准，督促作业人员严格遵守安全生产技术措施和有关安全技术操作规程，有责任制止违章行为。

(2) 发现事故隐患，有权责令作业人员进行整改或停止作业，并及时上报项目部。

(3) 发生伤亡事故，保护现场，抢救伤员，并立即上报项目部。同时，积极配合事故调查工作。

17. 材料员安全职责

(1) 认真贯彻执行有关安全生产法律法规和标准，熟悉施工安全防护用品、设施的有关国家或行业标准，提高业务水平。

(2) 禁止采购不符合国家标准或影响安全的不合格材料和用品。

(3) 对不合格要求的安全防护用品、施工机具产品，有权拒绝进入施工现场。

18. 作业人员安全职责

(1) 热爱本职工作，自觉接受安全教育，努力提高自身素质和操作技能。

(2) 遵守劳动纪律，服从管理，严格执行操作规程，不得违章作业，野蛮施工。

(3) 正确佩戴个人防护用品，进入施工现场必须戴好安全帽，高处作业必须系安全带。

(4) 积极参加安全达标和文明施工活动，做到三不伤害。

(5) 发生伤亡事故，保护现场，抢救伤员，并立即上报项目部。同时，积极配合事故调查工作。

三、安全责任措施实施要求

项目经理部应根据安全责任制的要求，把安全责任目标逐步分解到岗、落实到人。安全生产责任制主要措施如下。

1. 签订安全责任状

签订安全责任状是落实安全责任的重要措施，也是施工项目内部安全管理的重要手段。安全责任状要层层签订，即项目部与所有施工工区、工区与劳务队、劳务队与班组、班组与施工作业人员签订安全生产责任状。同时，施工项目要与项目各职能部门和施工管理人员签订安全责任状，落实安全管理责任，实施一岗双责。

2. 签订安全协议

安全协议是指施工项目与本项目有劳务合作业务的劳务队伍签订的关于施工安全内容的契约。通过签订安全协议（合同），明确施工项目部和劳务协作队伍关于施工安全的权利和义务，落实安全责任。在实施过程中，项目部要与劳务协作队伍签订安全协议（合同），在协议（合同）中应明确在劳务协作期内要实现的安全生产指标、文明施工、工伤事故频率及防粉尘、防噪声措施等问题，内容要全面、具体，目标要明确。为了更好地体现"安全生产人人有责"的原则，必要时可以与所有一线施工作业人员签订安全承诺书。

3. 目标责任考核

责任状签订后，安全责任能否落实或落实得怎么样，关键要实行目标责任考核。在工程项目开工时，项目部根据施工单位或业主确定的安全生产、文明施工总目标及伤亡控制指标的要求和本工程的特点，确定项目的安全管理目标（伤亡控制指标、安全达标、文明施工目标），并对安全责任目标进行分解，将伤亡控制指标、安全达标、文明施工目标层层分解，具体落实到部门、各个劳务协作队伍、班组，纳入到安全责任状和安全合同中，并按时进行考核。目标责任考核要与奖惩制度紧密结合，否则，安全责任落实效果就会大打折扣。

第三节 施工项目安全教育培训

安全教育培训是提高从业人员安全意识和安全素质、防止人的不安全行为、减少人为事故的重要途径。美国安全工程师海因里希经过大量研究，认为安全事故存在着"88∶10∶2"的规律，即100起安全事故中，有88起是由纯属人的不安全行为引起的，有10起是由于物的不安全状态造成的，只有2起所谓的"天灾"是难以预防的。由此可见，要控制事故的发生，控制人的不安全行为是关键。只有加强安全教育培训，才能增强施工时的安全意识，提升安全素质，有效防止人的不安全行为，从而减少事故发生，实现安全施工。

一、施工项目安全教育培训的内容

施工项目安全教育培训的内容主要包括安全思想意识教育、安全知识教育、技能教育等。

1. 安全思想意识教育

安全思想意识教育的目的是为施工安全奠定思想基础，通常从加强安全方针政策、法律法规和规章制度及劳动纪律等方面进行。

(1) 安全方针政策教育。其目的是提高施工项目从业人员对安全生产重要性的认识，从思想上认识做好施工安全的重要意义；通过教育培训，使施工从业人员正确理解安全生产方针政策，增强安全意识，贯彻党和国家关于安全生产的方针政策和规定。

(2) 安全法制和劳动纪律教育。法律法规和规章制度及劳动纪律是施工从业人员必须遵守的规则和秩序,也是贯彻安全方针、减少事故、实现安全的重要保证。对施工从业人员进行遵纪守法教育培训,其目的是使从业人员懂得遵纪守法对实现施工安全的重要性,严格执行国家有关安全法律法规、各项规章制度和安全技术操作规程,杜绝违章指挥、违章作业及施工生产过程中出现的违法违规现象。

2. 安全知识教育

施工从业人员必须具备安全施工的基本知识,因此,从业人员必须接受安全知识培训教育。安全知识教育的内容主要是:施工项目安全规章制度、安全技术操作规程;施工生产流程;场内运输的有关安全知识;有关设备设施的安全知识;有关施工用电的安全知识;安全生产管理措施;有毒有害、民爆物品的有关安全知识;消防管理制度及灭火器材使用的有关知识;个人的安全防护用品的正确使用知识;事故应急救援措施和急救知识等。

3. 安全技能教育培训

安全技能教育培训就是根据本专业、本工种的特点,实现安全操作、安全防护所必须具备的基本技术能力和技术知识要求。每个施工从业人员,如项目管理人员、施工技术人员、特殊工种从业人员、新从业人员,都要熟悉本工种、本岗位专业安全技术知识。安全技能知识是比较专门、细致和深入的知识,包括安全技术、劳动卫生和安全技术操作规程等。

二、施工项目安全教育培训的方式

施工项目安全教育培训可以根据各施工项目的特点,因地制宜,采取多种形式。通常采取如下形式:

(1) 培训式教育。组织安全培训班,将安全理论知识与国家安全法律、法规、标准、规范以及实际安全操作结合在一起,进行多层次安全培训,主要以授课的方式进行。

(2) 广告式教育。主要包括横幅、标语、宣传画、标志、宣传橱窗和板报等形式。

(3) 会议式教育。主要包括安全例会、安全经验交流会等形式。

(4) 竞赛式教育。举办安全知识竞赛,激发学安全、懂安全、会安全的积极性。

(5) 出版物式教育。主要包括出版的简报、施工安全手册等。

(6) 声像式教育。运用现代技术手段进行安全教育,主要包括放录像、电视教育片等。

三、施工项目安全教育培训的对象和要求

施工项目安全教育培训应具体问题具体分析,根据教育对象的不同而有针对性地进行,同时要按照国家有关规定的要求进行,以取得更好的效果。

1. 项目管理人员和技术人员

施工项目对项目经理、项目副经理、项目总工、项目专兼职安全管理人员及其他管理人员和施工技术人员要加强有关安全法律、法规、标准、规范等教育培训,提高对安全工作的思想认识、安全意识和领导水平。

2. 各类施工从业人员

各类施工从业人员,尤其是特种作业人员要加强安全培训,保证从业人员具备必要的安全生产技术知识,熟悉有关的安全生产规章制度和安全技术操作规程,掌握本岗位的安全操作技能,使自身具有较强的自我保护能力和应急情况的处置能力。

3. 新进场人员

施工项目要对新进场人员(新招收的临时工、实习人员等)坚持传统的三级安全教育。

(1) 施工项目安全教育培训的主要内容是:本单位施工特点、施工现场环境和可能存在的不安全因素及施工安全基本知识;本单位(包括施工、生产现场)安全规章制度、安全注意事项;本工种安全技术操作规程;高处作业、机械设备、电气安全基本知识;防火、消毒、防尘、防爆知识及紧急情况安全处置和安全疏散知识;防护用品发放标准及使用基本知识。

(2) 作业队(班组)安全教育培训的主要内容是:作业队(班组)作业特点及安全技术操作规程;作业队(班组)安全活动制度及纪律;爱护和正确使用安全防护装置(设施)及个人劳动防护用品;本岗位易发生事故的不安全因素及防范对策;本岗位作业环境及使用的机械设备、工具的安全要求等。

4. 转岗进入新岗人员

在采用新技术,使用新设备、新材料,推行新工艺之前,施工项目要加强有关人员专门的安全知识意识、技能安全教育,提高安全素质和安全意识和操作技能,遏制习惯性违章行为,增强避险能力。

四、施工项目安全教育培训的实施要求

1. 编制施工项目安全教育培训计划

施工项目要对在整个工程期限内的培训需求进行分析,主要分析哪些人员需要培训以及什么时候进行培训等问题。根据分析,编制年度安全教育培训计划(跨年度项目)。工期在单个年度的项目要编制项目计划。安全教育培训计划包括文字和表格两种类型。不管采取哪种类型计划,一般都应包括安全教育培训的目的、培训的目标、培训的对象及人数、培训内容、培训方法、培训时间、培训地点等内容。

2. 施工项目安全教育培训的实施管理

这一环节是落实所制订的教育培训计划的过程,也是员工正式接受教育培训的活动过程。在这一过程中要做好安全教育培训记录,包括教育培训的时间、地点、授课人、培训主题、培训内容、参加培训人员等。记录形式一般采取表格式,具体采取何种形式由施工项目自定。在实施过程中,要整理归档安全教育培训的记录和培训资料。

3. 施工项目安全教育培训评价

安全教育培训评价的内容主要有以下四个方面:

(1) 培训效果反映评价。主要通过收集学员对教育培训的赞成或不满等反映情况对培训效果作出评价。

(2) 学习效果评价。培训的目的是保证从业人员具备必要的安全生产知识,熟悉有关的安全生产规章制度和安全技术操作规程,掌握本岗位的安全操作技能。学习效果评价主要检查通过培训,学员学到了哪些知识,掌握知识的程度怎样,培训内容方法是否合适、有效,以及培训是否达到了预期要求和目的等。

(3) 行为影响效果评价。主要衡量培训是否给受训者的行为带来了新的改变,或者说带来了哪些新的变化。评价培训的效果应看受训者在接受培训后其工作行为上发生了哪些良性的、可观察到的变化。这种变化越大,说明培训效果越好。

(4) 绩效影响效果评价。主要衡量工作行为的改变将带来哪些工作绩效的变化。例

如，通过培训，受训者的安全意识和安全技能提高后以及不安全行为改变后，违章次数逐步减少，所在班组安全事故率降低，事故损失大大减少等，都是相应的工作绩效体现。

五、施工项目安全教育培训应注意的问题

(1) 编制施工项目安全教育培训计划要注重可行性原则、重点与全面相结合原则以及针对性原则。

① 可行性原则。根据施工项目实际情况，制订切实可行的计划。

② 重点与全面相结合原则。在制订计划时，要保证特种作业人员、新员工、转岗换岗教育等重点人员或岗位优先进行安全教育培训。同时，要兼顾全员教育，保证施工项目所有从业人员都能及时接受最新的安全教育培训。

③ 针对性原则。施工项目安全教育培训计划要体现出将安全教育培训与施工项目的日常管理和施工过程有机结合，在抓好施工项目安全生产管理人员培训的基础上，把“防线前移”从源头抓起，重点对过程中暴露出来的问题对作业人员进行有针对性的安全教育培训。

(2) 安全教育培训的内容要具体。安全教育培训中要杜绝蜻蜓点水，随意找几本书，念几个文件和规定，走过场的现象发生。

(3) 施工项目要根据工程施工活动的进展情况，对人员进行教育培训，要贯穿整个施工过程。

(4) 分析总结。对培训的效果、受训员工的收获等情况进行全面的总结，为后续其他教育培训活动和下个施工项目安全教育培训活动提供借鉴和参考。

第四节　施工项目安全技术交底

施工项目安全技术交底是施工项目安全施工的重要保障，也是施工项目安全技术措施实施的重要环节，对减少施工生产安全事故起着重要作用。施工项目必须按照规定的施工项目安全技术交底职责管理要求、职责权限和工作程序落实到位。

一、施工项目安全技术交底的工作程序、要求和方法

1. 施工项目安全技术交底的工作程序

(1) 技术性强、危险性大的分部分项工程的安全技术交底程序：项目总工→项目技术人员→班组长→施工人员。

(2) 属一般项目的安全技术交底程序：项目安全部门→班组长→施工人员。

2. 施工项目安全技术交底的要求

(1) 实行逐级安全技术交底制度，层层交底，纵向延伸到班组全体人员。

(2) 交底必须具体、明确、针对性强。

(3) 交底的内容应针对分部分项工程施工中给作业人员带来的潜在危险因素和存在的问题以及应采取的具体预防措施，应注意的安全事项、相应的安全技术操作规程和标准、发生事故后应及时采取的避难和急救措施。

(4) 应将工程概况、施工方法、施工程序、安全技术措施等向工班长交底，不允许提前或

事后补办。

(5) 应优先采用新的安全技术措施。

(6) 有书面安全技术交底签字记录。交底应履行签字手续，要求被交底人亲自在交底书上签名，不允许代签。

3. 施工项目安全技术交底的方法

施工项目安全技术交底的方法多样，可以采用会议口头形式，也可以采用文字图表形式，甚至可采用示范操作形式，视工程施工复杂程度和具体交底内容而定。所有安全技术交底除口头交底外，还必须有书面交底，交底双方应履行签字手续，交底双方各持一套书面交底。

二、施工项目安全技术交底的注意事项

1. 交底应有针对性

目前，施工项目安全技术交底存在的普遍问题是针对性不强，一般性要求多，缺乏针对现场环境所要求遵守的职业健康安全要求。

2. 交底时间

安全技术交底必须在施工前进行，可以与施工技术交底同时进行或一并进行，也可以单独进行，还可以放在施工技术交底前或施工技术交底后进行。具体采取哪种形式进行交底，要视施工项目的施工情况、工程特点和工作需要进行。

3. 交底记录

安全技术交底完成后，务必要保留安全技术交底记录。也就是说，安全技术交底的时间、分项工程(部位)或工种、交底部门、交底人员、被交底人员、交底内容必须要留有痕迹。这里所说的记录不仅仅包括文字记录，还包括照片、光碟等能证明安全技术交底的声像材料。

4. 交底效果

按照安全技术交底要求和程序，公路施工项目管理的技术人员对有关安全施工的技术要求向施工作业班组、作业人员作详细说明，进行安全技术交底。交底完成后，不能搁置脑后放置不管，而应对被交底人员是否掌握了交底的安全技术措施、是否按照交底的要求和操作程序进行施工、效果怎么样等进行跟踪验证。如果效果不理想，必须再进行交底。只有这样，才能保证施工安全。

三、施工项目安全技术交底的内容

施工项目安全技术交底主要包括各工种的安全技术交底、施工设备的安全技术交底、一般分部分项工程施工作业安全技术交底、大型特殊工程施工作业安全技术交底等。工种和施工设备安全技术交底内容属于安全技术操作规程交底。

下面所列为公路工程施工方面的常用部分安全技术交底内容，供施工项目在安全技术交底时参考之用。

1. 路基工程安全技术交底

1) 挖土工程安全技术交底的内容

(1) 进入现场必须遵守安全生产六大纪律。

(2) 挖土中发现管道、电缆及其他埋设物,应及时报告,不得擅自处理。

(3) 挖土时要注意土壁的稳定性,发现有裂缝或坍塌可能时,应立即离开并及时处理。

(4) 人工挖土,前后操作人员间距离不应小于 2～3 m,堆土要在 1 m 以外,并且高度不得超过 1.5 m。

(5) 每日或雨后必须检查土壁及支撑稳定情况,在确保安全的情况下继续工作,不得将土和其他物件堆在支撑上,不得在支撑下行走或站立。

(6) 机械挖土,启动前应检查离合器、钢丝绳等,经空车试运转正常后再开始作业。

(7) 机械操作中进铲不应过深,提升不应过猛。

(8) 机械不得在输电线路下工作,应在输电线路一侧工作。在任何情况下,机械的任何部位与架空输电线路的最近距离均应符合安全技术操作规程要求。

(9) 机械应停在坚实的地基上,如基础过差,应采取走道板等加固措施,不得将挖土机履带与挖空的基坑平行 2 m 停、驶。运土汽车不宜靠近基坑平行行驶,防止塌方翻车。

(10) 电缆两侧 1 m 范围内应采用人工挖掘。

(11) 配合机械清坡、清底工人,不准在机械回转半径下工作。

(12) 向汽车上卸土应在汽车停稳定后进行。禁止铲斗从汽车驾驶室上空越过。

(13) 场内道路应及时整修,确保车辆安全畅通,各种车辆应有专人负责指挥引导。

(14) 开挖前,必须摸清基坑下的管线排列和地质开采资料,以利于考虑开挖过程中的意外应急措施(流沙等特殊情况)。

(15) 清坡清底人员必须根据设计高程做好清底工作,不得超挖。如果超挖,不得将松土回填,以免影响基础的质量。

(16) 开挖出的土方,要严格按照组织设计堆放,不得堆于基坑外侧,以免引起地面堆载。

2) 基坑开挖施工安全技术交底的内容

(1) 所有操作人员应严格执行有关操作规程。

(2) 现场施工区域应有安全标志和围护设施。

(3) 施工期间应指定专人负责开挖基坑周围地面变化情况的巡查。如发现裂缝或坍陷,应及时加以分析和处理。

(4) 开挖基坑坑壁渗水、漏水应及时排除,防止因长期渗漏而使土体破坏,造成挡土结构受损。

(5) 在开挖时,必须设有切实可行的排水措施,以免基坑积水,影响基坑土壤结构。

(6) 挖土期间,应注意挡土结构的完整性和有效性,不允许因土方的开挖而使其遭受破坏。

2. 桥梁工程安全技术交底

1) 人工挖孔灌注桩施工安全技术交底的内容

(1) 挖孔灌注桩,宜在无水或少水的密实土层或岩层中施工。挖孔较深或有渗水时,应采取孔壁支护及排水、降水等措施,严防孔坍塌。

(2) 人工挖孔应经常检查孔壁的稳定性和吊具设备的牢固可靠性;孔顶出土机具应有专人管理;作业人员的出入,应设置常备的梯子;夜间作业应悬挂警示红灯;挖孔暂停时,孔口应设置罩盖和安全标志。

(3) 孔内挖土人员的头顶部应设置护盖。取土吊斗升降时，挖土人员应在下面作业。相邻两孔中，一孔进行浇筑混凝土时，另一孔的挖孔人员应停止作业，并撤出井孔。

(4) 开工前，应检测井下有无有害气体和不安全因素。挖孔人员下孔作业前，应先用鼓风机将孔内空气排出更换。二氧化碳含量超过 0.3%或含量虽然不超过规定但作业人员有呼吸不适的感觉时，应采取通风或换班作业等措施。

(5) 人工挖孔深度超过 20 m 时，应采用机械通风，向桩孔内作业面送入新鲜空气。当使用风镐凿岩时，应加大送风量，吹排凿岩产生的石粉。人工挖孔的深度必须按照《公路工程施工安全技术规范》(JTG F90)的规定严格掌握。

(6) 挖孔桩内岩石需要爆破时，应采取浅眼爆破法，严格控制炸药用量，并按照《爆破安全规程》(GB 6722)中的有关规定执行。爆破后间歇时间不得小于 15 min。经检查确认桩孔壁无松动石块、土块，护壁完好后，方可下桩孔作业。

(7) 桩孔下爆破后，必须向桩孔内送风或向桩孔内均匀喷水，使炮烟全部排除或凝聚沉落后，才能下桩孔内作业。当桩孔内土层中含有害气体及有机物质较多时，除加强通风外，还应对有害气体加强监测。

(8) 桩孔口应严格管理。设置高出地面的围栏，离孔口必须高出 30 cm 以上，孔口不得堆积土渣及沉重机具。无关人员不得靠近桩孔口。桩孔口机械操作人员不准离开岗位，口袋内不得放置物品(如钥匙、钢笔、怀表、打火机、小型工具、玩物等)，以防坠入桩孔中。

(9) 桩孔下作业人员必须戴好安全帽，穿好绝缘胶鞋。桩孔口与下部作业人员应有可靠的联络设施。如桩孔口管理混乱，桩孔内应立即停止作业回到地面上。地面孔口作业人员需待井下作业人员上来后，方可离岗。

(10) 孔内作业人员均应挂好安全带，正确佩戴安全帽，不得乘坐盛土吊具上下，必须使用安全爬梯上下。

(11) 在任何情况下，严禁提升设备超载运行，上下班前对提升架及轨道应进行检查。工作时发现异常情况，应立即停止工作，找出原因，认真检修，不准带病运转。

(12) 吊放钢筋入桩孔时，应绑紧系牢(下口宜用铁盘兜住)，避免其溜脱坠落。应待钢筋吊入孔底后，才能下人进入桩孔解钩。

(13) 在桩孔内绑扎钢筋骨架时，操作平台方木必须放在实处(可放在混凝土护壁突出面上或钢筋骨架加强环筋上)，并与平台木板钉牢，防止方木滑动位移，平台坠落。

(14) 桩孔下照明应采用安全矿灯或 12 V 低压电源。进入桩孔内的所有电器及用电设备均应接零搭铁，电线必须绝缘。拉动电线时，禁止与一切硬物产生摩擦。电器开关应集中在桩孔口，并应装置漏电保护器，防止漏电触电事故。一旦发现漏电，必须迅速拉闸断电。值班电工必须对所有电器设备及线路加强检查维修，及时发现问题，妥善处理。

(15) 桩孔内的电线等应妥加处理并临时固定，一般应沿壁敷设，以防装渣桶及吊篮(吊桶)上下时挂住或撞断，引起事故。

(16) 由桩孔中排出的土渣，应及时运走，不得堆在孔口周围。如需临时堆放，应距孔口 5 m 以外，且不得堆积过多，以防塌孔。

(17) 成孔间隙期及混凝土浇灌完成后孔口应加盖。

2) 钻孔灌注桩施工安全技术交底的内容

(1) 现场人员必须佩戴安全帽。

(2) 施工场地、桩位周围的障碍物都应处理完毕,达到“三通一平”。

(3) 桩机就位后,应对钻机及配置设备进行全面检查,钻机安设必须平稳、牢固,钻架应加设斜撑或风缆,将钻机固定好。

(4) 选用的钻锥、卷扬机和钢丝绳,应配置适当。钢丝绳与钻锥用绳卡锁时,卡锁应在两个以上。钻锤在冲击过程中,钢丝绳松弛度应掌握适宜。

(5) 循环钻机及潜水钻机使用的电缆线要定期检查,接头必须绑扎牢固,确保不透水、不漏电。电缆、电线应架空搭设。挪移钻机时,不得挤压电缆线及风水管路。

(6) 在完成一根钻孔桩时,要检查一次电机的封闭状况。钻机速度应根据地质变化加以调整。

(7) 在冲击中,当钻头提到接近护筒底缘时,应减速平稳提升,不得碰撞护筒和钩挂护筒底缘。钻机停钻,必须将钻头提出孔外,置于钻架上,不得滞留孔内。

(8) 对于已埋设护筒未开钻或已成桩护筒尚未拔除的,应加设护筒顶盖或铺设安全网遮罩。

(9) 钻孔使用的泥浆,宜设置泥浆循环净化系统,并注意防止或减少环境污染。

(10) 施工作业平台必须规整平顺,杂物必须清除干净,防止拆除导管时将工作人员绊倒,从而造成事故。

(11) 泥浆池周围必须设有防护设施。成孔后,暂时不进行下道工序的孔必须设有安全防护设施,并有人看守。

(12) 导管安装及混凝土浇筑前,井口必须设有导管卡,搭设工作平台(留出导管位置),并且要求能保证人员的安全。

(13) 配电箱以及其他供电设备不得置于水中或者泥浆中,电线接头要牢固,并且要绝缘,输电线路必须设有漏电开关。

(14) 挖掘机及吊车工作时,必须有专人指挥,并且在其工作范围内不得站人。

(15) 钢筋笼加工过程中,不得出现随意抛掷钢筋现象,制作完成的节段钢筋笼在滚动前,检查滚动方向上是否有人,防止人员被砸伤。氧气瓶与乙炔瓶在室外的安全距离为5 m。

(16) 钻孔过程中,非相关人员距离钻机不得太近,防止机械伤人。

(17) 钢筋笼安装过程中必须注意:焊接或者机械连接完毕,必须检查脚是否缩回,防止钢筋笼下放时将脚扭伤,甚至将人带入孔中的事故发生。

(18) 导管安装注意:导管对接必须注意手的位置,防止手被导管夹伤。

(19) 混凝土浇筑过程中,混凝土搅拌运输车倒车时,指挥员必须站在驾驶员能够看到的固定位置,防止指挥员在走动过程中栽倒而发生机械伤人事故。轮胎下必须垫有枕木。倒车过程中,车后不得有人。同时,吊车提升拆除导管过程中,各现场人员必须注意吊钩位置,以免砸伤头部。

3) 模板安装安全技术交底的内容

(1) 进入施工现场的操作人员必须戴好安全帽,扣好帽带。严禁操作人员穿硬底鞋及有跟的鞋作业。

(2) 高处和临边作业应设护栏、张安全网。如无可靠防护措施,必须佩戴安全带,扣好带扣,安全带应挂在作业人员上方的牢固处。模板的安装与拆除,事先应有切实的安全措施。

(3) 立模前应先检查使用的工具是否牢固，扳手等工具必须用绳链系挂在身上，钉子必须放在工具袋内，以免掉落伤人。检查脚手架、脚手平台、栏杆、梯子等是否符合规定，确认符合后方可作业。

(4) 立模时，吊具应拴挂妥当、牢靠。在模板上拴有溜绳，防止模板摆动过大，撞物伤人。

(5) 安装模板时，操作人员应有可靠的落脚点，并应站在安全地点进行操作，避免上下在同一垂直面工作。操作人员要主动避让吊物，增强自我保护和相互保护的安全意识。

(6) 支模应按规定的作业程序进行，模板未固定前不得进行下一道工序。禁止利用拉杆、支撑攀登上下。

(7) 模板吊起对位时，应由信号员指挥，每竖立一块模板就位时，应支撑牢固，方可摘钩，防止模板倾倒伤害人员。

(8) 模板支撑不得使用腐朽、扭裂、劈裂的材料，顶撑要垂直，底端平整坚实，并加垫木。木楔要钉牢，用横顺拉杆和剪刀撑拉牢。

(9) 采用桁架支模应严格检查，发现严重变形、螺栓松动等应及时修复，消除安全隐患。

(10) 整节模板合拢后，应先打好内撑，装好外模顶端两道箍筋，以便保持模板的整体性，否则中途不得停止作业。

(11) 使用电钻钻孔或穿拉杆螺栓时，应通知对方避开钻头和螺栓孔的位置，防止钻头和螺栓伤害人员。

(12) 支设独立梁模时，应设置临时操作平台，不得站在柱模上操作或在梁底模上行走。支设 4 m 以上的立柱模板，四周必须顶牢，操作时要搭设工作平台。

(13) 高空作业要搭设支架或操作台，上、下要使用梯子。

(14) 遇六级以上的大风时，应暂停高空作业。雨雪天气后应先清扫施工现场，待地面略干不滑时再恢复工作。

4) 模板拆除安全技术交底的内容

(1) 模板支撑拆除前，混凝土强度必须达到设计要求，并经申报批准后，才能进行。

(2) 在混凝土强度能保证其表面及棱角不因拆除模板而受损坏后，方可拆除侧模。

(3) 在同一部位同条件养护的混凝土试块强度达到要求时，方可拆除底模。

(4) 模板拆除前，应先将被拆模板的吊具拴牢靠。拆模人员应拴挂安全带，站立的位置应安全可靠。

(5) 拆模时必须设置警戒区域，并派人监护。高空拆模时，应有专人指挥。地面应标出警戒区，用绳子和红白旗做围栏，暂停人员过往。

(6) 拆模时，临时支架必须牢固，不得用拆下的模板作脚手板。

(7) 脚手板搁置必须牢固平整，不得有空头板，以防踏空坠落。

(8) 模板拆除时，必须拆除干净彻底。应用撬棍把模板拆松，离开混凝土面。操作时，应按照顺序分段进行，严禁猛撬、硬撬或大面积撬落和拉倒。下放模板时，缓慢落下，严禁抛掷。高处拆下的模板及支撑，不得乱抛乱扔。

(9) 下放作业人员时，应离开上方模板拆除处一定的距离，防止物体坠落伤害人员。及时清理拆下的模板，运送到指定的地点集中堆放整齐，防止钉子扎脚，钉尖外露的应拔除或打弯锤平。

（10）预制构件模板拆除时的混凝土强度，应符合设计要求。当设计无具体要求时，应符合下列规定：

① 侧模在混凝土强度能保证构件不变形、棱角完整时，方可拆除；

② 芯模或内模在混凝土强度能保证构件和孔洞表面不发生坍陷和裂缝后，方可拆除；

③ 底模在混凝土强度符合设计的混凝土强度标准值75%的要求后，方可拆除。

5）模板堆放施工安全技术交底的内容

（1）模板的编序。

① 模板及支撑系统应按使用的不同层次部位和先后顺序进行编序堆放，在周转使用中均应做到配套编序使用。

② 模板的配置、编号、施工顺序安排，应由专人负责组织设计并管理指导，以保证用料合理，安装、拆卸、运输方便，综合利用率高，防止在实际操作中，产生乱拖乱用和浪费材料的现象。

③ 应加强模板和支撑体系的通用性和模数化，以保证编序简单、使用方便。

④ 模板的编号应用醒目的标记标注在模板的背面，并注明规格尺寸、使用部位等。支撑体系的各部件也应分类放置，标注明确，以便按不同需要使用。

⑤ 对钢模板、柱模等特殊形式的模板体系，应专门分类编号，并按操作工艺要求顺序放置。

（2）模板堆放。

① 所有模板和支撑系统应按不同材质、品种、规格、型号、大小、形状分类堆放，应注意在堆放中留出空地或交通道路，以便取用。

② 木质材料可按品种和规格堆放，钢质模板应按规格堆放，钢管应按不同长度堆放整齐。小型零配件应装袋或集中装箱转运。

③ 模板的堆放一般以平卧为主，对桁架或大模板等部件，可采用立放形式，但必须采取抗倾覆措施，每堆材料不宜过多，以免影响部件本身的质量和转运。

④ 堆放场地要求整平垫高，应注意通风排水，保持干燥；室内堆放应注意取用方便、堆放安全，露天堆放应加遮盖；钢质材料应防水防锈，木质材料应防腐、防火、防雨、防曝晒。

6）满堂支架搭设安全技术交底的内容

（1）满堂支架搭设应严格按施工组织设计要求搭设。

（2）满堂支架不宜采用钢、竹混设。禁止使用有严重锈蚀、弯曲变形或有裂纹的钢管和脆裂、变形、滑丝的扣件。

（3）满堂支撑四边和中间支架立杆必须设置水平拉杆与纵向剪刀撑。脚手架上人斜道应有独立的支撑系统，转角平台应不小于3 m^2，斜道坡度不得大于1∶3，防滑条的间距不得大于30 cm。

（4）满堂支架应设登高设施，保证操作人员上下安全。

（5）满堂支架的底脚应垂直稳放在混凝土硬化地基上，并设纵、横向扫地杆。

（6）支架两端、转角处以及外侧的剪刀撑必须同步到位，拉结点构造和数量符合要求。

（7）落地式和悬挑式支架必须分隔，各自呈独立受力系统。悬挑架立杆与悬挑型钢必须定位固定。

(8) 设置的立杆应等距，25 m 以下纵向间距不得大于 1.8 m；25 m 以上不得大于 1.5 m。

(9) 满堂支架主要杆件的搭接点必须错开，剪刀撑必须采用搭接，且搭接长度不得小于 1 m。

7) 扣件式钢管支架(脚手架)搭设安全技术交底的内容

(1) 分部分项工程负责人应按施工组织设计中有关支架的要求，向架设和使用人员进行技术交底。

(2) 施工前按规范要求对钢管、扣件、脚手板等进行检查验收，对不合格产品不得使用。

(3) 经检验合格的构配件应按品种、规格分类，堆放整齐、平稳，堆放场地不得有积水。

(4) 应清除搭设场地杂物，平整搭设场地，并使排水畅通。

(5) 当支架基础下有设备基础、管沟时，在支架使用过程中不应开挖；否则，必须采取加固措施。

(6) 支架底座面高程宜高于自然地坪 50 mm。

(7) 支架基础经验收合格后，应按施工组织设计的要求放线定位。

(8) 支架必须配合施工进度搭设。

(9) 每搭完一步支架后，应按设计和规范校正步距、纵距、横距及立杆的垂直度。

(10) 底座安放应符合下列规定：底座、垫板均应准确地放在定位线上；垫板宜采用长度不少于 2 跨、厚度不小于 50 mm 的木垫板，也可采用槽钢。

(11) 立杆搭设应符合下列规定：严禁将外径 48 mm 与 51 mm 的钢管混合使用；相邻立杆的对接扣件不得在同一高度内，应错开一定距离。

(12) 纵向水平杆搭设应符合下列规定：纵向水平杆的搭设应符合规范要求的构造规定；在封闭型支架的同一步中，纵向水平杆应四周交圈，用直角扣件与内外角部立杆固定。

(13) 横向水平杆搭设应符合下列规定：

① 搭设横向水平杆应符合规范要求的构造规定。

② 双排支架横向水平杆的靠墙一端至墙面的距离不宜大于 100 mm。

③ 单排支架的横向水平杆不应设置在下列部位：设计上不允许留脚手眼的部位；过梁上与过梁两端成 60°角的三角形范围内及过梁净跨度 1/2 的高度范围内；梁或梁垫下及其两侧各 500 mm 的范围内。

(14) 剪刀撑、横向斜撑搭设应随立杆、纵向和横向水平杆等同步搭设，各底层斜杆下端均必须支承在垫块或垫板上。

(15) 扣件安装应符合下列规定：

① 扣件规格必须与钢管外径(ϕ48 mm 或 ϕ51 mm)相同。

② 螺栓拧紧扭力矩不应小于 40 N·m 且不应大于 65 N·m。

③ 在主节点处固定横向水平杆、纵向水平杆、剪刀撑、横向斜撑等用的直角扣件、旋转扣件的中心点的相互距离不应大于 150 mm。

④ 对接扣件开口应朝上或朝内。

⑤ 各杆件端头伸出扣件盖板边缘的长度不应小于 100 mm。

(16) 脚手板的铺设应符合下列规定：脚手板应铺满、铺稳；采用对接或搭接时，均应符合规定；脚手板探头应用 ϕ3.2 mm 的镀锌钢丝固定在支承杆件上。

8）扣件式钢管支架拆除安全技术交底的内容

（1）拆除支架前的准备工作应符合下列规定：

① 全面检查支架的扣件连接、支撑体系等是否符合构造要求；

② 应根据检查结果补充完善施工组织设计中的拆除顺序和措施，经主管部门批准后方可实施；

③ 应由分部分项工程负责人进行拆除安全技术交底；

④ 应清除支架上杂物及地面障碍物。

（2）拆支架时，应符合下列规定：

① 拆除作业必须由上而下逐层进行，严禁上下同时作业；

② 分段拆除高差不应大于两步，如高差大于两步，应增设连接件加固；

③ 当支架拆至下部最后一根长立杆的高度（约 6.5 m）时，应先在适当位置搭设临时抛撑加固后，再拆除连接件；

④ 当支架采取分段、分立面拆除时，对不拆除的支架两端，应先按规范的规定设置连接件和横向斜撑加固。

（3）卸料时应符合下列规定：各构配件严禁抛掷至地面；运至地面的构配件应按规范规定及时检查、整修与保养，并按品种、规格随时码堆存放。

9）安全网搭设安全技术交底的内容

（1）进入现场，必须戴好安全帽，扣好帽带，并正确使用个人劳动防护用具。

（2）悬空作业应有牢靠的立足处，并必须视具体情况配置防护网、栏杆或其他安全设施。

（3）悬空作业所用的索具、脚手板、平台等设备，均需经过技术鉴定或检证后方可使用。

（4）安全网必须完好无损、牢固可靠。

（5）拉结、连接必须牢靠。

10）钢筋笼制作安全技术交底的内容

（1）钢筋笼制作必须有一定范围的场地，不同规格钢筋应分开堆放，制成的钢筋笼也应分别堆放。

（2）钢筋切割机在启动前应对电源闸刀开关、砂轮片的松紧度、防护罩或安全挡板进行详细检查，操作台必须稳固。夜间作业应有足够的照明，待确认安全后，才允许启动。

（3）机械运转正常后，方准断料。断料时，紧靠切割机的一头必须用夹具夹紧，然后手握切割机加力手把缓慢地向下加力，不能初割时突然加力，以免损坏切割砂轮片或导致砂轮片飞出伤人。

（4）切割 250 mm 左右的短钢筋料时，需用夹具夹紧，不准用手直接送料；切割长钢筋时，另一头需由人扶住，操作时动作要一致，不得任意拖拉。在切割料时，切割机操作人员不能正面对准砂轮片，需站在侧边；非操作人员不得在近旁停留，以免砂轮片碎裂时飞出伤人。

（5）用弯曲机弯制钢筋圆箍时，弯曲机工作台必须牢固。工作中不得加速弯曲，应匀速进行，钢筋卡口应锁紧，防止钢筋脱离卡口弹起伤人。

（6）切割完钢筋应关闸断电，锁好箱门，露天作业的，应做好防雨淋的措施。

（7）雷雨天气，不得在现场竖立钢筋，以防雷击伤人。

11）钢筋场地安全技术交底的内容

(1) 钢筋施工场地区域应满足作业要求。

(2) 机械设备的安装要牢固、稳定。

(3) 使用工具和机械设备确认完好后，方可作业。

(4) 作业场所的环境要保持整洁，严禁将材料乱扔乱弃。

(5) 电气设备的安装应符合用电要求，对焊机四周的防火设备要完善。

(6) 夜间作业点应有足够的照明，满足钢筋加工要求。

(7) 钢筋调直及冷拉场地应设置防护挡板，作业时非工作人员不得进入施工现场。

(8) 采用人工锤击切断钢筋时，钢筋直径不宜超过 20 mm，使锤人员和把扶钢筋、剪切工具人员身位要错开，并防止切断下的短头钢筋弹出伤人。

12) 钢筋绑扎作业(自然地面以下钢筋绑扎)安全技术交底的内容

(1) 进入施工现场，必须戴好安全帽，扣好帽带，佩戴并正确使用个人劳动保护用具。

(2) 作业人员必须身体健康，取得有效操作证后，方可独立操作。

(3) 密切注意基坑土方及围护情况，关注基坑排水状况，发现问题，应立刻上报。

(4) 雷雨时，必须停止露天操作，预防雷击钢筋伤人。钢筋断料、配料、弯料等工作应在钢筋加工棚内进行，不宜在绑扎现场进行断料、弯料或配料。

(5) 搬运钢筋要注意附近有无障碍物、架空电线和其他临时电气设备，防止钢筋在回转时碰撞电线或发生触电事故。

(6) 多人抬运长钢筋时，负荷应均匀，起落、转停和行走要保持一致步调，防止扭腰砸脚。上下传递钢筋不得站在同一垂直线上。

(7) 吊送钢筋时，吊装应符合起重吊装规定，基坑和模板内的人员应散开或离开。扒杆摆动的范围内严禁站人，以免钢筋滑落或摆动伤人。

(8) 在深 2 m 以上的基坑内绑扎钢筋和安装骨架时，必须搭设脚手架和工作平台，不得站在钢筋骨架上和攀登骨架上下。

13) 钢筋绑扎地上作业安全技术交底的内容

(1) 进入现场，必须戴好安全帽，扣好帽带，并正确使用个人劳动防护用具。

(2) 操作人员必须身体健康，经过专业培训并考试，在取得有关部门颁发的操作证或特殊工种操作证后，方可独立操作。

(3) 切割机使用前，须检查机械运转是否正常及有否漏电；电源线须进漏电开关，切割机的后方不准堆放易燃物品。

(4) 钢筋头应及时清理，成品堆放要整齐，工作台要稳，钢筋工作棚照明灯必须加网罩。

(5) 钢筋断料、配料、弯料等工作应在地面进行，不准在高空操作。

(6) 搬运钢筋时，要注意附近有无障碍物、架空电线和其他临时电气设备，防止钢筋在回转时碰撞电线或发生触电事故。

(7) 起吊钢筋骨架下方禁止站人，待骨架降到距模板 1 m 以下时才准靠近，就位支撑好方可摘钩。

(8) 起吊钢筋时，规格必须统一，不准长短参差不一，不准一点吊。

(9) 起吊钢筋靠近架空高压线时，应有隔离防护设施，防止钢筋接触电线，造成人员伤亡。

(10) 雷雨时，必须停止露天操作，以防雷击钢筋伤人。

14）钢筋绑扎高处作业安全技术交底的内容

（1）进入现场，必须戴好安全帽，扣好帽带，并正确使用个人劳动防护用具。

（2）操作人员必须身体健康，经过专业培训并考试合格，在取得有关部门颁发的操作证或特殊工种操作证后，方可独立操作。

（3）悬空作业处应有牢靠的立足处，并必须视具体情况配置防护网、栏杆或其他安全设施。悬空作业所用的索具、脚手板、平台等设备，均需经过技术鉴定或检证方可使用。

（4）钢筋断料、配料、弯料等工作应在地面进行，不准在高空操作。

（5）搬运钢筋要注意附近有无障碍物、架空电线和其他临时电气设备，防止钢筋在回转时碰撞电线或发生触电事故。

（6）起重吊钢筋应严格执行起重吊装规定，起重臂和吊起的重物下面有人停留或行走时不准吊。

（7）钢筋、型钢、管材等细长和多根物件必须捆扎牢靠，多点起吊。单头“千斤”或捆扎不牢靠不准吊。

（8）起吊钢筋骨架下方禁止站人，必须待骨架降到距模板 1 m 以下时才准靠近，就位支撑好方可摘钩。

（9）高处绑扎作业时，不得将钢筋集中堆在模板和脚手板上，也不要把工具、钢箍、短钢筋随意放在脚手板上，以免其滑下伤人。

（10）绑扎墩（台）钢筋时，必须搭设脚手架和作业平台，并检查其是否牢靠。必须在满铺脚手板的支架或操作平台上操作。

（11）高处钢筋密集处作业时，钢筋绑扎与电焊禁止同时作业。确需作业时，应有安全防护措施。

（12）雷雨时，必须停止露天操作，以防雷击钢筋伤人。

（13）不得在绑扎好的钢筋或模板拉杆、支撑上行走或攀登。

15）钢筋冷拉安全技术交底的内容

（1）操作人员在工作中应按规定穿戴防护用品，扎紧袖口，不得围围巾或戴手套。女工应戴工作帽，长发不得外露。

（2）操作人员必须身体健康，经过专业培训并考试合格，在取得有关部门颁发的操作证或特殊工种操作证后，方可独立操作。

（3）要经常检查冷拉地锚是否稳固，卷扬机、信号装置、钢丝绳、夹具、滑轮组等是否正常。要在冷拉操作前排除卷扬机滑移，信号、机械、夹具失灵或钢丝绳断裂等不安全因素。

（4）冷拉线两端必须装置防护设施，以防止因钢筋冷断或滑脱，夹具飞出伤人。严禁无关人员站在冷拉线两端，或跨越、触动正在冷拉处理的钢筋。

（5）根据冷拉钢筋的直径，合理选用卷扬机。卷扬钢丝绳应经封闭式导向滑轮并和被拉钢筋方向呈直角。卷扬机的位置必须使操作人员能见到全部冷拉场地，距离冷拉中线不少于 5 m。

（6）作业前，应检查冷拉设备的能力与钢筋的冷拉力是否相适应，不允许设备超载冷拉。冷拉夹具、夹齿必须完好，滑轮、拖拉小车应润滑灵活，拉钩、地锚及防护装置均应齐全牢固，确认良好后，方可作业。

（7）整个冷拉操作过程，应听从统一指令，操作人员思想集中，卷扬机驾驶员要根据规定信号开车、停车。卷扬机操作人员必须看到指挥人员发出信号,并待所有人员离开危险区后方可作业。冷拉应缓慢、均匀地进行,发现停车信号或见到有人进入危险区时,应立即停拉,并稍稍放松卷扬钢丝绳。

(8) 作业后,应放松卷扬钢丝绳,堆放好成品,清理场地,切断电源,锁好电闸箱。

16) 混凝土浇捣作业安全技术交底的内容

(1) 作业前检查作业场所的环境、安全状况、安全防护设施等,确认符合有关安全规定后,方可进行作业。

(2) 检查所用的工具设备,确认完好方可使用。

(3) 检查作业场所电气设备安装是否符合用电安全规定,夜间作业点是否有足够的照明和安全电压工作灯。

(4) 应避开双层作业,确实无法避开时,对下层设置的安全防护设施,确认完善可行后,方可进行作业。

(5) 作业前应了解施工方法、步骤、质量要求、劳动分工、施工安全措施、机具设备的安全使用要求等。

(6) 使用振动泵应穿胶鞋,湿手不得接触开关,电源线不得有破皮漏电。

(7) 用手推车运输混凝土,行走速度不宜过快,在有坡道的位置推送时严禁溜放。转弯时,速度应缓慢。小车间隔距离平道 2 m 以上,坡道应在 10 m 以上,不得在两车之间穿行,防止碰撞伤人和翻车。倒料时,在倒料处设置挡轮木,使车身逐步倾斜,防止速度过快,车翻伤人。

(8) 用翻斗车、自卸车等汽车运输时,应由专业驾驶员驾驶。

(9) 采用装载机上料时,集料向装料车内倾泻时,喂料人员不得站在料斗架与装载机之间;采用皮带运输机上料时,不得在工作的皮带上站立或跨越,也不得在皮带下停留和通过;采用爬斗上料时,喂料人员应站在爬斗边缘外的适当位置,爬斗提升时,严禁下坑作业,以防其伤人。

(10) 清除爬斗坑作业时,应将爬斗提升到适当高度,并将爬斗拴挂牢靠。

(11) 当搅拌机运转时,不准将工具伸入转筒内作业,严禁将头或手伸入提升的进料斗或机架之间查看情况。进入转筒内清除残存混凝土或其他作业前,应将电源切断,确认安全可靠后,方可进入。

(12) 经常清除搅拌机漏斗下方残存的混凝土和砂石料,保持轨道畅通。

(13) 用草帘或草袋覆盖混凝土时,构件表面的孔洞部位应有封堵措施并设明显标志,以防操作人员跌落或受伤。草帘和草袋等用完后应随时清理,堆放到指定地点,并应在堆置地点设置消防设施。

(14) 在大风雪或暴风(六级风以上)、雷雨的情况下,不得在露天进行高空作业;气温较低(−15 ℃左右)且在高空或迎风方向连续作业时,应加强保暖,必要时休息取暖。

(15) 混凝土振捣作业人员的作业场所、脚手板、栏杆等安全防护设施必须齐全可靠。下混凝土时,速度应缓慢,必须等吊斗停稳后方可下料,要避免吊斗碰撞平台上作业人员的现象。

17) 临边防护搭设施工安全技术交底的内容

(1) 进入现场,必须戴好安全帽,扣好帽带,并正确使用个人劳动防护用具。

(2) 临边防护栏杆杆件的规格及连接要求,应符合下列规定:

① 毛竹横杆小头有效直径不应小于 70 mm,栏杆柱小头直径不应小于 80 mm,并须用不小于 16 号的镀锌钢丝绑扎,不应少于 3 圈,并无泻滑。

② 原木横杆上杆梢径不应小于 70 mm,下杆梢径不应小于 60 mm,栏杆柱梢径不应小于 75 mm,并须用相应长度的圆钉钉紧,或用不小于 12 号的镀锌钢丝绑扎,要求表面平顺和稳固无动摇。

③ 钢筋横杆上杆直径不应小于 16 mm,下杆直径不应小于 14 mm,栏杆柱直径不应小于 18 mm,采用电焊或镀锌钢丝绑扎固定。

④ 钢管横杆及栏杆柱均采用 ϕ48 mm×(2.75～3.5) mm 的管材,用扣件或电焊固定。

⑤ 以其他钢材(如角钢等)作防护栏杆杆件时,应选用强度相当的规格,用电焊固定。

(3) 搭设临边防护栏杆时,必须符合下列要求:

① 防护栏杆应由上、下两道横杆及栏杆柱组成,上杆离地高度为 1.0～1.2 m,下杆离地高度为 0.5～0.6 m。坡度大于 1∶22 的屋面,防护栏杆应高 1.5 m,并加挂安全立网。除经设计计算外,横杆长度大于 2 m 时,必须加设栏杆柱。

② 栏杆柱的固定应符合要求:基坑四周,可采用钢管并打入地面 50～70 cm 深。钢管离边口的距离,不应小于 50 cm。

③ 栏杆柱的固定及其与横杆的连接,其整体构造应使防护栏杆在上杆任何处都能经受任何方向的 1 000 N 的外力。当栏杆所处位置有发生物件碰撞可能时,应加大横杆截面或加密柱距。

④ 防护栏杆必须自上而下用安全立网封闭,或在栏杆下边设置严密固定的高度不低于 18 cm 的挡脚板或 40 cm 的挡脚笆。挡脚板与挡脚笆上如有孔眼,不应大于 25 mm。板与笆下边距离底面的空隙不应大于 10 mm。

(4) 当临边的外侧面临道路或道路上空时,除防护栏杆外,敞口立面必须采取满挂安全网或其他可靠措施作全封闭处理。

18) 混凝土浇筑悬空作业安全技术交底的内容

(1) 进入现场,必须戴好安全帽,扣好帽带,并正确使用个人劳动防护用具。

(2) 悬空作业处应有牢靠的立足处,并必须视具体情况,配置防护网、栏杆或其他安全设施。

(3) 悬空作业所用的索具、脚手板、平台等设备,均需经过技术鉴定或检证方可使用。

(4) 混凝土浇筑时的悬空作业,必须遵守下列规定:

① 浇筑离地 2 m 以上桥墩或承台时,应设操作平台,不得直接站在模板或支撑件上操作;

② 特殊情况下如无可靠的安全设施,必须系好安全带并扣好保险钩或架设安全网。

19) "T 梁"预应力张拉作业安全技术交底的内容

(1) 作业场地两端外侧应设有防护杆和警示标志,无关人员严禁入内。

(2) 高压油泵启动前,应将各油路调节阀松开,然后开动油泵,待空载运转正常后,再紧闭回油阀,逐渐拧开进油阀,待压力表指示值达到要求,油路无泄露,确认正常后,方可作业。

(3) 作业中,操作应平稳、均匀。张拉或退楔时,千斤顶后面不得站人,以防预应力筋拉断或锚头、楔块弹出伤人。拉伸机在有压力情况下,不得随意拧动千斤顶各部位的螺钉,严禁拆卸液压系统的任何零件。

(4) 高压油泵不得超载作业，安全阀应按设备额定油压调整，严禁任意调整。

(5) 作业应由专人负责指挥，操作时严禁摸踩及碰撞力筋。在测量力筋的伸长时，应先停止拉伸，操作人员必须站在侧面操作。

(6) 张拉时，螺钉端杆、套间螺钉及螺母必须有足够长度，夹具应有足够的夹紧能力，防止锚具、夹具不牢而滑出。

(7) 千斤顶支架必须与端梁垫板接触良好，位置正直对称，严禁加垫快，以防支架不稳或受力不均而倾倒伤人。

(8) 在高压油管的接头应加防护套，以防喷油伤人。

(9) 已张拉完而未压浆的梁，严禁剧烈振动，以防预应力筋断裂而酿成重大事故。

20)“空心板”预应力张拉作业安全技术交底的内容

(1) 作业场地两端外侧应设有防护杆和警告标志，无关人员严禁入内。

(2) 检查张拉设备工具(如千斤顶、油泵、压力表、油管、顶楔器及液控顶压阀等)是否符合施工安全要求。压力表应按规定周期进行检定。

(3) 张拉前，操作人员要确定联络信号，张拉端应设便捷的通信设备。张拉前，应检查混凝土强度，在达到设计强度后，方可进行张拉。

(4) 张拉时，千斤顶的对面及后面严禁站人，作业人员应站在千斤顶的两侧，以防锚具及销子弹出伤人。张拉作业中，作业人员必须集中精力，看准仪表，使记录准确无误。螺钉端杆、套间螺钉及螺母必须有足够长度，夹具应有足够的夹紧能力，防止锚具、夹具不牢而滑出。

(5) 张拉操作中，若出现异常(如油表振动剧烈、发生漏油、电机声音异常、发生断丝滑丝等)，应立即停机检查。

(6) 高压油泵启动前，应将各油路调节阀松开，然后开动油泵，待空载运转正常后，再禁闭回油阀，逐渐拧开进油阀，待压力指示值达到要求，油路无泄露，确认正常后，方可作业。

(7) 高压油泵不得超载作业，安全阀应按设备额定油压调整，严禁任意调整。在高压油管的接头应加防护套，以防喷油伤人。

(8) 作业中，操作应平稳、均匀。张拉或退楔时，千斤顶后面不得站人，以防预应力筋拉断或锚头、楔快弹出伤人。拉伸机在有压力情况下，不得随意拧开油泵或千斤顶各部位的螺钉，严禁拆卸液压系统的任何零件。

(9) 作业应由专人负责指挥，操作时严禁摸踩及碰撞力筋。在测量力筋的伸长时，应先停止拉伸，操作人员必须站在侧面操作。

(10) 千斤顶支架必须与端梁垫板接触良好，位置正直对称，严禁加垫快，以防支架不稳或手受力不均倾倒伤人。

(11) 已张拉完而未压浆的梁，严禁剧烈振动，以防预应力筋断裂而酿成重大事故。

3. 施工用电安全技术交底

1) 电杆选择及埋设安全技术交底的内容

(1) 电杆宜采用钢筋混凝土杆。钢筋混凝土电杆不得露筋，并不得有环向裂纹和扭曲等缺陷。若采用木杆和木横担，其材质必须坚实，不得有腐朽、劈裂及其他损伤。木杆总长度不宜小于 8 m，梢径不宜小于 140 mm。

(2) 电杆埋设应符合下列要求:

① 不得有倾斜、下沉及杆基积水等现象。不能满足要求时,应加底盘或卡盘。

② 回填土时应将土块打碎,每回填 0.5 m 夯实一次。杆坑应设防沉土台,其高度应超出地面 0.3 m。

③ 电杆埋设深度应符合设计要求。当设计无要求时,宜符合表 5-1 的规定。

表 5-1　电杆埋设深度　单位:m

杆高	8	9	10	11	12	13
埋深	1.5	1.6	1.7	1.8	1.9	2.0

注:遇有土质松软、流沙、地下水位较高等情况时,应作特殊处理。

④ 严寒地区应埋在冻土层以下。

⑤ 装设变压器的电杆,其埋设深度不宜小于 2 m。

(3) 拉线埋设应符合下列要求:

① 拉线坑的深度宜为 1.2~1.5 m。

② 拉线与电杆的夹角不宜小于 45°。当受到地形限制时,不得小于 30°。

③ 终端杆的拉线及耐张杆承力拉线与线路方向应对正;分角拉线与线路分角方向应对正;防风拉线与线路方向应垂直。

④ 拉线从导线之间穿过时,应装设拉线绝缘子。拉线绝缘子距地面的高度不应小于 2.5 m。

2) 线路架设安全技术交底的内容

(1) 供电线路路径的选择应合理,应避开易撞、易碰、易受雨水冲刷和气体腐蚀的地带,并应避开热力管道、河道和施工中交通频繁等场所。

(2) 施工现场内的低压架空线路在人员频繁活动区或大型机具集中作业区,应采用绝缘线。绝缘线不得成束架空敷设,并不得直接捆绑在电杆、树木、支架上,不得拖拉在地面上。埋地敷设时,必须穿管,管内不得有接头,其管口应密封。

(3) 导线截面的选择应满足下列要求:

① 导线中的负荷电流不应大于导线允许载流量。

② 线路末端的允许电压降不应大于额定值的 5%。

③ 导线跨越铁路、公路或其他电力线路时,铜绞线截面不得小于 16 mm^2;钢芯铝绞线截面不得小于 25 mm^2;铝绞线不得小于 35 mm^2。

④ 线路相互交叉时,不同线路导线之间最小垂直距离应符合表 5-2 的规定。

表 5-2　线路交叉时导线之间最小垂直距离　单位:m

线路电压/kV		<1	1~10
交叉电力线路/kV	<1	1	2
	1~10	2	2

(4) 线路导线与地面的最小距离,在最大弧垂时应符合表 5-3 的规定。

表 5-3　　在最大弧垂时导线与地面的最小距离　　单位：m

区域	线路电压/kV	
	<1	1～10
人员频繁活动区	6	6.5
非人员频繁活动区	5	5.5
极偏僻区	4	4.5
公路	6	7
铁路轨顶	7.5	7.5

(5) 线路导线在最大弧垂和最大风偏时，与施工现场建筑凸出部分的最小距离应符合表 5-4 的规定。

表 5-4　　导线与施工现场建筑物凸出部分之间的最小距离　　单位：m

项目	线路电压/kV	
	<1	1～10
垂直距直	2.5	3.0
边导线水平距离	1.0	1.5

(6) 当施工现场几种线路同杆架设时，高压线路必须位于低压线路上方，电力线路必须位于通信线路上方。同杆架设的线路横担最小垂直距离应符合表 5-5 的规定值。

表 5-5　　同杆架设的线路横担最小垂直距离　　单位：m

同杆线路	直线杆	分支杆或转角杆
高压与高压	0.8	0.45/0.6
高压与低压	1.2	1.0
低压与低压	0.6	0.3
低压与通信	1.2	

(7) 线路不同档距时的弧垂应符合国家现行标准中 10 kV 及以下架空线路安装曲线的规定。

(8) 在同一档距内，一根导线的接头不得多于 1 个；同一条线路在同一档距内接头不应超过 2 个。

(9) 架空线路跨越公路、铁路或其他电力线路及场内道路处不应有接头。

3) 搭铁保护及防雷保护安全技术交底的内容

(1) 搭铁保护。当施工现场设有专供施工用的低压侧为 380/220 V 中性点直接搭铁的变压器时，其低压侧应采用保护导体和中性导体分离搭铁系统（TN-S 系统，见图 5-2）。或电源系统搭铁、保护导体就地搭铁系统（TT 系统，见图 5-3）。但由同一电源供电的低压系统，不宜同时采用上述两种系统。

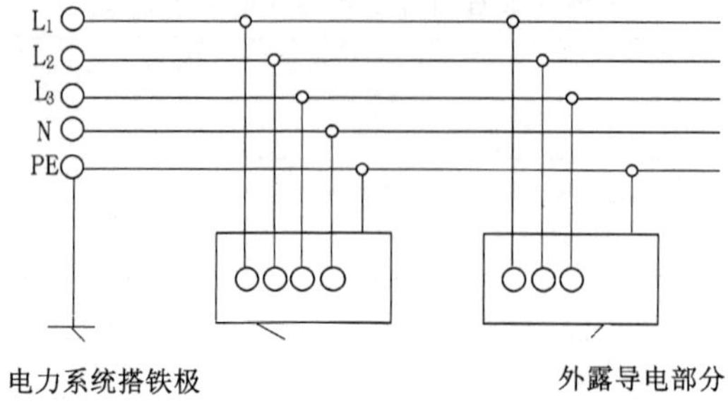

图 5-2 TN-S 系统

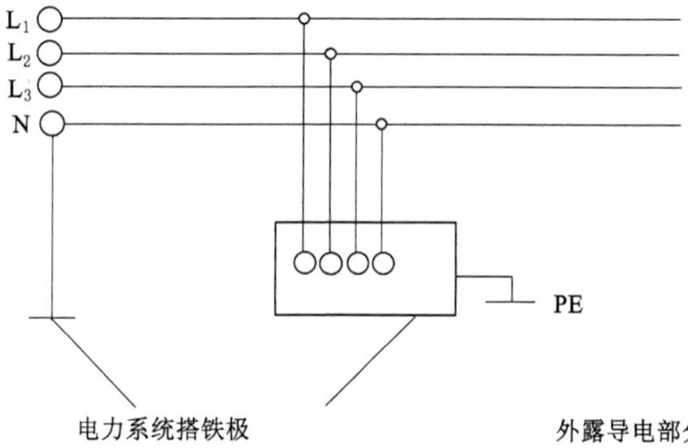

图 5-3 TT 系统

(2) 防雷保护。

① 位于山区或多雷地区的配电室应装设独立避雷针。

② 施工现场和临时生活区的高度在 20 m 及以上的桥梁或拌合楼等设施，均应装设防雷保护。

4) 配电箱和开关箱使用与维护安全技术交底的内容

(1) 所有配电箱均应标明其名称、用途，并作出分路标记。

(2) 所有配电箱门应配锁，配电箱和开关箱应由专人负责。

(3) 所有配电箱、开关箱在使用过程中必须严格按照下述操作顺序操作：

① 送电操作顺序：总配电箱→分配电箱→开关箱。

② 停电操作顺序：开关箱→分配电箱→总配电箱(出现电气故障的紧急情况除外)。

(4) 施工现场停止作业 1 h 以上时，应将动力开关箱断电上锁。

(5) 开关箱的操作人员必须符合专业用电人员要求，并熟悉开关电器的正确操作方法。

(6) 配电箱、开关箱内不得放置任何杂物，并应经常保持整洁。

(7) 配电箱、开关箱内不得挂接其他临时用电设备。

(8) 熔断器的熔体更换时，严禁用不符合原规格的熔体代替。

(9) 配电箱、开关箱的进线和出线不得承受外力。严禁与金属尖锐断口和强腐蚀介质接触。

(10) 配电箱和开关箱应安装牢固，便于操作和维修。

(11) 落地安装的配电箱和开关箱，设置地点应平坦并高出地面，其附近不得堆放杂物。

(12) 配电箱、开关箱的进线口和出线口宜设在箱的下面或侧面，电源的引出线应穿管并设防水弯头。

(13) 配电箱、开关箱内的导线应绝缘良好、排列整齐、固定牢固，导线端头应采用螺栓连接或压接。

(14) 具有3个回路以上的配电箱应设总刀闸及分路刀闸。每一分路刀闸不应接两台或两台以上电气设备，不应供两个或两个以上作业组使用。

(15) 照明、动力合一的配电箱应分别装设刀闸或开关。

(16) 配电箱、开关箱内安装的接触器、刀闸、开关等电气设备，应动作灵活，接触良好可靠，触头没有严重烧蚀现象。

(17) 所有配电箱、开关箱应每月进行一次检查和维修。检查、维修人员必须是专业电工。检查、维修时，必须按规定穿戴绝缘鞋、手套，必须使用电工绝缘工具。

(18) 对配电箱、开关箱进行检查、维修时，必须将其前一级相应的电源开关分闸断电，并悬挂停电标志牌，严禁带电作业。

5) 熔断器和插座使用安全技术交底的内容

(1) 熔断器的规格应满足被保护线路和设备的要求。熔体不得削小或合股使用，严禁用金属线代替熔丝。

(2) 熔体应有保护罩。管型熔断器不得无管使用。有填充材料的熔断器不得改装使用。

(3) 熔体熔断后，必须查明原因并排除故障后方可更换。装好保护罩后方可送电。

(4) 更换熔体时，严禁采用不合规格的熔体代替。

(5) 插销和插座必须配套使用。Ⅰ类电气设备应选用可接保护线的三孔插座，其保护端子应与保护地线或保护零线连接。

6) 施工现场用电管理安全技术交底的内容

(1) 用电作业人员必须持证上岗。

(2) 用电管理应符合下列要求：

① 现场需要用电时，必须提前提出申请，经用电管理部门批准，通知电工人员进行接引；

② 接引电源工作，必须由电工进行，并应设专人进行监护；

③ 施工用电完毕后，应由施工现场用电负责人通知电工人员进行拆除；

④ 严禁非电工拆装电气设备，严禁乱拉乱接电源；

⑤ 配电室和现场的开关箱、开关柜应加锁；

⑥ 电气设备明显部位应设"严禁靠近，以防触电"的标志；

⑦ 搭铁装置应定期检查；

⑧ 施工现场大型用电设备、大型机具等，应有专人进行维护和管理。

7) 配电箱及开关设置安全技术交底的内容

(1) 配电系统应设置室外总配电箱和分配电箱，实行分级配电。室外总配电箱、分配电箱简称总配电箱、分配电箱，如无特指，合称配电箱。

(2) 动力配电箱与照明配电箱宜分别设置，如合置在同一配电箱内，动力和照明线路应分路设置。

(3) 开关箱应由末级分配电箱配电。

(4) 总配电箱应设在靠近电源的地区。分配电箱应装设在用电设备或负荷相对集中的地区。分配电箱与开关箱的距离不得超过 30 m。开关箱与其控制的固定式用电设备的水平距离不宜超过 3 m。

(5) 配电箱、开关箱应装设在干燥、通风及常温场所，不得装设在有严重损伤作用的瓦斯、烟气、蒸汽、液体及其他有害介质中，不得装设在易受外来固体物撞击、强烈振动，液体浸溅及热源烘烤的场所。否则，须作特殊防护处理。

(6) 配电箱、开关箱周围应有足够两人同时工作的空间和通道，不得堆放任何妨碍操作、维修的物品，不得有灌木、杂草。

(7) 配电箱、开关箱应采用铁板或优质绝缘材料制作，铁板的厚度应大于 1.5 mm。

(8) 配电箱、开关箱应装设端正、牢固；移动式配电箱、开关箱应装设在坚固的支架上。

(9) 固定式配电箱、开关箱的下底与地面的垂直距离应大于 1.3 m 且小于 1.5 m；移动式分配电箱、开关箱的下底与地面的垂直距离宜大于 0.6 m 且小于 1.5 m。

(10) 配电箱内的电器应首先安装在金属或非木质的绝缘电器安装板上，然后整体紧固在配电箱箱体内。

(11) 配电箱、开关箱内的开关电器(含插座)应按其规定的位置紧固在电器安装板上，不得歪斜和松动。

(12) 配电箱、开关箱内的工作零线应通过接线端子板连接，并应与保护零线接线端子板分设。

(13) 配电箱、开关箱内的连接线应采用绝缘导线，接头不得松动，不得有外露带电部分。

(14) 配电箱和开关箱的金属箱体、金属电器安装板以及箱内电器不应带电，金属底座、外壳等必须作保护接零。保护零线应通过接线端子板连接。

(15) 配电箱、开关箱必须防雨、防尘。

8) 施工用电人员用电安全技术交底的内容

(1) 用电作业人员必须持证上岗。

(2) 用电设施的运行及维护人员必须具备下列条件：

① 经医生检查无妨碍从事电气工作的病症；

② 掌握必要的电气知识，考试合格并取得合格证书；

③ 掌握触电解救法和人工呼吸法。

(3) 新参加工作的电工上岗前必须经过安全教育，考试合格后，在正式电工带领下，方可参加指定的工作。

9) 施工现场照明安全技术交底的内容

(1) 用电作业人员必须持证上岗。

(2) 照明灯具和器材必须绝缘良好，并符合现行国家有关标准的规定。

(3) 照明线路应布线整齐，相对固定。室内安装的固定式照明灯具悬挂高度不得低于 2.5 m；室外安装的照明灯具不得低于 3 m。安装在露天工作场所的照明灯具应选用防水型灯头。

(4) 现场办公室、宿舍、工作棚内的照明线，除橡套软电缆和塑料护套线外，均应固定在绝缘子上，并应分开敷设。穿过墙壁时，应套绝缘管。

(5) 照明电源线路不得接触潮湿地面，并不得接近热源和直接绑挂在金属构架上。在支架上安装临时照明时，在竹木支架上应加绝缘子，在金属支架上应设木横担和绝缘子。

(6) 照明开关应控制相线。当采用螺口灯头时，相线应接在中心触头上。

(7) 配电室内的配电盘、配电柜及母线的正上方，不得安装灯具(封闭母线及封闭式配电盘、配电柜除外)。

(8) 照明灯具与易燃物之间，应保持一定的安全距离，普通灯具不宜小于 300 mm；聚光灯、碘钨灯等高热灯具不宜小于 500 mm，且不得直接照射易燃物。当间距不够时，应采取隔热措施。

(9) 在坑洞内作业、夜间施工或自然采光差的场所和料具堆放场、道路、仓库、办公室、食堂、宿舍等，应设一般照明、局部照明或混合照明。

(10) 在一个工作场所内，不得只装设局部照明。

(11) 停电后，操作人员需要及时撤离现场的特殊工程，必须装设自备电源的应急照明。

(12) 现场照明应采用高光效、长寿命的照明光源。对需要大面积照明的场所，应采用高压汞灯、高压钠灯或混光用的卤钨灯。

(13) 照明器的选择应按下列环境条件确定：

① 正常湿度时，选用开启式照明器；

② 在潮湿或特别潮湿的场所，选用密闭型防水防尘照明器或配有防水灯头的开启式照明器；

③ 含有大量尘埃但无爆炸和火灾危险的场所，采用防尘型照明器；

④ 对有爆炸和火灾危险的场所，必须按危险场所等级选择相应的照明器；

⑤ 在振动较大的场所，选用防振型照明器；

⑥ 在有酸碱等强腐蚀的场所，采用耐酸碱型照明器。

(14) 照明器具和器材的质量均应符合有关标准、规范的规定，不得使用绝缘老化或破损的器具和器材。

10) 移动式电动工具和手持电动工具使用安全技术交底的内容

(1) 移动式电动工具和手持式电动工具通电前应接好保护搭铁或保护接零。

(2) 移动式电动工具和手持式电动工具应加装单独的电源开关和保护，严禁一台开关接两台及两台以上电动设备。

(3) 移动式电动工具的电源开关应采用双刀开关控制，其开关应安装在便于操作的地方。

(4) 当移动式电动工具、手持式电动工具采用插座连接时，其插头、插座应无损伤、无裂纹，且绝缘良好。

(5) 使用移动式电动工具因故离开现场暂停工作或遇突然停电时，应拉开电源开关。

(6) 移动式电动工具和手持式电动工具，应加装高灵敏动作的漏电保护器。

(7) 移动式电动工具和手持式电动工具的电源线，必须采用铜芯多股橡套软电缆或聚氯乙烯护套软电缆。电缆应避开热源，且不得拖拉在地上。当不能满足上述要求时，应采取防止重物压坏电缆等措施。

(8) 移动式电动工具和手持式电动工具需要移动时,不得手提电源线或转动部分。

(9) 移动式电动工具和手持式电动工具使用完毕后,必须在电源侧,将电源断开。

(10) 更换电动工具钻头时,必须待停转后进行。

(11) 使用手持式电动工具应戴绝缘手套或站在绝缘台上。

11) 特别潮湿环境用电安全技术交底的内容

(1) 用电作业人员必须持证上岗。

(2) 在特别潮湿的环境中,电气设备、电缆、导线等,应选用封闭型或防潮型。

(3) 电气设备金属外壳、金属构架和管道均应搭铁良好。

(4) 移动式电动工具和手提式电动工具,应加装漏电保护器或选用双重绝缘设备。长期停用的电动工具,使用前应测绝缘。

(5) 行灯电压不应超过 12 V。

(6) 潮湿环境不宜带电作业,一般作业应穿绝缘靴或站在绝缘台上。

12) 搭铁与防雷安全技术交底的内容

(1) 在施工现场专用的中性点直接搭铁的电力线路中必须采用 TN-S 接零保护系统。电气设备的金属外壳必须与专用保护零线连接。专用保护零线(简称保护零线)应由工作搭铁线、配电室的零线或第一级漏电保护器电源侧的零线引出(图 5-4)。

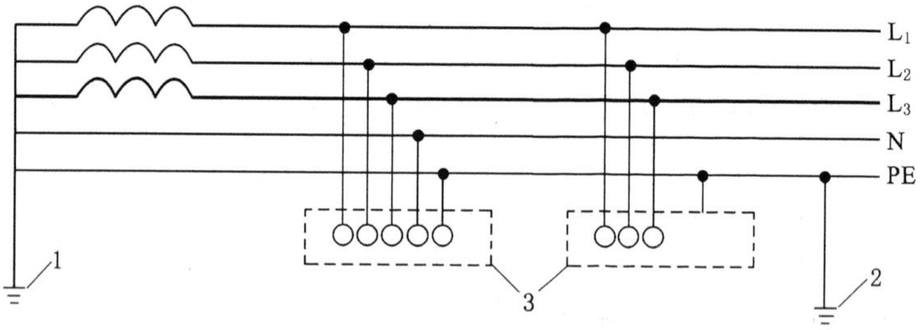

图 5-4 具有专用保护零线的中性点直接搭铁系统示意图

1——工作搭铁;2——重复搭铁;3——电气设备外露导电部分;

L_1、L_2、L_3——相线;N——工作零线;PE——保护零线

(2) 潮湿或条件特别恶劣施工现场的电气设备必须采用保护接零。

(3) 当施工现场与外电线路共用同一供电系统时,电气设备应根据当地的要求作保护接零,或作保护搭铁。不得一部分设备作保护接零,另一部分设备作保护搭铁。

(4) 作防雷搭铁的电气设备,必须同时作重复搭铁。同一台电气设备的重复搭铁与防雷搭铁可使用同一个搭铁体。搭铁电阻应符合重复搭铁电阻值的要求。

(5) 施工现场的电气设备和避雷装置可利用自然搭铁体搭铁,但应保证电气连接并校验自然搭铁体的热稳定。

(6) 在只允许作保护搭铁的系统中,因条件限制搭铁有困难时,应设置操作和维修电气装置的绝缘台,并必须使操作人员不致偶然触及外物。

(7) 一次侧由 50 V 以上的接零保护系统供电,二次侧为 50 V 及 50 V 以下电压的降压变压器,如采用双重绝缘或有搭铁金属屏蔽层的变压器时,二次侧不得搭铁;如采用普通变压器时,则应将二次侧中性线或一个相线就近直接搭铁,或通过专用搭铁线与附近变电所搭铁网相连。

(8) 施工现场的电力系统严禁利用大地作相线或零线。

(9) 保护零线不得装设开关或熔断器。

(10) 搭铁装置的设置应考虑土壤干燥或冻结等季节变化的影响(表 5-6),搭铁电阻值在四季中均应符合要求,但防雷装置的冲击搭铁电阻值只考虑在雷雨季节中土壤干燥状态的影响。

表 5-6　　搭铁装置的季节系数 Ψ 值

埋深/m	水平搭铁体	长度 2～3 m 的垂直搭铁体	备注
0.5	1.4～1.8	1.2～1.4	
0.8～1.0	1.25～1.45	1.15～1.3	
2.5～3.0	1.0～1.1	1.0～1.1	深埋搭铁体

注:大地比较干燥时,则取表中的较小值;比较潮湿时,则取表中较大值。

(11) 保护零线应单独敷设,不作他用。重复搭铁线应与保护零线相连接。

(12) 保护零线的截面,应不小于工作零线的截面,同时必须满足机械强度要求。保护零线架空敷设的间距大于 12 m 时,保护零线必须选择不小 10 mm^2 的绝缘铜线或不小于 16 mm^2 的绝缘铝线。

(13) 与电气设备相连接的保护零线应为截面不小于 2.5 mm^2 的绝缘多股铜线。保护零线的统一标志为绿黄双色线。在任何情况下不准使用绿黄双色线作负荷线。

13) 保护接零安全技术交底的内容

(1) 正常情况时,下列电气设备不带电的外露导电部分,应作保护接零:

① 电机、变压器、电器、照明器具、手持电动工具的金属外壳;

② 电气设备传动装置的金属部件;

③ 配电屏与控制屏的金属框架;

④ 外配电装置的金属框架及靠近带电部分的金属围栏和金属门;

⑤ 电力线路的金属保护管、敷线的钢索等;

⑥ 安装在电力线路杆上的开关、电容器等电气装置的金属外壳及支架。

(2) 正常情况时,下列电气设备不带电的外露导电部分,可不作保护接零:

① 在木质、沥青等不良导电地坪的干燥房间内,交流电压 380 V 及其以下的电气设备金属外壳(当维修人可能同时触及电气设备金属外壳和搭铁金属物件时除外);

② 安装在配电屏、控制屏金属框架上的电气测量仪表、电流互感器、继电器和其他电器外壳。

14) 施工现场防雷安全技术交底的内容

(1) 在土壤电阻率低于 200 Ω·m 处的电杆可不另设防雷搭铁装置。在配电室的进线或出线处,应将绝缘子铁脚与配电室的搭铁装置相连接。

(2) 施工现场内的起重机、龙门架等机械设备,若在相邻建筑物、构筑物的防雷装置的保护范围以外,如在表 5-7 规定的范围内,则应安装防雷装置。

表 5-7　　施工现场内机械设备需安装防雷装置的规定

地区年平均雷暴日/d	机械设备高度/m	地区年平均雷暴日/d	机械设备高度/m
≤15	≥50	≥40 且<90	≥20
>15 且<40	≥32	≥90 及雷害特别严重的地区	≥12

(3) 若最高机械设备上的避雷针，其保护范围按 60°计算能够保护其他设备，且最后退出现场，则其他设备可不设防雷装置。

(4) 施工现场内所有防雷装置的冲击搭铁电阻值不得大于 30 Ω。

(5) 各机械设备的防雷引下线可利用该设备金属结构体，但应保证电气连接。

(6) 机械设备上的避雷针(接闪器)长度应为 1～2 m。

(7) 安装避雷针的机械设备所用动力、控制、照明、信号及通信等线路，应采用钢管敷设，并将钢管与该机械设备的金属结构体作电气连接。

15) 焊接机械用电安全技术交底的内容

(1) 焊接机械应放置在防雨和通风良好的地方。焊接现场不准堆放易燃易爆物品。交流弧焊机变压器的一次侧电源线长度应不大于 5 m，进线处必须设置防护罩。

(2) 使用焊接机械必须按规定穿戴防护用品，对发电机式直流弧焊机的换向器，应经常检查和维护。

(3) 焊接机械的二次线宜采用 YHS 型橡皮护套铜芯多股软电缆。电缆的长度应不大于 30 m。

16) 照明装置使用安全技术交底的内容

(1) 照明灯具的金属外壳必须作保护接零。单相回路的照明开关箱(板)内必须装设漏电保护器。

(2) 室外灯具距地面不得低于 3 m，室内灯具不得低于 2.4 m。

(3) 荧光灯管应用管座固定或用吊链。悬挂镇流器不得安装在易燃的结构物上。

(4) 钠、铊、铟等金属卤化物灯具的安装高度宜在 5 m 以上，灯线应在接线柱上固定，不得靠近灯具表面。

(5) 投光灯的底座应安装牢固，按需要的光轴方向将枢轴拧紧固定。

(6) 螺口灯头及接线应符合下列要求：

① 相线接在与中心触头相连的一端，零线接在与螺纹口相连的一端；

② 灯头的绝缘外壳不得有损伤和漏电；

③ 灯具内的接线必须牢固，灯具外的接线必须作可靠的绝缘包扎。

(7) 暂设工程的照明灯具宜采用拉线开关。开关安装位置宜符合下列要求：

① 拉线开关距地面高度为 2～3 m，与出、入口的水平距离为 0.15～0.2 m，拉线的出口应向下；

② 其他开关距地面高度为 1.3 m，与出、入口的水平距离为 0.15～0.2 m。

(8) 严禁将插座与搬把开关靠近装设。严禁在床上装设开关。

(9) 电器、灯具的相线必须经开关控制，不得将相线直接引入灯具。

(10) 对于夜间影响车辆通行的在建工程或机械设备，必须安装醒目的红色信号灯。其电源应设在施工现场电源总开关的前侧。

4. 其他作业安全技术的交底

1) 高处作业安全技术交底的内容

(1) 高处作业的含义和级别划分应符合国家现行标准《高处作业分级》(GB/T 3608)的规定。

(2) 高处作业必须设有可靠的安全防护措施。上下必须设置人行斜道、爬梯或升降电梯,通行要设置通道,并一律加设护身栏。护身栏应为双杠,高度不得低于 1.2 m。落差超过 2 m 的临边、孔隙口等应安设护栏或安全网。

(3) 从事高处作业人员要定期或随时体检,有不宜登高病症的人员,不得从事高处作业。发现因各种原因导致思想压力过大或情绪不稳定者,应及时暂停其从事高处作业或工作。

(4) 严禁酒后登高作业。严禁在大风、雨雪等恶劣天气下从事高处作业。

(5) 高处作业人员不得穿拖鞋或硬底鞋,要穿防滑鞋。所需的材料要事先准备齐全,工具应放在工具袋内。

(6) 高处作业所用的梯子不得缺档和垫高,同一架梯子不得两人同时上下,在通道处(或平台)使用梯子应设置围栏。

(7) 高处作业与地面联系,应有专人负责,或配有通信设备。

(8) 运送人员和物件的各种升降电梯、吊笼,应有可靠的安全装置,严禁人员乘坐吊装、运送物件的设备上下。

(9) 在开放型结构上施工,如高处搭设脚手架,无防护边缘上作业,在受限制的高处、不稳定的高处、没有立足点或没有牢靠立足点的地方作业必须系挂安全带(绳)等可靠的个人防护装置。

2) 爆破作业安全技术交底的内容

(1) 爆破作业人员必须是经过有关部门专门培训合格后并发给爆破员作业证的爆破员,要在施工爆破负责人的指挥下,按操作规程实施爆破,严禁非爆破员实施爆破。

(2) 爆破现场必须有醒目的警示标志,各路口要设安全警戒员,负责爆破危险区的警戒,对无安全避炮条件的应设避炮场所。

(3) 装药前对炮孔及药壶进行检查清理,如出现堵塞,在未装入雷管、起爆药柱等敏感爆破器材前,可采用不产生火花的工具(如木、竹、铜棒)处理。

(4) 装药必须使用木质炮棍,若发现炸药包(含雷管)没装到位,不能轻微提取时,禁止拨出或硬拉雷管脚线和导火线,按盲炮的有关规定处理。操作现场禁止烟火。

(5) 如使用电雷管起爆,爆破现场严禁使用手机和通信工具,手机和通信工具必须关闭。起爆前线路必须短路,装药后每个电雷管也要短路,线路不得太迂回。

(6) 打炮眼如遇到溶洞时,要做好记录,记录好溶洞位置。如溶洞在炮眼底部,装药前应使用一截直径比炮眼略大的木棍打入炮眼,以封住炮眼底部,为装药提供支承。如溶洞在炮眼侧面,则装药到溶洞处时,把药绑扎在竹片上,竹片长度应大于溶洞长度,之后继续装药。

(7) 装药前,必须清除炮眼内的杂物,装炮必须使用木质炮棍装填,严禁使用铁器。封口必须用不易燃可塑性强的炮泥,严禁使用石块、瓦片、纸团等物做封口。不准放无封口炮和糊炮。

(8) 爆破员装炮、爆破,必须有安全员现场监督,并派人在警戒线上和有可能进入爆破地点的所有道路上安排警戒,并发出警报信号,然后进行爆破。

(9) 爆破后若出现哑炮,要当班处理完毕,如当班处理不完,爆破员必须在现场向下一班爆破员交代清楚继续处理。处理哑炮,必须在现场负责人的指挥下,在炮眼 30 cm 处打一平行炮眼,重新装药起爆,严禁用铁镐砸哑炮眼,严禁拉哑炮脚线。哑炮处理完后,爆破员必须详细检查未爆炸的炸药和雷管。

(10) 爆破后,爆破员要认真填好现场使用爆炸品消耗记录,安全员、负责人要签字盖章。如有剩余爆炸品,必须在下班前送交库房,并把现场爆破登记交回库房,保管员审核无误后签字盖章。

3) 氧割作业安全技术交底的内容

(1) 氧割时乙炔发生器应采用定型产品,必须备有灵敏、可靠的防止回火安全装置。

(2) 乙炔发生器与氧气瓶不得同放一处,距易燃易爆品不得少于 10 m,严禁用明火检验是否漏气。氧气、电石应随用随领,下班后送回安全保险位置。

(3) 氧气瓶、乙炔发生器受热不得超过 35 ℃,防止火花和锋利物件碰撞胶管。气焊枪点火时,应按“先开乙炔、先关乙炔”的顺序作业。

(4) 氧气瓶、氧气表及焊割工具的表面,严禁沾污油脂。

(5) 乙炔发生器应每天换水。严禁在浮筒上放置物件,不得用手在浮筒上加压和摇动。添加电石时,严禁明火照明。

(6) 乙炔发生器不得放在电线的正下方,焊接场地距离明火不得少于 10 m。

(7) 氧气瓶应设有防振胶圈,并旋紧安全帽,避免碰撞、剧烈振动和强烈阳光暴晒。

(8) 乙炔气管用后需清除管内积水。胶管回火的安全装置结冻时,应用热水溶化,不得用明火烘烤。

(9) 电石应放在干燥的地方,移动或搬运时,应将桶上的小盖打开,轻移、轻放。开桶时,头部要闪开,不得用金属工具敲击桶盖。

(10) 点火时焊枪不得对人和易燃物体,不得随意乱扔乱放正在燃烧的割枪。施焊时,场地应通风,施焊完毕应将氧气阀门关好,拧紧安全罩。

(11) 施焊时,场地应通风良好。施焊完毕,应将氧气阀门关好,拧紧安全罩。乙炔浮筒提出时,头部应避开浮筒上升方向,提出后应挂放,不得扣放在地上。

(12) 氧气瓶内的气体不能全部用光,必须保留最少 0.1～0.2 MPa 压力。氧气瓶在运输储存和使用时,不得沾油、受振动撞击或直接受热,开气应缓慢,避免产生静电火花或出现绝热压缩现象。氧气流出时体积膨胀,吸收热量使瓶阀结霜,应用热水或水蒸气解冻。使用氧气钢瓶可垂直或卧放。

(13) 乙炔气瓶内气体不能用尽,必须留有压力不低于 0.05 MPa 的剩余气体。乙炔气瓶储存量不得超过 5 瓶。超出时,应采用非燃烧材料或难燃烧材料隔成单独的储存间。超过 20 瓶时,应建造仓库。室内储存时,室温不宜超过 30 ℃。乙炔瓶夏季要防止暴晒,与明火的距离一般应不小于 10 m(在高处作业时,应是与其垂直线间的水平距离)。乙炔瓶在使用时应直立,避免受振动撞击,不允许横卧。对已横卧的乙炔瓶,必须直立静止 20 min 后,再接上减压器使用。

(14) 乙炔着火时,应采取堵漏的方式或使用干粉、二氧化碳灭火器,用水冷却火中容器，以免爆炸。不能用含有卤族元素的灭火器灭火，防止乙炔和氯或次氯酸盐等化合后，遇光或加热而发生燃烧和爆炸。

(15) 液化石油气着火时，应采取喷水的方式或使用干粉、二氧化碳、泡沫灭火剂。

(16) 为避免因气焊、气割回火而导致的爆炸事故，发生回火时应立即关闭乙炔和氧气手轮，装设回火防止器等。作业现场应保持良好通风，高浓度环境中，应穿戴防护服、防护镜和面罩。如发生泄漏，须穿戴防护用具进入现场，排除一切火情隐患。若泄漏气罐无法堵漏时，可将其移到安全处修补或放空。不能将液化石油气排入下水道，以免爆炸。

第五节　施工项目安全投入

所谓施工安全投入，从广义上讲，就是为了施工生产的顺利进行，使参与施工生产过程中的人员、机械、设施、环境等有一定的安全保障功能所做的一切人力、物力、财力、时间和空间的投入。从狭义上讲，就是指按照有关规定和施工安全标准，用于施工安全防护用具及设施的采购和更新、安全施工措施的落实、安全生产条件的改善、加强安全生产管理等所需的费用。简单地说，是为保障施工安全，施工项目对安全费用的投入。实现施工安全的基本物质条件是要保证必要的安全投入。必要的安全投入是施工项目减少事故、降低项目施工生产成本、保障施工项目安全生产的重要条件。

一、安全费用投入的必要性

目前，国家在法律法规上对建设工程施工安全费用的投入有明确规定，这种规定是具有国家强制性的，必须保证安全投入。

《建设工程安全生产管理条例》第二十一条明确规定：施工单位的项目负责人应当由取得相应执业资格的人员担任，对建设工程项目的安全施工负责，落实安全生产责任制度、安全生产规章制度和操作规程，确保安全生产费用的有效使用，并根据工程的特点组织制定安全施工措施，消除安全事故隐患，及时、如实报告生产安全事故。

二、安全费用投入的使用范围

施工项目安全费用投入的使用范围主要包括以下方面。

(1) 安全劳保防护用品：安全帽、安全带、安全绳、防护鞋、手套、防护面罩、防雨服、工作服；防暑降温、防寒物品、保健食品等。

(2) 安全教育培训：安全资格上岗培训取证费用；宣传员上岗培训取证费用；特种作业人员上岗培训取证费用；国家标准、安全法律法规培训学习取证费用；开展安全月活动；召开现场会；应急预案的演练；组织参观学习先进单位；组织知识竞赛、文艺演出；订阅报纸杂志、制作展板等费用。

(3) 电气产品(开关箱、配电箱、漏电保护器、熔断器、插座、配电线材五芯电缆、瓷瓶等)费用。

(4) 临边、高处作业等防护、防滑设施的费用。

(5) 安全警示、警告标志、标牌及安全宣传栏等购买、制作、安装及维护的费用。

(6) 特种设备、压力容器、避雷设施、大型施工机械、支架等检测检验费，设备维修养护费用。

(7) 各种消防设备及器材(灭火器、消火栓、消防水池等)、救生衣、救生圈、急救药箱及器材费用。

(8) 工地地面硬化、排水设施、绿化，现场厨房、厕所、沐浴室，现场防噪声、粉尘、废弃物处理等费用。

(9) 现场安全防护设施的搭拆、维护，垃圾的清运等人工费用。

(10) 为施工人员办理团体人身意外伤害险或个人意外伤害险费用。

(11) 有关安全技术服务费。

(12) 其他费用。

三、安全费用投入的实施要求

(1) 施工项目安全生产费用总额一般不得低于投标价的1%～3%。安全生产费用，应当用于施工安全防护用具及设施的采购和更新、安全施工措施的落实、安全生产条件的改善，不得挪作他用。

(2) 编制安全经费投入计划。施工项目一定要根据自己的工作特点和具体情况，立足长远，着手当前，区分轻、重、缓、急，进行有序安排。施工项目应编制年度安全费用投入计划(项目施工期限跨年度)和安全费用投入计划(项目施工期限单个年度内)。同时，应编报当月投入使用的安全生产费用使用报表及下个月的安全生产费用使用计划，经项目负责人签字盖章后报送监理工程师审核。

(3) 施工项目必须保留安全经费投入的各种单据备查，包括安全费用投入的清单及相关票据凭证，以及各种安全防护用品、消防安全用品的使用记录。安全费用投入应与财务相互对应查证。

(4) 安全生产费用要足额使用，台账清楚，安全生产费用不得挪用或挤占。

(5) 安全费用足额投入，是法律法规强制要求的。但不能盲目投入，要有针对性和突击性，还要考虑可能性和实效性，尽量避免没有实际效果的盲目投入，力求做到事半功倍。

第六节　施工项目设备安全管理

施工设备安全管理是施工项目管理的永恒主题，是施工项目安全管理工作的重要组成部分。施工过程设备的安全直接关系到施工从业人员的生命财产安全。随着科学技术的进步和我国经济建设的迅速发展，公路工程施工机械化的程度越来越高，因此，有必要加强施工项目设备的安全管理。

一、设备安全管理的重要性

设备是公路工程施工的主要施工工具，是完成施工生产任务的重要保证。由于公路工程施工大部分是在远离城区的野外、山区，作业场地环境复杂、条件差，在一般情况下超出了机械设备本身的工作环境要求，造成施工现场机械设备的工作环境恶劣，存在大量的不安全因素和安全设备隐患，在一定程度上影响了施工设备的安全性能。公路工程施工工期一般要求紧，施工任务繁重。在工程施工过程中，为了降低施工成本、提高经济效益，加大了施工设备的使用率，在一定程度上造成了机械设备的超负荷运转，有时甚至带病作业，极大地影响了机械设备的技术性能状况与使用寿命，加速了机械设备的老化。因此，必须加强施工设备管理，通过对设备的正确使用、精心养护、科学检修、安全运行，消除不安全因素和安全隐患，确保设备处于良好运行状态，充分发挥设备效能，满足施工生产需要，提高经济效益。

二、设备安全管理的内容

设备安全管理，顾名思义，就是指对工程机械设备的采购、验收、使用、维护、保养等环节进行管理，从而确保提供满足工程施工要求的设备。从目前施工项目的情况来看，由于设备采购，尤其是大型设备的采购由施工企业进行，施工项目的设备安全管理主要包括以下内容：

(1) 设备采购。施工项目要按照国家有关法律法规规定，对自己的采购活动和行为进行控制，减少和降低风险。对于采购的中小型设备，施工项目要在对设备供方评审合格的基础上，签订书面采购合同，明确双方的权利和义务，确保采购的设备符合施工需要。

(2) 进场验收。施工项目应对进场设备进行进场验收，以确保设备能力满足施工需要。设备进场验收的内容主要包括：设备名称、规格型号、生产厂家、出厂日期、出厂编号、设备状况、设备技术参数、特种设备检验检测情况、标志、机械人员持证情况、以前的施工情况以及进场时间等。设备使用前，进行空载运转调试和负荷运转调试，调试合格后，方可进场使用。

(3) 设备使用。施工设备的使用必须按照“定人、定机”的规定执行，提高设备利用率和作业效率。设备操作人员按操作规程使用设备，并及时、准确、真实填写设备使用记录。

(4) 设备保养、维修。项目应制订机械设备保修计划（月度）和机械设备保修计划完成情况记录（月度）。根据设备运转时间和设备保养间隔期，按使用说明书或《机械设备保养规程》的要求，对设备进行日常维修和保养，并做好维修保养记录。保养时，操作人员应根据“调整、紧固、润滑、清洁、防腐”十字作业要求，按照有关要求对设备进行保养，确保设备技术状况完好，保证设备的正常运转及安全使用。特种设备应实行强制保养制度。

(5) 设备安拆。施工项目要协助有关各方做好大型设备的安装、拆卸、调运、吊装安全管理工作。

三、设备安全管理的实施要求

1．加强对设备供方的影响控制

合同中必须有关于安全的约束性条款或要求，同时还要对设备供方施加影响，告知供方供应活动中存在的风险和需采取的控制措施，要求其加强供应活动中的设备安全管理，确保设备安全。

2．建立设备管理档案

施工项目设备管理档案包括：设备台账、设备统计表、设备卡片、设备技术资料、设备使用和维修保养记录、设备改造，以及设备安装和拆卸、调试、试运行记录。应做到账物相符，保证档案完整、准确。设备调动时，档案随机移交。

3．加强检验检测

工程中使用施工起重机械和整体提升式脚手架、滑模爬模、架桥机等自行式架设设施前，应组织有关单位进行验收或者委托具有相应资质的检验检测机构进行验收。使用承租的机械设备和施工机具及配件的，由承租单位、出租单位和安装单位共同进行验收，验收合格后，方可使用。

4. 加强特种设备管理

特种设备是指涉及生命安全、危险性较大的设备，特种设备比一般性生产设备具有更大的潜在危险性。由于特种设备是属于危险性较大的设备，易发生事故造成人员伤害和重大财产损失，特种设备必须经技术检测部门检测合格并取得合格证后，才能投入使用。对未取得检测合格证的特种设备立即停止使用，并区别对待，需要继续使用的，必须立即进行检测，取得合格证后才能继续投入使用，不合格的清退出场。对那些已经超过使用期限、又无法检测合格的设备应强制报废。

施工项目要加强已经投入使用的特种设备管理，除建立相应的设备维修与检测等方面的台账记录外，在其工作的过程中，要进行设备(特别是重大、危险设备)的安全监控及动态控制。

第七节　作业技术活动的安全管理

施工过程体现在一系列的现场施工作业和管理活动中，作业和管理活动的效果将直接影响到施工过程的施工安全。因此，项目管理人员施工安全管理工作应体现在对作业和管理活动的管理上。

为确保建设工程施工安全，工程项目管理人员要对施工过程进行全过程全方位的动态管理，就整个施工过程而言，可按事前、事中及事后进行管理和控制，就一个具体作业和管理而言，工程项目管理人员对施工安全管理仍涉及事前、事中及事后管理和控制。工程项目管理人员对施工安全管理主要围绕影响工程施工安全的因素进行。

作业技术活动的安全管理主要内容如下。

一、从业人员的资格、持证上岗和现场劳动组织的管理

施工单位施工现场管理人员和操作人员，上岗前必须按政府有关部门的规定，对其所需的执业资格、上岗资格和任职能力进行检查、核对证书，包括项目负责人、安全管理人员、项目管理人员，垂直运输机械作业人员、安装拆卸工、爆破作业人员、起重信号工、登高架设作业人员等特种作业人员，木工、混凝土工、钢筋工等一般施工人员。只有对应岗位或工种的证书专业相符合且有效，才能安排上岗。

现场劳动组织的管理包括从事作业活动的操作者、管理者，以及相应的各种管理制度，做到操作人员数量必须满足作业活动的需要，工种配置要合理，管理人员要到位，相关管理制度要健全，并能保证其落实和执行。

二、从业人员施工中安全教育培训的管理

施工单位施工现场项目负责人应按安全教育培训制度的要求，施工中对进入施工现场的自有和分包方从业人员进行安全教育培训。

施工现场安全教育培训的管理重点是做好新工人“三级安全教育”、变换工种安全教育、转场安全教育、特种作业安全教育、班前安全活动交底、周一安全活动、季节性施工安全教

育、节假日安全教育等。

施工单位项目经理部应落实安全教育培训制度的实施，定期检查考核实施情况及实际效果，保存教育培训实施记录、检查与考核记录等。

三、作业安全技术交底的管理

安全技术交底由施工单位技术管理人员根据分部分项工程的具体要求、特点和危险因素编写，是操作者的指令性文件，因此，安全技术交底要具体、明确、针对性强。安全技术交底要实行分级交底制度。

1．安全技术交底的实施要求

(1) 单位工程开工前，施工单位项目经理部的技术负责人必须将工程概况、施工方法、施工工艺、施工程序、安全技术措施，向承担施工的责任工长、作业队长、班组长和相关人员进行交底。

(2) 结构复杂的分部分项工程施工前，施工单位项目经理部技术负责人应有针对性地进行全面、详细的安全技术交底。

(3) 施工单位项目经理部应保存双方签字确认的安全技术交底记录。

2．安全技术交底的基本要求

(1) 施工单位项目经理部必须实行逐级安全技术交底制度，纵向延伸到班组全体作业人员。

(2) 技术交底必须具体、明确、针对性强。

(3) 技术交底的内容应针对分部分项工程施工中给作业人员带来的潜在危险因素和存在问题。

(4) 应优先采用新的安全技术措施。

(5) 应将工程概况、施工方法、施工程序、安全技术措施等向工长、班组长、作业人员进行详细交底。

(6) 定期向由两个以上作业队和多工种进行交叉施工的作业队伍进行书面交底。

(7) 保持书面安全技术交底等签字记录。

3．安全技术交底主要内容

(1) 本施工项目的施工作业特点和危险点。

(2) 针对危险点的具体预防措施。

(3) 应注意的安全事项。

(4) 相应的安全操作规程和标准。

(5) 发生事故后应及时采取的避难和急救措施。

上岗前应以最清楚简洁的方式，如作业指导书、安全技术交底文本，对从业人员进行安全技术交底，双方签字认可。

4．作业安全技术交底的管理重点

(1) 应按安全技术交底的规定实施和落实

重要施工工程、专项施工项目等开工前，企业技术负责人应向参加施工的施工管理人员进行安全技术方案交底。

各分部分项工程、关键工序、专项施工方案实施前，项目技术负责人、安全员应会同项目施工员将安全技术措施向参加施工的施工管理人员进行交底。

总承包单位向分包单位,分包单位安全技术人员向作业班组进行安全技术措施交底,安全生产管理人员及各条线管理员应对新进场的工人实施作业人员工种交底。

作业班组应对作业人员进行班前交底。

(2) 应按安全技术交底的手续规定实施和落实

所有安全技术交底除口头交底外,还必须有书面交底记录,交底双方应履行签名手续,交底双方各有一套书面交底。书面交底记录应在技术、施工、安全三方备案。

(3) 应针对不同工种、不同施工对象,或分阶段、分部、分项、分工种进行安全交底

对不同工种、不同施工对象,或分阶段、分部、分项、分工种进行安全交底时,不准整个工程只交一次底,如混凝土浇捣、支模、拆模、钢筋绑扎等,必须实施分层次交底。

四、对重大危险源和重大环境因素及其相关的重点部位、过程和活动应组织专人进行重点监控

根据已识别的重大危险源和重大环境因素,施工单位项目负责人应确定与之相关的需要进行重点监控的重点部位、过程和活动,如深基坑施工、地下暗挖施工、高大模板施工、起重机械安装和拆除、整体式提升脚手架升降、大型构件吊装等。

根据监控对象确定熟悉相应操作过程和操作规程的监控人员,明确其制止违章行为、暂停施工作业的职责权限,并就监控内容、监控方式、监控记录、监控结果反馈等要求进行上岗交底和培训。

根据规定实施重点监控,特别是对深基坑施工、地下暗挖施工、高大模板施工、起重机械安装和拆除、整体或提升脚手架升降必须进行连续的旁站监控,并做好记录。

五、对安全防护设施的搭设和拆除的监控及其使用的管理

(1) 对脚手架搭设和拆除进行监控

普通脚手架按规定要求交底搭设,悬挑钢平台、特种脚手架按施工组织设计中专项施工方案规定的要求进行交底搭设。普通脚手架搭设到一定高度时,按《建筑施工安全检查标准》(JGJ 59)的要求,由施工企业与施工现场项目经理部分步、分阶段进行检查、验收,合格后做好记录,再投入使用,使用中落实专人负责检查、维护。特种类的挑、挂、爬(整体式提升)脚手架按施工组织设计中的专项搭设方案进行检查、验收,其中提升架的架体结构、抗倾覆、防坠落等安全措施及装置,必须通过建设行业行政主管部门组织的专家鉴定,一般是由取得专业资质的单位负责组装、提升。验收时,施工企业专业部门和施工现场项目经理部共同参加验收,通过后再向行业检测机构申请检测,合格后方准投入使用,在每次提升或下降以后,还必须进行验收,否则不得投入使用。

(2) 洞口、临边、高处作业所采取的安全防护设施的管理

洞口、临边、高处作业所采取的安全防护设施,如通道防护栅、电梯井内隔离网、楼层周边和预留洞口防护设施、基坑临边防护设施、悬空或攀登作业防护设施,规定专人负责搭设与检查。在施工现场内应落实负责搭拆、维修、保养这些防护设施的班组,该班组应熟悉整个工程需搭拆的安全防护设施情况,以利于保持所搭设施的标准和连续性,搭拆都需要明确专门的部门或人员负责过程监控、检查与验收。

(3) 对安全防护设施使用的管理

工程施工多数情况为露天作业，而且现场情况多变，又是多工种立体交叉作业，设备、设施在验收合格投入使用后，在施工过程中往往出现缺陷和问题，人员在作业中往往会发生违章现象，为了及时排除动态过程中物和人的不安全因素，防患于未然，必须对设施、设备在日常运行和使用过程中易发生事故的主要环节、部位进行全过程的动态自查、互查和专门检查维护，以保持设备、设施持续完好有效。

六、对施工现场危险部位安全警示标志的管理

在施工现场入口处、起重设备、临时用电设施、脚手架、出入通道口、楼梯口、电梯井口、孔洞口、桥梁口、隧道口、基坑边沿、爆破物及危险气体和液体存放处等危险部位应设置明显的安全警示标志。安全警示标志必须符合《安全标志及其使用导则》(GB 2894)。

各种安全警示标志设置后，未经施工单位项目负责人批准，不得擅自移动或拆除。

七、对施工机具、施工设施使用的管理

施工机具在使用前，必须对安全保险、传动保护装置及使用性能，由施工单位机械管理部门或岗位进行检查、验收，填写验收记录，合格后方可使用。使用中，应对施工机具、施工设施进行检查、维护、保养、调整等。

八、对施工现场临时用电的管理

施工现场临时用电的变配电装置、架空线路或电缆干线的敷设、分配电箱等用电设备，在组装完毕通电投入使用前，由施工单位安全部门或岗位与专业技术人员共同按临时用电组织设计的规定检查验收，对不符合要求处须整改，待复查合格后，填写验收记录。使用中由专职电工负责日常检查、维护和保养。

九、对起重机械、设备安装和拆除进行监控，对其使用进行管理

塔吊、施工升降机、井架与龙门架等起重机械、设备，安装拆除前应按专项施工方案组织交底安装拆除过程，应采取防护措施，并进行过程监护。安装搭设完毕后，一般由施工企业和施工现场项目经理部按规定自行验收、检查，要点包括基础的隐蔽工程验收、预埋件、平整度、斜撑、剪刀撑、墙体埋件、垂直度、电器、起重机械等专项检查和检验。其中塔吊、施工升降机等危险性较大的起重、升降设备，在企业内部安装调试或验收后，再向行业检测机构申请检测，核发合格证后投入使用。施工单位机械管理部门或岗位人员负责对机械操作人员进行安全操作技术交底，并且落实日常检查，督促机械操作人员做好机械的维修和保养工作。

十、对安全物资的管理

安全物资的管理重点如下：

(1) 安全物资进场的验证、检测和标识

为了防止安全物资的混用、错用，必要时实现可追溯性，施工单位应对其品牌、规格、型号和验收状态作出识别标志，如挂牌或进行记录。验收状态一般分为待检(未检)、已检待定、合格或不合格四种。

(2) 安全物资的防护和检查

为防止安全物资的损坏和变质，施工单位应采取设库、设池、上架堆放、遮盖、上油等方式进行贮存和防护，并在贮存期间对安全物资的防护和质量情况进行检查。

(3) 对安全检测工具性能、精度的控制

施工单位项目经理部应根据本项目施工特点，规定并有效落实各施工场所应配备完善的相应安全检测设备和工具。安全检测工具常用的有：检查几何尺寸的——卷尺、经纬仪、水准仪、卡尺、塞尺；检查受力状态的——传感器、拉力器、力矩扳手；检查电器的——接地电阻测试仪、绝缘电阻测试仪、电压电流表、漏电测试仪等；测量噪声的——声级机；测量风速的——手持式风速仪。

施工过程中，施工单位应当加强对安全检测工具的计量检定管理工作，对国家明令实施强制检定的安全检测工具，必须落实按要求进行检定，同时应加强对其他安全检测工具的检定、校正管理工作。管理人员应定期检查安全检测工具的性能、精度状况，确保其处于良好状态。安全检测工具应每年检定、校正一次，应有书面记录。

十一、对施工现场及毗邻区域地下管线、建(构)筑物等专项防护的管理

施工单位应对施工现场及毗邻区域内地下管线，如供水、排水、供电、供气、供热、通信、广播电视等地下管线，相邻建筑物、构筑物、地下工程等采取专项防护措施，特别是在城市市区施工的建设工程，为确保其不受损坏，施工中应组织专人进行监控。

十二、对粉尘、废气、废水、固体废弃物、噪声等排放的管理

粉尘、废气、废水、固体废弃物、噪声等的排放可能造成的职业危害和环境影响，施工单位应落实施工现场施工组织设计或安全计划关于劳动保护、环境保护和文明施工的各项措施，使其排放控制在允许范围之内。例如，围挡封闭施工；在施工场地进行搅拌作业的必须在搅拌机前台及运输车清洗处设置沉淀池，排放的废水要排入沉淀池内，经二次沉淀后，方可排入市政污水管线或回收用于洒水降尘，未经处理的泥浆水，严禁直接排入城市排水设施和河流；处于城区夜间施工时应控制施工噪声，除浇捣混凝土必须连续施工外，减少不必要的夜间施工；建筑垃圾分类集中堆放并及时清运；土方车辆出场应全面密闭覆盖并冲洗，以减少遗洒与污染；禁止将有毒有害废弃物用作土方回填，以免污染地下水和环境；现场周围及沿街设置文明、安全和可靠的防护隔离设施等。

十三、安全自检与互检工作的监控

施工单位的安全自检体系表现在以下几点：

(1) 作业活动的作业者在作业结束后必须自检。

(2) 不同工序交接、转换必须由相关人员进行交接检查。

(3) 施工单位专职安全生产管理员的专检。

施工单位项目经理部应建立起完善的安全自检体系并确保其运行有效。

十四、安全验收的管理

安全验收必须严格遵照国家标准、规定，按照施工方案或安全技术措施的设计要求，严

格把关，并办理书面签字手续，验收人员对方案、设备、设施的安全保证性能负责。

十五、安全记录资料的管理

记录是为已完成的活动或达到的结果提供客观证据的文件。安全记录是为证明施工现场满足安全要求的程度或为安全生产保证计划实施的有效性提供客观证据的文件；安全记录还可为有追溯要求的各类检查、验收和采取纠正措施及预防措施等提供依据。

(1) 施工现场安全管理检查记录资料

此类记录资料主要包括：施工单位现场安全管理制度；主要专业工种操作上岗证书；分包单位资质及总包单位对分包单位的管理制度；施工组织设计、专项施工方案及审批记录；现场材料、设备存放与管理等。

(2) 与安全设施有关的记录资料

此类记录资料主要包括：安全材料、安全防护用具、设备等的采购、检查、试验、验收等记录资料。

(3) 施工过程作业活动安全记录资料

施工过程可按分项、分部、单位工程建立相应的安全记录资料。此类安全记录资料中应包括：各工序作业的原始施工记录，验收资料，材料、设备安全资料的编号、存放档案卷号，此外，还应包括安全隐患的报告、通知、处理及检查验收资料等。

安全记录资料应在工程施工前，根据单位的要求及工程竣工验收资料组卷归档的有关规定，制定研究列出各施工对象的安全资料清单。随着工程施工的进展，施工单位应不断补充和填写关于材料、设备及施工作业活动的有关内容，记录新的情况。当每一阶段施工或安装工作完成，相应的安全记录资料也应随之完成，并整理组卷。

施工安全记录资料应真实、齐全、完整，相关各方人员的签字齐备、字迹清楚、结论明确，与施工过程的进展同步。

十六、对分包单位的管理

施工总承包单位对分包单位在施工过程中涉及的危险源和环境因素应予以识别、评价和控制策划，并将与策划结果有关的文件和要求事先通知分包单位，以确保他们能遵守施工总承包单位项目经理部施工组织设计或安全计划的相关要求，如对分包单位自带的机械设备的安装、验收、使用、维护和操作人员持证上岗的要求，相关安全风险和环境影响及控制要求。通知的方式包括合同或协议约定、书面安全技术交底、协调会议等。

正式开始施工前，应由施工总承包单位项目负责人组织有关人员向分包单位负责人及分包队伍有关人员进行安全教育和施工交底，交底内容以总分包合同为依据，包括施工技术文件、安全管理体系的有关文件、安全生产规章制度和文明施工管理要求等。交底应以书面形式，一式两份，双方负责人和有关人员签字，并保留交底记录。确保作业前对全体分包从业人员均完成安全教育培训。

要明确责任部门或岗位按照事先确认的要求，在分包单位施工的过程中，对涉及危险源和环境因素的活动、人员、设施、设备的状况，进行控制管理和监督检查，确保分包单位认真落实各项规定的要求。

施工总承包单位项目经理部应有部门或专人对分包队伍施工全过程中的安全生产、文明施工情况进行指导检查、监督管理，与分包方沟通信息，及时处理发现的问题，必要时可按合同约定中止合同，做好必要的记录，并为今后对分包单位业绩评定提供依据。

十七、对安全物资供应单位的管理

施工总承包单位对供应单位在服务过程中涉及的危险源和环境因素应予以识别、评价和控制策划，并将与策划结果有关的文件和要求事先通知供应单位，以确保他们能遵守施工总承包单位项目经理部施工组织设计或安全计划的相关要求。通知的方式包括合同或协议约定、书面安全技术交底、协调会议等。

要明确责任部门或岗位按照事先确认的要求，在供应单位服务提供的过程中，要对涉及危险源和环境因素的活动、人员、设施、设备的状况，进行控制管理和监督检查，确保供应单位认真落实各项规定的要求。

十八、对大型起重机械设备拆装单位的管理

施工总承包单位对大型起重机械设备拆装单位的管理内容是：

(1) 安装拆除过程的监控

《建设工程安全生产管理条例》规定，起重机械设备拆装单位在安装完毕后，应当进行自检，出具自检合格证明，并向施工单位进行安全使用说明。起重机械设备拆装单位必须参与对施工起重机械设备安装或拆卸过程的监控和管理。施工过程监控管理的主要内容如下：

① 专项施工方案及安全技术措施是否完整；

② 施工起重机械设备基础的隐蔽工程是否经验收；

③ 施工起重机械设备安装或拆卸的程序和过程控制是否按照方案进行，安全技术交底是否执行；

④ 施工起重机械设备安装或拆卸的专业施工企业监控人员是否到位；

⑤ 施工起重机械设备安装完毕后检查验收工作是否进行。

(2) 安装后检验、检测的管理

起重机械设备安装完毕后除了安装单位的自查、自检以外，还应当按照各级建设行政主管部门的要求，委托相应的检测机构对已安装的起重机械设备实施检测，经检测合格，取得合格证书后方可使用。

第八节　文明施工管理

一、文明施工的意义

(1) 文明施工能提高施工企业综合管理能力。文明施工可以保持良好的作业环境和秩序，对促进建设工程安全生产、加快施工进度、保证工程质量、降低工程成本、提高经济和社会效益有较大作用。同时，文明施工涉及生产要素各个方面，贯穿于施工全过程之中，体现施工企业在施工现场的综合管理水平，有助于提高企业综合管理能力。

(2) 文明施工是适应现代化施工的客观要求。现代化施工更需要采用先进的技术、工艺、材料、设备和科学的施工方案，需要严密组织、严格要求、标准化管理和良好职业素质的

员工等。文明施工能适应现代化施工的要求，是实现优质、高效、低耗、安全、清洁、卫生的有效手段。

(3) 文明施工代表施工企业的形象，提高了施工企业的知名度和市场竞争力。

(4) 文明施工有利于员工的身心健康，培养尊重科学、遵守纪律、团结协作的大生产意识，提高施工队伍的整体素质。

二、文明施工的组织与管理

(1) 组织和制度管理

施工现场应成立以施工总承包单位项目经理为第一责任人的文明施工管理组织。分包单位应服从总包单位的文明施工管理组织的统一管理，并接受监督检查。

各项施工现场管理制度应有文明施工的规定，包括个人岗位责任制、经济责任制、安全检查制度、持证上岗制度、奖惩制度、竞赛制度和各项专业管理制度等。同时，应加强和落实现场文明检查、考核及奖惩管理，以促进施工文明管理工作的实施。检查范围和内容应全面周到，包括生产区、生活区、场容场貌、环境文明及制度落实等内容，对检查发现的问题应采取整改措施。

(2) 建立收集文明施工的资料及其保存的措施

文明施工的资料，包括：关于文明施工的法律法规和标准规定等资料；施工组织设计(方案)中对文明施工的管理规定，各阶段施工现场文明施工的措施；文明施工自检资料；文明施工教育、培训、考核计划的资料；文明施工活动各项记录资料等。

(3) 加强文明施工的宣传和教育

要坚持岗位练兵，同时，应采取派出去、请进来、短期培训、上技术课、登黑板报、广播、看录像、看电视等方法狠抓教育工作，特别要注意对临时工的岗前教育。

三、文明施工的基本要求

《建筑施工安全检查标准》(JGJ 59)对文明施工的基本要求包括保证项目和一般项目，如图 5-5 所示。

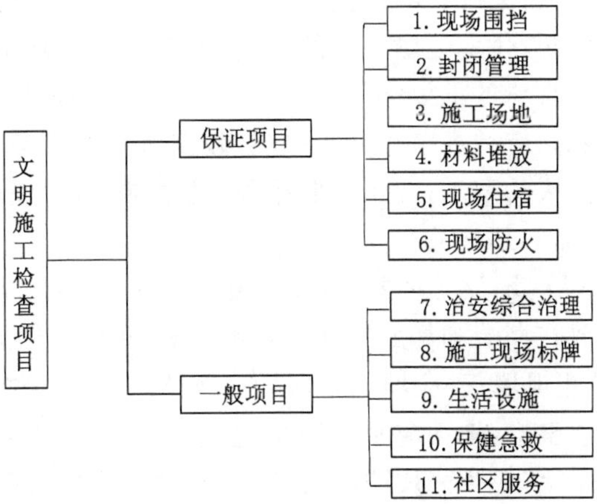

图 5-5　文明施工检查项目

文明施工的具体要求如下。

1）现场围挡与封闭管理

施工现场必须实施封闭式管理，将施工现场与外界隔离，防止“扰民”和“民扰”问题同时保护环境、美化市容。

(1) 围挡。施工现场围挡应沿工地四周连续设置，不得留有缺口，并根据地质、气候、围挡材料进行设计与计算，确保围挡的稳定性、安全性；围挡的用材应坚固、稳定、整洁、美观，宜选用砌体、金属材板等硬质材料，不宜使用彩布条、竹笆或安全网等；施工现场的围挡一般应高于 1.8 m(城市市区主要路段工地的围挡应高于 2.5 m)；禁止在围挡内侧堆放泥土、砂石等散状材料以及架管、模板等，严禁将围挡作挡土墙使用；雨后、大风后以及春融季节应当检查围挡的稳定性，发现问题及时处理。

(2) 大门。施工现场应当有固定的出入口，出入口处应设置大门；施工现场的大门应牢固美观，大门上应标有企业名称或企业标识；出入口处应当设置专职门卫、保卫人员，制定门卫管理制度及交接班记录制度；施工现场的施工人员应当佩戴工作卡。

2）施工场地与道路

(1) 施工场地。施工现场的场地应当整平，清除障碍物，无坑洼和凹凸不平，雨季不积水，暖季应适当绿化；施工现场应具有良好的排水系统，设置排水沟及沉淀池，现场废水不得直接排入市政污水管网和河流；地面应当经常洒水，对粉尘源进行覆盖遮挡；现场存放的油料、化学溶剂等应设有专门的库房，地面应进行防渗漏处理等。

(2) 施工现场道路。道路应畅通，应当有循环干道，满足运输、消防要求；道路的布置要与现场的材料、构件、仓库等堆场、吊车位置相协调、配合；道路应当中间起拱，两侧设排水设施，主干道宽度不宜小于 3.5 m，载重汽车转弯半径不宜小于 15 m，如因条件限制，应当采取措施；现场主干道应平整坚实，且有排水措施，硬化材料可以采用混凝土、预制块或用石屑、焦渣、砂子等压实整平，保证不沉陷、不扬尘，防止将泥土带入市政道路；现场主要道路应尽可能利用永久性道路，或先建好永久性道路的路基，在土建工程结束之前再铺路面。

3）材料的堆放

(1) 一般管理要求：建筑材料的堆放应当根据用量大小、使用时间长短、供应与运输情况确定，用量大、使用时间长、供应运输方便的，应当分期分批进场，以减少堆场和仓库面积；施工现场各种工具、构件、材料的堆放必须按照施工现场总平面图规定的位置放置；位置应选择适当，便于运输和装卸，应减少二次搬运；地势较高、坚实、平坦，回填土应分层夯实，要有排水措施，符合安全、防火的要求；应当按照品种、规格堆放，并设明显标牌，标明名称、规格和产地等；各种材料物品必须堆放整齐。

(2) 主要材料、半成品的堆放管理要求：大型施工机械、设备应当一头见齐；钢筋应堆放整齐，用方木垫起，不宜放在潮湿和暴露在外受雨水冲淋；砖应丁码成方垛，不准超高并距沟槽坑边不小于 0.5 m，防止坍塌；砂应堆成方，石子应当按不同粒径规格分别堆放成方；各种模板应当按规格分类堆放整齐，地面应平整坚实，叠放高度一般不宜超高 1.6 m；大模板应存放在经专门设计的存架上，应当采用两块大模板面对面存放，当存放在施工楼层上时，应当满足自稳角度并有可靠的防倾倒措施；混凝土构件堆放场地应坚实、平整，按规格、型号堆放，垫木位置要正确，多层构件的垫木要上下对齐，垛位不准超高；混凝土墙板宜设插放架，插放架要焊接或绑扎牢固,防止倒塌。

(3) 场地清理管理要求:作业区及在建建筑物楼层内,要做到工完场地清,拆模时应当随撤随清理运走,不能马上运走的应码放整齐;各楼层清理的垃圾不得长期堆放在楼层内,应当及时运走,并应分类集中堆放。

4) 临时设施的管理

(1) 临时设施选址、设计与布置。

施工现场的临时设施较多,主要指临时搭建、租赁的各种房屋临时设施,具体有:办公设施,包括办公室、会议室、保卫传达室;生活设备,包括宿舍、食堂、厕所、浴室、阅览娱乐室、卫生保健室;生产设施,包括材料仓库、防护棚、加工棚(站、厂)、操作棚;辅助设施,包括道路、现场排水设施、围墙、大门、供水处、吸烟处。其中,加工棚(站、厂)包括混凝土搅拌站、砂浆搅拌站、木材加工厂、钢筋加工厂、金属加工厂和机械维修厂等。

临时设施必须合理选址、正确用材,确保使用功能并满足安全、卫生、环保、消防要求。具体要求如下。

① 临时设施的选址要求:办公生活临时设施的选址首先应考虑与作业区相隔离,保持安全距离;其次位置的周边环境必须具有安全性,不得设置在高压线下,也不得设置在沟边、崖边、河流边、强风口处、高墙下,以及滑坡、泥石流等灾害地质带上和山洪可能冲击到的区域。其中,安全距离是指在施工坠落半径和高压线防电距离之外。建筑物高度 2～5 m,坠落半径为 2 m;高度 30 m,坠落半径为 5m(如因条件限制,办公和生活区设置在坠落半径区域内,必须有防护措施)。1 kV 以下裸露输电线,安全距离为 4 m;330～550 kV,安全距离为 15 m(最外线的投影距离)。

② 临时设施的设计规定:施工现场搭建的生活设施、办公设施、两层以上、大跨度及其他临时房屋建筑物应当进行结构计算,绘制简单施工图纸,并经施工企业技术负责人审核方可搭建。临时建筑物设计应符合《建筑结构可靠度设计统一标准》(GB 50068)、《建筑结构荷载规范》(GB 50009)的规定。临时建筑物使用年限定为 5 年。临时办公用房、宿舍、食堂、厕所等建筑物结构重要性系数 $\gamma_0=1.0$。工地非危险品仓库等建筑物结构重要性系数 $\gamma_0=0.9$,工地危险品仓库按相关规定设计。临时建筑及设施设计可不考虑地震作用。临时房屋的结构类型包括:活动式临时房屋,如钢骨架活动房屋、彩钢板房;固定式临时房屋,主要为砖木结构、砖石结构和砖混结构。

③ 临时设施的布置原则:合理布局,协调紧凑,充分利用地形,节约用地;尽量利用建设单位在施工现场或附近能提供的现有房屋和设施;临时房屋应充分利用当地材料,尽量采用活动式或容易拆装的房屋;临时房屋布置应方便生产和生活;临时房屋的布置应符合安全、消防和环境卫生的要求。各种临时设施防火最小间距见表 5-8。

④ 临时设施的布置方式:生活性临时房屋布置在施工现场以外,生产性临时设施按照生产的需要在工地选择适当的位置,行政管理的办公室等应靠近工地或是施工现场出入口:生活性临时房屋设在施工现场以内时,一般布置在现场的四周或集中于一侧;生产性临时房屋,如混凝土搅拌站、钢筋加工厂、木材加工厂等,应全面分析比较确定位置。

(2) 临时设施的搭设与使用管理。

① 办公室:施工现场应设置办公室,办公室内布局应合理,文件资料宜归类存放,并应保持室内清洁卫生。

表 5-8　　各种临时设施防火最小间距　　单位：m

序号	项　目	临时宿舍及生活用品			临时生产设施		正式建筑物			铁路（中心线）		公路（路边）			电力线
		单栋砖木	单栋钢木	成组内的单栋	砖木	钢木	一、二级	三级	四级	厂外	厂内	厂外	厂内主要	厂内次要	
1	临时宿舍及生活用房单栋：砖木、全钢木成组内的单栋	8 10 10	10 12 12	10 12 3.5	14 16	16 18	12 14	14 16	1 6 18						
2	临时生产设施：砖木、全钢木	14 16	16 18	16 18	14 16	16 18	12 14	14 16	16						
3	易燃品：仓库、贮藏材料堆场	30 20 25	30 25 25		20 20 20	25 25 25	15 15 15	20 20 20	25 25 25	40 35 30	30 25 20	20 20 15	10 15 10	3 10 5	电杆高度的1.5倍
4	锅炉房、变电所发电机房、铁工房、厨房、家属区	10～15													

注：1. 本表摘自《建筑设计防火规范》和国务院《关于工棚或临时宿舍防火和卫生设施的暂行规定》。

2. 易燃品储存量均按 200 m^3 以内，木材堆场为 1 000 m^3 以内。

3. 贮罐间的防火距离，地上为 D，半地下为 $0.75D$，地下为 $0.5D$（D 为贮罐直径）。

4. 当地形限制达不到防火距离时，可设防火墙直到屋顶。

② 职工宿舍：宿舍应当选择在通风、干燥的位置，防止雨水、污水流入；不得在尚未竣工建筑物内设置员工集体宿舍；宿舍必须设置可开启式窗户，设置外开门；宿舍内应保证有必要的生活空间，室内净高不得小于 2.4 m，通道宽度不得小于 0.9 m，每间宿舍居住人员不应超过 16 人；宿舍内的单人铺不得超过 2 层，严禁使用通铺，床铺应高于地面 0.3 m，人均床铺面积不得小于 1.9 m×0.9 m，床铺间距不得小于 0.3 m；宿舍内应设置生活用品专柜，有条件的宿舍宜设置生活用品储藏室；宿舍内严禁存放施工材料、施工机具和其他杂物；宿舍周围应当搞好环境卫生，设置垃圾桶、鞋柜或鞋架，生活区内应为作业人员提供晾晒衣物的场地，房屋外应道路平整，晚间有充足的照明；寒冷地区冬季宿舍应有保暖措施，防煤气中毒措施，火炉应当统一设置、管理，炎热季节应有消暑和防蚊虫叮咬措施；应当制定宿舍管理使用责任制，轮流负责卫生和使用管理或安排专人管理。

③ 食堂：食堂应当选择在通风、干燥的位置，防止雨水、污水流入，应当保持环境卫生，远离厕所、垃圾站、有毒有害场所等污染源的地方，装修材料必须符合环保、消防要求；食堂应设置独立的制作间、储藏间；食堂应配备必要的排风设施和冷藏设施，安装纱门纱窗，室内不得有蚊蝇，门下方应设不低于 0.2 m 的防鼠挡板；食堂的燃气罐应单独设置存放间，存放间应通风良好并严禁存放其他物品；食堂制作间灶台及其周边应贴瓷砖，瓷砖的高度不宜小于 1.5 m；地面应做硬化和防滑处理，按规定设置污水排放设施；食堂制作间的刀、盆、案板等炊具必须生熟分开，食品必须有遮盖，遮盖物品应有正反面标识，炊具宜存放在封闭的橱柜内；食堂内应有存放各种佐料和副食的密闭器皿，并应有标识，粮食存放台距墙和地面应大于 0.2 m；食堂外应设置密闭式泔水桶，并应及时清运，保持清洁；应当制定并在食堂张挂食堂卫生责任制，责任落实到人，加强管理。

④ 厕所：厕所大小应根据施工现场作业人员的数量设置。高层建筑施工超过 8 层以

后，每隔 4 层宜设置临时厕所。施工现场应设置水冲式或移动式厕所，厕所地面应硬化，门窗齐全。蹲坑间宜设置隔板，隔板高度不宜低于 0.9 m。厕所应设专人负责，定时进行清扫、冲刷、消毒，防止蚊蝇滋生，化粪池应及时清掏。

⑤ 防护棚：施工现场大型站厂棚可用砖混、砖木结构，应当进行结构计算，保证结构安全。小型防护棚一般钢管扣件脚手架搭设，应当严格按照《建筑施工扣件式钢管脚手架安全技术规范》(JGJ 130)要求搭设。防护棚顶应当满足承重、防雨要求，在施工坠落半径之内的，棚顶应当具有抗砸能力。可采用多层结构，最上层材料强度应能承受 10 kPa 的均布静荷载，也可采用 50 mm 厚木板架设或采用两层竹笆，上下竹笆层间距应不小于 600 mm。

⑥ 搅拌站：搅拌站应有后上料场地，应当综合考虑砂石堆场、水泥库的设置位置，既要相互靠近，又要便于材料的运输和装卸；应当尽可能设置在垂直运输机械附近，在塔式起重机吊运半径内，尽可能减少混凝土、砂浆水平运输距离。采用塔式起重机吊运时，应当留有起吊空间，使吊斗能方便地从出料口直接挂钩起吊和放下。采用小车、翻斗车运输时，应当设置在大路旁，以方便运输。搅拌站场地四周应当设置沉淀池、排水沟，以避免清洗机械时，造成场地积水，沉淀后循环使用，节约用水，避免将未沉淀的污水直接排入城市排水设施和河流。搅拌站应当搭设搅拌棚，挂设搅拌安全操作规程和相应的警示标志、混凝土配合比牌，采取防止扬尘措施，冬期施工还应考虑保温、供热等。

⑦ 仓库：仓库的面积应通过计算确定，根据各施工阶段需要的先后进行布置；水泥仓库应当选择地势较高、排水方便、靠近搅拌机的地方；易燃易爆品仓库的布置应当符合防火、防爆安全距离要求；仓库内各种工具器件物品应分类集中放置，设置标牌，标明规格型号；易燃、易爆和剧毒物品不得与其他物品混放，并建立严格的进出库制度，由专人管理。

5）施工现场标牌

(1)“五牌一图”与“两栏一报”。

施工现场的进口处应有整齐明显的“五牌一图”，在办公区、生活区设置“两栏一报”。“五牌一图”是指工程概况牌、管理人员名单及监督电话牌、消防保卫牌、安全生产牌、文明施工牌、施工现场总平面图。“两栏一报”是指读报栏、宣传栏和黑板报。

各地区也可根据情况再增加其他牌图。五牌具体内容没有作具体规定，可结合本地区、本企业及本工程特点设置。

标牌是施工现场重要标志的一项内容，因此，不但内容应有针对性，同时标牌制作、挂设也应规范整齐、美观，字体工整。同时，为进一步做好安全宣传工作，在施工现场明显处，应有必要的安全内容的标语。

(2) 警示标牌。

施工现场应当根据工程特点及施工的不同阶段，有针对性地设置、悬挂安全警示标志。安全警示标志是指提醒人们注意的各种标牌、文字、符号以及灯光等。一般来说，安全警示标志包括安全色和安全标志。根据《安全色》(GB 2893)规定，安全色是表达安全信息含义的颜色，安全色分为红、黄、蓝、绿四种颜色，分别表示禁止、警告、指令和提示。根据《安全标志及其使用导则》(GB 2894)规定，安全标志是用于表达特定信息的标志，由图形符号、安全色、几何图形(边框)或文字组成，安全标志分禁止标志、警告标志、指令标志和提示标志。安全警示标志应当明显，便于作业人员识别。如果是灯光标志，要求明亮显眼；如果是文字图形标志，则要求明确易懂。安全警示标志的图形、尺寸、颜色、文字说明和制作材料等，均应符合国家标准规定。

施工单位应当根据建设工程项目的规模、施工现场的环境、工程结构形式以及设备、机具的位置等情况，确定危险部位，有针对性地设置安全标志。施工现场应绘制安全标志布置总平面图，根据施工不同阶段的施工特点，组织人员有针对性地进行设置、悬挂或增减。安全标志设置位置的平面图，是重要的安全工作内业资料之一，当一张图不能表明时可以分层表明或分层绘制。安全标志设置位置的平面图应由绘制人员签名，施工现场项目负责人审批。

根据《建设工程安全生产管理条例》规定，施工现场入口处、施工起重机械、临时用电设施、脚手架、出入通道口、楼梯口、电梯井口、孔洞口、桥梁口、隧道口、基坑边沿、爆破物及有害危险气体和液体存放处等属于危险部位，应当设置明显的安全警示标志。施工现场应当根据危险部位的性质不同，设置不同类型、数量的安全警示标志。

安全警示标志设置后应当进行统计记录，并填写施工现场安全警示标志登记表。

6）施工现场的卫生与防疫

（1）卫生保健：施工现场应设置保健卫生室，配备保健药箱、常用药及绷带、止血带、颈托、担架等急救器材，小型工程可以用办公用房兼做保健卫生室；施工现场应当配备兼职或专职急救人员，处理伤员和职工保健，对生活卫生进行监督，并定期检查食堂、饮食等卫生情况；要利用板报等形式向职工介绍防病的知识和方法，做好对职工卫生防病的宣传教育工作，特别要针对季节性流行病、传染病等；当施工现场作业人员发生法定传染病、食物中毒、急性职业中毒时，必须在 2 h 内向事故发生所在地建设行政主管部门和卫生防疫部门报告，并应积极配合调查处理；现场施工人员患有法定的传染病或成为病源携带者时，应及时进行隔离，并由卫生防疫部门进行处置。

（2）保洁：办公区和生活区应设专职或兼职保洁员，负责卫生清扫和保洁，应有灭鼠、蚊、蝇、蟑螂等措施，并应定期投放和喷洒药物。

（3）食堂卫生：食堂必须有卫生许可证；炊事人员必须持有健康证，上岗应穿戴洁净的工作服、工作帽和口罩，并应保持个人卫生；炊具、餐具和饮水器具必须及时清洗消毒；必须加强食品、原料的进货管理，做好进货登记，严禁购买无照、无证商贩经营的食品和原料，施工现场的食堂严禁出售变质食品。

7）社区服务与环境保护

施工现场应当建立不扰民措施，有责任人管理和检查；应当与周围社区定期联系，听取社区意见，对合理意见应当及时采纳处理；应当有工作记录。同时，施工单位应当自觉遵守环境保护的相关法律法规和标准规范。

第九节　施工现场消防安全管理

一、概述

1. 防火方针

我国消防工作坚持“以防为主，防消结合”的方针，“以防为主”就是要把预防火灾的工作放在首要的地位，要开展防火安全教育，提高人民群众对火灾的警惕性，健全防火组织，严密防火制度，进行防火检查，消除火灾隐患，贯彻建筑防火措施等。“防消结合”就是在积极做好防火工作的同时，在组织上、思想上、物质上和技术上做好灭火战斗的准备。一旦发生火灾，就能迅速地赶赴现场，及时有效地将火灾扑灭。“防”和“消”是相辅相成的两个方面，是缺一不可的，因此，这两方面的工作都要积极做好。

2. 起火条件

起火必须具备如下三个条件：

(1) 存在能燃烧的物质。不论固体、液体、气体，凡能与空气中的氧或其他氧化剂起剧烈反应的物质，一般都称为可燃物质，如木材、纸张、汽油、酒精等。

(2) 要有助燃物。凡能帮助和支持燃烧的物质都叫助燃物，如空气、氧气等。

(3) 有能使可燃物燃烧的着火源，如明火焰、火星和电火花等。

只有上述三个条件同时具备，并相互作用，才能起火。

3. 火灾等级

火灾等级划分为以下四类：

(1) 特别重大火灾，是指造成 30 人以上死亡，或者 100 人以上重伤，或者 1 亿元以上直接财产损失的火灾。

(2) 重大火灾，是指造成 10 人以上 30 人以下死亡，或者 50 人以上 100 人以下重伤，或者 5 000 万元以上 1 亿元以下直接财产损失的火灾。

(3) 较大火灾，是指造成 3 人以上 10 人以下死亡，或者 10 人以上 50 人以下重伤，或者 1 000 万元以上 5 000 万元以下直接财产损失的火灾。

(4) 一般火灾，是指造成 3 人以下死亡，或者 10 人以下重伤，或者 1 000 万元以下直接财产损失的火灾。

注：“以上”包括本数，“以下”不包括本数。

4. 其他

自燃，是指可燃物质在没有外来热源作用的情况下，由其本身所进行的生物、物理或化学作用而产生热，在达到一定的温度和氧量时，发生自动燃烧。一般情况下，能自燃的物质有植物产品、油脂、煤及硫化铁等。

燃点，是指可燃物质加温受热并点燃后，所放出的燃烧热能使该物质挥发出足够的可燃蒸气来维持其燃烧，这种加温该物质形成连续燃烧所需的最低温度即为该物质的燃点。

自燃点，是指可燃物质受热发生自燃的最低温度。在这一温度时，可燃物质与空气(氧)接触不需要明火的作用，就能自行发生燃烧。

闪点，是指易燃与可燃液体发生蒸气与空气形成的混合物，遇火源能发生闪燃的最低温度。

爆炸，是指物质自一种状态迅速地转变为另一种状态，并在极短的时间内放出巨大能量的现象。爆炸中，温度与压力急剧升高，产生爆破或者冲击作用。爆炸可分为核爆炸、物理爆炸和化学爆炸三种形式。

5. 动火区域划分

根据建设工程选址位置、施工周围环境、施工现场平面布置、施工工艺、施工部位不同，其动火区域分为一、二、三级。

(1) 一级动火区域也称为禁火区域，包括：在生产或者贮存易燃易爆物品场区，进行新建、扩建、改建工程的施工现场;建设工程周围存在生产或贮存易燃易爆物品的场所,在防火安全距离范围内的施工部位;施工现场内贮存易燃易爆危险物品的仓库、库区;施工现场木工作业处和半成品加工区;在比较密封的室内、容器内、地下室等场所,进行配制或者调和易燃易爆液体和涂刷油漆作业等。

(2) 二级动火区域,包括:在禁火区域周围动火作业区;登高焊接或者气割作业区;砖木结构临时食堂炉灶处等。

(3) 三级动火区域,包括:无易燃易爆危险物品处的动火作业区;施工现场燃煤茶炉处;冬季燃煤取暖的办公室、宿舍等生活设施。

在一、二级动火区域施工,施工单位必须认真遵守消防法律法规,严格按照有关规定,建立防火安全规章制度。在生产或者贮存易燃易爆品的场区施工,施工单位应当与相关单位建立动火信息通报制度,自觉遵守相关单位消防管理制度,共同防范火灾。做到动火作业先申请,后作业,不批准,不动火。

在施工现场一级动火区域(禁火区域)内施工,施工单位应当教育施工人员严格遵守消防安全管理规定,动火作业前必须申请办理动火证,动火证必须注明动火地点、动火时间、动火人、现场监护人、批准人和防火措施。动火证是消防安全的一项重要制度,动火证的管理由安全生产管理部门负责,施工现场动火证的审批由工程项目经理负责。凡动火作业未经审批的,一律不得实施动火作业。

二、施工现场防火

1. 施工现场防火管理的一般要求

(1) 施工单位在编制施工组织设计时,施工总平面图、施工方法和施工技术均要符合消防安全要求。

(2) 施工现场应明确划分用火作业、易燃易爆材料堆场、仓库、易燃废品集收站和生活区等区域。

(3) 建立健全施工现场防火安全责任制度,贯彻执行现场防火规章制度。每个施工现场都应成立防火领导小组,落实各项防火规章制度;施工现场应配备足够的消防器材,指定专人维护、管理、定期更新,保证完整有效。

(4) 加强施工现场的防火安全保卫工作。人员进入施工现场要进行登记,并告知现场防火制度。节假日期间值班人员应当昼夜巡逻。

(5) 要认真执行"三清、五好"管理制度,尤其对木制品的刨花、锯末、料头、防火油毡纸头、沥青,冬期施工的草袋子、稻壳子、苇席子等保温材料要随干随清,做到工完场清。

(6) 施工现场应保证消防车通道畅通无阻,有条件的,土建施工应敷设好室外消防管道和消防栓。

(7) 施工现场的焊、割作业,必须符合防火要求。

(8) 施工现场的动火作业,必须执行审批制度。

(9) 冬期施工应做好防火工作。

(10) 制定防火安全措施,并及时向有关人员、作业班组交底落实。

(11) 临时工、合同工等各类新工人进入施工现场,都要进行防火安全教育和防火知识的学习,经考试合格后方能上岗工作。

(12) 做好施工现场生产、生活用火的管理。

2. 施工现场平面布置的防火要求

(1) 施工现场要明确划分出禁火作业区(易燃、可燃材料的堆放场地)、仓库区(易燃废料的堆放区)和现场的生活区。各区域之间一定要有可靠的防火间距,即:禁火作业区距离生活区不小于 15 m,距离其他区域不小于 25 m;易燃、可燃材料堆料场及仓库距离修建的建筑物和其他区不小于 20 m;易燃的废品集中场地距离修建的建筑物和其他区域不小于 30 m;防火间距内不应堆放易燃和可燃材料。

(2) 施工现场的道路,夜间要有足够的照明设备。禁止在高压架空电线下面搭设临时性建筑物或堆放可燃材料。

(3) 施工现场必须设立消防车通道,其宽度应不小于 3.5 m,并且在工程施工的任何阶段都必须通行无阻,施工现场的消防水源,要保证消防车能到达,如果不能,应在水源(池)一边铺砌停车和回车空地。

(4) 施工现场要设有足够的消防水源(给水管道或蓄水池),对有消防给水管道设计的工程,应在施工时先敷设好室外消防给水管道与消火栓。

(5) 临时性的建(构)筑物、仓库以及正在修建的建(构)筑物道旁,都应该配置适当种类和一定数量的灭火器,并布置在明显和便于取用的地点。冬期施工还应对消防水池、消火栓和灭火器等做好防冻工作。

(6) 作业棚和临时生活设施的规划和搭建要求:临时生活设施,应尽可能搭建在距离拟建的建(构)筑物 20 m 以外的地区,禁止搭设在高压架空电线的下面,距离高压架空电线的水平距离不应小于 6 m;临时宿舍,应与厨房、锅炉房、变电所和汽车库之间的防火距离不小于 15 m;临时宿舍等生活设施,距离铁路的中心线以及小量易燃品贮藏室的间距不小于 30 m;临时宿舍,距火灾危险性大的生产场所不得小于 30 m;临时仓库,指为贮存大量的易燃物品、油料、炸药等所修建的临时仓库,与永久工程或临时宿舍之间的防火间距应根据所贮存的数量,按照有关规定确定;在独立的场地上修建成批的临时宿舍,应当分组布置,每组最多不超过两幢,组与组之间的防火距离,在城市市区不小于 20 m,在农村应不小于 10 m。临时宿舍简易楼房的层高应当控制在两层以内,每层应当设置两个安全通道;生产工棚及仓库,无论有无用火作业或取暖设备,室内最低高度一般不应低于 2.8 m,其门的宽度要大于 1.2 m,并且要双扇向外。

3. 重点工种和重要部位的防火要求

施工现场防火的重点工种和重要部位如图 5-6 所示。

施工现场重点工种和重要部位的防火具体要求如下:

(1) 电焊、气焊工防火安全要求。

电焊、气焊工要做好电焊、气焊设备的防火、防爆管理,如氧气瓶、乙炔瓶、电焊机等的管理。焊接或切割的基本特点是高温、高压、易燃、易爆,因此,在未采取相应的安全措施时,下述情况不允许进行焊接:制作、加工和贮存易燃易爆危险物品的房间内;贮存易燃易爆物品的贮罐和容器;带电设备;刚涂过油漆的建筑构件或设备;盛过易燃液体而没有进行彻底清洗处理的容器等。

电焊、气焊作业过程中的防火要求:作业前要明确作业任务,认真了解作业环境,确定出动火的危险区域,并立出明显标志;危险区内的一切易燃、易爆品都必须移走;对不能移走的

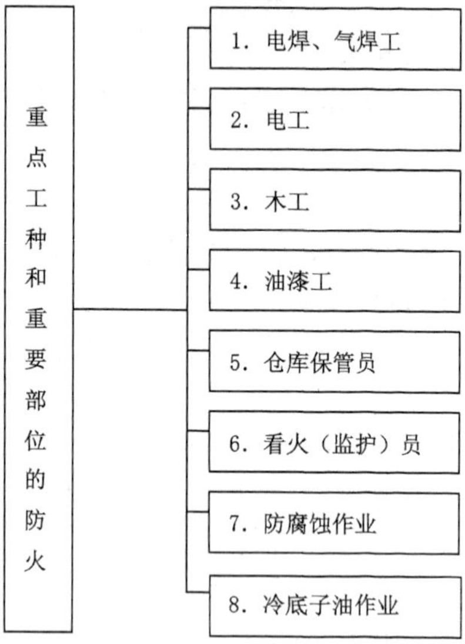

图 5-6　施工现场防火的重点工种和重要部位

易燃物，要采取可靠的防护措施；同时，要防止刮风时风力把火星吹到附近的易燃物上；必要时应派人监护。

施工现场的焊、割作业，必须符合防火要求，严格执行“十不烧”的规定，即：焊工必须持证上岗，无证者不准进行焊、割作业；属一、二、三级动火范围的焊、割作业，未经办理动火审批手续，不准进行焊割；焊工不了解焊、割现场周围情况，不得进行焊、割；焊工不了解焊件内部是否有易燃、易爆物时，不得进行焊、割；各种装过可燃气体、易燃液体和有毒物质的容器，未经彻底清洗，或未排除危险之前，不准进行焊、割；用可燃材料做保温层、冷却层、隔声、隔热设备的部位，或火星能飞溅到的地方，在未采取切实可靠的安全措施之前，不准焊、割；有压力或密闭的管道、容器，不准焊、割；焊、割部位附近有易燃易爆物品，在未作清理或未采取有效的安全防护措施前，不准焊、割；附近有明火作业相抵触的工种在作业时，不准焊、割；与外单位相连的部位，在没有弄清有无险情，或明知存在危险而未采取有效的措施之前，不准焊、割。

此外，室内装饰工程，必须在装饰施工前完成电焊、气焊施工。

(2) 电工防火安全要求。

① 预防短路、超负荷造成火灾的措施。施工现场形成电气短路、超负荷的主要原因是：没有按具体环境选用导线；导线截面不合理；导线受损；线芯裸露维修不及时；导线受潮绝缘被击穿；安错线等。预防电气短路的措施：建设工地临时线路都必须使用护套线；导线绝缘必须符合电路电压要求；导线与导线、导线与墙壁和顶棚之间应有符合规定的间距；线路上要安装合适的熔断丝和漏电断路器等。预防负荷造成火灾的措施：根据负荷合理选用导线截面；不得随意在线路上接入过多负载；要定期检查线路负荷增减情况，按实际情况去掉过多的电气设备或另增线路，或者根据生产程序和需要，采取先控制后使用的方法，把用电时间错开等。

② 预防电火花和电弧产生的措施。产生火花和电弧的主要原因是：发生电气短路，开

关通断，保险丝熔断、带电维修等。预防电火花和电弧产生的措施：裸导线间或导体与接地体间应保持有足够的距离；保持导线支持物良好完整，防止布线过松；导线连接要牢固；经常检查导线的绝缘电阻，保持绝缘的强度和完整等。

③ 室内装饰工程施工防火的措施。顶棚内的电气线路穿线必须为镀锌铁管，施工安装时必须焊接固定在棚内；造型顶棚用金属软管穿线时，要做保护接地，或者穿四根线其中一根做接地处理，防止金属外皮产生感应电引起火灾；凡电器接头都必须用焊锡相接，而且符合规范要求；由于装饰电气闭路特别多，这些回路均为单相，都要连接在三相四线制的电源中，因此，三相电路都必须平衡，使各个回路容量皆相等；在电源回路安装完毕后，根据施工规程要求一定要对各回路的负荷电流表进行测试和调整，使线路三相保持平衡等。

(3) 木工防火安全要求。

施工现场木工作业场所要严禁动用明火和吸烟；要经常对工作间内的电气设备及线路进行检查，发现问题要及时找电工维修；电锯、电刨子等木工设备在作业时，注意勿使用刨花、锯末等物将电机盖上，电动机应安装防尘罩；炉子要有专人负责，用后要立即熄灭；木工作业要严格执行建筑安全操作规程；完工后必须做到现场清理干净、剩下的木料堆放整齐，锯末、刨花要堆放在指定的地点；工作完毕应拉闸断电，并经检查确无火险后方可离去。

(4) 油漆工防火安全要求。

油漆的作业场地或临时存放的库房都要严禁动用明火和吸烟。室内作业时，一定要有良好的通风条件，防止形成爆炸极限浓度。照明电气设备应使用防爆灯头。禁止穿钉子鞋、易产生静电的工作服进入现场。周围的动火作业要远离 10 m 以外。

(5) 仓库保管员的防火安全要求。

库房管理人员要执行仓库防火安全管理要求，熟悉存放物品的性质、储存中的防火要求及灭火方法，并严格按照其性质、包装、灭火方法、储存防火要求和密封条件等分别存放。性质相抵触的物品不得混存在一起。库存物品应分类、分垛、隔距离进行储存，主要通道的宽度不小于 2 m。露天存放物品应当分类、分堆、分组和分垛，并留出必要的防火间距。物品入库前应当进行检查，确定无火种等隐患后，方准入库。库房门窗等应当严密，物资不能储存在预留孔洞的下方。库房内照明灯具不准超过 60 W，并做到人走断电。库房内严禁吸烟和使用明火。随时清扫库房内的可燃材料，保持地面清洁。在每日下班前，应对所管的库房巡查一遍，确认无火灾隐患后，关好门窗，切断电源后方准离开等。

(6) 看火(监护)员的防火安全职责。

清除火源附近的易燃、易爆物，不易清除时，可用水浇湿或用阻燃物覆盖。检查高层建筑物脚手架上的用火，焊接作业要有石棉防护，或用接火盘接住火花。检查消防器材的配置和工作状态情况，落实保温防冻措施。检查木工棚、库房、喷漆车间、油漆配料车间等场所，不得用火炉取暖，周围 15 m 内不得有明火作业。施工作业完毕后，对用火地点详细检查，确保无死灰复燃，方可撤离岗位。要根据情况，备好适用的灭火器材和防火设备。发现施工人员违反防火安全管理规定，有权制止其操作，或及时向相关部门报告等。

(7) 防腐蚀作业防火安全要求。

施工现场防腐蚀作业所使用的材料，多数都是易燃、易爆的化学高分子材料，如环氧树脂、呋喃树脂、酚醛树脂、硫黄类、沥青类、煤焦油等；固化剂，如乙二胺、丙酮、酒精等。防腐蚀作业防火安全要求：树脂类，施工时要避开高温，不要长时间置于太阳下暴晒，作业场地和储存库都要远离明火，储存库要阴凉通风；硫黄，熬制时要严格控制温度，当发现蒸烟时要立即撤火降温，如果局部燃烧要用石英粉灭火，贮存运输和施工时严禁与木炭、硝石相混，要远离明火；乙二胺，应贮存在阴凉通风的仓库间内，远离火种热源，应与酸类、氧化剂隔离堆放，搬运时要轻装轻卸，防止破损，贮存、运输时要密封好，不能漏气，施工使用量应控制，且要马上使用，不要暴露过长。工人作业时严禁烟火，注意通风。一旦发生火灾，要用泡沫、二氧化碳、干粉、砂土和雾状水灭火。

(8) 冷底子油配制与施工的防火安全要求。

冷底子油是防水所使用的沥青与水泥砂浆在涂抹基层起结合作用的渗透材料，其性能与汽油、柴油基本相似，即挥发性强，闪点低，因此，在配制、运输或施工时，遇明火即有起火或爆炸的危险，尤其室内作业通风不好时，危险性更大。配制、运输、施工冷底子油的防火要求：配制时，禁止用铁棒搅拌，以防碰出火星；要严格掌握沥青温度，当发现冒出大量蓝烟时，应立即停止加入；凡是配制、储存、涂刷冷底子油的地点，都要严禁烟火，绝对不允许在附近进行电焊、气焊或其他动火作业；无论配制、储存、涂刷时都要设专人监护。

4. 地下工程施工的防火安全要求

(1) 施工现场的临时电源线不宜直接敷设在墙壁或土墙上，应用绝缘材料架空安装；配电箱应采取防护措施，潮湿地段或渗水部位照明灯具应采取相应措施或安装防潮灯具。

(2) 施工现场应有不少于两个出入口或坡道，施工距离长时应适当增加入口的数量。

(3) 安全出入口、疏散走道和楼梯的宽度应满足通行人数每 100 人不小于 1 m 的净宽。

(4) 疏散走道、安全出入口、疏散马道(楼梯)、操作区域等部位，应设置疏散指示标志灯、火灾事故照明灯，并且不宜设置突出物或堆放施工材料和机具。

(5) 施工区域设置消防给水管道和消火栓，消防给水管道可以与施工用水管道合用。

(6) 在进行防水、防腐作业时，地下室内应采取一定的通风措施，保证空气流通。

(7) 制订应急救援预案等。

5. 高层建筑施工防火安全要求

(1) 已建成的建筑物楼梯不得封堵。施工脚手架内的作业层应畅通，并搭设不少于 2 处与主体结构内相衔接的通道口。

(2) 脚手架外挂的密目式安全网必须符合阻燃标准要求。

(3) 30m 以上的高层建筑施工，应当设置加压水泵和消防水源管道，管道的立管直径不得小于 50 mm，每层应设出水管口，并配备一定长度的消防水管。

(4) 高层焊接作业要根据作业高度、风力、风力传递的次数，确定出火灾危险区域，并将区域内的易燃易爆物品移到安全地方，无法移动的要采取切实可行的防护措施。

(5) 高层焊接作业应当办理动火证，动火处应当配备灭火器，并设专人监护，发现险情，立即停止作业，采取措施，及时扑灭火源。

(6) 施工临时用电线路应使用绝缘良好的橡胶电缆，严禁将线路绑在脚手架上。施工用电机具和照明灯具等的电气连接处应当绝缘良好，保证用电安全。

(7) 高层建筑应设立防火警示标志。施工人员严禁吸烟和焚烧废弃物。

(8) 大雾天气和六级及六级以上大风时应当停止焊接作业等。

6. 冬期施工的防火安全要求

冬期施工现场使用明火处较多，管理不善很容易发生火灾，必须加强用火管理。

(1) 电热法施工:要安装电压调整器,以便控制电压。导线接头焊接牢固,要有绝缘布包好,穿墙要有套管保护,要有良好的电气接地。做好定点定时测温记录工作,加热温度不宜超过 80 ℃,发现问题应立即停电检查。要配备必要的消防器材,如二氧化碳或干粉灭火器。

(2) 锯末、生石灰蓄热法:操作前必须经试验来选择比较安全的配合比,并经技术员制订出可靠的防火措施方能使用。在使用中要设专人看管,经常检查测温,若温度超过 80 ℃要进行翻动降温。

(3) 烘烤挖土法:在使用时一定要设专人看管,做到有火必有人。现场要准备一些砂子和其他防火器材。每次烘烤的面积不宜过大,一般以建筑面积 200 m^2 为宜。风天最好停止使用此方法。当周围有易燃、易爆材料时,严禁采用此种方法。

(4) 供热锅炉房及操作人员:供热锅炉房宜建造在施工现场的下风方向,远离在建工程、易燃与可燃建筑、露天可燃材料堆场、料库等;锅炉房应不低于二级耐火等级;锅炉房的门应向外开启;锅炉正面与墙的距离不小于 3 m,锅炉与锅炉之间应保持不小于 1 m 的距离。锅炉房应有适当通风和采光,锅炉上的安全设备应有良好照明。锅炉烟道和烟囱与可燃构件应保持一定的距离,金属烟囱距可燃结构不小于 100 cm;已做防火保护层的可燃结构不小于 70 cm;砖砌的烟囱和烟道其内表面距可燃结构不小于 50 cm,其外表面不小于 10 cm。未采取消烟除尘措施的锅炉,其烟囱应设防火星帽。司炉人员,严格值班检查制度,锅炉开着火以后,不准离开工作岗位,随时观察水温及水位,记录锅炉运行情况。下班时,须向下一班做好交接班工作。炉灰倒在指定地点(不能带余火倒灰)。禁止使用易燃、可燃液体点火。

(5) 火炉安装与使用的防火要求:

① 火炉安装。各种金属与砖砌火炉,必须完整良好,不得有裂缝,各种金属火炉与可燃、易燃材料的距离不得小于 1 m,已做保护层的火炉距可燃物的距离不得小于 70 cm。各种砖砌火炉壁厚不得小于 30 cm。在没有烟囱的火炉上方不得有可燃物,必要时须架设铁板等非燃材料隔热,其隔热板应比炉顶外围的每一边都多出 15 cm 以上。在木地板上安装火炉,必须设置炉盘,有脚的火炉炉盘厚度不得小于 12 cm,无脚的火炉炉盘厚度不得小于 18 cm。炉盘应伸出炉门前 50 cm,伸出炉后左右各 15 cm。各种火炉应根据需要设置高出炉身的火挡。

金属烟囱一节插入另一节的尺寸不得小于烟囱的半径,衔接地方要牢固。各种金属烟囱与板壁、支柱、模板等可燃物的距离不得小于 30 cm,距已做保护层的可燃物不得小于 15 cm。各种小型加热火炉的金属烟囱穿过板壁、窗户、挡风墙、暖棚等必须设铁板,从烟囱周边到铁板的尺寸,不得小于 5 cm。此外,各种火炉的炉身、烟囱和烟囱出口等部分与电源线和电气设备应保持 50 cm 以上的距离。

② 火炉使用和管理的防火要求。火炉必须由受过消防安全常识教育的专人看守,每人看管火炉的数量不应过多。移动各种加热火炉时,必须先将火熄灭后方准移动。掏出的炉灰必须随时用水浇灭后倒在指定地点。禁止用易燃、可燃液体点火。加煤不应过多,以不超出炉口上沿为宜,防止热煤掉出引起可燃物起火。不准在火炉上熬炼油料、烘烤易燃物品等。

(6) 易燃、可燃材料的使用及管理:使用易燃、可燃材料进行保温的工程必须设专人进行监护、巡逻检查。人员的数量应根据使用易燃、可燃材料的数量、保温面积来确定。应合理安排施工工序，一般是将用火作业安排在前，保温作业安排在后。保温材料定位以后，禁止一切用火、用电作业，特别禁止下层进行保温作业，上层进行用火、用电作业。照明线路、照明灯具应远离可燃的保温材料。保温材料使用完以后，要随时进行清理，集中进行存放保管。

(7) 冬期消防器材的保温防冻：室外消火栓，冬期施工现场应尽量安装地下消火栓，在入冬前应进行一次试水，加少量润滑油，消火栓用草帘、锯末等覆盖，做好保温防冻工作；下雪天应及时扫除消火栓上的积雪，以免消火栓井盖被冻住。高层临时消防水管应进行保温或将水放空，消防水泵内应考虑采暖措施，以免冻结。消防水池，入冬前应做好保温工作，随时进行检查，发现冻结时及时进行处理，如在水池上盖上木板，木板上再盖上不小于 40～50cm 厚的稻草、锯末等。轻便消防器材，入冬前应将泡沫灭火器、清水灭火器等放在有采暖的地方，并套上保温套。

7. 雨季和高温季节施工的防火安全要求

在雨季前，应检查高大施工机械设备，如塔吊、外用电梯的防雷措施。对外露的电气设备及线路，应加强绝缘破损、遮雨设施等的检查，以防漏电起火。对石灰、电石等遇水燃烧物品，应防漏、防潮、垫高存放。高温季节，应重点做好对易燃、易爆物品，如汽油、香蕉水等的安全保管及发放使用管理等。

8. 现场仓库的防火要求

(1) 易燃易爆物品仓库的设置要求：易燃仓库堆料场与其他建筑物、铁路、道路、高压线的防火间距，应按《建筑设计防火规范》(GB 50016)的有关规定执行。对易引起火灾的仓库，应将库房内、外按 500 m^2 的区域分段设立防火墙，把建筑平面划分为若干个防火单元，以便考虑失火后能阻止火势的扩散。仓库应设在水源充足、消防车能驶到的地方，同时，根据季节风向的变化，应设在下风向。贮量大的易燃仓库，应与生活区、生活辅助区和堆场分开布置，仓库应设两个以上的大门，大门应向外开启。固体易燃物品应当与易燃易爆的液体分间存放，不得在一个仓库内混合贮存不同性质的物品。

(2) 常用易燃材料的储存防火要求：石灰，贮存石灰的房间不宜用可燃材料搭设，最好用砖石砌筑；石灰表面不得存放易燃材料，并且要有良好的通风条件。亚硝酸钠，贮存使用时，要特别注意严禁与硫、磷、木炭等易燃物混放、混运；要与有机物及还原剂分库存放，库房要干燥通风。防腐材料，如环氧树脂、呋喃、酚醛树脂、乙二胺等树脂类防腐材料，在贮存、使用、运输时，要注意远离火种，严禁吸烟，温度不能过高，防止阳光直射；应与氧化剂、酸类分库存放，库内要保持阴凉通风。油漆和稀释剂，如油漆、汽油、松香水等，必须设库存放，容器必须加盖，不能明露放在库内，不得在休息室内存放。电石，电石桶不要放在潮湿的地方，库房必须是耐火建筑，有良好的通风条件，库房周围 10 m 内严禁明火；库内不准设气、水管道，以防室内潮湿；库内照明设备应用防爆灯，开关采用封闭式并安装在库房外；严禁电石与易燃易爆物质混合存放在一个库内。

(3) 易燃易爆物品的贮存管理：易燃仓库堆料场物品应当分类、分堆、分组和分垛存放，每个堆垛面积，木材(板材)不得大于 300 m^2，稻草不得大于 150 m，锯末不得大于 200 m^2，堆垛与堆垛之间应留 3 m 宽的消防通道。易燃露天仓库的四周内，应有不小于 6 m 的平坦空地作为消防通道，通道上禁止堆放障碍物。有明火的生产辅助区和生活用房与易燃堆垛之间，至少保持 30 m 的防火间距。有飞火的烟囱应布置在仓库的下风地带。贮存的稻草、锯末、煤炭等物品的堆垛，应保持良好通风，注意堆垛内的温湿度变化，发现温度超过 38 ℃，或水分过低时，应及时采取措施，防止其自燃起火。在建的建筑物内不得存放易燃易爆物品，严禁将木工加工区设在在建的建筑物内。

(4) 易燃物品的装卸管理：物品入库前应当有专人负责检查，确定无火种等隐患后，方可装卸物品。拖拉机不准进入仓库、堆料场进行装卸作业，其他车辆进入仓库或露天堆料场装卸时，应安装符合要求的火星熄灭防火罩。在仓库或堆料场内进行吊装作业时，其机械设备必须符合防火要求。装过化学危险物品的车，必须清洗干净后方准装运易燃和可燃物品。装卸作业结束后，应当对库区、库房进行检查，确认安全后，方可离人。

(5) 易燃仓库的用电管理：仓库或堆料内一般应使用地下电缆，若有困难需设置架空电力线路，架空电力线与露天易燃物堆垛的最小水平距离不应小于电线杆高度的 1.5 倍。库房内设的配电线路，需穿金属管或用非燃硬塑料管保护。仓库或堆料场所严禁使用碘钨灯和超过 60 W 以上的白炽灯等高温照明灯具。当使用日光灯等低温照明灯具和其他防燃照明灯具时，应当对镇流器采取隔热、散热等防火保护措施。照明灯具与易燃堆垛间至少保持 1 m 的距离，安装的开关箱、接线盒，应距离堆垛外缘不小于 1.5 m，不准乱拉临时电气线路。贮存大量易燃物品的仓库场地应设置独立的避雷装置。库房内不准设置移动式照明灯具。照明灯具下方不准堆放物品，其垂点下方与储存物品水平间距不得小于 0.5 m。库房内不准使用电炉、电烙铁、电熨斗等电热器具和电视机、电冰箱等家用电器。库区的每个库房应当在库房外单独安装开关箱，保管人员离库时，必须拉闸断电。对电气设备应经常检查维修和管理。禁止使用不合规格的电器保险装置。

三、施工现场灭火器材的配备

(1) 一般临时设施区域内，每 100 m^2 配备 2 个 10 L 灭火器，大型临时设施总面积超过 1 200 m^2 的，应备有专供消防用的积水桶（池）、黄沙池等器材设施，上述设施周围不得堆物。

(2) 临时木工间、油漆间、机具间等，每 25 m^2 应配置一个种类合适的灭火器；油库、危险品仓库应配足够数量、种类的灭火器。

(3) 仓库或堆料场内，应根据灭火对象的特征，分组布置酸碱、泡沫、清水、二氧化碳等灭火器，每组灭火器不应少于 4 个，每组灭火器之间的距离不应大于 30 m。

(4) 高度超过 24 m、层数超过 10 层的建设工程，重要的及施工面积较大(超过施工现场内临时消防栓保护范围)的建设工程均应在施工现场设置具有足够扬程的高压水泵或其他防火设备。

(5) 施工现场的临时消火栓应分设于各明显且便于使用的地点，并应保证消火栓的充实水柱能到达工程内任何部位。

第十节　季节性施工安全管理

季节性施工主要指雨期施工、冬期施工和夏季施工。雨期施工，应当采取措施防雨、防雷击，组织好排水，同时，应做好防止触电、防坑槽坍塌，沿河流域的工地还应做好防洪准备，傍山的施工现场应做好防滑坡塌方措施，脚手架、塔吊等应做好防强风措施。冬期施工，应采取防滑、防冻措施，生活办公场所应当采取防火和防煤气中毒措施。任何季节遇六级以上（含六级）强风、大雪、浓雾等恶劣气候，严禁露天起重吊装和高处作业。

一、雨期施工

雨量是用积水的高度来表示的，即假定所下的雨既不流到别处，又不蒸发，也不渗到土里，其所积累的高度。一天雨量的多少称为降水强度。按照降水强度的大小划分为小雨、中雨、大雨、暴雨、大暴雨和特大暴雨等6个等级。

1. 做好合理组织施工的准备工作

根据雨期施工的特点，将不宜在雨期施工的工程施工作业提早或延后安排，对必须在雨期施工的施工作业制订有效的措施。晴天抓紧室外作业，雨天安排室内工作。注意天气预报，做好防汛准备，遇到大雨、大雾、雷击和六级及六级以上大风等恶劣天气，应当停止进行露天高处、起重吊装和打桩等作业。

2. 做好施工现场的排水

根据施工总平面图、排水总平面图，利用自然地形确定排水方向，按规定坡度挖好排水沟，确保施工工地排水畅通。应严格按防汛要求，设置连续、通畅的排水设施和其他应急设施，防止泥浆、污水、废水外流或堵塞下水道和排水河沟。若施工现场邻近高地，应在高地的边缘（现场的上侧）挖好截水沟，防止洪水冲入现场。雨期前应做好傍山的施工现场边缘的危石处理，防止滑坡、塌方威胁工地。雨期应设专人负责，及时疏浚排水系统，确保施工现场排水畅通。

3. 运输道路

临时道路应起拱5%，两侧做宽300 mm、深200 mm的排水沟；在路的易受冲刷部分，应铺石块、焦渣、砾石等渗水防滑材料，或者设涵管排泄，保证路基的稳固；雨期应指定专人负责维修路面，对路面不平或积水处应及时修好；场区内主要道路应当硬化。

4. 临时设施及其他施工准备工作

施工现场的大型临时设施，大雨前应整修加固完毕，应保证不漏、不塌、不倒，周围不积水，严防水冲入设施内。选址要合理，避开滑坡、泥石流、山洪、坍塌等灾害地段。大风和大雨后，应当检查临时设施、地基和主体结构情况，发现问题及时处理。雨期前应清除沟边多余的弃土，减轻坡顶压力。雨后应及时对坑、槽沟边坡和固壁支撑结构进行检查，深基坑应当派专人进行认真测量、观察边坡情况，如果发现边坡有裂缝、疏松、支撑结构折断、走动等危险征兆，应当立即采取措施。雨期施工中遇到气候突变，发生暴雨、水位暴涨、山洪暴发或因雨发生坡道打滑等情况时应当停止土石方机械作业施工。雷雨天气不得露天进行电力爆破土石方，如中途遇到雷电时，应当迅速将雷管的脚线、电线主线两端连成短路。大风大雨后作业，应当检查起重机械设备的基础、塔身的垂直度、缆风绳和附着结构，以及安全保险装置并先试吊，确认无异常方可作业。轨道式塔机，还应对轨道基础进行全面检查，检查轨距偏差、轨顶倾斜度、轨道基础沉降、钢轨不直度和轨道通过性能等。落地式钢管脚手架底部应当高于自然地坪50 mm，并夯实整平，留一定的散水坡度，在周围设置排水措施，防止雨水浸泡脚手架。

5. 雨期施工的用电

各种露天使用的电气设备应选择较高的干燥处放置；机电设备(配电盘、闸箱、电焊机、水泵等)应有可靠的防雨措施，电焊机应加防护雨罩；雨期前应检查照明和动力线有无混线、漏电，电杆有无腐蚀，埋设是否牢靠等，防止触电事故发生；雨期要检查现场电气设备的接零、接地保护措施是否牢靠，漏电保护装置是否灵敏，电线绝缘接头是否良好。

6. 雨期施工的防雷

防雷装置的设置范围。施工现场高出建筑物的塔吊、外用电梯、井字架、龙门架以及较高金属脚手架等高架设施，如果在相邻建筑物、构筑物的防雷装置和保护范围以外，在表 5-7 规定的范围内，则应当按照规定设防雷装置，并经常进行检查。

如果最高机械设备上的避雷针，其保护范围按照 60°计算能够保护其他设备，且最后退出现场，其他设备可以不设置避雷装置。

二、夏季施工

宿舍应保持通风、干燥，有防蚊蝇措施，统一使用安全电压。生活办公设施要有专人管理，定期清洁、消毒，保持室内整齐、清洁、卫生。

炎热地区夏季施工应有防暑降温措施，防止中暑。依中暑病人病情轻重，将中暑分为三级：① 先兆中暑，在高温作业一定时间后，如大量出汗、口渴、头昏、耳鸣、胸闷、心悸、恶心、软弱无力等症状，体温正常或略有升高(不超过 37.5 ℃)，这就有发生中暑的可能性，此时如能及时离开高温环境，经短时间休息后，症状可以消失；② 轻度中暑，除先兆中暑症状外，如有下列症状候群之一，称为轻度中暑：人的体温在 38 ℃以上，有面色潮红、皮肤灼热等现象；有呼吸、循环衰竭的症状，如面色苍白、恶心、呕吐、大量出汗、皮肤湿冷、血压下降、脉搏快而微弱等；轻度中暑经治疗，4～5 h 内可恢复；③ 重度中暑，除有轻度中暑症状外，还出现昏倒或痉挛、皮肤干燥无汗，体温在 40 ℃以上。

防暑降温应采取综合性措施，如职业卫生防治措施等。

三、冬期施工

在我国北方及寒冷地区的冬期施工中，由于长时间的持续低温、大的温差、强风、降雪和冰冻，施工条件较其他季节艰难得多，加之作业人员穿戴较多，作业不方便，对建设工程施工安全产生带来严重的不良影响，同时，冬期施工安全事故具有多发性、隐蔽性、滞后性及季节性，必须采取附加或特殊的措施组织施工，才能保证工程建设顺利进行。

根据当地多年气象资料统计，当室外日平均气温连续 5 天稳定低于 5 ℃，即进入冬期施工；当室外日平均气温连续 5 天高于 5 ℃时，解除冬期施工。

1. 编制冬期施工组织设计(专项施工方案)

冬期施工组织设计(专项施工方案)，一般应在入冬前编审完毕。冬期施工组织设计(专项施工方案)，应包括下列内容：确定冬期施工的方法、工程进度计划、施工劳动力供应计划、能源供应计划；冬期施工的总平面布置图(包括临时建筑、交通、热力管线布置等)、防火安全措施、劳动用品；冬期施工安全措施；冬期施工各项安全技术经济指标和节能措施等。

2. 冬期施工安全教育培训

应根据冬期施工的特点，重新调整好机构和人员，并制订好岗位责任制，加强安全生产管理。主要应当加强保温、测温、冬期施工技术检验及热源管理等机构，并充实相应的人员。安排气象预报人员，了解近期、中长期天气，防止寒流突袭。对测温人员、保温人员、能源工、管理人员组织专门的技术业务培训，学习相关知识，明确岗位责任，经考核合格方可上岗。

3. 物资准备

做好外加剂、保温材料、测温计及工器具、劳动用品、燃料及防冻油料、电热物，以及现场管理和技术管理的表格、记录本等的物资准备。

4. 施工现场的准备

场地要在土方冻结前平整完工，道路应畅通，并有防止路面结冰的具体措施；提前组织有关机具、外加剂、保温材料等实物进场；生产给水系统应采取防冻措施，并设专人管理，生产排水系统应畅通；搭设加热用的锅炉房、搅拌站，敷设管道，对锅炉房进行试压，对各种加热材料、设备进行检查，确保安全可靠，蒸汽管道应保温良好，保证管路系统不被冻坏；按照规划落实职工宿舍、办公室等临时设施的取暖措施。

5. 冬期施工的安全要求

(1) 爆破法破碎冻土：爆破施工前应有施工组织设计或专项施工方案，经有关主管部门批准；爆破施工要离建筑物 50 m 以外，距高压电线 200 m 以外；爆破工作应在专业人员指挥下，由受过爆破知识和安全知识教育的人员担任；现场应设立警告标志、信号、警戒哨和指挥站等防卫危险区的设施；爆破后要经过 20 min 才可以前往检查；遇有瞎炮，严禁掏挖或在原炮眼内重装炸药，应该在距离原炮眼 60 cm 以外的地方另行打眼爆破；硝化甘油类炸药在低温环境下凝固成固体，当受到振动时，极易发生爆炸，因此，冬期施工不得使用硝化甘油类炸药。

(2) 蒸热法融解冻土：应防止管道和外溢的蒸汽、热水烫伤作业人员。

(3) 电热法融解冻土：应由电气专业人员担任通电工作；电源要通过有计量器、电流、电压表、保险开关的配电盘；工作地点要设置危险标志，通电时严禁人靠近；进入警戒区内工作时，必须先切断电源；通电前人员应退出警戒区；夜间应有足够的照明设备；当含有金属夹杂物或金属矿石的冻结土时，禁止采用电热法。

(4) 烘烤法融解冻土：施工作业现场周围不得有可燃物；制订严格的责任制，在施工地点安排专人值班；现场要准备一些砂子或其他灭火物品，以备用。

(5) 春融期间在冻土地基上施工：开工前必须进行工程地质勘查，确定地基的冻结深度和土的融沉类别。对有坑洼、沟槽、地物等特殊地貌的建筑场地应加点测定。开工后，对坑槽沟边坡和固壁支撑结构应当随时进行检查，深基坑应当派专人进行测量、观察边坡情况，如果发现边坡有危险征兆，应当立即采取措施。

(6) 脚手架、马道：脚手架、马道要有防滑措施，及时清理积雪，外脚手架要经常检查加固。

(7) 现场使用焦炭的锅炉、火坑等，应有通风条件，防止煤气中毒。

(8) 防止亚硝酸钠中毒事故。

(9) 大雪、六级以上(含六级)大风等恶劣天气，应当停止垂直运输作业，并将吊笼降到底层(或地面)，切断电源。

(10) 风雪过后作业，应当检查安全保险装置并先试吊，确认无异常方可作业。

(11) 井字架、龙门架、塔机等缆风强地锚应当埋置在冻土层以下,防止春季冻土融化后,地锚锚固作用降低,地锚拔出,造成架体倒塌事故。

(12) 塔机路轨不得铺设在冻胀性土层上,防止土壤冻胀或春季融化,造成路基起伏不平,影响塔机的使用,甚至发生安全事故。

6. 冬期施工的防火安全要求

具体见本章第九节施工现场消防安全管理相关内容。

第十一节　施工阶段安全控制与组织协调

《建设工程项目管理规范》(GB/T 50326)将建设工程项目安全控制定义为:项目经理对施工项目安全生产进行计划、组织、指挥、协调和监控的一系列活动,从而保证施工中的人身安全、设备安全、结构安全、财产安全和适宜的施工环境。

一、施工安全控制的原则

1. 坚持安全第一、预防为主的原则

建设工程施工安全关系到人民群众生命和财产的安全。在工程建设中要自始至终把“安全第一”作为工程施工安全控制的基本原则。

工程施工安全控制应该是积极主动的,应事先对影响施工安全的各种因素加以控制,而不是消极被动的,等出现安全问题再进行处理,以免造成不必要的损失。因此,要重点做好施工的事先控制,以预防为主,加强施工前和施工过程的安全控制。

2. 坚持以人为核心的原则

人是工程建设的决策者、组织者、管理者和操作者。工程建设中各单位、各部门、各岗位人员的工作质量水平和完善程度,都直接或间接地影响工程施工安全。因此,在工程施工安全控制中,要以人为核心,重点控制人的素质和个人的行为,充分发挥人的积极性和创造性,以人的工作质量保证工程施工安全。

3. 坚持系统控制的原则

系统控制的原则就是实现施工安全控制、进度控制、质量控制、投资控制四大目标控制的统一。建设工程施工安全控制是与进度控制、质量控制、投资控制同时进行的,是针对整个建设工程目标系统所实施的控制活动的一个组成部分,在实施安全控制的同时需要满足预定的进度控制、质量控制、投资控制目标。因此,在施工安全控制的过程中,要协调好与进度控制、质量控制、投资控制的关系,做好四大目标的有机配合和相互平衡,而不能片面强调某一个方面。

4. 坚持全过程控制的原则

任何一个工程项目都是由若干分项、分部工程组成的,而每一个分项、分部工程,又是通过一道道工序来完成的。由此可见,工程施工安全是在工序中体现的,对每一道施工工序都必须进行严格的控制。

5. 坚持全方位控制的原则

全方位控制,即对建设工程施工安全目标的所有内容进行控制,对影响建设工程施工安全目标的所有因素进行控制,如人的环境和管理等。

6. 坚持动态控制的原则

工程施工安全生产涉及施工生产活动的方方面面,涉及从开工到竣工交付的全部生产过程,涉及全部的生产时间,涉及一切变化着的生产因素,施工安全控制必须坚持动态控制的原则。

7. 坚持持续改进的原则

工程施工安全生产是变化着的、动态的生产活动,这就意味着其控制要不断变化,以适应变化的生产活动,消除新的危险因素,更重要的是不间断地摸索新规律,总结控制的办法与经验,持续改进,指导新变化后的控制,从而不断提高安全控制水平。

二、施工安全控制的内容

建设工程施工安全控制的内容就是对施工生产中人的不安全行为、物的不安全状态、作业环境的不安全因素和管理缺陷的控制,以及对施工现场环境保护的控制。根据建设工程形成的过程,施工安全控制包括对施工准备阶段的安全预控和施工过程中的安全控制。

建设工程施工安全控制内容主要包括:安全管理要点,如安全生产许可证、各类人员持证上岗、安全培训记录等;安全生产保证体系,如安全生产管理机构和专职安全生产管理人员,安全物资的保障,安全生产资金的保障等;安全生产管理制度,如安全生产责任制度、安全教育培训制度、安全技术管理制度、安全检查制度、安全事故报告制度、应急救援制度、安全生产资金保障制度、三类人员考核任职制与特种作业人员持证上岗制等;安全事故管理,如安全事故报告、现场保护、事故调查与处理等;以及施工现场的环境保护、文明施工、消防安全等的控制。施工阶段安全控制的内容,如图 5-7 所示。

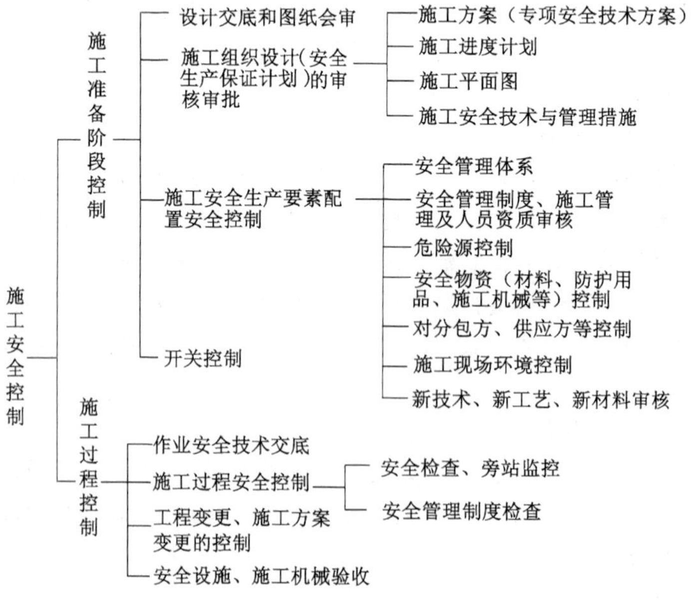

图 5-7 施工阶段安全控制的内容

三、施工安全控制的手段

1. 施工准备阶段安全控制手段

1）审核技术文件、报告和报表

（1）施工组织设计（专项施工方案）或施工安全计划，是控制工程施工安全的可靠技术措施保障。

（2）分包单位的资质、安全生产许可证的证明文件，控制分包单位的安全施工能力。

（3）供应单位提交的有关材料和设备的检验、试验报告，以确保物资的质量，控制施工过程的安全。

（4）审核有关应用新技术、新工艺、新材料、新结构等的技术鉴定书，审核其应用申请报告，确保新技术应用的安全。

（5）针对施工过程中需控制的活动，制订或确认必要的施工组织设计、专项施工方案、安全程序、规章制度或作业指导书，并组织落实等。

2）实施工程合约化管理，签订安全生产合同或协议书

在不同承包模式的前提下，制订相互监督执行的合约管理可以使双方严格执行安全生产和劳动保护的法律法规，强化安全生产管理，逐步落实安全生产责任制，依法从严治理施工现场，确保施工人员的安全与健康，促使施工生产的顺利进行。

总、分包在合约的管理目标、用工制度、安全生产要求、现场文明施工及其人员行为的管理、争议的处理、合约生效与终止等方面的具体条件约束下认真履行双方的责任和义务，为工程项目安全管理的具体实施提供可靠的合约保障。

施工总承包单位在与分包单位签订分包合同时，必须有安全生产的具体指标和要求，同时要签订安全生产合同或协议书。

2. 施工过程中安全控制手段

1）审核安全技术文件、报告和报表

对安全技术文件、报告、报表的审查，是对建设工程施工安全进行全面控制的重要手段，其具体内容有：

（1）有关技术证明文件。

（2）专项施工方案的安全技术措施。

（3）有关安全物资的检验报告。

（4）反映工序控制图表。

（5）设计变更、修改图纸和技术核定书。

（6）有关应用新工艺、新材料、新技术、新结构的技术鉴定书。

（7）有关工序检查、验收资料。

（8）有关安全问题的处理报告等。

此外，还包括审查审批现场有关安全技术签证、文件等。

2）现场安全检查和监督

（1）现场安全检查的内容。

现场安全检查的内容主要是对工序施工进行跟踪监督、检查与控制。在工序施工过程中，监督并检查人员、施工机械设备、材料、施工方法及工艺或操作以及施工环境条件等是否

均处于良好的状态，是否符合保证工程施工安全的要求，若发现有问题应及时纠偏和加以控制。对于重要的和对工程施工安全有重大影响的工序、工程部位、活动，还应在现场进行施工过程专人监控。对安全记录资料进行检查，确保各项安全管理制度的有效落实。

(2) 现场安全检查的类型、方式和要求。

安全检查的类型主要包括日常安全检查、定期安全检查、专业性安全检查、季节性及节假日后安全检查等。

根据本工程项目施工生产的特点，法律法规、标准规范和企业规章制度的要求，以及安全检查的目的，施工单位项目经理应确定安全检查的内容，包括安全意识、安全制度、机械设备、安全设施、安全教育培训、操作行为、劳动防护用品使用、安全事故处理等项目。

施工单位项目经理应根据安全检查的形式和内容，明确检查的牵头和参与部门及专业人员，并进行分工；根据安全检查的内容，确定具体的检查项目及标准和检查评分方法，同时可编制相应的安全检查评分表；按检查评分表的规定逐项对照评分，并做好具体的记录。

3) 安全隐患的处理

安全隐患处理应符合下列规定：

(1) 施工单位项目经理部应区别“通病”、“顽症”、首次出现、不可抗力等类型，修订和完善安全整改措施。

(2) 施工单位项目经理部应对检查出的隐患立即发出安全隐患整改通知单；受检单位应对安全隐患原因进行分析，制订纠正和预防措施；纠正和预防措施应经检查单位负责人批准后实施。

(3) 安全生产管理人员对检查出的违章指挥和违章作业行为向责任人当场指出，限期纠正。

(4) 安全生产管理人员对纠正和预防措施的实施过程和实施效果应进行跟踪检查，保存验证记录。

4) 工地例会和安全专题会议

工地例会是施工过程中参加建设项目各方沟通情况，解决分歧，形成共识，作出决定的主要渠道。通过工地例会，施工单位项目负责人检查分析施工过程的安全状况，指出存在的安全问题，提出整改的措施，并作出相应的保证。由于参加工地例会的人员较多，层次也较高，会上容易就问题的解决达成共识。

针对某些专门安全问题，施工单位项目负责人还应组织专题会议，集中解决较重大或普遍存在的问题。

5) 规定安全控制的工作程序

规定双方必须遵守的安全控制的工作程序，按规定的程序进行工作，这也是进行安全管理的必要手段。

6) 安全生产奖惩制

施工单位严格执行安全生产责任制中的安全生产奖惩制，确保施工过程中的安全，促使施工生产顺利进行。

四、组织协调与施工安全

1. 组织协调的概念及其重要意义

协调就是联络、结合、调和所有活动及力量，使各方配合得当，其目的是促使各方协同一致，以实施预定目标。建设工程组织协调是指以一定的组织形式、手段和方法，对工程项目中产生的关系不畅进行疏通，对产生的干扰和障碍予以排除的活动。

建设工程组织协调是工程项目管理的一项重要职能，也是建设工程施工安全管理的重要职能。工程项目管理人员应将协调贯穿于整个建设工程实施及其管理过程当中。建设工程系统是一个由人员、物质、信息等构成的人为组织系统，工程项目管理人员应用系统方法，强调要把系统作为一个整体来研究和处理建设工程，这是因为总体的作用规模要比各子系统的作用规模之和大，要发挥系统整体功能，必须重视协调工作。在建设工程施工生产中，要保证工程项目的各参与者围绕建设工程安全目标开展工作，使安全目标顺利实现，必须通过积极的协调工作才能达到。

施工单位项目经理部的组织协调工作应分为内部关系和外部关系的协调。外部关系协调又分为近外层关系和远外层关系的协调。内部关系的协调对象，包括项目经理部与企业之间；项目经理部内部部门之间、人员之间；项目经理部与作业层之间；作业层之间。近外层关系的协调，包括企业、项目经理部与建设单位（或业主）、工程监理单位、设计单位、分包单位、供应单位、保险单位等；远外层关系的协调，包括企业、项目经理部与政府的建设、环保、交通、市政、环卫、消防、文物、公安、绿化、安全生产管理等部门及工程质量监督机构、工程施工安全监督机构等。组织协调应能排除障碍、解决矛盾，保证工程项目目标的顺利实现。

组织协调应包括如下内容：

(1) 人际关系，包括施工单位项目经理部内部的人际关系，施工单位项目经理部与关联单位的人际关系。其中，内部的人际关系，是指施工单位项目经理部各成员之间、项目经理部成员与班组之间、班组相互之间的人员工作关系的总称。施工单位项目经理部与关联单位的人际关系，是指项目经理部组织成员与施工单位管理人员和职能部门成员、近外层关系单位工作人员、远外层关系单位工作人员之间的工作关系的总称。

(2) 组织机构关系，包括协调项目经理部与施工单位管理层及劳务作业层之间的关系，具体指合理分工和有效协作。

(3) 供求关系，包括协调施工单位物资供应部门与项目经理部及生产要素需求单位之间的关系。供求关系主要是保证工程项目实施过程中所发生的人力、材料、机械设备、技术、资金等生产要素供应的优质、优价和适时、适量，避免相互之间的矛盾，保证工程项目目标的实现。

(4) 协作配合关系，包括协调近外层单位的协作配合，内部各部门、上下级、管理层与劳务作业层之间的关系。

综上所述，组织协调的内容广泛性存在于施工单位项目经理部的内部、近外层和远外层之中。

建设工程实施过程中，施工单位的协调能力与建设工程施工安全之间的关系，如图 5-8 所示。

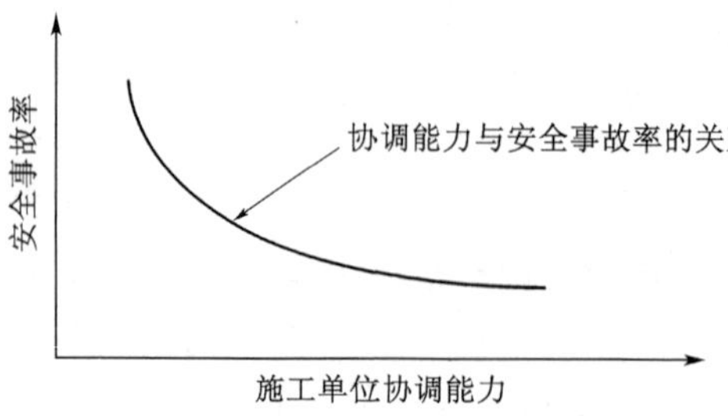

图 5-8　施工单位协调能力与其事故率之间的关系

图 5-8 说明，施工单位在协调施工事务能力方面强时，其工程安全事故率就低；反之，协调能力较弱时，其安全事故率就较高。因此，施工单位应加强协调工作，充分发挥组织协调功能，同时，通过积极的协调工作，保证建设工程生产安全进行，防止或减少安全事故的发生。

2. 施工总承包单位协调工作

施工总承包单位要处理好分包单位、供应单位、工程监理单位、设计单位、建设单位和政府部门及其他参与工程建设单位的协调工作。

1）对分包单位的协调

施工总承包单位应积极发挥协调功能，加强对分包单位的安全管理与控制。这是因为，施工总承包单位协调能力的水平直接影响了其施工现场分包单位的生产安全事故率，如图 5-9 所示。

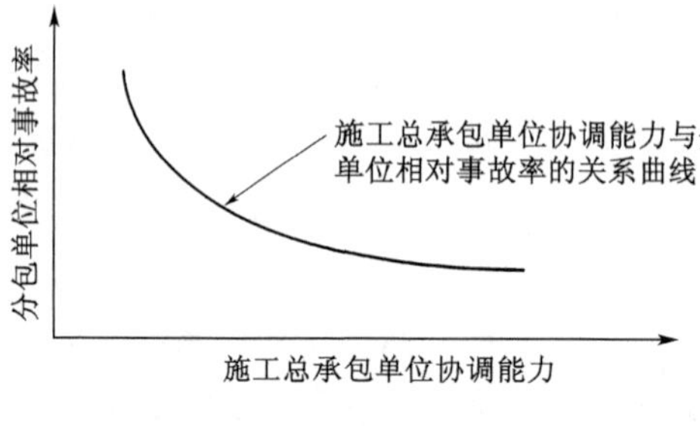

图 5-9　施工总承包单位协调能力与分包单位相对事故率之间的关系

图 5-9 说明，建设工程实施总分包模式时，施工总承包单位协调施工事务的能力强时，其工程分包单位的安全事故率相对就低；反之，施工总承包单位协调能力较弱时，分包单位的安全事故率相对偏高。因此，实施建设工程总分包模式时，施工总承包单位应充分发挥协调的积极作用，降低施工现场安全事故的发生率。

对分包单位的协调工作，施工总承包单位可采取如下措施：委派一名专职安全生产管理人员；分包单位全体员工参加安全培训和施工班组安全会议；监控分包单位施工生产的安全业绩；分包单位负责人参加安全会议；在第一次工地会议、例会、协调会议中讨论分包单位安全问题；实行安全激励计划，对分包单位安全业绩进行经济上的奖惩等。

对于大型工程项目，施工总承包单位还应考虑分包单位的数量与其安全事故的关系，如图 5-10 所示。当分包单位数量多时，其分包单位安全事故率就高；反之，分包单位数量少时，其分包单位的安全事故率相对就低。因此，当施工现场承包单位较多时，施工总承包单位必须加强对分包单位的协调工作，以减少施工现场的安全事故。

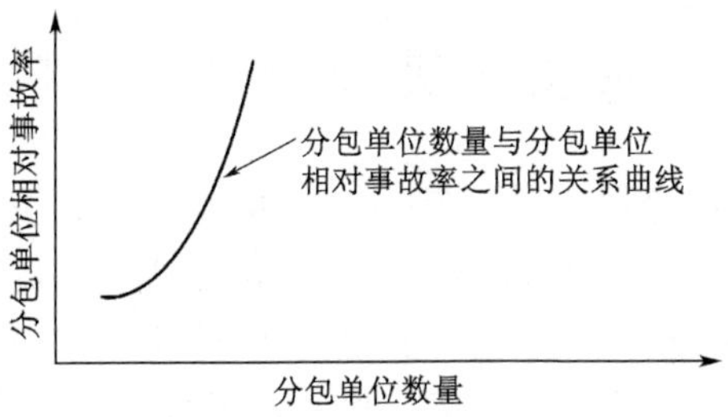

图 5-10　分包单位数量与分包单位相对事故率的关系

2）与工程监理单位的协调

施工单位应遵守现行国家建设工程法律法规、规范的规定和施工合同的要求，接受工程监理单位的监督管理，积极搞好协作配合；施工单位应处理好与监理工程师之间的关系，应当持相互信任、相互支持、相互尊重、相互负责的原则，以施工合同为准，确保工程项目顺利展开。施工单位应及时报审施工组织设计（专项施工方案）或安全计划，接受审批意见；施工过程中，接受监理工程师对工程施工安全保证措施的监督，采纳监理工程师提出的合理化建议及整改建议；及时通知监理工程师进行安全设施、施工机械等验收核查等。

3）与设计单位的协调

施工单位应积极取得设计单位、设计人员的理解和支持，尽量避免冲突或矛盾，应在设计交底、图纸会审、设计洽商变更、地基处理、特殊结构工程、新材料、新结构、新工艺等环节中与设计单位密切配合。当发现问题应及时协商或通过建设单位（或业主）、监理工程师解决。同时应定期请设计人员到现场指导施工等。

4）与建设单位（或业主）的协调

施工单位与建设单位（或业主）之间的协调应贯穿于建设工程施工生产的全过程，协调的目的是搞好协作，协调的方法是执行合同。为保证工程顺利实现，防止或减少施工安全事故发生，施工单位应积极协调建设单位（或业主）做好以下工作：协助建设单位取得施工现场及毗邻区域内供水、排水、供电、供气、供热、通信、广播电视等地下管线资料，气象和水文观测资料，相邻建筑物和构筑物、地下工程的有关资料；提供建设工程有关安全施工措施的资料等。

5）与政府部门及其他单位的协调

（1）建设工程施工安全监督机构是受政府委托的建设工程施工安全生产监督的实施机构，施工安全监督机构主要职责是对施工现场进行安全监督和检查，包括建设单位、勘察单位、设计单位、施工单位、工程监理单位等的安全生产行为和工程实体安全生产状况。施工单位在进行建设工程安全隐患、安全事故处理时，要做好与建设工程施工安全监督机构的交流和协调。

发生安全事故时，施工单位采取急救、补救措施时，应向政府有关部门报告情况，请求援助，并接受检查和处理。

（2）与其他单位的协调。

施工单位应协调好与毗邻社会、社会团体的关系，对大中型建设工程，应把握机会，争取社会各界对建设工程的关心和支持，争取良好的社会形象，创企业品牌。

第十二节　从业人员安全生产的权利和义务

《安全生产法》第六条规定："生产经营单位的从业人员有依法获得安全生产保障的权利，并应当依法履行安全生产方面的义务。"施工单位的从业人员既是安全生产保护的对象，又是实现安全生产的基本要素。为了实现安全生产，防止和减少生产安全事故，必须保障施工单位的作业人员依法享有获得安全保障的权利，同时，作业人员必须履行安全生产方面的义务。

一、从业人员的权利

施工单位的从业人员在安全生产方面享有以下权利：

(1) 获得安全防护用具和安全防护服装的权利。

获得安全防护用具和安全防护服装，是从业人员的一项基本权利。向作业人员提供安全防护用具和安全防护服装，是施工单位的一项法定义务。施工单位应当安排专项经费，专门用于配备安全防护用具和安全防护服装，不得挪作他用。施工单位购置的安全防护用具和安全防护服装必须符合国家标准或者行业标准。

这里所说的安全防护用具是指在施工作业过程中能够对从业人员的人身起保护作用，使从业人员免遭或减轻各种人身伤害或职业危害的用品。从业人员使用的安全防护用具主要包括安全帽、安全带、安全绳及特种作业使用的防护镜、焊接面罩等个人安全防护用品。安全防护服装主要包括工作服、防滑鞋、绝缘鞋、绝缘手套等。

(2) 了解施工现场和工作岗位存在的危险因素、防范措施及事故应急措施的权利。

《安全生产法》第五十条规定："生产经营单位的从业人员有权了解其作业场所和工作岗位存在的危险因素、防范措施及事故应急措施，有权对本单位的安全生产工作提出建议。"由于建筑活动的特点，施工现场和工作岗位存在危险因素是必然的。从业人员了解施工现场和工作岗位存在的危险因素，如易燃易爆、有毒有害等危险物品及其可能对人体造成的伤害，高处作业、机械设备运转等存在的危险因素等，对于其提高防范意识，避免事故发生是十分必要的。

各种危险因素的防范措施，是指为了防止、避免危险因素对从业人员人身安全造成危害而应当采取的技术上、操作上、管理上的措施。

事故应急措施是指施工单位根据本单位实际情况，针对可能发生的事故的类别、性质、特点和范围制订的事故发生时应当采取的组织、技术措施和其他应急措施。

从业人员有权了解这些防范措施和应急措施，这不仅是从业人员的权利，也是有效预防事故发生和将事故损失降低到最低限度的需要，同时是从业人员实现自我保护的有效途径。

(3) 有权了解危险岗位的操作规程和违章操作的危害。

施工单位应书面告知从业人员危险岗位的操作规程和违章操作的危害，不得隐瞒、省略，更不能欺骗从业人员，这既是施工单位的法定义务，也是法律赋予从业人员的知情权。这有利于提高从业人员的安全生产意识和事故防范能力，减少事故发生，降低事故损失。

(4) 对安全生产工作中存在的问题提出批评、检举和控告的权利。

对施工现场的作业条件、作业程序和作业方式中存在的安全问题提出建议、批评、检举和控告，是法律赋予施工单位从业人员的权利。

从业人员直接从事施工作业，对本岗位、本工程项目的作业条件、作业程序和作业方式中存在的安全问题有最直接的感受，能够提出一些切中要害的、符合实际的合理化建议和批评意见，有利于施工单位和工程项目不断改进安全生产工作，减少工作当中的失误。对安全生产工作中存在的问题，如施工单位和工程项目违反安全生产法律、法规、规章等行为，向建设行政主管部门、负有安全生产监督管理职责的部门，直至监察机关、地方人民政府等进行检举、控告，有利于有关部门及时了解、掌握施工单位安全生产工作中存在的问题，采取措施，制止和查处施工单位违反安全生产法律、法规的行为，防止生产安全事故的发生。对从业人员的检举、控告，建设行政主管部门和其他有关部门应当查清事实，认真处理，不得压制和打击报复。

(5) 有权拒绝违章指挥和强令冒险作业。

拒绝违章指挥和强令冒险作业，是法律赋予作业人员的权利。

违章指挥是指施工单位有关人员违反国家关于安全生产的法律、法规和有关安全规程、规章制度的规定，对从业人员具体的生产活动进行指挥、干预。

强令冒险作业是指施工单位有关人员明知开始或者继续作业会有重大危险的情况下，仍然强迫从业人员进行作业的行为。

违章指挥、强令冒险作业，侵犯了作业人员的合法权益，是严重的违法行为，也是直接导致安全事故的重要原因。现实中，许多安全事故的发生都与违章指挥、强令冒险作业有关。因此，规定作业人员有权拒绝违章指挥和强令冒险作业，对于维护正常的生产秩序，有效防止安全事故发生，保护作业人员自身的人身安全，具有十分重要的意义。

(6) 在施工中发生危及人身安全的紧急情况时，有权立即停止作业或者在采取必要的应急措施后撤离危险区域。

在施工中发生危及人身安全的紧急情况时，从业人员可以立即停止作业或者在采取必要的应急措施后撤离危险区域，是法律赋予从业人员的权利。

建筑活动具有不可预测的风险，从业人员在施工过程中有可能会突然遇到直接危及人身安全的紧急情况，此时，如果不停止作业或者撤离作业场所，就会造成重大的人身伤亡事故。因此，赋予从业人员在上述紧急情况下可以停止作业以及撤离作业场所的权利，这对于保证作业人员的人身安全是十分重要的。

二、从业人员的义务

施工单位的从业人员在享有安全生产保障权利的同时，必须履行相应的安全生产方面的义务。主要包括以下几方面：

(1) 遵守有关安全生产的法律、法规和规章的义务。

施工单位的作业人员在施工过程中，应当遵守有关安全生产的法律、法规和规章。这些安全生产的法律、法规和规章是总结安全生产的经验教训，根据科学规律和法定程序制订的，是实现安全生产的基本要求和保证，严格遵守是每一个作业人员的法律义务。

(2) 遵守安全施工的强制性标准、本单位的规章制度和操作规程的义务。

施工单位的作业人员在施工过程中，应当遵守建筑施工安全技术规范、标准和本单位的安全生产规章制度及操作规程。

工程建设强制性标准是保证建设工程结构安全和施工安全的最基本要求，违反强制性标准，必然会给建设工程带来重大结构安全隐患和施工安全隐患。施工单位的安全生产规章制度和安全操作规程是针对本单位的实际情况制订的，对保护作业人员的安全施工和作业具有很强的针对性和可操作性。

施工现场的作业人员是建筑活动的具体承担者之一，其是否严格遵守工程建设强制性标准、安全生产规章制度和安全操作规程，直接决定着施工过程能否安全。作业人员应当自觉遵守和执行工程建设强制性标准、安全生产规章制度和安全操作规程，这是其在安全生产方面的一项基本义务。

(3) 正确使用安全防护用具、机械设备的义务。

① 作业人员应当正确使用安全防护用具。安全防护用具是保护作业人员在劳动过程中的安全与健康的一种装备，是施工单位为保护作业人员在施工过程中的安全和健康而提供给作业人员使用的安全保护用品和用具。不同的安全防护用具有其特定的佩戴和使用规则、方法，只有正确佩戴和使用，方能真正起到防护作用。因此，作业人员应当熟悉、掌握安全防护用具的构造、功能，掌握正确使用的有关知识，在作业过程中按照规则和要求正确佩戴和使用安全防护用具。

② 作业人员应当正确使用机械设备。建筑施工现场各类机械设备数量较多、种类繁杂、自动化程度较低，设计制造上本质安全程度不足，存在大量不安全因素。同时，由于建筑业的从业人员素质普遍偏低，对机械设备的性能掌握不够，在使用机械设备时，往往由于操作不当，引发安全事故发生。因此，作业人员应当熟悉和了解所使用的机械设备的构造和性能，掌握安全操作规程、安全操作知识和技能，防止机械伤害事故发生。

(4) 接受安全生产教育培训，掌握所从事工作所具备的安全生产知识的义务。

《安全生产法》第五十五条规定："从业人员应当接受安全生产教育和培训，掌握本职工作所需的安全生产知识，提高安全生产技能，增强事故预防和应急处理能力。"施工单位的作业人员进入新的岗位或者新的施工现场前，应当接受安全生产教育培训。未经教育培训或者教育培训考核不合格的人员，不得上岗作业。

建筑活动的复杂性和多样性决定了安全生产知识和安全生产技能的复杂性和多样性。要保障安全生产，作业人员必须具备安全生产知识、技能以及事故预防和应急处理能力。要达到这个目的，必须通过必要的安全生产教育培训。施工单位应当按照国家的有关规定对作业人员进行安全生产教育培训，使作业人员掌握安全生产知识，提高安全生产技能，增强事故预防及应急处理能力，这是施工单位的安全生产责任之一。

第六章　公路施工项目安全监视

安全监视是指为法律法规或实际工作需要而采取的观察、监督、整改等手段来实施安全控制的活动。施工安全监视是对施工生产过程中存在的不符合实施安全控制的活动，即对任何与工作标准、惯例、程序、法规、目标等的偏离，其结果能够直接或间接导致伤害或疾病、财产损失、工作环境破坏或这些情况的组合，采取观察、监督、整改等手段及时进行安全控制的活动。施工项目安全监视分为主动监视和被动监视。主动监视也称常规监视，施工项目常见的常规监视手段有安全检查、安全日志；被动监视也称非常规监视，施工项目常见的非常规监视手段主要是指事故处理与防范。本章主要介绍施工安全检查、施工安全日志和事故处理与防范这三种监视手段。

第一节　施工项目安全检查

施工项目安全检查是施工项目安全管理工作的重要内容，也是消除安全管理缺陷、事故隐患，防止事故发生，促进安全生产的有效措施。通过安全检查，可以及时发现存在的危险危害因素，以便制订整改措施，保证施工安全。

一、安全生产检查的形式

施工项目安全生产检查的形式有定期检查、专项检查、经常性检查及季节性检查。

1. 定期检查

定期检查按照一定的周期进行，检查周期根据施工项目的实际情况确定，可以为次/月或次/周。定期检查面广，能及时发现并解决问题。

2. 专项检查

专项检查是主要针对一些专业性较强的施工工程（如吊装、爆破、隧道施工、施工用电、支架的搭设等），对照专项方案而进行的单项定性或定量检查，发现并解决施工前或施工过程中存在的问题。

3. 经常性检查

经常性检查采取日常的巡视方式来实现，对施工生产过程中进行预防检查，及时发现隐患并予以消除。项目专职安全员和工区兼职安全员每天做日常巡检；各级管理人员在检查生产的同时检查安全生产；作业班组在班前、班后作岗位环境状况安全检查。

4. 季节性检查

根据季节变化，按照事故发生的规律对易发的潜在危险进行季节检查。如夏季防汛、防暑降温、防雷，冬季防冻、防火等在季节性比较强的时间段进行检查。同时，根据实际情况，对重大节假日（如十一、五一、春节前后）进行安全检查。

二、安全检查的内容

施工项目安全检查的主要内容是:施工过程的安全生产人员行为控制状况、安全生产措施实施状况、安全生产设施和设备落实状况等。具体包括:

(1) 施工现场设备、设施、安全防护装置的使用情况。

(2) 个人防护用品穿戴、持证上岗情况。

(3) 操作规程执行情况。

(4) 施工现场消防情况。

(5) 施工用电情况。

(6) 施工现场场内交通。

(7) 施工现场安全卫生及安全警示标志设置情况。

(8) 各种事故隐患。

三、安全检查的方法

安全检查的方法很多,但是从目前来看,适宜施工项目采用的方法还是现场观察法。它是施工项目常见的运用较多的一种检查方法,通常由安全管理人员作为检查工作的主体,到施工现场通过观感对作业人员的不安全行为、物的不安全状态和作业现场的环境条件等进行定性检查。通过这一手段,及时发现施工现场存在的安全隐患,并采取措施予以消除。现场观察法检查完全依靠安全检查人员的经验和能力,检查的结果直接受安全检查人员素质的影响,因此,对安全检查人员个人素质的要求较高。

四、安全检查的实施要求

1. 记录安全检查情况

检查记录是安全生产检查过程的如实记载,是安全管理人员对人员、时间、地点、场所以及检查中发现的不符合情况及处理意见的客观描述。每种检查均应有检查记录,检查中应认真记录检查出的问题并按要求填写检查表,记录清哪一地点的哪一场所的哪一环节存在哪些隐患,以及检查结论和处理意见。

2. 进行安全隐患整改

针对检查出的事故隐患,项目部安全部门对一些微小的隐患或当场可以处理的隐患可以口头要求整改,对较大的隐患应下达隐患整改通知书,要求整改。被检查工区、劳务作业队伍或班组必须在规定时间内整改,针对问题定人、定时间、定措施进行整改,整改完后填写隐患整改报告书,逐项列出各条事故隐患由谁、在什么时候、怎样整改,尽可能辅以整改前和整改后的影像(照相或摄像)状况资料加以佐证。

3. 验收安全整改情况

对于下面整改的情况不能仅凭报送的材料,而且要对整改情况进行实地复查和验收。对重大事故隐患未能如期完成整改或整改后仍达不到要求的,要责令其继续整改,直至整改符合要求为止。必要时,可按照施工项目内部有关规定,对被接受整改工区、劳务单位或班组给予相应的经济处罚。

五、安全检查应注意的问题

1. 建立安全检查台账

项目应做好安全检查台账工作，保证资料的真实性、完整性。安全生产检查资料包括：各种检查工作记录、隐患整改通知书、隐患整改报告书、复查验收资料、处罚材料、安全检查通报、安全检查总结等。

2. 力求客观切忌主观

现场检查记录只能是现场当时的客观事实，不能是之前，也不能是以后的安全情况。不经过现场实际检查的，不能记入现场检查记录。记录现场检查的真实情况，应不夸大、不缩小，实事求是，有什么事故隐患就记什么事故隐患。

第二节　施工安全日志

施工安全日志是从工程开工开始到工程项目竣工，施工项目专职安全员对整个施工过程中每天进行书面记录所形成的安全资料，它记载的是工程施工过程中每天发生的与施工安全有关的一些事情。因此，做好施工安全日志记录十分重要。

一、施工安全日志的含义

关于施工安全日志的含义，从现代汉语词典里“志”字的中文解释看，“志”的本义有很多，但在这里是指记载的文字。施工安全日志的含义包括以下四个方面：

(1) 施工安全日志是一种文字记录。它将施工过程发生的事情用文字记录下来，是主要记载施工现场人的不安全行为、物的不安全状态、作业环境等多个方面已经存在的安全问题和事故隐患，因不可抗力因素阻碍或影响施工的特殊情况，以及对发现的问题和事故隐患进行有效处理的比较详细的文字记录。

(2) 施工安全日志是一种证据。施工项目安全管理人员是否对安全工作履行职责，是否对施工现场存在的安全因素和隐患实施安全检查或检查得认真与否，只要看一下安全管理人员的施工安全日志，便一目了然。

(3) 施工安全日志是一种记事本。从目前看，它是反映公路工程施工过程安全情况的书面材料，类似于我们常说的记事本的功能，在一定程度上能够比较详细地反映出施工过程中发生的真实存在的安全情况和安全状况。

(4) 施工安全日志是一种施工资料。作为一种施工资料，通常它所记录的内容是已经存在的安全问题、事故隐患和已经采取或将要采取的安全处理措施和结果，既有可能是因其他原因在其他工程文件中未能显露出来的有关重要信息，也有可能成为将来判别施工过程中发生某件事情真伪的非常重要的一手施工资料。

二、施工安全日志的内容

公路工程施工安全日志的内容一般可分为以下四个方面。

1. 时间、天气

时间方面：具体每天除写清施工当天的公历年、月、日外，必要时还要记清农历年、月、日，星期几，农历节气。天气方面：当天的天气，最好是上午、下午、夜间分开记，并要记清晴、阴、雨、雪、大风、大雾、温度等气象情况。

2. 施工简要概况

包括施工的分部分项工程名称、具体施工位置、施工队伍、从业人数及施工进度等主要情况。

3. 主要记事内容

（1）上级的指示及会议记录。上级的指示及各类会议内容，应按会议记录的格式直接记录在施工日志上，并应记录当天对上级指示及会议内容的落实情况。

（2）巡查过程中发现的物的不安全状态、人的不安全行为、作业环境等方面存在的不安全因素情况，如设备设施、施工用电、安全防护、防火、违章操作等情况。

（3）其他特殊情况。施工期间停水、停电以及其他不可抗力因素阻碍或影响施工的特殊情况。

4. 安全处理措施或结果

主要指隐患（或未遂事故）发生的原因、处理意见和处理方法。

三、施工安全日志记录过程中存在的常见问题

综合近年来公路工程施工情况看，施工项目施工安全日志记录过程中比较常见和普遍的问题主要有以下几点。

1. “回忆录”现象

施工安全日志要按时记录当天发生的安全情况。由于某些原因，有的施工项目安全管理人员没有在当天的施工安全日志中记载当天发生的事情，为了敷衍，便在日后根据自己的记忆将当时情况进行补充填写，就好比撰写“回忆录”。

2. 记录简单化

具体来说，就是没有把该写的写清楚，写得不是很详尽，比较简单化，不能真正反映当天的天气情况、施工的分部分项工程名称和具体施工位置、施工进度等情况。

3. 内容不真实

施工安全日志的最基本的要求是真实、详细记录。在现实施工中，有的施工项目由于其他原因，未能及时填写施工安全日志，以致出现施工安全日志大部分内容出现空白的情况，于是记录人员就瞎编乱造一番，凭空记录与施工现场不相符的一些内容，应付了事。

4. 内容有涂改

一般情况下，施工安全日志是不允许有涂改的。倘若在不得已情况下确需涂改，也要说明涂改的原因或事由，并在涂改处加盖自己的签章或签字，但应尽量避免涂改现象，否则，难以追溯出其他文件资料中未能阐述清楚的一些问题和事情。

5. 资料不闭合

施工安全日志通常记录了施工过程中发现的一些安全问题和隐患，但是在对发现的安全问题和隐患发生的原因、处理意见和处理措施方面的记录却是空白，由此造成资料没有进行闭合或闭合不及时。

四、施工安全日志记录的注意事项

施工安全日志是分析研究施工安全管理的参考资料，也是可追溯检查的最具可靠性和

权威性的原始记录之一。在具体操作中,施工安全日志记录应注意的事项如下。

1. 要抓住关键点

做施工安全记录时,要抓住事情的关键点,如什么时间在什么地方(或部位)发生了什么事,事情的严重程度怎么样,事情发生前后的情况怎样,当时谁说了什么话,谁在干什么,是谁决定指挥干的,具体要求谁做什么,要求谁在什么时间完成,如何做,已经做了多少以及做得合不合要求等。只有围绕发生事情的关键点进行事实描述,才能弄清楚事情的来龙去脉,也才具备可追溯性。

2. 要详略得当

有时候记录一定要具体详细,不能泛泛而谈,该记的事情一定不要漏掉。对事情的要点,一定要表述清楚,切忌写成施工安全"大事记"。有时候记录要简略,如雨天、雪天等自然因素条件下的施工安全情况可适当简略。

3. 要逐日记载

日志,顾名思义就是要每天记载发生的事情。安全日志应将每天发生的事情记在当天的日志中,一般情况下不允许出现日后补写现象。

4. 时间要连续

从开工到竣工,要逐日记载,不能随意中断。如果因各种原因不得不在工程施工期间间断,也应在日志中加以说明。如果中途发生人员变动,应当办理交接手续,保持施工日志的连续性、完整性。

5. 特殊时间要记录

如发生施工期间停水、停电以及其他不可抗力因素阻碍或影响施工的特殊情况,一定要记录清楚发生的时间、地点或场所,发生时在进行什么工作,结束的时间,是否造成经济损失,经济损失有多大以及发生特殊情况的原因,以便为以后因工期导致的工程施工纠纷留有备查的有力证据。

6. 切忌流水账

施工安全日志的记录切忌写成流水账,要突出记录的重点,除记录巡查时间、当日的天气情况、巡查的分项分部工程(部位)施工现场的安全生产状况等一般性记录外,要将隐患处理情况作为重点进行详细记录。

第三节 施工项目事故报告和调查处理

安全事故的报告和调查处理是施工项目安全管理工作的重要内容。公路工程施工活动与其他生产活动比起来,其生产过程复杂,作业条件恶劣,劳动强度大,事故发生率高,属于高危行业。因此,做好安全事故的报告和调查处理工作十分重要。

一、事故概述

1. 事故的概念

《职业健康安全管理体系 要求》(GB/T 28001)中将事故解释为:事故是指造成死亡、疾病、伤害、损坏或其他损失的意外情况。这个定义很好地阐释了事故的含义。

2. 事故的分类和分级

1）事故的分类

关于事故的分类问题，由于研究的目的不同，分类方法也不同，公路工程施工的事故主要有以下几种分类方法。

（1）根据导致事故发生的起因物、致害物、伤害方式分类，将事故分为物体打击、车辆伤害、机械伤害、起重伤害、触电、淹溺、灼烫、火灾、高处坠落、坍塌、冒顶片帮、透水、放炮、火药爆炸、瓦斯爆炸、锅炉爆炸、容器爆炸、其他爆炸、中毒和窒息、其他伤害。比较常见的事故主要有物体打击、起重伤害、触电、火灾、高处坠落、爆炸、坍塌几类。

（2）根据造成事故的责任不同，事故分为责任和非责任事故。

（3）根据事故造成的后果不同，事故分为伤亡事故和非伤亡事故。

2）事故的分级

为统一生产安全事故分级标准，《生产安全事故报告和调查处理条例》（国务院令第493号）根据生产安全事故造成的人员伤亡或者直接经济损失，明确规定了生产安全事故分级标准。这是在国家行政法规中第一次明确规定生产安全事故分级标准，也是目前我国最权威的事故分级标准。

根据《生产安全事故报告和调查处理条例》第三条的有关规定，事故一般分为以下四个等级：

（1）特别重大事故。指造成30人以上死亡，或者100人以上重伤（包括急性工业中毒，下同），或者1亿元以上直接经济损失的事故。

（2）重大事故。指造成10人以上、30人以下死亡，或者50人以上、100人以下重伤，或者5 000万元以上、1亿元以下直接经济损失的事故。

（3）较大事故。指造成3人以上、10人以下死亡，或者10人以上、50人以下重伤，或者1 000万元以上、5 000万元以下直接经济损失的事故。

（4）一般事故。指造成3人以下死亡，或者10人以下重伤，或者1 000万元以下直接经济损失的事故。

注："以上"包括本数，"以下"不包括本数。

需要说明的是，《生产安全事故报告和调查处理条例》关于事故的分级标准，对于施工项目来说不好操作，不适宜施工项目的事故划分。施工项目可参照事故伤害程度对事故进行定级，以便于施工项目实际生产过程中的事故定性。根据事故伤害程度，一般可以将事故分为以下三类。

（1）轻伤事故。指造成劳动者肢体伤残或某些器官功能性或器质性轻度损伤，致使劳动能力轻度或暂时丧失的伤害，且受伤后歇工在一个工作日以上但不构成重伤的事故。

（2）重伤事故。指造成劳动者肢体残缺或某些器官受到严重损伤，致使人体长期存在功能障碍或劳动能力有重大损失的事故。

（3）重大事故。指死亡1人以上或经济损失在10万元以上的事故。

二、事故的报告和调查处理

1. 事故报告

事故报告是施工项目安全生产工作的重要内容，事故发生后及时、准确、完整地报告事故，对于有效组织事故救援、减少事故损失具有十分重要的意义。

(1) 事故报告的要求

事故发生后，事故现场人员应当立即报告项目负责人。项目负责人接到事故报告后，按照有关规定，立即如实报告施工企业、业主和有关单位部门。

(2) 事故报告的内容

报告事故应包括下列内容：事故发生的时间、地点、事故单位、工程项目的具体施工部位及事故现场情况；事故发生的简要经过、伤亡人数、具体伤亡人员简况、直接经济损失的初步估计；事故发生原因的初步分析；事故发生后采取的措施及事故控制情况；事故报告人、事故报告单位。

2. 事故救援和现场处置

除做好事故报告外，更重要的是积极组织事故救援。项目负责人应当立即启动事故应急救援预案或迅速采取有效措施，组织抢救，防止事故扩大，减少人员伤亡和财产损失，保护好事故发生现场，将事故损失降到最低限度。

3. 事故调查

1) 事故调查的程序

安全事故发生后，按下列程序进行事故调查：对于一般安全事故，由施工项目组织有关人员调查处理，必要时项目所属施工企业可协助调查处理；对于重大安全事故，按国家有关规定调查处理。

2) 事故调查的内容

(1) 查明事故发生经过、原因，人员伤亡、设备设施损坏和经济损失情况。

(2) 认定事故性质，确定有关单位和人员的责任，提出认定依据以及对责任者的处理建议。

(3) 指明应接受的事故教训，提出防范措施的建议。

(4) 写出事故调查报告。事故调查报告应当包括下列内容：事故发生场所的基本情况；事故发生的时间、地点、经过和抢救情况；人员伤亡和经济损失情况；事故发生的原因；事故的性质；事故责任认定及对事故责任者的处理建议；事故教训和应当采取的措施；事故调查组名单；其他需要载明的事项。

4. 事故处理

1) 事故处理的原则和程序

(1) 事故处理的原则。事故的处理坚持“四不放过”的原则，即事故原因没有查出不放过，本人和群众没有受到教育不放过，防范措施没有制订不放过，事故责任者没有受到严肃处理不放过。

(2) 事故处理的程序。对于一般安全事故(轻伤、重伤事故)，由施工项目根据事故调查报告结案，报施工企业安全主管部门备案。对于重大安全事故，根据事故等级，按国家有关规定进行处理。

2) 建立安全事故档案

事故档案内容应包括：职工伤亡事故登记表；职工死亡、重伤事故调查报告书；现场调查记录、图片、资料；鉴定、勘察记录及试验报告；物证、人证资料；直接、间接经济损失材料；伤者自述材料；医疗部门的诊断过程及结果；处分决定文件；事故调查人的姓名、职务；有关部门的事故结案批复。

第四节　施工项目事故防范

公路工程施工中危险因素多，事故发生率高。发生事故是不幸的，特别是重大伤亡事故，对施工企业和施工项目，将会造成重大损失，影响其经济效益和社会效益；对人员，将会造成其一生的痛苦或不幸；对家庭，会顷刻之间将其由美满幸福推向痛苦的深渊。因此，应尽可能降低事故发生率，降低事故造成的损失，其关键是做好事故防范。事故防范关键一是要掌握事故发生规律；二是要做好事故原因分析；三是要做好事故防范措施。

一、掌握事故发生规律

在大量的公路工程施工中发生的相当一部分事故具有规律性。这就需要我们经常总结经验，掌握安全特点，摸清事故规律，抓住关键环节，采取预防措施，防范事故的发生。从公路施工事故发生的情况看，公路施工事故规律可以归纳为以下几方面：

(1) 特殊季节。夏季酷热季节，露天作业经常发生中暑现象；冬季寒冷，温度低，容易引起坠落等事故；雷雨季节，容易引起坍塌、触电、坠落、雷击等事故。

(2) 工程竣工收尾阶段。此阶段往往比工程开工和进入施工高峰时更容易发生事故。

(3) 节假日前后。节前节后，人们思想容易波动，尤其是施工人员精力分散，容易放松警惕，发生事故。对于重点危险工程，往往由于安全管理工作抓得紧而事故较少；而对于一般工程，由于重视不够，容易发生事故。

(4) 施工现场作业环境混乱，容易导致物体打击、触电、机械伤害等事故。

具体某一类事故也有其一定的规律性，如触电事故的规律如下：

① 季节性强。每年的二、三季度发生事故多，其中6～9月最为集中。主要原因是期间天气潮湿、多雨，地面导电性增强，降低了电气设备的绝缘性能，加之天气炎热，人体衣单多汗，使触电的概率加大，即触电的危险性加大。

② 设备事故多。就设备来讲，多发生在携带式设备和移动式设备上，发生低压设备的事故也较多。因为施工现场低压设备使用较多，而且又被多数人直接使用。

③ 环境导致触电事故多。就环境和条件来讲，施工现场高温、潮湿、混乱或金属设备多，现场环境和条件复杂，容易发生触电事故。

④ 就行为而言，因违章操作和无知操作导致的触电事故多；因施工作业人员素质低、技术力量薄弱、设备简陋导致的触电事故也较多。

二、做好事故原因分析

通过对事故的分析，特别是分析施工中常见多发事故，深化对事故发生规律的认识，掌握事故发生的规律性，深入分析事故发生的原因，采取有针对性的措施，有效防范事故发生。事故分析通常包括事故类型和事故原因分析两个方面。事故原因可以分为直接原因和间接原因，也可以分为主要原因、次要原因和根本原因。当然，关于事故原因分析的具体分析方法不一，每一种分析方法皆有一定的道理。

下面通过“五分法”，即从人、机、料、法、环等五个方面进行原因分析，旨在为施工项目提供一种方法和思路，供施工项目分析事故时参考。

（1）人。所谓人，就是指人的生理、心理和行为性等方面的不安全行为，如健康状况异常、体力负荷超限、听力负荷超限、视力负荷超限等生理方面的不安全行为；从事禁忌作业、情绪异常、冒险心理、过度紧张、感知延迟、辨识错误等心理方面的不安全行为；指挥失误、违章指挥、误操作、违章作业、监护失误等行为性方面的不安全行为等。

（2）机。所谓机，就是指机械设备设施、施工机具方面存在的不安全状态，如零部件破损、设备漏电、稳定性差、制动器和控制器失灵等方面存在的设备设施缺陷，以及防护不当、支撑不当、防护距离不够等防护装置和设施缺陷等。

（3）料。所谓料，就是指安全防护用品、钢管等其他施工材料强度不够、刚度不够方面存在的不安全状态，如材料不合格，质量差，不符合国家和行业有关规定，不符合安全技术规范要求等。

（4）法。所谓法，就是指安全工作的管理和技术方面存在的不符合状态，如吊装作业没有安排专人指挥，没有制订施工临时用电方案，没有对作业人员进行安全技术交底等。

（5）环。所谓环，就是指现场作业的环境方面存在的不符合状态或因不可抗力因素引起的环境不符合状态，如施工现场氧气瓶与乙炔瓶混放、材料存放无序、设备杂乱无章、电线乱拉乱扯、现场标志不清或无标志、给排水不良、现场照明不良、环境脏乱差以及雷电、雨雪、洪水等自然灾害。

以触电事故原因分析为例，可以用“五分法”从以下五个方面分析。

（1）人。缺乏用电安全知识，自我保护意识薄弱。临时用电设施安装或接线由非专业电工操作，无基本的安全用电知识，不按临时用电安全技术操作规程操作，不正确使用电器产品，带电作业等。

（2）机。用电设备安装不合格，机械设备、电动设施和用电设备维修保养不善。由于设备长期使用，容易出现电气绝缘老化、导线裸露、胶盖刀闸胶木破损、插座盖子损坏等。

（3）料。使用电线电缆不符合国家或行业规定的标准要求，使用的绝缘手套等电器产品不符合劳动防护用品的技术规范要求等。

（4）法。没有制订临时用电技术方案，施工工地未使用“TN-S”接零保护系统，或者未按要求连接专用保护接零，无有效的安全保护系统，不按“三级配电、二级保护”，“一机、一闸、一漏、一箱”设置，没有开展安全技术交底等。

（5）环。电线高度不符合要求，架空线乱拉、乱扯，电线拴在脚手架或树木上，导线的接头只用老化的绝缘布包上以及电气设备没有作保护搭铁、使用混乱等。电力线被风刮断等偶然因素，导线接触地面而引起跨步电压，当人走近该地区时便会发生事故。

从上述分析来看，“五分法”的优点是适用于各种事故的分析。也就是说，任何事故都可以采用这种方法进行分析。因此，造成事故的直接原因、间接原因或主要原因、次要原因或根本原因，可以从上述五个方面进行归纳。

三、做好事故防范措施

在掌握事故规律、懂得事故分析的基础上，从人、机、料、法、环方面针对存在的问题做好事故防范措施，做到“三不伤害”，即不伤害自己、不伤害别人、不被别人伤害。

（1）加强安全教育培训。要杜绝人的不安全行为，必须对管理、作业人员进行教育培训。应经常进行各种形式的安全思想教育和安全制度教育、法制教育，提高职工的安全防护意识，使其掌握安全防护方法，增强遵章守纪的自觉性。定期进行安全技术和技能培训，提高安全技术和技能防护水平。

(2) 加强机械设备和机具的使用、维修、保养，确保机械设备处于良好的运行状态，杜绝机械设备的不安全状态。

(3) 加强材料产品的采购控制管理，确保符合国家或行业规定的使用采购要求，降低因材料的不安全状态导致的事故发生率。

(4) 加强安全工作的检查，发现隐患及时整改，建立健全安全管理制度，开展安全技术交底，提高施工技术，创新管理方式和方法，提高安全管理水平。

(5) 按照现场文明施工、消防安全管理、环境卫生管理的要求以及现场治安保卫管理的要求，加强现场管理，落实现场安全防范措施，创造良好的作业、办公和生活环境，减少因现场管理混乱造成的事故和职业危害。

参考文献

[1] 孟续峰.公路工程施工安全风险辨控手册[M].北京:人民交通出版社,2017.
[2] 山西路桥建设集团.公路工程施工危险源辨识指南:DB14/T 1023—2014[S].太原,2014.
[3] 王炜.公路工程施工安全生产指南[M].北京:人民交通出版社,2003.
[4] 中华人民共和国交通部.公路交通安全设施施工技术规范:JTG F71—2006[S].北京:人民交通出版社,2006.
[5] 中华人民共和国交通运输部.公路安全生命防护工程实施技术指南[M].北京:人民交通出版社,2015.
[6] 中华人民共和国交通运输部.公路工程施工安全技术规范:JTG F90—2015[M].北京:人民交通出版社,2015.
[7] 中华人民共和国交通运输部.公路项目安全评价规范:JTG B05—2015[S].北京:人民交通出版社,2015.